KINDLERS KULTURGESCHICHTE DES ABENDLANDES

in 22 Bänden

Herausgegeben von Friedrich Heer

KINDLERS KULTURGESCHICHTE DES ABENDLANDES

Band IX / X

FRIEDRICH HEER

Mittelalter

Vom Jahr 1000 bis 1350

Teil 2

verlegt bei Kindler

Erweiterte Ausgabe 1977
© Copyright 1961 by Weidenfeld & Nicolson, London
© Copyright 1961 für die deutschsprachige Ausgabe
by Kindler Verlag GmbH, München
Alle Rechte vorbehalten, auch die des teilweisen Abdrucks, des öffentlichen Vortrags
und der Übertragung durch Rundfunk und Fernsehen
Fotomechanische Wiedergabe nur mit Genehmigung des Verlages
Redaktion: Manfred Kluge
Korrekturen: Manfred Flach
Gesamtherstellung: May & Co., Darmstadt
Printed in Germany
ISBN 3463-13710-0

»Linke« und »rechte« religiöse Volksbewegungen

KÖNIG HEINRICH II. hätte es gern gesehen, daß seine Gattin Eleanore nach der Scheidung als Äbtissin von Fontévrault ihre Tage beschlossen hätte. Eleanore lehnte ab. Erst im Grab haben sie einander wiedergefunden. Da ruht sie nun, wie das erhaltene wunderschöne Grabmal zeigt, zwischen ihrem stürmischen Gatten und dem nicht minder stürmischen Sohn, Richard Löwenherz. Sie, die Königin der höfischen Welt, mit dem Missale in der Hand, eingekleidet als Nonne. In dasselbe Fontévrault übergibt ein reicher Mann aus Lyon seine beiden Töchter als Nonnen. Dieser Mann hat 1173 eine Art Schock erlitten: Ein Spielmann sang ihm die Alexius-Legende so ergreifend vor, daß dieser reiche Kaufherr plötzlich erschüttert inne wurde, daß der Mensch, der wirklich Christ sein will, arm durch die Welt wandern muß. Der wirkliche Christ muß auf Macht, Reichtum, Hab und Gut verzichten. Er läßt sich von dem armen Studenten Bernardus Ydros die Evangelien und andere religiöse Schriften ins Französische und von dem Grammatiker Etienne d'Anse die Evangelien in die süße Sprache der Provence übersetzen. Der Grammatiker wird später ein ehrenwerter Kanoniker, Mitglied des reichen Domkapitels von Lyon. Der reiche Mann aber, Petrus Waldo (Waldes), wird als Begründer der Waldenser, die vom späten 12. bis zum 19. Jahrhundert durch ein Meer von Blut, Tränen und Verfolgung gehen, nie aber die Verkündung der frohen Botschaft in der Brudergemeinde, wie sie ihr Stifter geschaffen hat, preisgeben.

Die Waldenser werden dann mit den Katharern in eine Verfolgung einbezogen und gelten als Erzketzer. Petrus Waldo zog aus, um gegen die Katharer zu predigen und zu wirken. Er dachte nie daran, eine Sekte zu begründen. Das ist ein Musterbeispiel für die tragische Situation der Kirche und Christenheit im hohen 11., im ganzen 12. und noch im 13. Jahrhundert. In der offenen Kirche, der offenen Christenheit, drang erstmalig das Evangelium tiefer ins Wissen und Gewissen einzelner Personen ein und ergriff Adelige und Bauern, Städter und kleine Dorfpriester, Männer, Frauen und Kinder aller Stände. Vom Geist erfaßt, machen sich Laien und Mönche als Wanderprediger auf, verkünden, daß »der arme Herr Christ« nicht mit dem Schwert, der Macht gehe, nicht in den Palästen der Bischöfe und Domherren, nicht in den überreichen alten Klöstern hause, sondern draußen auf dem Lande, auf den Feldern und in jedem Menschenherz, das sich ihm auftue. Der *Cristo de los campesinos,* der Christus des spanischen Landproletariats (viel genannt in den »Ketzer«-Verfolgungen des 16. Jahrhunderts in Spanien), hier wird er bereits gepredigt, von Ergriffenen, von Erweckten, die die ersten Erweckungsbewegungen in Europa schaffen.

Diese in vielen kleinen Gruppen in Südfrankreich, Nordfrankreich, Flandern, den Rheinlanden und Oberitalien auftretenden »Armen Christi« (wie einzelne von ihnen sich nennen) wußten nicht, was ihnen bevorsteht. Sie fühlen sich als selbstverständliche Glieder der »heiligen Christenheit« (»Kirche« nannte man im 11. und 12. Jahrhundert in der Volkssprache nur das Gotteshaus). Noch ein Ignatius von Loyola, der mehr verwandte Züge mit Franziskus gemein-

sam hat, als ihm Fremde zugeben wollen, ein Mann, der
neunmal in den Händen der Inquisition war, glaubt, als er
sich Rom zur entscheidenden Auseinandersetzung nähert,
eine Christus-Erscheinung in La Storta, der kleinen Kirche
vor den Toren der Heiligen Stadt, dahin deuten zu müssen:
In Rom wirst auch du gekreuzigt werden!
Es hing – und das ist ein furchtbares Geheimnis der Geschichte für den, der sie ernst nimmt – sehr oft, und immer
wieder von einem »Zufall« ab, ob aus dieser und jener
Gruppe religiös Erweckter ein anerkannter Reformorden,
eine kirchlich anerkannte Kongregation oder Laiengruppe
wurde, oder ob sie in den Sog der Denunziationen, der Verfolgungen hineingezogen wurden und in diesem Sog dann
bisweilen wirklich »Häretiker« wurden. Weil eben durch
das Beiseitedrängen, das Abdrängen in den Untergrund eine
Radikalisierung, Säkularisierung und eine Verengung eintritt – und nicht zuletzt eine Verbindung mit anderen Menschen, »Brüdern«, die sich schon im gesamteuropäischen
Untergrund auf allen Straßen Europas finden.
Katholische Fromme der Gegenwart und protestantische und
nicht-christlichen Freunde des Franziskus von Assisi, seiner
Liebe zum Tier, zum Geschöpf, zum Frieden, diese frommen
und bisweilen sehr sentimentalen Freunde des Poverello
ahnen meist kaum etwas von der brennenden Wirklichkeit,
die den Heiligen umgibt: ganz dicht, ganz nah um ihn sind
seine verfolgten engsten Freunde und Brüder. Der Franziskanerorden ist ein Reis vom großen Baum der religiösen
Reformbewegungen des offenen Mittelalters. Er wächst selbst
zu einem Baum im Walde des religiösen Aufbruchs heran
und muß immer wieder schmerzliche Hiebe, das Abhauen
ganzer Äste erdulden.
Erinnern wir uns kurz einiger Elemente der Volksfrömmig-

keit des frühen Mittelalters, die sich aber weiterhin kräftig entwickeln oder erhalten: sie bilden das Klima, das in eben dem geschichtlichen Moment zum Widerspruch, zum Widerstand reizt, in dem der »erweckte« Mensch gewahr wird, wie wenig christlich diese christliche Welt ist.

Die große Freude und innere Freiheit, die im griechischen und frühen Christentum in der Erfahrung der Frohen Botschaft (die jedermann lesen konnte!) und der Vereinigung mit dem Auferstandenen lag, war längst einer großen Angst und Entfremdung gewichen. Man betet nicht mehr mit hoch erhobenen Armen, der Sonne Christus zugewandt, sondern mit gefalteten Händen als Knecht Gottes, Knecht der Sünde. Der Priester liest die Messe nicht mehr dem Volke zugewandt, sondern mit dem Rücken zum Volk, in einem Teil der Kirche, der durch Lettner und Chor streng abgetrennt ist von der Kirche der Laien. Das Volk versteht zudem die Sprache der Messe nicht. Um sich religiös schadlos zu halten, liebt es seine Heiligen. Zu dieser Zeit ist es eine Vielzahl von Heiligen, die als »Freunde Gottes«, als heilskräftige Vögte, als Vermittler zur schreckensmächtigen göttlichen Majestät berufen werden. Diese Heiligen sind zum Teil mythischer Herkunft, zum Teil Sippengenossen der reichen, adeligen, großen Geschlechter. Noch Alexander III. muß im hohen 12. Jahrhundert die Schweden bitten, nicht »Männer, die im Trunk ums Leben gekommen sind« (im sakralen Mahle), gleich nachher als Heilige zu verehren.

Das Mysterium in der Messe, im Kult, in der Liturgie wurde umwuchert und überwachsen vom Wunderbaren: das ist einer der bedeutungsvollsten Prozesse, der krebsartig das Mark gesunder Frömmigkeit verzehrt. Nicht die nüchternheilige Teilnahme am Mysterium, an jener Wandlung, die eine Verwandlung des Menschen bewirkt (»ziehet den neuen Menschen an«), ist für dieses mittelalterliche Volk die entscheidende Realität, sondern das »Wunder« und das Wunderbare. Wundersüchtig werden Erscheinungen, Visionen, oft recht exzentrische Dinge ersehnt, erschaut, erwünscht. Wenn im 12. Jahrhundert die Sucht nach dem Wunderbaren sich gerade auch in der Dichtung, im Roman, im höfischen Epos entlädt, nach Befriedigung sucht, so erstrebt sie ihre Hauptbetätigung nach wie vor im religiösen Feld. Wir sahen oben, wie die Verfasser des *Reineke Fuchs* und des deutschen *Tristan* gegen diese Wundersucht protestieren.

Diese und andere Erscheinungen, in denen sich die reichen religiösen Leidenschaften des Volkes verwachsen, krebsartig wuchernd deformieren, hatten immer wieder zwei Hauptursachen. Christus war dem Volk entrückt, direkten Zugang zu ihm hatte nur der Mönch, dann der Weltpriester, der Christi Macht in den Sakramenten verwaltete und in der Messe täglichen Umgang mit dem großen Herrn des Himmels, dem Christkönig pflegte. Diese Entrückung und Entfremdung hatte ihre stärkste Stütze in dem von der römischen Kirche gehandhabten Verbot der Übersetzung der Evangelien und anderer religiöser Schriften in die Volkssprachen. Sehr anders war da die Praxis der griechischen Kirche: diese ist früh die Trägerin einer Volksmission; von ihr gehen die koptischen, syrisch-altlateinischen, äthiopischen, georgischen, armenischen, gotischen, altslawischen Bibelübersetzungen aus. Seit dem frühen 6. Jahrhundert gab es sogar eine byzantinische Hunnenmission in hunnischer Sprache.

Die römische, lateinische Kirche hält ängstlich und eifersüchtig bis heute am *ausschließenden* Primat des heiligen Latein fest – und hat dafür ungeheure Preise bezahlt. Es gibt weder eine christliche Übersetzung der Bibel in eine

Berbersprache noch ins Keltische oder Germanische. Wie leicht hätte die mächtige afrikanische Kirche Übersetzungen in die Landessprachen leisten können, die Kirche Tertullians und Augustins! So fällt diese Kirche dem Islam anheim.

Seit dem 12. Jahrhundert beginnt diese lateinische Kirche die Seelen und die Völker an religiöse Bewegungen zu verlieren, die sich um eine Bibel und religiöse Literatur in der Volkssprache bemühen. Im Spätmittelalter gehen England und Böhmen, dann Deutschland verloren, im 20. Jahrhundert droht die chinesische Kirche verlorenzugehen. Mit derselben unseligen Energie wie gegen Petrus Waldo, gegen die Katharer, gegen zahlreiche andere religiöse Gruppen, die sich um eine Bibelübersetzung in die Volkssprache und einen Gottesdienst in der Volkssprache bemühen, wird der Kampf in der Gegenwart weitergeführt.

Die mächtigste, gegen Rom gewandte religiöse Bewegung des 12. und 13. Jahrhunderts, die Katharer, übernehmen von der Ostkirche und vom Manichäismus die sorgfältige Pflege der Mission in der Volkssprache und die Übersetzung der heiligen Schriften.

Der Manichäismus hatte allein eine der Ostkirche vergleichbare, ja sie noch übertreffende Übersetzungsarbeit geleistet: diese reicht in Asien bis ins Chinesische, in Afrika ins Koptische, bis ins afrikanische und spanische Latein in der späten Antike – und wird im 12. Jahrhundert im Westen sehr aktiv.

Die religiösen Volksbewegungen des 12. Jahrhunderts, die durch ihre Freunde und Gegner dann erst in »linke« und »rechte«, in orthodoxe und häretische Zweige und Ströme aufgespalten werden, wachsen aus einem Boden, den ihnen das 11. Jahrhundert bereitet hat.

Im frühen 11. Jahrhundert sind es zunächst einzelne Bauern und »Ungebildete«, Kleriker und Adelige, die als Häretiker ergriffen werden. Da ist es ein Bauer Leuthard aus einem Dorf der Champagne kurz nach 1000. Er kommt vom Feld heim (hat er eine Vision gehabt, wie Jeanne d'Arc?), verjagt seine Frau, zerschlägt die Kruzifixe in der Dorfkirche, verweigert die Zahlung des Kirchenzehents und will den Propheten des Alten Testaments nicht mehr glauben.

Südfranzösische »Ketzer« kommen 1019 nach Orléans, gewinnen in diesem Bildungszentrum des älteren Frankreich eine Schicht von Adeligen und gebildeten Klerikern, die dem reformfreudigen König Robert (996-1031) nahestehen. Lachend gehen diese »Ketzer« in den Tod, als sie mit Hilfe von Spionen 1022 entdeckt und am 28. Dezember 1022 als erste Ketzer im Abendland verbrannt werden. Sie glauben, ihre Lehre werde bald alles Volk und den König von Frankreich ergreifen.

Um 1200 finden sich unter dem Schutz des königlichen Hofes in Paris die Amalrikaner, eine hochgemute Elite »freier Geister« mit scharf antirömischer Tendenz. Kurz nach 1300 wird ein Kanzler des französischen Königs, Nogaret, selbst aus Katharergeschlecht, dem Papsttum auf seiner höchsten Höhe seine tiefste Demütigung bereiten: er wird Bonifaz VIII. in Anagni gefangennehmen.

In Italien sammeln sich »ketzerische« Bauern, Kleriker, Adelige um 1028 auf der Burg Monteforte zwischen Turin und Genua unter dem Schutz der Gräfin. Froh, heiter, franziskanisch erscheinen einzelne Züge dieser Bewegung. Ihr Glaube: Gott-Vater schuf alles; Christus ist nicht der ferne schreckliche Gott, sondern die von Gott geliebte Menschenseele; der Heilige Geist ist das rechte Wissen und Verständnis der Heiligen Schrift. Diese Ketzer springen in die Flammen, als man sie vor die Wahl: Kreuz der Kirche oder Scheiterhaufen, stellt. Die kirchlichen Chroniken des Hochmittelalters berichten als unverdächtige Zeugen sehr oft vom heiteren, lachenden Sterben der »Ketzer«; es ist das innere Erlebnis der Befreiung, der Freude, der Entbindung der Tiefenschichten, der Erlösung, der Integration der ganzen Person in einem *erstmalig persönlich erlebten Glauben*, das hier zugrunde liegt. Der Rausch der Freude und Freiheit der frühfranziskanischen und frühjesuitischen Bewegung ist mit diesem Erlebnis verwandt.

Der machtvollste Erreger der religiösen Volksbewegung ist im hohen 11. Jahrhundert der Papst. »In der Zeit, wo der Papst der größte Revolutionär ist, sind die, die man sonst Ketzer nennt, seine Getreuesten. Da ist die Pataria in Mailand und Florenz seit 1057, eine Bewegung mit zwei Gesichtern.« Diese religiöse Volksbewegung wird von dem revolutionären Papst Gregor VII. aufgerufen zum Kampf gegen die »simonistischen« adeligen Bischöfe, die sich seiner Reform der Kirche nicht fügen wollen. Für die »Freiheit der Kirche« mobilisierten dieser Papst und seine Freunde das Volk. Der Papst möchte sein Reformwerk vor der gefährlichen Umklammerung durch eine feudalisierte und germanisierte Kirche großer adeliger Bischöfe und Prälaten retten. Das Volk sucht den »armen Christus«, stößt dabei mit seinen Bischöfen zusammen und sucht Hilfe beim Papst. 1077 suchen religiös ergriffene Laien aus Flandern Schutz beim Papst gegen ihren Bischof von Cambrai, der sie als »Ketzer« ansieht. 1162 kommen wieder Leute aus flandrischen Städten zu Papst Alexander III., da sie vom Reimser Erzbischof als Ketzer angegriffen wurden ob ihres »apostolischen« Lebenswandels. 1179 soll derselbe Papst Petrus Waldo in Rom brüderlich umarmt haben. Waldo suchte Hilfe, bedroht vom Erzbischof von Lyon. Auch Franziskus wird Hilfe und Schutz in Rom suchen.

Rom aber war im 12. Jahrhundert zu schwach, es besaß weder die Männer noch die geistigen Mittel, um diese einzeln und in vielen Gruppen aufbrechenden Menschen kirchlich zu sammeln, zu behüten und geistlich zu disziplinieren. So fiel die Auseinandersetzung mit ihnen doch wieder den Bischöfen und den alten und jüngeren Orden anheim, die voll Eifersucht und Argwohn auf diese »Neuerer« sahen. Am meisten Ärgernis erregte, daß diese »Ungebildeten« predigten und sich anmaßten, die Bibel zu lesen, übersetzen zu lassen und auszulegen. Petrus Waldo ist zum »Ketzer« geworden, da er sich und den Seinen das Predigen nicht verbieten ließ. »Freiheit des Wort Gottes«: diese Freiheit steht für diese religiös ergriffenen Menschen höher als die »Freiheit der Kirche«.

Das frühe 12. Jahrhundert ist voll von Eremiten, Wanderpredigern und frei herumziehenden Mönchen. Aus ihren Gemeinschaften erwachsen neue kirchlich approbierte Orden und Kongregationen und häretische Sekten. Einer aus dieser Schar ist Robert von Arbrissel (wir kennen ihn als Gast des Großvaters Eleanores, des ersten Troubadours, Wilhelm XI.). Er gründet die Kongregation von Fontévrault, in dem Eleanore von Aquitanien und die Töchter des Petrus Waldo ihre Zuflucht finden.

Gleichzeitig gibt es vor allem in Frankreich und Flandern, aber auch in Oberitalien zahllose religiöse Individualisten, um die sich kleinere Gruppen oder größere Bewegungen scharen. Priester, Mönche, Adelige, Schmiede, Handwerker, Bauern, städtische Patrizier (wie der Jurist Ugo Speroni): alle Stände sind vertreten. Die Wanderpredigt, ein »apostolisches Leben«, »Nachfolge Christi« in Armut und Gewaltlosigkeit erscheinen als Motive und Motoren dieses religiösen Aufbruchs. Diese »Ketzer« des 12. Jahrhunderts sind überzeugt, daß ihre Lehre und Gesinnung dem Evangelium entspricht. Als »wahre Christen« stellen sie sich einer Kirche gegenüber, die sie im Abfall von Gott, Christus, dem Heiligen Geist und der Liebe sehen. Diese »Ketzer« unterscheiden zwischen »guten« und »schlechten« Priestern und weigern sich, von letzteren die Sakramente zu nehmen. Ihr »Antiklerikalismus« darf aber nicht mißverstanden werden. Das ganze breite, offene Mittelalter war gewohnt – gerade auch in seinen katholischesten Zeiten –, seinen Klerus sehr offen zu kritisieren. Auch hier stehen diese »Ketzer« des 12. Jahrhunderts mitten im Volk des Mittelalters. Erst die Verfolgung, die Auseinandersetzung vor allem mit einzelnen Bischöfen drängt sie oft in eine Haltung hinein, in der dann für die eigene Selbstbehauptung eine ideologische Begründung in einer immer weiter gehenden Ablehnung des Kirchenwesens ihrer Zeit gesucht wird.

Beachtenswert ist, daß neben adeligen Herren, die früh als Schirmherren religiöser Nonkonformisten auftreten, immer stärker die Frau in den Vordergrund tritt. Überherrscht vom Manne, verachtet und verspottet von Mönchen, als Ware im Ehehandel verkauft, sucht sie Befreiung aus dieser Erniedrigung, sucht geistige und religiöse Bildung, die es ihr ermöglicht, sich als Persönlichkeit zu behaupten. Die höfische Kultur und die Katharer stehen unter dem Schutz der adeligen Dame – zunächst in der Provence.

Die Lage für alle religiösen Individualisten, Nonkonformisten und »Ketzer« wird im 12. Jahrhundert durch das Auftreten der Katharer dramatisch zugespitzt. Dies ist eine an sich außereuropäische, östliche, im letzten außerchristliche Bewegung, die Südwesteuropa unterwandert, im Sturm erobert und dann in einem dreißigjährigen Bürgerkrieg ausgerottet wird. Um 1140 findet man die ersten Katharer in

Westeuropa. 1323/24 besteigen die letzten Katharer in Südfrankreich den Scheiterhaufen. Ihr Geist aber lebt weiter.
Mit einem tiefen Instinkt für geistige Verwandtschaft bekennen sich in diesem Süden die Hugenotten im 16. und 17.
Jahrhundert zu den Katharern, denn sie sehen in ihnen Repräsentanten der Urkirche. Bossuet, der Vorkämpfer eines
integralen Katholizismus unter dem Sonnenkönig, spricht
die Katharer direkt als Vorläufer der Hugenotten an und
sieht in ihnen Mitglieder der Teufelskirche, die sich in allen
Zeiten der römischen Kirche entgegenstellt. In die Tragödie der Katharer ist die Tragödie der höfischen Kultur des
Südens ebenso verflochten wie das Schicksal der religiösen
Volksbewegungen im 13. und 14. Jahrhundert. Immer wieder werden Gegner versuchen, diese und jene Gruppe mit den
Katharern in Zusammenhang zu bringen, um sie als »anti-
christlich« brandmarken zu können. So werden die Waldenser, die ursprünglich sehr gegen die Katharer eingestellt waren, mit diesen auf einem Scheiterhaufen verbrannt; und jene
Franziskaner, die sich dem Sieg Bonaventuras nicht beugen
wollen, ereilt dasselbe Los.
Die Katharer sind der erste Versuch einer östlichen, außerchristlichen Lehre, sich im neueren Europa einzuwurzeln.
Das griechische Wort Katharer bedeutet bekanntlich »die
Reinen«. »Reinheit« des Geistes, seine Befreiung von der
bösen Welt und Materie war das Ziel griechischer Mysterien
und iranischer, manichäischer Religionen. Griechische Gnosis,
der hochgemute Glaube an die Macht des reinen Geistes, unmittelbar zur Gottheit aufzusteigen, und nahöstlicher Manichäismus mit seiner Überzeugung, daß ein harter, ausschlie-
ßender Gegensatz die Kinder des Lichtes und die »Kinder
der Finsternis« (*the children of light* werden es die neueren
Puritaner nennen) trenne, sind Wurzeln der Katharer.

Dieser ebenso hochgemute wie verzweifelte Dualismus wird
im 10. Jahrhundert in Bulgarien geschichtsmächtig. Land
und Volk der Bulgaren stehen unter dem Druck der Russen,
der Byzantiner und Roms. Ein reicher Hochadel, eine reiche
Kirche und Klosterwelt stehen dem Kleinadel, dem niederen
Klerus und den Bauern gegenüber. Diesen drei »niederen«
Ständen predigt der Dorfpriester Bogomil; die große Welt
ist böse; leben wir ein schlichtes apostolisches Leben, ein
Büßerdasein in Gebet und Innerlichkeit. Ein »einfaches Leben«. Aller Prunk der Kirche und alle Macht des Staates
und der Reichen sind eitel und leer. Der Christ kann auf
dieser Erde nur Blut und Tränen erwarten. Satan, der Bruder Christi und ältere Sohn Gottes, hat diese Welt geschaffen. Er ist der »Gott« der Genesis und des Alten Testaments.
Hier wird bereits die Vermischung christlicher Motive mit
außerchristlichen, gnostischen Lehren sichtbar. Die byzantinischen Kaiser hatten schon im 9. Jahrhundert zwangs-
weise gnostische östliche Sekten in Thrakien angesiedelt
(Paulikianer und Messalianer). Diese mischen sich mit den
Bogomilen, den »Gottesfreunden«. 1018 erobert der ost-
römische Kaiser das bulgarische Reich, und von nun an
unterwandert die Sekte der Besiegten das byzantinische
Reich. Im reichen Byzanz gewinnen die Bogomilen Anhang
im Hochadel, der gern philosophiert, religiös und intellektuell neugierig ist; ihn interessiert vor allem die ideologische
und kosmologische Spekulation (eine verwandte Neugierde
treibt den provençalischen Adel im 12. Jahrhundert zu den
Katharern). Auch das geistig ausgetrocknete byzantinische
Mönchtum wird beeindruckt. Diese neuen Schichten und
das andere geistige und politische Klima in Byzanz erzwingen eine Differenzierung, eine Spaltung der Bewegung in
getrennten Kirchen. Die Altbogomilen nennen sich »bulga-

Schachspiel. Elfenbeinschnitzerei auf der Rückseite von Spiegeldosen.
1. Hälfte des 14. Jahrhunderts. Louvre, Paris.

risch«, die Neubogomilen bekennen sich zur »dragowitischen Kirche« (nach der thrakischen Landschaft Dragowitza).
Die Kreuzfahrer, die im frühen 12. Jahrhundert nach Byzanz kommen, finden die byzantinischen Kaiser sehr beschäftigt mit der Austreibung der Bogomilen (1110 und
nach 1140). Diese wandern aus und beginnen eine internationale Mission. Serbien, Bosnien, Dalmatien, dann Italien
und Frankreich werden seit der Mitte des 12. Jahrhunderts
unterwandert. In Bosnien wird das Bogomilentum unter
dem Ban Kulin (1180–1204) zur Staatsreligion und zu einer
festen ideologischen Stütze gegen das päpstliche Ungarn und
dessen Expansionen. Auf dem Balkan, der bis heute in dieser Spannung steht, halten sich die Bogomilen zwischen den
zwei Großkirchen und zwei Kaisern, zwischen Westrom
und Ostrom, zunächst bis zum 15. Jahrhundert, bis die Türken die Macht übernehmen. Im Untergrund entwickelt das
Bogomilentum des Balkans einerseits eine radikale, militante
Geheimgesellschaft, eine der Wurzeln der geheimen Bruder-
bünde, die im 19. und frühen 20. Jahrhundert die Geschichte
des Ersten und Zweiten Weltkrieges mitbestimmen; und andererseits eine ebenso radikal pazifistische Brudergemeinde,
die sich vom 16. Jahrhundert an mit den westeuropäischen
Schwärmern in Siebenbürgen, Mähren und Polen trifft –
und von hier nach Rußland vorstößt. 1867 soll in der Her-
zegowina die letzte bogomilische Sippe zum Islam über-
getreten sein. Der politische, religiöse und mentale Untergrund des Balkans ist so wie der westeuropäische Untergrund
nur im Zusammenhang mit den Bogomilen zu verstehen,
die im Westen als »Bulgaren« (der Name für viele verschiedene Ketzereien) und als »Katharer« verfolgt werden.
Kaufleute, vielleicht auch enttäuschte Kreuzfahrer bringen
aus dem zweiten Kreuzzug die bogomilische Lehre an den

Rhein und nach Nordfrankreich. Dazu gesellen sich aus Byzanz vertriebene Bogomilen. Offenes, wenn man will, gefährlich offenes Europa des 12. Jahrhunderts: der Weg dieser »Ketzer« in den Westen »gleicht einem Triumphzug; überall finden sie Aufnahme; eine kaum glaubliche Begeisterung trägt sie«. Das reiche Köln erweist sich als besonders anfällig. Hilflos und ohnmächtig vor Zorn steht ihnen Bernhard von Clairvaux, der beredteste Sprecher der westlichen Christenheit, gegenüber. »Hochmut« und »Heuchelei«, das sind seine Hauptvorwürfe.

In kaum mehr als zwei Jahren erfaßt die katharische Bewegung die Lande zwischen Rhein und den Pyrenäen. »Der Gleichklang von Leben und Lehre ist berauschend.« Geistliche und Frauen treten ihnen bei, alle Volksschichten werden ergriffen, vergessen ihre Schranken. Die erste Erweckungsbewegung rollt über Westeuropa. Die *revivals* in der »Kirche der Wüste«, der verfolgten Hugenotten im französischen Süden im 17. und 18. Jahrhundert, werden dieselben ekstatischen Züge tragen.

Nach dem bogomilischen Vorbild wird das erste abendländische Bistum der Katharer in Nordfrankreich gegründet, vielleicht in Mont-Aimé in der Champagne (um 1150–60?). Eine der nächsten Gründungen erfolgt in der Gegend von Albi in Südfrankreich. Albi gibt der Bewegung einen neuen Namen: Albigenser. Von Frankreich aus wird Italien missioniert – von der Lombardei bis Neapel!

Um 1162 landen in England 30 deutsche Katharer, wahrscheinlich rheinländische Bauern, Männer und Frauen, unter Führung eines gewissen Gerhard. Sie haben geringen Erfolg, werden ergriffen und hingerichtet; sie sterben gefaßt, ja sogar froh. Die Assize von Clarendon (1166) ist das erste größere weltliche Ketzergesetz des neueren Europa. Der englische Chronist bemerkt zu seinem Bericht über dieses gescheiterte erste Experiment in England: Diese Bewegung ohne Namen ist überall bereits verbreitet wie der Sand am Meer, in Frankreich, Spanien und Deutschland. 1210 werden in England wieder Katharer bekannt.

Die überrasche Ausbreitung kann von den Katharern selbst organisatorisch und geistig nicht bewältigt werden: Risse, Spaltungen treten auf, zerklüften die Bewegung und lähmen später ihre Stoßkraft. Besorgt beobachten die Väter der Bewegung im Osten diese westeuropäischen Prozesse. Es ist Zeit, einzuschreiten. Wahrscheinlich im Jahr 1167 kommt Niketas, der Bischof der dragowitischen radikal-dualistischen Kirche von Konstantinopel, in die Lombardei und weiht hier Markus, den Diakon der italienischen Katharer, zum Bischof. Das hat die Radikalisierung der italienischen Katharer zur Folge. Bisher waren die westeuropäischen Katharer Altbogomilen, gemäßigte Dualisten (Satan half Gott bei der Weltschöpfung). Niketas gewinnt dann auch Frankreich und weiht die drei katharischen Bischöfe von Nordfrankreich, Südfrankreich und der Lombardei neu auf dem Konzil in St. Felix de Caraman bei Toulouse.

Dieser einen starken Persönlichkeit des Ostens ist es also gelungen, die Katharer Europas gleichzuschalten und zu radikalisieren. Nun treten die westlichen und christlichen Elemente (apostolisches Leben, Armutsbewegung) zurück und die außerchristlichen Elemente in den Vordergrund.

Niketas hatte in seiner großen Konzilsrede die europäischen Katharer ermahnt, in Frieden und Eintracht zusammenzustehen. Eben dies erwies sich als unmöglich: Sehr bald zeigt sich, daß der Genius dieses Europa und dieses Mittelalters, nachdem er zuerst überrumpelt worden war, sich auch hier eigentümlich bekundet: in der Gegenkirche gegen Rom, im

Katharertum. War bereits das Christentum und der Katholizismus dieses Mittelalters eine breite, später »unmöglich« und undenkbar erscheinende Koexistenz sehr disparater Elemente, so trifft eben dies immer mehr auch auf die europäischen Katharer zu. Sie spalten sich in verschiedene Gruppen, und der Glaube des einzelnen, des gemeinen Mannes in seiner katharischen Gemeinde nimmt eine ganze Reihe von katholischen und christlichen Elementen in sich auf. Ja, es kommt später sogar zur Ausbildung einer katharischen Scholastik, die sich im Kampf immer mehr dem Gegner nähert und dessen Fragen und Problemstellungen annimmt. Bunt stehen da evangelische, christliche Glaubensmotive neben anderen, die manichäischer, gnostischer Herkunft sind.

Wachstum und Spaltung der Bewegung gehen also zwischen 1170 und 1215 Hand in Hand. Unter dem Nachfolger des Italieners Markus, dem Weber Johannes Judaeus, der vielleicht ein bekehrter Jude war (*conversos*, bekehrte Juden, spielen in den nonkonformistischen spanischen Erweckungsbewegungen des 16. Jahrhunderts eine große Rolle), kämpfen altbogomilische, »bulgarische« und radikale Gruppen miteinander um die Macht in den einzelnen Gemeinden und Landeskirchen. Die Heftigkeit dieser Kämpfe erinnert an Parteikämpfe verbotener Parteien im Untergrund.

Vom Westen stoßen nun die Katharer in den europäischen Osten vor. Von den rheinischen Bischofsstädten zur Donau, nach Passau und Wien. Ihr »Paradies« ist Italien und die Provence. In Italien bilden sie sechs Kirchen, die größte in der Lombardei, die gebildetste in Florenz; diese erhält eine eigene theologische Akademie in Poggibonsi. Alle Schichten des Volkes sind da vertreten. Eine gewisse Führungsschicht bilden Schreiber und Weber, »sitzende und grübelnde Berufe«; ein intellektuelles Proletariat und der »proletaroide Intellektualismus« der Weber, die vom 12. bis 19. Jahrhundert einen hohen Prozentsatz in nonkonformistischen religiösen, dann auch in den politischen Bewegungen stellen. Das Gros der Anhänger sind Handwerker und Taglöhner in den Städten. In Südfrankreich und in der Provence ist der Adel ihr Schirmherr. Der reiche Adel liegt in Fehde mit den reichen Prälaten und Klöstern, auch der kleine Adel möchte nicht ungern deren Güter übernehmen. Geistiger ist die Anteilnahme der Frauen. Es sind hochadelige Damen, nicht wenige aus der Verwandtschaft der Königin Eleanore, wie die Gattinnen der Grafen Raimund VI. von Toulouse und Raimund-Roger von Foix, Damen der ersten Gesellschaft, wie die berühmte Blanche de Laurac, Nonnen aus den vornehmsten Familien, die sich offen zu den Katharern bekennen und bisweilen ihre katharischen Hausgeistlichen haben.

Große, berühmte Namen klingen da als »Ketzerführer« auf: die Herren von Montesquieu, Sabatier, Mazéroles, die Grafen von Foix, Montréal. Namen, die zur politischen und geistigen Elite Frankreichs vom 16. Jahrhundert bis zur Gegenwart gehören, werden im 12. und 13. Jahrhundert als Freunde und Anhänger der Katharer genannt. In Toulouse ist zwischen 1228 und 1240 ein Bernhard de la Mothe der Bischof der Katharer. (Der katholische Bischof und große »Nonkonformist« Fénelon im 17. Jahrhundert und der deutsch-französische Dichter des 19. Jahrhunderts, de la Motte-Fouqué, sind seine Verwandten.) In der Blütezeit der Bewegung fühlen sich besonders Gebildete von den Katharern angezogen: Ärzte, gebildete Kleriker, Dichter, Maler. In Reims wird als Freund der Katharer der berühmte Maler Nikolaus genannt. (Viele Maler stehen dem religiösen Nonkonformismus nahe, auch später um Denk und die drei »gottlosen Maler« der Dürerzeit in Nürnberg, um Rembrandt und das »Haus der Liebe« in Amsterdam, um Hieronymus Bosch bis herauf zu Van Gogh und zur Gegenwart.) Noch in ihrem Untergang werden einige Troubadours den Katharern die Treue. halten.

Was zog die Menschen des 12. Jahrhunderts so sehr zu dem eigentümlichen Gemenge gnostischer und christlicher Motive in den Lehren der Katharer, der »Reinen«, hin? An erster Stelle muß wohl immer die Faszination der »Reinheit« genannt werden. »Das katharische Grunderlebnis ist der unversöhnliche Gegensatz zwischen der Seele des reinen Menschen und der bösen Welt.« Wie sehr diese katharische Weltanschauung heute noch sehr reine und sehr intellektuelle Geister zu faszinieren vermag, dafür mag einer der reinsten religiösen Köpfe des modernen Frankreich einen Beleg bilden: Simone Weil. Diese Frau, in deren Brust ein unauslöschlicher Durst nach dem Absoluten brennt, pilgert mitten im Zweiten Weltkrieg zu einem Erwecker des Katharertums nach Toulouse.

Die »Reinen« haben das Bedürfnis, die Welt und sich selbst von allem Geistlosen, das als unrein erachtet wird, zu reinigen. Die Katharer stehen an der Wiege aller späteren Reiniger, Säuberer und Puritaner.

Eine erste »Reinigung« gilt der Bibel. Das Alte Testament wird einer scharfen Kritik unterzogen, nur 13 Propheten, die fünf Bücher Salomons und die Psalmen (später das Lieblingsgut der Hugenotten) werden als »echt« anerkannt. Christus ist nicht Gott; er und Maria sind hohe Geister, besaßen nur einen Scheinleib. Die Menschenseelen sind »gefallene Geister«, vom Satan im Himmel verführt und auf die Erde gestürzt.

Die Anschauungen über die Entstehung des Kosmos und den Anteil des Satans daran gehen bei den einzelnen Gruppen der Katharer sehr auseinander. Die Radikalsten sehen in Satan den bösen Gott, der die Welt, das Fleisch, den Kosmos schuf; nur radikale Trennung von der Welt, Vergeistigung kann die auf Erden gefangene Seele des Menschen erlösen.

Aus diesem bösen Gott wird bei spanischen und italienischen Katharern eine kalte physikalische Natur-Macht. Diese Verselbständigung der Natur kam besonders den Ärzten und naturphilosophisch interessierten Zeitgenossen entgegen. Ein später Katharer aus Treviso lehrt 1280: Gott läßt allen Dingen ihren Lauf; nicht er, sondern die Feuchtigkeit der Erde läßt die Früchte wachsen. Der Mensch stirbt wie das Vieh.

Uneinheitlich wie über den bösen Gott sind die Meinungen über den guten Gott. Einer der letzten Katharer in Südfrankreich lehrt: Die Natur selbst ist der gute Gott; Erde, Wasser und Wind sind die wahre Dreifaltigkeit.

Die Weltgeschichte ist der Kampf des guten Gottes gegen den bösen Gott. Alles Leid der Menschen stammt von ihrer Unwissenheit: als »Kinder der Finsternis« kämpfen sie gegen die »Kinder des Lichts«; verblendet vom Satan beten sie den bösen Gott an: Jehova, Baal, Jupiter, den Gott der römischen Machtkirche, und verstricken sich immer mehr in die Knechtschaft des Ungeistigen. Der Mensch wird durch das »wahre Wissen«, durch die Erkenntnis des wahren, guten Gottes erlöst. Christus ist ein Lehrer dieses guten Gottes. Nach seinem Tod schuf Satan die Satanskirche, die babylonische Hure, die römische Kirche, die nun die »Reinen«, die Armen, die wahren Nachfolger Christi bis an das Ende der Welt verfolgt. Einzelne Katharer übernehmen von den katholischen Reformern des 11. und von christlichen Nonkonformisten des 12. Jahrhunderts die folgenschwere Lehre: Seit Konstantin dem Großen ist die römische Kirche der Macht, dem Ungeist erlegen; seither herrscht sie in unheiliger Allianz mit den Herren der Welt. Sie und diese Herren besitzen kein Recht, »Ketzer« zu verfolgen, zu verurteilen und zu töten. Auch die Waldenser vertreten diese Überzeugung.

Todesstrafe für Verbrecher und Ketzer ist reiner Mord. Jeder Krieg und jeder Kreuzzug sind Sünde. Die Katharer haben ihre Propaganda gegen den Krieg und Kreuzzug so wirksam vorgetragen, daß die Katholiken umfangreiche Gegenschriften verfassen mußten: Krieg und Kreuzzug werden da im 12. und 13. Jahrhundert als erlaubte Mittel »zur Verteidigung der Gesellschaftsordnung« dargestellt, mit denselben Argumenten, derer sich Theologen im 20. Jahrhundert bedienen.

Die bosnische Bogomilenkirche hat sich im Sinne ihres Friedensgedankens vom 12. bis zum 15. Jahrhundert als Friedensstifterin zwischen König, Adel, Katholiken, Bogomilen, Ungarn, Türken eingesetzt und bewährt.

Diese Welt ist böse. Wer rein werden will, muß ihr entsagen. Die »Vollkommenen« *(perfecti)*, die »Vollendeten« enthalten sich des Fleisches in jeder Form, des Geschlechtsverkehrs, der Ehe. Sie leben als rigorose Asketen in Armut und Mission. Diese Elite der Katharer wirkt faszinierend auf das Volk: Sind nicht hier endlich die »wahren Mönche« erschienen, denen die Sehnsucht des 12. Jahrhunderts gilt? Diese Vollendeten waren »eine furchtbare Macht: denn in ihrem gelebten Leben begegnen sich bogomilisches Dogma, Kirchenreform und abendländische religiöse Bewegung in imponierender Einheit«.

Die Vollendeten zeigen, was der Mensch vermag, der aus dem »reinen Geiste« lebt. Ungeheure Kräfte sind ihm gegeben. Hochgebildet ist ihre Predigt und Evangelienerklärung – sie berufen sich fast nur auf das Neue Testament –, der katholischen Volkspredigt weit überlegen. Ihre Bibelübersetzung, ihre religiöse Literatur in der Volkssprache hat überhaupt kein Gegengewicht zu fürchten.

Der Vollendete formt sein ganzes Leben aus dem Geist, der in ihm Erkenntnis und Wille wird. Also übernimmt er auch die Gestaltung seines Sterbens. Der Vollendete stirbt durch den Freitod. Von verschiedenen Selbstmordarten wird der *endura* (dem freiwilligen Verhungern) der Vorzug gegeben. In der Spätzeit übergibt man auch Kranke und Kinder, um sie nicht der bösen Welt und den Verfolgern zu überlassen, der *endura.* Zum ersten Male zieht hier das Lob des Freitodes in Europa ein; stoische und Renaissance-Einflüsse werden hier anknüpfen, im selben Raum um Toulouse im 16. und 17. Jahrhundert, in dem im 12. und 13. Jahrhundert viele Vollendete durch Freitod sterben.

Diese »Kirche der Reinen« fasziniert also durch ihre Radikalität gleichermaßen die Gebildeten wie das Volk. Die Massen der Anhänger leben ein anderes Leben, lassen sich auch gleiten, sehen aber auf die Vollendeten und streben vor ihrem Tod Aufnahme in deren Gemeinschaft an. Ein besonderes Ärgernis für ihre katholischen Gegner stellt die Faszination ihres Kultes, ihres Gottesdienstes dar. Bernhard von Clairvaux und andere Prediger klagen empört die Katharer an, daß sie im Verborgenen als »ein lichtscheues Gesindel« in unterirdischen Gelassen in den Städten, in Schuppen, Kellern, in Wäldern und Waldhütten ihre abscheulichen »Gottesdienste« feiern. (In Gebieten, in denen sie besonderen Einfluß haben, wie in Toulouse, Mailand,

Florenz, werden auch katholische Kirchen als Kultorte der Katharer genannt.)

Bernhard von Clairvaux und die katholischen Kreuzzugsprediger gegen die Katharer wären noch mehr erschrocken, wenn sie gewußt hätten, daß dieser Kult in wesentlichen Zügen den Kult der frühen Christenheit vor Konstantin widerspiegelt. Das große Drama, die Ausrottung der Katharer in den Albigenserkriegen (zunächst von 1208–28) hat auch dies faktisch zum Inhalt: Hier war einer barbarisierten, durch fast ein Jahrtausend keltischer, germanischer und später römischer Einflüsse verwandelten Christenheit eine geistige, religiöse und kultische Sphäre gezeigt worden, die in ihrem Enthusiasmus und ihrer Radikalität die Verhältnisse der frühen Christenheit bestürzend nah vor Augen stellte: das brodelnde Chaos der ersten vier Jahrhunderte, in denen (um mit Klemens von Alexandrien zu sprechen) hundert Blumen blühten, das heißt: alle Einflüsse des Geistes der Antike, des Ostens, des Griechentums und der vielen christlichen Gruppen miteinander rangen, sich gegenseitig befruchteten. Im 12. Jahrhundert wird Europa wieder anfällig, erweist sich als offen zur Aufnahme dessen, was einst bereits glühende Gegenwart gewesen war.

Einfach ist dieser Kult der Katharer. Wesenhaft ist das Gebet bei Tag und Nacht. Im engeren Gottesdienst spielen Hymnen, Jubelgesänge eine bevorzugte Rolle. Die Katharer feiern das Herrenmahl mit Danksagung, Brechen des Brotes und gemeinsamem Mahl wie die frühe Kirche gegen die Mitte des 3. Jahrhunderts, als die *Agape*, das Liebesmahl, noch eng mit der *Coena Domini*, dem Herrenmahl, verbunden war. Ein Vollendeter predigt meist eng im Anschluß an einen Text des Evangeliums. Der Friedenskuß schließt die liturgische Feier; die Gläubigen knien vor den

Vollendeten nieder und rufen den Heiligen Geist an. Einmal monatlich findet das *Apparelliamentum* statt, das öffentliche Sündenbekenntnis der Gemeinde vor einem Vollendeten.

Die »Kirche der Reinen« kennt nur ein Sakrament, das *Consolamentum*. Es wird durch Handauflegung übertragen. Der Vollendete gibt durch das Consolamentum dem Gläubigen dessen eigenen »Heiligen Geist« zurück, den er beim Fall der Engel im Paradies zurückgelassen hat. Ein mindestens einjähriges Katechumenat hat als Probe- und Bußzeit voranzugehen. Das Consolamentum ist Geist-Taufe und Firmung, Priesterweihe und Letzte Ölung in einem. Der Neueintretende wird als »lebendiger Stein am Tempel Gottes« (man vergleiche damit die Templer und einige Riten der Freimaurer), als »Schüler Jesu Christi« angesprochen: »Übergibst du dich Gott und dem Evangelium?« Feierliche Schwüre, bis in den Tod getreu zu sein, schließen die heilige Handlung, die von großem Ernst ist, bereitet sie doch auf das Martyrium vor. Durch das Consolamentum erhält der Gläubige die Kraft, in allen Taten als Christ zu wirken. Diese wuchtige und auf ihre Weise monumentale Geistfeier bildet das innere Rückgrat des fanatischen Kampfes der Katharer gegen die katholischen Sakramente, die römische Messe, gegen das Kreuzzeichen, das als Symbol des Sieges Satans über Christus verstanden wird. Die katholische Messe erscheint den Katharern als eine böse und dumme Verkehrung des wahren Gottesdienstes aus der Kraft des Heiligen Geistes in Aberglauben. Eleanore, die Gattin des Grafen Raimund VI. von Toulouse, eine Verwandte der uns so gut bekannten Königin Eleanore, zelebriert in Rom, während der Papst die Messe liest, in derselben Kapelle heimlich ein feierliches *Melioramentum*.

Die Kluft zwischen den Katharern und den römischen Katholiken des 12. Jahrhunderts war so groß wie eben die zwischen Christen des 2. und 3. Jahrhunderts, die in der hellenistischen Welt aufgewachsen waren, und der Volksfrömmigkeit des hohen Mittelalters. Dazu kamen die östlichen Radikalisierungen und der bereits bestehende Gegensatz zwischen der Kultur der Provence und des Südens gegen den »fränkischen« Norden.

Der Erfolg der Katharer war zunächst so groß, daß sich die römische Kirche nur zögernd, schwerfällig und langsam zum Gegenstoß zu rüsten vermag. Der erste Kreuzzug gegen die Katharer (1181) unter Leitung des Kardinallegaten Heinrich, Abt von Clairvaux, gegen den Vicomte Roger II. von Béziers und Carcassonne verläuft ohne starke Beteiligung und ohne großen Erfolg. 1179 hatte das 3. Laterankonzil erstmalig einen Ablaß für den Kampf gegen die Katharer verkündet.

Erfolg hat erst Papst Innozenz III. Er ruft den nordfranzösischen Adel zum Kreuzzug gegen die »Albigenser« auf und verspricht dem König von Frankreich die Herrschaft über das Land. Das berühmte Glaubensbekenntnis des 4. Laterankonzils (1215) ist »fast Satz für Satz gegen den katharischen Glauben gerichtet«. Innozenz III. bestätigt den neuen Orden der Dominikaner, die sich ganz der Bekehrung der Ketzer widmen sollen. Diese Predigt aber versagt zunächst, ebenso wie die Predigten Bernhards von Clairvaux, der Zisterzienser und päpstlichen Legaten versagt hatten.

1204 findet in Carcassonne die letzte öffentliche Diskussion zwischen Katharern und Katholiken statt. Ein Schiedsgericht aus 13 Albigensern und 13 Katholiken überwachte diese Streitgespräche, die ganz der offenen Welt des 12. Jahrhunderts und der Kultur des religiösen und weltanschaulichen Streitgesprächs in der Hemisphäre des arabischen Islam und dann des mongolischen Weltreiches entsprachen.

Am 26. Januar 1205, am Vorabend des großen Krieges, schreibt der große Papst Innozenz III. an seinen General-beauftragten für die Rückgewinnung des Südens, Pierre de Castelnau, der aufgeben und sich in ein Kloster zurück-ziehen will, den furchterregenden Satz: »Die Aktion ist mehr wert als die Kontemplation.« Das ist von nun an das Glaubensbekenntnis eines militanten Westens: Die Kriege und Missionen, die Feldzüge zur Verbreitung des Reiches Gottes auf Erden, der Kultur, des »Fortschritts« sind primär mit der Waffe zu führen.

Zuerst zögernd, dann gierig nehmen die nordfranzösischen Adeligen den Ruf des Papstes auf. Innozenz III. fordert das *exterminare* der Ketzer. Ein zweideutiges Wort, das »ver-bannen« und »hinrichten« bedeuten kann. Und nun ent-brennt ein Krieg (1208/9 bis 1229) voll Blutrausch und Fanatismus. »Gräßliche Verstümmelungen und Morde ohne Rücksicht auf Alter und Geschlecht zeigen uns das furcht-bare Gesicht des nationalen und religiösen Fanatismus.« Auch der tote Gegner und vor allem die Frau, die verhaßte, gefürchtete, umworbene Frau des Südens, werden nicht ge-schont. Das Reich der Königin Eleanore sinkt in Schutt und Asche – mit ihm die Kultur des Südens, der Dame, des »freien Geistes«, der Troubadours.

In diesem letzten Kampf des Südens um seine Selbstbehaup-tung gegen den Norden laufen dabei immer noch – typisch für dieses Mittelalter – Fronten quer durch: zur politischen Partei der Katharer gehören auch katholische Adelige. Nicht wenige dieser hohen Herren haben 1212 im Kreuzzug gegen die Araber in der berühmten Schlacht von Las Navas de Tolosa tapfer gekämpft und werden nun im Kreuzzug gegen die Albigenser von den nordfranzösischen Herren getötet, an deren Seite sie ein Jahr zuvor fochten! So fallen König Peter von Aragon, der Herr von Astarac und viele andere. Doch gibt es andererseits in der nächsten Umgebung des rüden, barbarischen Simon von Montfort, des Führers dieses Kreuzzuges, immer noch katharische Kapläne.

Äußeres Ende des Krieges: Am 12. April 1229 beschwört Graf Raimund VII. von Toulouse vor dem Hauptportal von Notre-Dame in Paris die totale Kapitulation. Wer denkt heute daran, wenn er vor Notre-Dame in Paris steht, daß hier der letzte Akt einer der größten Tragödien der europäischen Geschichte begonnen hat? Denn jetzt übernahm die Inquisition die Liquidierung der besiegten Ketzer. Diese aber gehen endgültig in den Untergrund, den sie in diesem Südwesten aufbauen. Diese Tragödie erhält durch folgende Tatsache einen besonders tragischen Akzent: Während die Kreuzfahrer aus dem Norden in den Süden stürmen, um die Albigenser auszurotten, befindet sich die dritte Generation der Katharer mitten in einem Umbildungsprozeß zu einer friedlichen Anstaltskirche. Sie entwickelt sich eben zu einer »Mittelstandskirche«, die sehr viele katholische Elemente wieder aufnimmt und den Sturm und Drang und die Radikalität der ersten und zweiten Generation der Neubekehrten zu einer fast quietistischen, stillen, bescheidenen Art abwandelt, sie findet langsam zu einem Sonderdasein, das darauf verzichtet, revolutionär die Welt ändern zu wollen.

Sofort nach der Niederwerfung der Albigenser wird die Inquisition mit dem Sitz in Toulouse eingerichtet. Jede Frau über zwölf Jahre, jeder Mann über vierzehn muß der Häresie abschwören. Niemand darf ein Altes oder Neues Testament besitzen, weder in der Volkssprache noch auch

lateinisch. Erlaubt sind nur: der Psalter, das Brevier, die
Tagzeiten der heiligen Maria, doch alles nur lateinisch. Mit
der Synode von Toulouse (1229) beginnen die römisch-
katholischen Verbote beziehungsweise Einschränkungen des
Lesens der Bibel in der Volkssprache, gegen die sich im
Mittelalter nach den Südfranzosen die Engländer, Böhmen
und Deutschen als erste erheben. Auf das Verbot von Toulouse folgen die Verbote von Tarragona (1234) und Oxford
(1408), die päpstlichen Einschränkungen des Lesens der Bibel
in der Volkssprache von 1559, 1596, 1836.
Im selben Jahr des großen Sieges, 1229, wird die päpstliche
Universität Toulouse gegründet. Eine militante theologische
Wissenschaft soll im Verein mit den Bettelorden, vor allem
den Dominikanern, die Ketzer aufspüren und sie den weltlichen Gerichten zur Aburteilung übergeben. In einem seltsamen Wettstreit bilden in Italien Kaiser Friedrich II. und
das ihn bekämpfende Papsttum die neuere Gesetzgebung
gegen die Ketzer aus. Der Kaiser geht vorbildlich voran:
Er drängt auf Ketzerverbrennung, da er jeden Rebellen
gegen seine Herrschaft als Ketzer ansehen und richten will.
Die italienischen Städte kämpfen sowohl gegen die kaiserliche
wie gegen die päpstliche Ketzergesetzgebung. 1231 befiehlt
Papst Gregor IX. deren Einführung im Kirchenstaat, 1232
wird die Ketzerverbrennung Reichsgesetz. Seit 1233 bemüht sich der Papst, in den italienischen Städten die Inquisition einzuführen. Aufstände im ganzen späteren 13. Jahrhundert gegen die Inquisition in Italien, Südfrankreich und
Deutschland zeigen den Widerstand des Volkes gegen diese
neue, unerhörte Institution, die das Zeitalter des offenen
Mittelalters abschließt und die geschlossene Gesellschaft, die
geschlossene Kirche, den geschlossenen Staat des Spätmittelalters und der frühen Neuzeit entscheidend mitschafft.

Denn: »Mit Häretikern ist nicht zu disputieren. Wenn er glaubt, soll er wiederaufgenommen werden; wenn er sich weigert zu glauben, wird er verurteilt.« Diese Maxime der Inquisition kennt kein »Gespräch der Feinde«, wie die offene Welt des 12. Jahrhunderts; sie kennt nur die totale Unterwerfung, die Beugung des Gewissens und Wissens.

Schwerwiegend wirkte sich dabei die Verpflichtung jedes Gläubigen zur Denunziation aus, ebenso die Geheimhaltung der Denunzianten, die dem Angeklagten nicht gegenübergestellt werden, die Konfiskation der Güter und Besitztümer der »Ketzer« und deren Aufteilung an den König, die Denunzianten und die Kirche.

> Nur der eiserne Wille der Päpste, vor allem Innozenz' IV., der sich immer wieder schützend vor seine Inquisitoren stellte, und der Fanatismus der von ihrer Aufgabe besessenen Mönche haben allmählich die Widerstände gebrochen; langsam hat sich das Verfahren herausgebildet und ist zu einer gnadenlosen Maschinerie entwickelt worden.   *(Borst)*

Die Katharer sterben ruhig, ja fröhlich, gemäß ihrer Lehre: Selig, wer um der Gerechtigkeit willen verfolgt wird. »Es gibt keinen schöneren Tod als durch das Feuer.«

Trotz des Albigenserkreuzzuges hält sich bis 1244 das Katharertum in Südfrankreich kraftvoll aufrecht. In Nordfrankreich wird die katharische Untergrundbewegung seit 1233 erbarmungslos ausgerottet. Die Überlebenden flüchten zu den Italienern. Den Flüchtlingen folgt die Geheimpolizei der Inquisition (*exploratores*, Agenten). Als typische Ketzerberufe entwickeln sich: Weber, Handwerker, Ärzte, Wanderhändler. Der Mensch als Wanderer in dieser Welt, als *homo viator*, hat hier besondere Existenzformen gefunden. Aus der Provence fliehen Katharer nach Italien, aber auch

Herodes und Salome.
Kapitellfiguren aus Saint-Etienne. Museum, Toulouse.

Ancona, Santa Maria della Piazza. Portal.

in das eng verwandte katalanische Spanien. In Spanien entsteht durch die Aufnahme der Inquisition die Situation der »Beiden Spanien«, die sich bis heute erhalten hat. Es bildet sich das »freiheitliche«, nonkonformistische, franziskanische Spanien heraus mit seinem Zentrum in Katalonien, das starke Katharergruppen und auch Waldenser beherbergt, und auf der anderen Seite das kastilische Spanien, in dem der heilige Ferdinand, ein Enkel der Königin Eleanore, auf seinen Schultern das Holz für die Scheiterhaufen herbeiträgt.

In Deutschland finden sich Katharer im ersten Drittel des 13. Jahrhunderts in Köln und Straßburg, in Goslar, in Erfurt (später die Stadt des Meisters Eckhart und Luthers) und an der Donau. Nach Böhmen fliehen Katharer und Waldenser und bereiten hier den Boden für das Jahrhundert des Hus vor.

Als Inquisitor für Frankreich wird der düstere Robert le Bougre eingesetzt, der selbst einen Ketzernamen trägt (*bougre* = Bulgare = Ketzer) und in einem königlichen Gefängnis verschwindet. In Deutschland wütet Konrad von Marburg. Seit 1231 ist Konrad der oberste Ketzerrichter in Deutschland. Dieser Mann, der Ketzer in Scharen verbrennt, ist der Beichtvater und Seelenführer einer der zartesten, innigsten und liebenswertesten Heiligengestalten des Mittelalters, der heiligen Elisabeth von Thüringen. Elisabeth war eine ungarische Prinzessin, die als Kind nach Deutschland kam. Mit zwei Gehilfen, Konrad, genannt Dorso, und dem einäugigen und einhändigen Johannes, zieht Konrad drei Jahre durch die deutschen Lande auf der Ketzersuche.

Die zumeist geistlichen deutschen Geschichtsquellen der Zeit geben ein anschauliches Bild von der Terrorherrschaft dieser

drei »Ergriffenen«, die von ihrer Sendung besessen waren, die Welt von den unzüchtigen Ketzern zu »säubern«: Reinigung von den »Reinen«!
So berichtet die Kölner Königschronik:

> Wegen wirklicher und angeblicher Häresie sind viele Edle und Unedle, Mönche und Nonnen, Bürger und Bauern in verschiedenen Gegenden Deutschlands von Bruder Konrad, wenn es auszusprechen erlaubt ist, durch allzu voreiligen Richterspruch den Flammen überliefert worden. Denn an demselben Tag, an dem jemand angeklagt wurde, gleichviel ob gerecht oder ungerecht, ist er ohne die Möglichkeit einer Berufung oder Verteidigung verurteilt und ins grausame Feuer geworfen worden.

Konrad wird am 30. Juli 1233 von den Getreuen einiger adeliger Herren, die er bedroht und vor sein Gericht geladen hat, ermordet. Nach seinem Tod berichten Erzbischof Siegfried III. von Mainz und der Dominikaner Bernhard an Papst Gregor IX. offen über die Schreckensherrschaft, die Konrad in Deutschland ausgeübt hatte; sie berichten über die Einschüchterung der Verhafteten, die Fehlurteile, die Grausamkeiten. Zuvor hatten die Erzbischöfe von Köln und Trier ähnliche Anklagen gegen Konrad erhoben. Der Papst erschrickt, ist betroffen und erstaunt:

> Wir wundern uns, daß ihr ein so unerhörtes Gerichtsverfahren so lange bei euch getragen habt, ohne Uns davon Kenntnis zu geben. Wir wollen nicht, daß dergleichen länger geduldet werde, sondern erklären es für null und nichtig. Ein solches Elend, wie ihr es Uns geschildert habt, dulden Wir nicht.

Nach dem Tod Konrads von Marburg scheint es, als sei ein Spuk in Deutschland vorübergegangen. Die Menschen fra-

gen sich, wie es möglich gewesen sei, daß dieser kleine
Mann, der immer auf einem besonders kleinen Maultier
einherritt, mit seinen beiden düsteren Gesellen so viele hohe
und höchste Herren, ja ein ganzes Volk jahrelang seiner
Schreckensherrschaft unterwerfen konnte.

Diese Frage ist nicht nur aus Gegenwartsperspektiven interessant; sie beleuchtet einige oft übersehene Züge der spät-
mittelalterlichen Inquisition, die nur im Zusammenhang
mit Volkspsychosen und Gruppenpsychosen (die Infizierung
der Bettelorden) verstanden werden kann. Es ist nämlich
sehr oft das Volk, die Massen des Volkes, das in einer Mi-
schung von Glaubensinbrunst und Hysterie, von Angst vor
allen Fremden und Höllenfurcht sich selbst »reinigen«
möchte von aller »Unzucht« und somit Träger der Inquisition und ständiger Motor derselben wird. Adel, Bischöfe
und Prälaten der Kirche kämpfen oft jahrhundertelang
gegen die Inquisition, die ihrer Gerichtsbarkeit entrückt ist,
ja über sie selbst die Gewalt beansprucht. Das zeigt sich in
Deutschland im 13. Jahrhundert ebenso wie in Spanien im
15. und 16. Jahrhundert. Konrad hatte 1214 als Kreuzzugsprediger in Deutschland begonnen. »Unermeßliche Scharen
beiderlei Geschlechts folgten ihm aus verschiedenen Gegen-
den, angelockt durch den Schwung seiner Rede und durch
die großen Ablässe, die er an einzelnen Orten verkündete.«
Konrad war ein leidenschaftlicher, hochbegabter Redner:
er entzündete die Massen und ließ sich von ihnen ent-
zünden. Wie auch bei späteren Demagogen trat im Laufe
der Jahre ein Selbstvergiftungsprozeß ein. Berauscht von
der Macht, die er so augenscheinlich über die vielen Seelen
gewann, infiziert vom Begehren, von Haß und Neid des
Volkes, das so gern diesem und jenem hohen Herrn eines
»auswischen« möchte, geriet er in den Bann des Volkes, das

er führen wollte: ein verführter Führer. Wo aber gab es
eine Stadt, eine Burg, ein Kloster, wo nicht dieser und jener
mit diesem und jenem eine Rechnung zu begleichen hatte?
Konrad von Marburg wurde in Deutschland zum Kataly-
sator; seine neurotische Persönlichkeit entlud die Neurosen
von Massen und einzelnen: und gegenseitig steigerten sie
sich in die Hysterie.

Konrad von Marburg erhielt sein Grab neben der heiligen
Elisabeth im Marburger Dom, dem ersten und bereits so
prächtigen gotischen Dom in Deutschland. Auch in Südfrankreich zog die Gotik erst nach der Unterwerfung des
Landes durch den König von Frankreich ein. »Gleichschaltung« – auch das gehört zur geschichtlichen Erscheinung der
Gotik.

Aus Deutschland und Frankreich fliehen die Katharer nach
Italien. In Südfrankreich kommt es trotz der Besetzung des
Landes und härtestem Druck immer wieder zu einem Auf-
flackern einzelner Funken. Die Register der Inquisition
nennen Adelige, Kleriker, Mönche, bischöfliche Beamte,
Juristen, Ärzte, Händler; auch nordfranzösische Beamte, die
zur Bekämpfung der Katharer ins Land kamen, werden
hier von diesen gewonnen. In den Städten Albi, Cordes und
Limoux gibt es noch mehr oder minder starke häretische
Parteien. In Carcassonne gelingen 1280 und 1291 Anschläge
gegen die Archive der Inquisition.

Seit 1295 flammt die Bewegung wieder auf: Provençalen,
die nach Como geflüchtet waren, wollen ihre Heimat
zurückerobern. Um 1310 hat die Inquisition diese Renaissance niedergerungen. Unruhig aber bleibt der »rote Süden«
(wie er später heißen wird): schon ziehen vielverfolgte
»linke« Franziskaner ein, Joachimiten und Fraticellen, und
verbreiten hier und im katalanischen Raum jenes geistig,

bildungsmäßig und religiös bewegte Klima, in dem die spanischen Erweckungsbewegungen des 15. und frühen 16. Jahrhunderts entstehen werden: die geistige Wiege des Columbus.

Der große Fluchtstrom im 13. und 14. Jahrhundert geht nach Italien. Die neuere Sprachforschung erklärt Verwandtschaften zwischen der occitanischen Sprache des französischen Südens und dem Friaulischen und zwischen ligurischen und sizilianischen Dialekten aus den Wanderungen der Katharer, die immer tiefer in den Süden Italiens hineinführen: nach Mailand, Verona, Parma, Piacenza, Bologna; nach Florenz, Rimini, Assisi, Rom und Neapel; nach Sizilien, Kalabrien und nach Friaul. Eine gut organisierte Emigration mit einem System von Kollektensammlern, Mittelsmännern, Führern durch fremde und unwegsame Gebiete sichert die Fluchtwege und Rastplätze. Zielorte sind die reichen Städte, die oft im Kampf mit ihren Bischöfen und Domkapiteln liegen; angesehene Bürger und Adelige beschirmen hier die »Ketzer«. Mächtige Freunde der Katharer sind in Florenz die Cavalcanti, Baroni, Pulci, Cipriani, in Rom das Haus des Senators Brancaleone; der staufische und ghibellinische Adel ist nicht selten ihr mächtiger Anwalt, wie Ezzelino da Romano und Oberto Pallavicini. Allein in Italien überleben Katharer die Verfolgungen des 13. Jahrhunderts. Seit 1300 fliehen sie nach Sizilien zu König Friedrich III. (1296–1337) aus dem Haus der Aragon. Noch 1412 werden in Chieri bei Turin 15 ausgegrabene tote Katharer verbrannt, denn die Angst ist groß, daß diese »Pest« noch als Leichengift den italienischen Volkskörper zersetzt.

In Italien sind besonders aktive Inquisitoren von Haus aus leidenschaftliche Ketzer, so der berühmte Raynier Sacconi. Sein Mitarbeiter, der heilige Petrus Martyr, stammt aus

einer Ketzerfamilie; er wird von Katharern ermordet.
Unter den zahlreichen Gegnern dieses Dominikaners, die
am Mord beteiligt sind, befindet sich ein Franziskaner. Der
Mörder selbst, Carino, stirbt im Dominikanerkonvent in
Forli, dessen Prior ein Bruder des Ermordeten ist. Im Gedanken des Volkes verschmilzt der Kult des Mörders mit
dem des Ermordeten. Dies sei ein Beispiel dafür, wie dicht
in diesem Mittelalter Gegner und Gegensätze, ineinander
verzahnt, im Leben verbunden sind.

Eine andere Seite dieser komplexen Verbindungen: Im spä-
ten 13. Jahrhundert wird in Ferrara der 1269 verstorbene
Armanno Pungilupo in der Kathedrale als Heiliger verehrt.
Hier liegt er bestattet, hier erhebt sich ein Altar zu seinen
Ehren. Im Jahre 1300 endet sein Seligsprechungsprozeß als
Inquisitionsprozeß. Der katholische »Heilige« wird als Ket-
zerführer entlarvt. Alle seine Bilder werden zerstört, sein
Altar und der Leichnam werden verbrannt.

Die kirchlichen Quellen sind seit dem 12. Jahrhundert voll
der Klage über die »Heuchelei«, die vorzügliche Tarnung der
Ketzer: Die Ketzer erscheinen dem Volk als Heilige, als
überaus fromme und rechtgläubige Leute, die durch ihre Bildung, ihre caritative Tätigkeit, ihr einnehmendes Wesen alle
Welt gewinnen. In Italien wird früh der Nikodemismus, wie
man die verschiedenen Formen der Tarnung später nennt,
zur Meisterschaft ausgebildet: äußerlich peinlich genau ein-
gepaßt in die Formen der Orthodoxie, werden diese von
innen her ausgehöhlt und mit einem neuen Geist und Glauben erfüllt. Die Dichtung des *dolce stil nuovo*, der höfischen
Liebe, und das Werk Dantes sind durchtränkt mit nikode-
mischen Motiven.

1215 nennt ein französischer Kleriker Mailand die Hochburg
der Häretiker. Alle Sekten seien vertreten. Papst Innozenz III.

droht der Stadt das Ende der Albigenser an. Dieser fromme
Wunsch geht nicht in Erfüllung, denn in Italien selbst sind
die Päpste schwach. Ihre schärfste Waffe im Kampf mit den
Städten und Stadt-Staaten, das Interdikt und die Exkommunikation, stumpft sich hier rasch ab: denn wenn große Städte
wie Mailand und Florenz jahrelang – wie es oft im 13. und
14. Jahrhundert der Fall ist – im Kirchenbann leben, so daß
die Priester die Sakramente nicht spenden und die kultischen
Handlungen nicht ausüben können, dann breiten sich im
Leerraum um so kräftiger die »Ketzer« aus. In Mailand
kann sich sogar eine Zeitlang ein offenkundiger Häretiker
wie Otto Visconti als Erzbischof von Mailand halten. Es
findet sich zudem kaum ein Bistum, dessen Bischof nicht
gegen den Papst politisch Partei ergriffen hätte. Innozenz III.
selbst hat sehr genaue Kenntnis vom Verfall des katholischen
Klerus. Er klagt in seiner Schrift *Von der Verachtung der
Welt* über Kleriker, die nachts Venus umarmen, am Morgen
die Jungfrau Maria verehren. Bei der Eröffnung des 4. Laterankonzils am 11. November 1215 malt er ein düsteres Gemälde vom Zerfall der Kirche. Das Konzil läßt er bekennen:

> Es kommt häufig vor, daß Bischöfe infolge ihrer mannigfachen
> Beschäftigungen, fleischlichen Vergnügungen und kriegerischen
> Aktivitäten und auch aus anderen Gründen – nicht zuletzt in-
> folge geringer geistlicher Bildung und aus Mangel an geistlichem
> Eifer – unfähig sind, das Wort Gottes zu verwalten und dem
> Volk zu künden.

Der Klerus auf dem Land lebt unter dem schweren Druck
seiner adeligen Gutsherren und Patrone, er ist arm, vielfach
bis heute. Viele Kleriker können nicht schreiben und kaum
lesen. Pfarrer unterhalten Kneipen, um ihre Familie, Frau
und Kinder zu erhalten. Aberglauben, zauberische Praktiken

(im Süden ebenfalls bis heute erhalten), Magie, Astrologie –
ein dichtes, dunkles, verführerisches Netz uralter, archaischer
und antiker religiöser Praktiken, gesunkenes Gut der alten,
außerchristlichen Hochreligionen, spinnt das tägliche Leben
ein bis weit über die Renaissance. Die italienischen Zauberer
gehen zum Teil in Spanien in die Schule. Siena erscheint dann
als das Toledo Italiens, als Zentrum der italienischen Zauberer. Zauber, Magie braucht man tausendfach im täglichen
Leben, um das viele Unheil abzuwehren, das in den von
Haß, Neid, Bosheit, Krieg verwüsteten Städten und auf dem
Lande überall drohend zugegen ist. Zauberei braucht man
vor allem in den vielen Kriegszügen, um seine Feinde zu töten.
In diesem turbulenten Italien, in dem fast jede Stadt gegen
ihre Nachbarstadt kämpft und in der Stadt die Parteien
kampffroh aufeinander losstürzen, kämpfen in Rom die
Fraktionen um den Heiligen Stuhl. Genau neun Jahre lang
hat das 13. Jahrhundert überhaupt keinen Papst. Die Sedis-
vakanzen, die Zeiten also, in denen der Heilige Stuhl leer
steht und es zu keiner Einigung in der Papstwahl kommt,
betragen zwischen Coelestin IV. und Innozenz IV. (1241–43)
20 Monate, zwischen Klemens IV. und Gregor X. (1268–71)
zwei Jahre und neun Monate, zwischen Honorius IV. und
Nikolaus IV. (1287/88) 13 Monate und wieder zwei Jahre
und drei Monate zwischen Nikolaus IV. und Coelestin V.
(1292–94).
Längst hatten sich Städte und Volk daran gewöhnt, daß sie
zusehen mußten, wie sie selbst »miteinander fertig wurden«.
Durfte es da wundernehmen, daß die »Ketzerei« mächtig
aufblühte? Ihre Partei erkämpft zumindest vorübergehend
in etlichen Städten die Herrschaft. 1199 erschlagen sie in
Orvieto, unweit von Rom also, den mühsam von der katho-
lichen Fraktion durchgesetzten römischen Podestà, der mit

Hilfe des Papstes Innozenz III. gegen sie vorging. Über 200
Adelige sind als Häretiker in diesen Mordanschlag ver-
wickelt. 1204 wählt die Stadt Assisi einen Exkommunizierten zum Podestà und hält auch gegen den päpstlichen Ein-
spruch an ihm fest. Erst durch das Interdikt kann der Widerstand der Stadt gebrochen werden.

Assisi 1204 – mitten in der Sternstunde des Franziskus (1181
bis 1226). Dieser Heilige der katholischen Kirche, als »zweiter Christus« von seinen vielverfolgten engsten Anhängern
verehrt, hat weit hinaus über das Mittelalter Freunde und
Bewunderer in aller Welt gefunden: die Reformatoren um
Luther, religiöse Nonkonformisten vom 18. bis zum 20. Jahrhundert und Menschen außerhalb Europas und der Christenheit haben die Strahlkraft des *Poverello* erfahren. Ist es
aber ein Zufall, daß erst im Ausgang des 19. Jahrhunderts
die Quellschriften, die Zeugnisse seiner ersten und ihm nahestehenden Freunde wieder gefunden wurden? In den Archi-
ven franziskanischer *Frauen*klöster, in die sie von den verfolgten Gefährten des heiligen Franz gerettet wurden? Ist es
ein Zufall, daß erst in der Mitte des 20. Jahrhunderts die
Forschung so weit vorgeschritten ist, daß behutsam Schicht
um Schicht abgetragen werden konnte, wie von oft übermalten frühchristlichen Bildern in den Katakomben? Schichten von falscher Pietät und Sentimentalität, von bewußter
Übermalung, so daß wir heute einigermaßen klar seine Züge
sehen können.

Seine äußere Erscheinung hält Thomas von Celano fest, ihm
entsprechen die ältesten, noch nicht idealisierten Bilder des
Heiligen: das Fresko im Sacro Speco von Subiaco, das Bild
hinter dem Chor von San Francesco a ripa in Rom, teilweise
noch der Franziskus-Zyklus des Bonaventura Berlinghieri in
San Francesco in Pescia.

Ein kleiner Mann, schmächtig; ein längliches, schmales Gesicht mit flacher Stirn, dunklen Augen, kleinen, abstehenden
Ohren, dunklem Haupt- und Barthaar. So berichtet es Thomas von Celano, sein Gefährte; und er schließt sein Porträt:

> Seine Sprache war sanft, dabei feurig und geistreich, die Stimme
> stark, angenehm, klar und wohltönend; die Zähne eng geschlos-
> sen, gleichmäßig und weiß, die Lippen fein und leicht geschwellt,
> der Bart dunkel und ziemlich dünn, der Hals schmal, die Schul-
> tern gerade, die Arme kurz, die Hände klein, die Finger lang
> mit länglichen Nägeln, die Beine schlank, der Fuß klein, die
> Haut zart, der ganze Leib mager. Seine Kleidung war rauh,
> sein Schlaf kurz.

Ein ebenso präzises, klares wie harmloses Bild. Harm heißt
Schmerz. 1260–63 beauftragt das Generalkapitel des Franziskanerordens den Generalminister Giovanni da Fidanza,
den großen Theologen Bonaventura also, ein offizielles
Leben des heiligen Franziskus zu verfassen. Nach dessen
Erscheinen werden alle Lebensbeschreibungen aus dem persönlichen Umkreis des Heiligen aufgespürt und vernichtet.
Bonaventura erwähnt in seiner Biographie das Testament
des Franz von Assisi mit keinem Wort.
Franz von Assisi: große, strahlende Freude und großer,
strahlender Schmerz; große Heiterkeit und große Trauer;
ein großer Friede und eine aufwühlende Unruhe; ein Lächeln,
das aller Welt, allen Menschen, Tieren und Dingen gilt, und
ein Ernst, der an die Strenge der alten Väter in der Wüste
gemahnt; Geist der Liebe aus Feuer; ein Antlitz in Blut und
Tränen. Das Gesicht eines Gekreuzigten. Als erster Christ
im Abendland trägt Franziskus die Wundmale des Herrn.
Die Stigmatisation trennt abgründig die Ostkirche von der
Westkirche. Byzanz und die Ostkirche kennen sie nicht, wol-

len sie nicht, wünschen sie nicht; die Passion Christi wird da
nicht geschaut; da gilt nur die Verklärung des Herrn. Christus, der Herr des Kosmos; der Mensch, ganz hineingenom-
men in den Strahlkreis der »dreisonnigen, menschenfreund-
lichen Gottheit«. Das ist die Humanität der Ostkirche.

Gott ist Mensch geworden, ganz Mensch; nackter Mensch,
kleines Kind in der Krippe. Franziskus »erfindet« die Krippe
im kleinen Greccio nicht als ein niedliches Spiel, sondern als
ein furchtbar ernstes Mahnmal an die Adresse der Mächtigen,
der Theologen, der Christen: Sieh da deinen Gott als hilfloses, armes Kind neben Ochs und Esel (wir erinnern uns an
die Mahnung Walthers von der Vogelweide). Sieh da deinen
Gott ganz vor dir – in jedem Nächsten, in jedem Menschen,
der dein Bruder ist.

Die Krippe, die Wundmale, die Tierpredigt, das Leben des
Poverello, des »Armen«, der sich der Königin Armut vermählt, wenden sich an die Adresse der großen Mächte, die
in dieser Sternstunde Italiens und Europas um den Menschen
ringen. Sie wenden sich auch gegen die Katharer: Gott ist
nicht nur »reiner Geist«, sondern auch ganzer Mensch, zar-
tes, hilfloses, blutiges Fleisch, kostbares Blut des Bruders
Mensch – Blut, das in keinem Krieg vergossen werden darf.
Sie wenden sich auch gegen Byzanz und die Ostkirche: Christus erscheint uns armen Menschen auch in der Verklärung
noch als der Gekreuzigte (die Vision auf dem Berge La
Verna), und auch gegen Rom, die Kirche als Herrscherin
über die Kaiser und Könige der Welt, richten sie sich: Christus ist in die Welt gekommen, um den Seinen zu dienen.
Gegen die kriegswütigen italienischen Städte, die für diese
ganze kriegslüsterne westliche Christenheit stehen: Christ
sein heißt Friedensstifter sein; Franziskus führt den Wolf, als
Bruder, in die Stadt Gubbio; *Homo homini lupus,* der

Mensch ist dem Menschen ein Wolf. Das war die pessimisti-
sche Weisheit der Antike und des politischen »Realismus«
der Herren und Herrschaften des Mittelalters. Dagegen
protestiert Franziskus durch seine Tierpredigt, durch seine
Freundschaft mit »Bruder Wolf«: Seht, jede Kreatur und
jeder Mensch ist von Gott geschaffen, Bruder zu sein.

Franziskus protestiert? Gegen? – Franziskus kennt kein
»Gegen«. Der »arme Franz« predigt nicht gegen die Katharer und Waldenser, obwohl er sie sicherlich recht gut kennt.
Sein Vater ist als Kaufmann oft in der Provence, seine Mutter eine Provençalin; der Säugling wird, da der Vater während der Geburt auf einer Messe in der Provence ist, von
diesem nach seiner Rückkehr mit einem neuen Namen be-
nannt: Francesco, der kleine Franzose, soll er heißen, zu
Ehren des süßen Südens.

Franziskus predigt nicht gegen den Kaiser und die Kaiserlichen in Italien, die eben in seinen wirkungsreichsten Jahren
zum letzten Großkampf mit den Päpsten antreten. Der Konflikt zwischen Assisi und dem Papst (1204), von dem oben
kurz gesprochen wurde, spielte sich unter seinen Augen ab;
eben war er aus dem Kerker in Perugia heimgekehrt, in den
ihn seine Teilnahme am Krieg seiner Vaterstadt gebracht
hatte. Franziskus predigt nicht gegen den Papst; er unterwirft sich ihm völlig, seinem Bischof und allen Priestern. Der
Laie Franziskus, der nur niedere Weihen empfängt, nie Priester wird, bekennt noch in seinem Testament: »Ich will mich
an die Priester wenden, auch wenn sie mich verfolgen.«

Franziskus kennt kein »Gegen«, keine Grenze; er tritt vor
den Sultan mit derselben Freimütigkeit wie vor seine Brüder in Italien.

Franziskus ist *die* Offenheit, die Offenheit Europas, seiner
Christenheit in dem weltgeschichtlichen Moment, in dem in

ganz Europa Menschen zum ersten Male seit dem frühen
Christentum innerlich ganz offen werden und das christliche
Samenkorn in ihren unerlösten leib-seelischen Untergrund
vordringt. Europa tut sich zumindest in einer »Elite«, der
Menschen aller Stände und Völker angehören, für einen
Herzschlag ganz auf: es ist ganz bereit, alle Wirklichkeit des
Himmels und der Erde anzunehmen.

Franziskus hält diese Sternstunde in seinem *Sonnengesang*
fest, den er todmüde und todkrank in letzten Verfolgungen
singt.

Das ist der weltgeschichtliche Sinn seines Preises des Aller-
höchsten im Bruderbunde mit »unserer edlen Schwester
Sonne« und »Bruder Mond«, mit »Bruder Wind« und
»Schwester Wasser«, mit »unserem Bruder, dem Feuer« (wie
nah trat Bruder Feuer so vielen seiner Brüder und Schwe-
stern, die in ihm verbrannt werden); im Verein mit »unserer
Schwester, der mütterlichen Erde«, im Verein mit allen Men-
schen, »die um Deiner Liebe willen gern verzeihen und
Krankheit dulden und Prüfung. Selig, die in Frieden aus-
harren, denn von Dir, o Höchster, werden sie gekrönt.« Im
Verein mit »unserem Bruder, dem leiblichen Tod«, singt
Franziskus seinen *Sonnengesang*.

Offenheit, diese reine Offenheit bedeutet, daß erstmalig in
dieser Wucht und Wurzelhaftigkeit das Evangelium verstanden und gelebt wird als *die* Frohe Botschaft: die Botschaft
von der Freude, von der Liebe, vom Frieden Gottes mit den
Menschen. Der Christ ist für seine Brüder der Mittler dieser
Freude, dieser Liebe, dieses Friedens.

Konkret, geschichtlich bedeutet diese Erfahrung des Christ-
seins durch Franziskus die ungeheuerlichste Herausforderung
der Gesellschaft, der Welt des Mittelalters: denn zu ihrem
Wesen, ihrer Struktur gehörte täglicher Kampf, Krieg, Un-

friede, Unfreude, Angst, Haß, Gier und Herrschsucht – so
wie sie Dante als unheimliche Tiere durch alle Welt ziehen
sieht.

Franziskus sieht diese Welt, wie sie ist; was bedeutet es, in
dieser Welt offen zu sein? Offensein heißt, sie ganz annehmen und durch die reine Hingabe, das reine Opfer verwandeln. »Toleranz« heißt für Franziskus wie für Paulus und
auch für Christus sich ans Kreuz schlagen lassen und zuvor
bis zur letzten Stunde des Lebens das Kreuz dieser Welt
tragen.

Einen Herzschlag hält diese Welt, diese europäische Christenheit still: es scheint, als nähme sie die Botschaft des Franziskus an. Dann schlägt sie zu, begräbt Franziskus und seine
getreuesten Freunde und Nachfolger unter den mächtigen
Zwingburgen ihrer Macht – der riesigen Kirchenburg in Assisi.
Über den Häuptern der unterlegenen Spiritualen verbrennt
man in einzelnen Franziskanerklöstern das Testament des
Armen von Assisi. Sein Orden, die Kirche und die Christenheit werden über seinen Leichnam hinweg zur Tagesordnung
übergehen, zu Krieg und Kampf um die Macht. Franziskaner
werden Mitarbeiter der Inquisition, Hetzprediger, Kriegs-
hetzer, Bürgerkriegskapläne vom hohen 13. Jahrhundert, wo
sie sich für die Päpste gegen den Kaiser auf allen Märkten
und Straßens Italiens engagieren, bis zu den Feldkaplänen
der Ustaschi, die im Zweiten Weltkrieg zum Mord an den
Serben und Orthodoxen aufrufen.

Im Orden, in der Kirche, in Europa bleibt aber gleichzeitig
als eine große, strahlende Wunde die Kraft dieser Offenheit
erhalten: die Erinnerung an Franziskus von Assisi, der genau in der Wende vom offenen Europa des 12. Jahrhunderts
zum geschlossenen Europa der folgenden Epochen steht. In
der Mitte stehend, verkündet er durch sein Leben und seine

Botschaft, welche Verheißungen, welche Zukunft dem Menschen gegeben werden, der es wagt, wirklich ganz offen zu sein und alles anzunehmen, was Gott und die Welt ihm zufügen.

Franziskus wurde als Giovanni Bernardone 1181 oder 1182 als Sohn des reichen Tuchhändlers Pietro Bernardone und der Donna Johanna Pica, der Tochter eines edlen Geschlechtes der Picardie, in Assisi geboren. Der reiche Jüngling lebt in der reichen, üppigen Stadt. Krankheit und Kriegsgefangenschaft entbinden seine Genialität: alle Dinge neu zu sehen, gottunmittelbar. Das bedeutet als erste Verpflichtung die heitere Loslösung von all dem, was Krieg, Neid, Haß, ständigen Kampf in der Stadt erzeugt. »Hört, ihr alle, und versteht es wohl: bis jetzt nannte ich Pietro Bernardone meinen Vater: aber da ich nun den Vorsatz habe, dem Herrn zu dienen, gebe ich ihm das Geld zurück, um das er sich aufgeregt hat, nebst allen Kleidern, die ich aus seinem Eigentum besitze; und von nun an will ich sagen: Vater unser, der du bist im Himmel, nicht mehr: Vater Pietro Bernardone.«

Sich heiter von der Welt lösen, um aller Welt zu dienen. In völliger Armut, durch Handarbeit und Betteln das tägliche Brot erwerbend, immer auf der Wanderschaft, predigend. Die Substanz seiner Predigt faßt Franziskus selbst zusammen: »Fürchtet und ehrt, lobt und saget Dank, dankt und ehrt Gott: Vater, Sohn und Heiliger Geist. Tut Buße, da ihr wißt, daß ihr bald sterben werdet. Bekennt alle eure Sünden. Selig sind die, die bußfertig sterben, denn sie werden eingehen in das Reich der Himmel, während die Unbußfertigen in das ewige Feuer eingehen werden. Hütet euch vor jedem Übel, und harret aus im Guten bis ans Ende.«

Franziskus will keinen Orden gründen. Mit seinen Brüdern

zieht er betend, predigend durch Italien, Südfrankreich, Spanien. Das Volk strömt ihm zu: dieses Volk, das Frieden sucht und die Freude, einen neuen gütigen Vater und einen Bruder. Die Sehnsucht nach Brüderlichkeit entzündet einen Brand, der Europa ergreift.

Wodurch unterscheiden sich diese »Büßenden von Assisi«, wie sie sich selbst nennen – sie sind alle Laien –, von den Ketzern, Schwärmern, »Armen Christi«, Humiliaten, Waldensern, Albigensern, die gleich ihnen auf allen Straßen Südwesteuropas zu finden sind und in Stadt und Land zu predigen versuchen? Kardinal Ugolino von Ostia gelingt es, Franziskus zu überzeugen, daß seine Brudergemeinde einer päpstlichen Approbation, einer Regel bedürfe, um nicht im Sog der Zeit zermalmt zu werden. Früh drängen sich verfolgte Ketzer, Waldenser vor allem, unter die Fittiche dieser neuen Gemeinschaft, die rasend schnell anwächst.

1282 wird der Franziskanerorden 1583 Häuser in Europa haben. Franziskus aber will kein »Haus«, keine feste Burg, kein Kloster, keinen Besitz, keine Privilegien. Klar erkennt er, daß das alles Fesseln sind, die in die Händel der Welt verstricken. Schutzlos, ganz offen soll seine Brudergemeinde sein. Franziskus verbietet seinen Brüdern, bei den Päpsten um Schutzbriefe und Privilegien anzusuchen. Völlige Armut, Besitzlosigkeit, Rechtlosigkeit ziemt dem Freund und Nachfolger Christi auf Erden. Diese Offenheit des Franziskus schafft eine ganz neue Askese, ein neues Weltgefühl, eine neue Freude: gelassen, entlastet, entkrampft, ohne Düsternis und Gewalttätigkeit auch gegen die eigene Person, singt, lebt, liebt der Freund der heiligen Armut seine Brüder, die Menschen. Noch in seinem Testament hält Franziskus fest: »Ich befehle allen Brüdern, bei dem Gehorsam, den sie gelobt haben, keine Privilegien bei der römischen Kurie für sich ...

Vertreibung aus dem Paradies.
Ausschnitt vom Portal der Kirche San Zeno in Verona.

San Rufino. Baubeginn der Basilika 1140.

anzunehmen, ... selbst nicht, um äußerer Verfolgung zu entgehen.«

Franziskus, *der* Christ einer neuen Offenheit, will keine festen Häuser. 1220 ordnet er die Zerstörung des Studienhauses in Bologna an, das der Provinzialminister des Franziskanerordens, Pietro Staccia, von Haus aus ein angesehener Jurist, gegründet hatte. »Du willst mir meinen Orden zerstören; mein Wollen und Verlangen geht dahin, daß meine Brüder nach dem Beispiel Jesu Christi mehr beten als studieren.« Franziskus verflucht Staccia und weigert sich noch am Ende seines Lebens, diesen Fluch aufzuheben.

Franziskus wußte, was er tat: die neuen Theologen nahmen die Gottheit in den Griff ihres Systemdenkens, machten sie gefügig ihrem Willen, ihrem Machtstreben. Die kirchlichen Juristen, die Kanonisten – vor denen schon Bernhard von Clairvaux tief erschrocken den Papst gewarnt hatte –, kämpften dafür, aus dem Haus des Papstes in Rom die mächtigste Festung der Welt zu machen. Im Kampf um die Rechte der Kurie und der Kirche hat das Papsttum des Mittelalters seinen Höhepunkt und seinen Verfall erkämpft.

Eben diese Welt des Mittelalters bestand aus Häusern und konnte sich selbst nur in Häusern verstehen: Burgen, die Häuser des Adels, der Städte der großen und kleinen Herren; die Häuser der Bischöfe, Prälaten, der Mönche. Geschichtlich verständlich, daß diese Welt sich die täglich wachsende Schar, die Massen der »Minderbrüder« (wie sie seit 1216 heißen) um Franziskus unterwarf. Es wird also ein Orden gegründet. Franziskus und die ersten und engsten seiner Freunde waren Laien gewesen. Aus der Bruderschaft wird ein Mönchsorden. 1219/20 ist es so weit. Franziskus, krank, durch ein schweres Augenleiden behindert, muß die Führung des Ordens bereits 1220 abgeben, versucht aber noch in der zweiten Ordensregel die Besitzlosigkeit, die Wanderpredigt und die Arbeit als Prinzipien festzuhalten. 1223 streicht Papst Honorius III. in der Bestätigung der Ordensregel bereits den entscheidenden Armutssatz: die völlige Besitzlosigkeit gilt nur für den einzelnen; von Wanderpredigt ist nicht mehr die Rede.

Nun werden die Franziskaner zu einem Orden, der wie alle anderen in allen Städten der Christenheit um seine Rechte kämpft, vor allem mit seinen nächsten zeitgenössischen Verwandten, den Dominikanern, in Konkurrenz tritt, und der sich mit Bischöfen, Universitäten, Pfarrern, mit allem Volk der Welt herumschlägt.

Die letzten Jahre des Franziskus sind die ruhelosen Wanderungen eines Gekreuzigten, eines Mannes, der genau weiß, daß man sein Werk zerschlagen hat. In ständiger Betrachtung des gekreuzigten Christus geht er so tief in sein Leiden ein, daß er, nicht allzulange vor dem Tode, erschreckend feststellen muß, daß er selbst an seinem Leib die fünf Wundmale des Herrn trägt. Ängstlich verbirgt er sie vor den Seinen. Um ihn hat sich ein kleines Häuflein von allzeit Getreuen geschart. Sie zu behüten, ist seine letzte Sorge. Unter ihnen vielleicht der ihm liebste Bruder ist Bruder Leo. Die beiden einzigen im Original erhaltenen Schriftstücke aus der Hand des Heiligen gelten Bruder Leo, ein Brief, ein Segen für Bruder Leo.

> Bruder Leo, dein Bruder Franziskus sendet dir seinen Gruß und Frieden! Mein Sohn, wie eine Mutter sage ich dir, daß ich alle Worte, die wir unterwegs sprachen, kurz darin sammle, daß ich dir so rate: Auf welche Art es dir scheint, daß du dem Herrn, unserm Gott, am wohlgefälligsten bist und du am besten in seine Spuren treten und seiner Armut nachfolgen kannst, so tue es mit dem Segen Gottes des Herrn und mit

meiner Erlaubnis. Und wenn du später einen Rat von mir
haben willst oder es dir um deiner Seele willen oder um dir
Trost zu holen notwendig ist, zu mir zu kommen, und du Lust
dazu hast, dann komme, Leo.

Diesen einen und noch ein, zwei, drei Gefährten will er behalten – in großer Angst und Sorge um die Zukunft, die
seinen Orden verschlingen wird. Auf der Rückseite des zweiten Schriftstückes, des Segens für Bruder Leo, stehen von
seiner Hand die Worte:

> Du bist der heilige, einzige Herr und Gott, der Wunder wirkt.
> Du bist stark, Du bist groß, Du, der Allerhöchste. Du bist all-
> mächtig, Du bist der heilige Vater, König des Himmels und
> der Erde. Du bist Drei und Eins, der Könige König. Du bist
> die Liebe, Du die Weisheit, Du die Demut, Du die Geduld, Du
> die Schönheit, Du die Geborgenheit, Du die Ruhe, *Du die
> Freude.* Du bist unsere Hoffnung, Du die Gerechtigkeit und
> Mäßigung, Du unser Reichtum und Genug. Du bist uns Zu-
> flucht und Kraft, Du die unerschöpfliche, große und anbetungs-
> würdige Güte!

Kein Ton der Klage, der Anklage. Das eigentümlich Franzis-
kanische, ein neuer Ton in der Skala der Menschlichkeit, die
Geburt der Freude aus einer reinen, klaren Hingabe an das
Ertragen des Schmerzes, an das Auskosten der bittersten
Früchte dieser Erde, wird in seinen letzten Lebensjahren und
Lebenstagen von Franziskus der Welt als sein kostbarstes
Vermächtnis vermittelt. Im Garten der Schwestern von San
Damiano singt der Kranke, der Mann, dem man sein Werk
zerstört hat, den *Sonnengesang*. Er schließt ursprünglich mit
der Preisung Gottes durch »unsere Schwester, Mutter Erde«.
Da aber wieder einmal Bürgerkrieg seine Stadt Assisi bedroht,
läßt er seine Brüder einen Sang des Friedens vor den beiden

Parteien singen; das ist die vorletzte Strophe des *Sonnengesanges:*

> Sei gelobt, mein Herr, durch alle, die verzeihen um Deiner
> Liebe willen, und Leid geduldig tragen und Betrübnis. Selig,
> die im Frieden alles leiden; von Dir, o Höchster, werden sie
> gekrönt.

Die Feinde hören den Gesang, bitten einander um Verzeihung
und geben sich den Kuß des Friedens.
Als der Tod naht, läßt Franziskus seine Brüder die Lobpreisung des Bruders Tod aufschreiben:

> Sei gelobt, mein Herr, durch unsern Bruder, den Tod des
> Leibes. Ihm mag kein lebendiger Mensch entrinnen. Weh denen,
> die in schweren Sünden sterben! Selig, die er in Deinem heilig-
> sten Willen findet. Ihnen tut der zweite Tod nichts Böses.
> Lobet und preiset meinen Herrn. Und danket ihm und dient
> in großer Demut!

Dem Sterben nah, läßt er sich auf die bloße Erde legen und,
die Linke auf der Seitenwunde, spricht er: »Ich habe das
Meine getan; was ihr zu tun habt, möge Christus euch lehren!«
Nach Sonnenuntergang des 3. Oktobers 1226 verschied Franziskus in dem kleinen Portiunkula bei Assisi.
Assisi, die Stadt des Franziskus, wird von dem größten Sänger aus seinem Geblüt, von Dante, als die Stadt des Sonnengesanges gegrüßt:

> Dort wo sanfter wird der Sturz des Hanges, ließ eine Sonne
> Gott der Welt entbrennen, wie sie nur selten aufsteigt aus dem
> Ganges. Nicht Sonnenaufgang *(Assisi = ascesi)* soll den Ort
> man nennen, wenn man von ihm spricht, weil's zu dürftig
> wäre: Als Stadt der Sonne sollte man ihn kennen ...

Franziskus hat dem italienischen Volk die Zunge gelöst und die Augen entbunden: er nahm von ihm den Schleier der Angst, des Hasses und tiefinnerer Hemmungen. Die religiöse und »weltliche« Volksdichtung in italienischer Sprache, der Sang der »Laude« und die großartige Malerei der franziskanisch inspirierten Maler des 13. und 14. Jahrhunderts sind ein Echo, das der Ruf des Franziskus im Herzen des Volkes fand. Hier gelang die große Versöhnung: die Versöhnung des Menschen mit sich selbst, mit dem Bruder Mensch, der Mutter Erde; eine Einwurzelung in der gottgeschaffenen kreatürlichen Wirklichkeit.

Das »große Halleluja«, eine Friedensbewegung, die viele Städte Italiens ergreift, wird von Minderbrüdern getragen. In Parma sind es Bruder Benedikt und Bruder Gerardo, in Piacenza ist es Bruder Leo, in ganz Oberitalien Giovanni von Vicenza. Wie ein Frühlingssturm, ein Pfingstgewitter geht diese Friedensbewegung über Land und Stadt: älteste Feindschaften werden gelöst, die Kriegsparteien versöhnen sich. Alle Welt umarmt sich, tut Buße in Tränen und Freude.

Dann versiegen die Quellen. Der Krieg des Alltags geht weiter. Die große geistliche franziskanische Dichtung, ein Höhepunkt religiöser Dichtung in Europa, entsteht in der Erfahrung unendlichen Leides. Das *dies irae, dies illa,* der Sang von den Schrecknissen und Verheißungen des Jüngsten Gerichts, bis heute ein Kernstück der Totenliturgie der römischen Kirche, reflektiert die Erschütterung eines franziskanischen Herzens, dem Franziskus den Mund öffnet, auf daß es sage, was ein Mensch leidet, fürchtet, erhofft. Sang der Schmerzen, Sang der Freude – nicht zu trennen sind sie in diesem franziskanischen Lied, das geistlich und weltlich zugleich ist. Der größte Sänger der volkhaften Laude, Jacopone da Todi, ist auch der Dichter des *Stabat Mater:*

> Stand die Mutter voller Schmerzen,
> weinte bei dem Kreuz von Herzen,
> wo der Sohn den Tod erlitt,
> ihre Seele voll Verzagen,
> voll der Seufzer, voll der Klagen,
> bittern Leides Schwert durchschnitt.

Jacopone da Todi (um 1230–1306) ist zunächst ein adeliger Herr, Jurist, Weltmann. Nach dem Tode seiner Gattin bei einem Fest wird er Laienbruder im Franziskanerorden. Er besingt die heilige Armut des Franziskus. Fünf Jahre verbringt er im Kerker des Papstes Bonifaz VIII., gegen den er als Franziskaner und Anhänger der Colonna publizistisch gekämpft hat. Erst der Tod des Papstes befreit ihn aus dem Gefängnis.

Assisi ist eine riesige Festung. Wenn man zu ihren Füßen steht, am Hang des Monte Subasio, zwischen den Ölbäumen und dem niedrigen Gemäuer der kleinen Landgüter, und emporsieht, erblickt das Auge nichts als Mauern, Mauern, Mauern. Auf riesenhaften Unterbauten, die sich stolz und herausfordernd über den Berg in das Land vorschieben, ruht San Francesco, die Grabeskirche des Franziskus: zwei Kirchen, ein mächtiges Kloster mit säulenumkränzten Höfen, zwölf Türme.

Gewiß, das alles wurde nicht auf einmal erbaut. Im Streit um den Bau der Grabeskirche (1230) und um die Sammlung der dafür benötigten großen Geldsummen treten zum ersten Male kämpferisch die beiden Parteien im Orden gegeneinander auf, die unter wechselnden Namen und sich wandelnder Gestalt Jahrhunderte hindurch den Franziskanerorden und seine Abkömmlinge zu einem Schauplatz bitterernster innerer Kriege machen.

In der ersten Hälfte des 14. Jahrhunderts droht der Orden

ganz zu zerfallen, sich in häretische Gruppen aufzulösen. Im 15. Jahrhundert scheint er gefestigt, dann gibt es neue schwere Zwistigkeiten zwischen Observanten, die zu Franziskus zurück wollen, Konventualen und »Neutralen«. Es ist, als ob der schmale, aber geistlich und geistig höchst radioaktive Leib des Heiligen die Mauern in die Luft sprengen wollte, die von der siegreichen Fraktion der Konventualen in seinem Orden gebaut wurden: als Zeichen ihres Sieges über die Spiritualen, die sich auf das Testament des Franziskus und seine Verpflichtung zu absoluter Armut berufen.

Es gehört mit zur Tragödie der Söhne des heiligen Franziskus: während seine engsten und persönlichen Gefährten, ein Bruder Leo und Egidio, aus den Augen der Öffentlichkeit verschwinden, im Schweigen abgelegener kleiner Landklöster untergehen, bilden die »Strengen«, die »Eiferer« *(zelanti)*, die Spiritualen, die sich als alleinige rechtmäßige Erben des Franziskus ansehen, eine fanatische Partei, die nun zunächst das 13. Jahrhundert hindurch mit den Konventualen um die Macht im Orden kämpft.

Elias von Cortona, Führer der Konventualen, Bauherr von San Francesco in Assisi, 1231 Generalminister des Ordens, verfolgt rücksichtslos die Spiritualen. Cäsarius von Speyer, ihr deutscher Führer, wird eingekerkert. Die Diktatur des Elias wird schließlich dem ganzen Orden zur Last. 1239 wird Elias durch den Papst abgesetzt, worauf er politischer Parteigänger Kaiser Friedrichs II. wird.

In Johannes von Parma (1247–57) können die Spiritualen zum ersten Male einen Generalminister stellen. In eben diese Zeit fällt aber der Beginn ihrer Katastrophe. 1255 wird Gerardino von Borgo San Donnino, ein Pisaner Minorit, zum ersten Male kirchlich verurteilt. Er hatte eine Einleitung zu den Schriften des Abtes Joachim von Fiore geschrieben und sie mit dessen Hauptwerk in Paris herausgegeben. Joachims »Dritter Orden« und sein »Drittes Reich«, das die fleischliche Kirche überwindet und ablöst, werden hier auf die Spiritualen bezogen. Ein starker joachimitischer Flügel bildet sich bei den Spiritualen: diese sehen sich nun als *die* Männer der Zukunft an, berufen, die Herrschaft der korrupten Papstkirche abzulösen. Das hochbedeutsame Geschichtsdenken dieser Männer wird uns noch in einem größeren Zusammenhang beschäftigen. Hier ist nur festzuhalten: Kompromittiert durch ihre Verbindung mit einem ekstatischen Prophetismus, geraten die Spiritualen in Wellen von Verfolgungen, die sich bis ins hohe 14. Jahrhundert hinziehen.

Diese vielverfolgten Spiritualen und ihnen nahestehende Elemente im Franziskanerorden bilden eine Atmosphäre der Unruhe, religiöser und intellektueller Spekulation und kühner Neuerungen. In ihrem Klima entwickelt sich die naturwissenschaftliche Spekulation eines Roger Bacon, die philosophische und kirchenpolitische Spekulation eines Ockham und der kaisertreuen Franziskaner des Spätmittelalters. Verfolgte Spirituale fliehen aus Italien nach Südfrankreich, Spanien und in den Osten, so im letzten Jahr des 13. Jahrhunderts nach Armenien.

Protest gegen die Welt, das heißt für diese »linken« Franziskaner: Protest gegen die Klerikalisierung, Politisierung und Verweltlichung des Franziskanerordens; Protest gegen die Übermachtung des Ordens durch die Kurie, die sich aus ihm ein willfähriges Werkzeug macht für ihre politische Propaganda, nicht zuletzt für ihre Inquisition.

Der Untergang des heiligen Franziskus in seinem eigenen Orden hat in diesem eine überaus fruchtbare Wunde hinterlassen: Ein radikales, religiöses, intellektuelles, politisches Denken »linker« Franziskaner findet immer wieder eine

Heimat und einen Herd in Franziskanerklöstern, in denen die Animosität gegen Rom und die Erinnerung an die Botschaft des Armen von Assisi verschmelzen. Franziskus erscheint ihnen als »*der* Führer« in die »Neuzeit« der Christenheit und Menschheit, als der wiedergeborene Christus, der seine Brüder aus den Fesseln der römischen Gesetzeskirche befreit. Dieses franziskanische Element permanenter Unruhe verbindet sich in Italien, Südfrankreich, Spanien, später auch in Deutschland mit Restgruppen der in den Untergrund verdrängten Waldenser, Albigenser und anderer Nonkonformisten. So entsteht in Franziskanerklöstern, vorab auch des weiblichen Zweiges des Ordens, und in ihrer Umgebung eine Sonderkirche, die ihre eigenen Heiligen und Märtyrer hat: die von Rom hingerichteten Spiritualen. So werden in Südfrankreich und Katalonien vier im Jahre 1318 in Marseille hingerichtete Spirituale als »Katholiken und glorreiche Märtyrer« verehrt.

Das Gros des Ordens folgt jedoch der Linie der siegreichen Konventualen. Diese Franziskaner kämpfen einen Drei-Fronten-Kampf: gegen die Unterwanderung ihrer Klöster durch Spirit..le, gegen Ketzer aller Art (in Volkspredigt und Inquisition) und nicht zuletzt an den neuen Universitäten, gemeinsam mit ihrem großen Gegner und Konkurrenten, den Dominikanern, um Lehrstühle und um Einfluß auf die neue, junge Generation Europas.

Die Entstehung und Entwicklung des Franziskanerordens und der weit über den Orden hinausreichenden franziskanischen Volksbewegung ist innerlich und äußerlich in enger, wenn auch oft verdeckter Wechselwirkung mit jenen religiösen Bewegungen zu sehen, die kein Schutzdach in der Kirche fanden. Dynamik, Stoßkraft, Vitalität und Gefährdung kamen den Franziskanern vielfach eben dadurch zu, daß ihre Klöster ein Sammelbecken, eine Zufluchtsstätte verfolgter »Häretiker« wurden. So war 1241 ein Abt des von Joachim von Fiore gegründeten Ordens in das Franziskanerkloster in Pisa geflohen und hatte mit den mitgebrachten Schriften Joachims zunächst diesen Konvent infiziert.

Anders ist die Situation des Dominikanerordens, des zweiten großen Bettelordens, der ziemlich gleichzeitig entsteht. Der Kastilier Dominikus hat früh in der Provence die Häretiker kennen und fürchten gelernt. Sein Orden wird das Schwert der Kirche gegen alle äußeren und inneren Feinde. Dominikaner widmen sich vorzüglich der Inquisition: als *domini canes*, als Spürhunde des Herrn. Dominikaner sind seit Gregor IX. in Rom selbst die Vertrauensleute des Papstes in allen Fragen dogmatischer Rechtgläubigkeit. Ihre seit 1286 offizielle Ordenstheologie, der Thomismus, wird in einem langen Kampf vom 13. zum 20. Jahrhundert zur führenden Theologie der katholischen Kirche. Dominikaner sind nicht zuletzt wichtige Werkzeuge der Päpste in ihren Auseinandersetzungen mit Bischöfen und lokalen kirchlichen Institutionen. Der Orden des heiligen Dominikus (1221 gestorben, 1234 heiliggesprochen) hat innerlich nie mit den Versuchungen zu kämpfen gehabt wie die Söhne des Franziskus: das Emotionale und Ekstatische, das Prophetische und Eschatologische liegen ihm fern. Eine andere Versuchung entsprach seiner Geistesart: intellektuelle Neugierde und ein Wissensdrang, der »die Höhen und Tiefen der Gottheit« geistesmächtig, stolz und hochgemut erforschen will. Meister Eckhart und andere deutsche und französische Dominikaner werden durch ihr Werk zeigen, daß auch hier der Geist, wenn er tiefer zündet, alle Grenzen und Mauern hinter sich läßt.

Beide Orden haben sich schließlich bemüht, sich jener Schich-

ten anzunehmen, deren religiöse Nichtbetreuung die rasche
Ausbreitung der Katharer, Waldenser und anderer nonkon-
formistischer religiöser Bewegungen so sehr erleichtert hatte:
der Frauen und der Laien. Franziskus gründete selbst als
»Zweiten Orden« einen weiblichen Zweig seiner Gemeinschaft, die Clarissen, genannt nach Clara von Assisi, die
1212 in der Portiunkula-Kapelle die Gelübde ewiger Armut
und Keuschheit ablegte.

Der Spanier Dominikus widerstrebte von Haus aus sehr der
Gründung eines weiblichen Zweiges seines Ordens (Ignatius
von Loyola hat in schweren Kämpfen, auch mit Päpsten,
die Gründung von Jesuitinnen-Klöstern verhindert), seiner
sehr männlichen Artung widerstrebte die Beschäftigung mit
Frauenseelsorge. Als dann doch viele und reichbesetzte Do-
minikanerinnen-Klöster entstehen, versucht sich der männliche
Zweig des Ordens der Verpflichtung zur geistigen und seelischen Erziehung und Betreuung dieser Klöster zu entziehen.
Als er in Deutschland dazu gezwungen wird, entsteht eine
der kostbarsten Blüten deutscher und christlicher Geistigkeit
und seelischer Kultur: die deutsche Mystik.

Für die Laien werden die »Dritten Orden« der Franziskaner und Dominikaner Auffangräume, in denen sich ältere
Bruderschaften und zerschlagene Restgruppen gefährdeter
Laienverbände sammeln. Halbmönchisch versuchen diese
Drittordensmitglieder mönchische Ideale in der Welt zu ver-
wirklichen. Elisabeth von Thüringen, der heilige Ludwig
von Frankreich, die heilige Hedwig von Schlesien sind hervorragende Mitglieder der Drittordensbewegung.

Wie fließend in der Realität des bunten, komplexen Lebens
die Übergänge von »rechten« und »linken« religiösen Volksbewegungen, von »rechtgläubigen« und »häretischen« Gedanken, Motiven und Gruppen sind, zeigt das Schicksal der

Beghinen, die in ihrer Angst vor Verfolgung und Verdäch-
tigung im 14. Jahrhundert öfter Anlehnung bei den Dominikanern suchen. In Lüttich entsteht 1170–80 der erste Be-
ghinenhof: Frauen, die in diesem Frauenüberschuß-Gebiet
durch Handarbeit, Weben, Spinnen unter geistlicher Leitung
ein gemeinsames Leben suchen. Von hier aus verbreitet sich
das Beghinentum, das auch einen männlichen Zweig kennt,
schnell an den Rhein, nach Deutschland, Frankreich, aber
auch in die romanischen Länder.

Von Anfang an werden sie als Ketzer oder der Häresie Ver-
dächtige bekämpft. Schon ihr Name ist verdächtig. Heute
neigt die Forschung zur Annahme, daß *begina* von *Al-bigen-
ses* kommt (nicht von *beige,* nach der graubraunen Wolle
ihrer Tracht). Beghine gilt immer wieder als Ketzername
schlechthin. »Rechte« und »linke« Beghinen werden verfolgt.
Papst Johann XXII. exkommuniziert 1311 alle Beghinen
und Begharden, muß jedoch wenige Jahre später diese Pau-
schalverurteilung wesentlich einschränken. Orthodoxe und
häretische Mystik findet bei den Beghinen einen reichen
Nährboden.

XXI

Der europäische Intellektualismus
und die Universitäten

EINIGE GROSSE INSTITUTIONEN des Mittelalters haben sich er-
halten: das konstitutionelle Königtum, die Parlamente, die
Geschworenengerichte, die katholische Kirche – und die
Universität.
Die Universität und der in ihrem Raum beheimatete Intel-
lektualismus sind spezifische europäische Erscheinungen.
Auf ihnen ruht die wissenschaftliche Kultur der modernen
Welt, die Methode disziplinierten Denkens und später auch
Forschens und damit auch der Aufstieg der Naturwissen-
schaften und der technischen Zivilisation der industriellen
Großgesellschaft.
Gerade als typisch europäische und typisch mittelalterliche
Institution verdankt die Universität außereuropäischen
Institutionen sehr viel; vor allem der antiken, arabischen
und islamischen Welt. Der europäische Intellektualismus ist
unter anderem auch eine schöpferische Antwort auf das
breite Einströmen antiker, arabischer, islamischer und nicht
zuletzt jüdischer Geistesströme zunächst nach Südeuropa
und Nordwesteuropa.
Ein spanischer Forscher, J. Ribera y Tarragò, meint, die
mittelalterliche Universität schulde dem arabischen Schul-
system viel. Tatsächlich kommen aus dem islamischen Spanien bedeutende Anregungen.

In genau einhundert Jahren, von 632 bis 732, hat der Islam seine Welt von Persien bis Spanien erobert. Ende des 8. Jahrhunderts sind sein Ritual und seine Dogmatik voll ausgebildet. Eine geschlossene Gesellschaft entsteht, in der weltliche und geistliche Gewalt identisch sind; Rechtskunde ist Kenntnis der praktischen Gesetze der Religion. Die Welt zerfällt in zwei getrennte Hemisphären: in *dar-al-islam*, der Völker unter muslimischer Herrschaft, und *dar-al-harb*, die Länder der Unbekehrten, ein potentielles Kriegsgebiet. Diese geschlossene Gesellschaft weist aber nun, vergleichbar dem filigranen Netz islamischer Schmuckkunst, viele kleine Löcher, Lücken, Poren auf, durch die fremde Einflüsse in sie eindringen. Sehr zum Ärgernis der Rechtgläubigen war den Juden und Christen in islamischen Staaten der Aufstieg zu hohen und höchsten Rangstufen in der Verwaltung und Finanz geöffnet. Als »Schriftbesitzer«, als gleichberechtigte Partner in der Verehrung der Heiligen Schrift, genießen sie die ihrer Religionsgemeinde vertraglich eingeräumten Rechte.

»Meine Gemeinde wird sich teilen in 73 *firaq* (Häresien), von denen eine einzige gerettet wird.« Das ist ein apokryphes Mohammed-Wort. Im Islam wuchern Sekten, religiöse, mystische, philosophische Unterströmungen, die auf ihre Weise reflektieren, was von den Völkern und Geistern der eroberten Länder in sie eindringt. Im 10. Jahrhundert blüht an den vielen kleinen Fürstenhöfen der miteinander rivalisierenden »Zaunkönige«, der *reyes de Taifas,* in Spanien eine bunte, barocke, weltfrohe Kultur. Die Höfe dieser Kleinkönige in Sevilla, Cordoba, Malaga, Valencia und Saragossa machen einander die besten Schriftsteller und Sänger streitig. Einige ihrer Herrscher sind hervorragende Dichter, wie der König von Sevilla al Mu'tamid Ibn Abbad

(1069–91). Das christliche Spanien sieht mit Furcht und Bewunderung auf diese Kultur.

Aus dieser Zeit stammen im Kastilischen viele Lehnworte für Begriffe der Verwaltung, Technik und Kultur aus dem Arabischen. Späte Söhne dieser hochgebildeten spanisch-arabischen Fürsten sind Friedrich II., der Staufer, und die »weisen« spanischen und portugiesischen Könige des 12. und 13. Jahrhunderts. Kultur ist Gespräch (»Demokratie ist Diskussion«, wird Masaryk sagen), ist Streitgespräch. An diesen Höfen diskutieren islamische, jüdische und christliche Gelehrte und Theologen miteinander. Voll Staunen sieht der Gesandte Kaiser Ottos I., wie christliche Hofbischöfe, Rabbiner und jüdische Ärzte an einem solchen Hof wichtige Stellungen einnehmen.

Gegen diese offene Welt protestiert die islamische Orthodoxie in scharfer Form. Ihr kommt Unterstützung aus den Tiefen der afrikanischen Wüste und aus dem Hohen Atlas zu. Im 11. Jahrhundert brechen die Almoraviden, Nomaden aus der Sahara, zunächst zur Eroberung Marokkos (1056) auf, um der »Gottlosigkeit« einiger zenatischer Fürsten ein Ende zu bereiten. Sie vernichten die Berber-Religionen und bauen in 25 Jahren ein nordwestafrikanisches Großreich auf. Der Absolutismus des eifernden Gottes aus dem Gluthauch der Wüste scheint zu siegen. Die Zaunkönige in Spanien, die miteinander verfehdet sind und mit den spanischen Christen gute nachbarliche Beziehungen unterhalten, rufen die Almoraviden zu Hilfe, um die Kreuzfahrer abzuwehren. Interessant ist, daß es da bereits zu Zusammenstößen zwischen spanischen, französischen und nordeuropäischen Kreuzfahrern kommt, denn die Spanier wehren sich dagegen, daß ihre islamischen Gegner einfach als »tolle Hunde« abgeschlachtet werden.

Die Almoraviden sind also nun auch in Spanien! Vor ihrem afrikanisch-altislamischen Fanatismus fliehen viele Juden nordwärts, nach Frankreich, Deutschland, Italien, und bringen ihre ebenfalls vom Islam angereicherte intellektuelle Kultur mit.

Mitte des 12. Jahrhunderts bricht die Herrschaft der Almoraviden zusammen. Sie hinterlassen eine bedeutsame Erbschaft, die enge Verbindung Spaniens mit Marokko. In diesem Kraftfeld setzt die wiedergeborene spanisch-maurische Kultur an. Denn die Erben der Almoraviden, die Almohaden, Berber aus dem Hohen Atlas, sind Träger einer religiös-politischen Reformbewegung. Sie waren ebenfalls ausgezogen, um den Islam von aller unzüchtigen Vermischung mit der bösen irrgläubigen und außerislamischen Welt zu säubern. Sehr rasch aber akklimatisieren sie sich geistig und kulturell. In ihrem Reich entsteht die großartige Kultur des hohen 12. Jahrhunderts. Zeugen dieser Kultur sind heute noch die Wunderwerke ihrer Moscheen: die Kutubija in Marrakesch, die Giralda in Sevilla, die Hassan-Moschee in Rabat. Die Festungsmauern ihrer Städte mit den monumentalen Toren sind Vorbilder für die Festungsbauten der Normannen in Sizilien, in Neapel, in England und für die Kreuzfahrerburgen im Heiligen Land. Literatur, Philosophie und Wissenschaft blühen nun wieder auf. Am Hof zu Marrakesch finden sich Dichter, Historiker, Philosophen, Juristen und Theologen ein. Ibn Tufail und Averroes (Ibn Ruschd) sind Lehrer almohadischer Prinzen. In diesem Raum erblüht im 12. Jahrhundert eine islamische Scholastik im Streit der Rechtsschulen. Die Methodik des juristisch-theologischen wie des politischen Disputs war im 9. Jahrhundert bereits fixiert worden: Wo das Gotteswort es an einem direkten Hinweis fehlen ließ, mußte man sich

Glasfenster (Ausschnitte). Franziskanerkirche, Eßlingen. Um 1300.

auf ein *hadith* beziehen können, ein Wort aus der Masse der »Väterworte«, der »Autoritäten«, wie die christliche Scholastik es später nennen wird. In der islamischen Scholastik sind es Sprüche, die auf Mohammed oder einen seiner Genossen zurückgehen sollen. Fehlt ein solches Autoritätswort, dann muß man sich auf die Autorität eines großen jüngeren Lehrers berufen oder sich mit einer in seinem Werk implizit enthaltenen Beweisführung in allen Weiterungen auseinandersetzen.

Die Jagd der europäischen christlichen Scholastik nach »Autoritäten«, nach beweiskräftigen Sätzen der großen Lehrer der Antike und der Kirche, hat hier ein Vorbild.

Bedeutsam für die innerislamischen Spannungen und Kämpfe – bedeutsam auch deshalb, weil sich diese Spannungen im europäischen Raum entladen – ist die Unterscheidung zwischen rechtgläubigen arabischen Wissenschaften (Rechtswissenschaft, Traditionskunde, Grammatik und Lexikographie, Literaturwissenschaft, Poetik und Metrik, Geschichte) und ungläubigen, an sich fremden, feindlichen Wissenschaften (Naturwissenschaft, Philosophie, Mathematik).

Argwöhnisch beobachtet von der Orthodoxie und einem Volk, das um seine Rechtgläubigkeit und sein Heil bangt, arbeiten nun auf dem vulkanischen Boden dieser eigentümlich geschlossenen und doch in tausend Poren offenen islamischen Gesellschaft wissenschaftliche und religiöse Denker daran, das Erbe der Antike aufzubereiten: die religiösen und naturphilosophischen Spekulationen des Neuplatonismus, das ärztliche und naturwissenschaftliche Schrifttum der hellenistischen Welt und vor allem Aristoteles. Platon und Aristoteles waren zunächst begraben in dem Wust eines »platonischen« und »aristotelischen« Schrifttums, das Originales und völlig Andersartiges dicht vermengt hatte. Diese islamische Intelligentsia ist ein relativ kleines Heer von Neugierigen, Gottsuchern, Zweiflern, Skeptikern und Wissenschaftlern. Doch sie stößt in einem mehrhundertjährigen kritischen Prozeß zum »echten« Aristoteles vor: zum Meister eines weltimmanenten Denkens, einer streng rationalen wissenschaftlichen Methode, die ohne »Gott« und transzendenten Glauben auskommt. Das ist der beschwerliche Weg, der von al-Kindi (gest. 873), al-Farabi (gest. 950) zu Avicenna (gest. 1037), Avempace (gest. 1138) und zum Höhepunkt, zu Averroes (Ibn Ruschd, gest. 1198) führt. Die orthodoxen Gegner sind der Überzeugung, daß hier der islamische Glaube in rationalistische Philosophie aufgelöst wird.

Viele Denker des 8. bis 12. Jahrhunderts werden als Häretiker und Atheisten verklagt und verfolgt. Ihr Leben ist oft eine einzige Emigration, die von Spanien nach Nordafrika und Ägypten, nach Syrien und bis Persien führt; Flucht in den Osten hinein, wie bei christlichen Nonkonformisten des 5., 12. und 13. Jahrhunderts. – Ihre Werke werden verbrannt, ausgemerzt und verschwiegen. Sie selbst enden in der Verbannung, durch Hinrichtung und auch durch Meuchelmord. Denkwürdige Parallele im jüdischen und im christlichen Raum: Jüdische »aufgeklärte« Denker und religiöse Nonkonformisten erleiden das gleiche Schicksal, das auch christliche Scholastiker und Religiöse erleiden müssen. Die Kontinuität bis zur Gegenwart ist besonders eindrucksvoll: 1959 liest ein Schüler einer Talmud-Schule in Jerusalem im Versteck den *Wegweiser der Verirrten* des Maimonides, der als der Gipfel der jüdischen »aufgeklärten« Philosophie und Religiosität gilt und heute ebenso verdächtigt, umkämpft, gefürchtet und bewundert wird wie im 12. und 13. Jahrhundert.

Maimonides starb 1204; dies ist das Jahr, in dem die Kreuzfahrer Konstantinopel erobern und plündern. Orthodoxe
Gottesgelehrte des Islam kämpfen heute noch an der Al-
Azhar-Universität in Kairo gegen den Einbruch »zersetzen-
der« Elemente, die ihnen in den großen Denkern der islamischen wissenschaftlichen Renaissance im 12. Jahrhundert
präsent erscheinen.

Zum dritten: Der Kreis um Siger von Brabant im Paris
des 13. und des frühen 14. Jahrhunderts, die großen Vertreter des »linken« Aristotelismus und die Meister der »rechten« Mystik um Meister Eckhart sind im christlichen Westen
und darüber hinaus noch heute ebenso heiß umstritten wie
zu ihren Lebzeiten.

Der intellektuellen und religiösen Neugierde und Wißbegier
dieser islamischen und jüdischen Intelligentsia kommt nun
wörtlich und geistig die Neugierde und Wißbegier des erwachenden Westens entgegen. Toledo ist eine Stadt, die von
712 bis 1085 unter arabischer Herrschaft war, in der man
auch im 12. Jahrhundert noch arabisch spricht und in der
Juden, Mauren, muslimische und christliche Spanier nebeneinander wohnen. Hier begründet Erzbischof Raimund I.
(1126–51) eine Übersetzerschule, die zum Anziehungs-
punkt für die Elite Westeuropas wird. Erste Hilfe findet
Erzbischof Raimund bei seinem Erzdiakon Gundissalvi,
einem bekehrten Juden. In Toledo wird das aristotelische
Werk in seiner arabischen Fassung ins Lateinische übersetzt,
hinzu kommen Übertragungen von Hauptwerken der großen islamischen und jüdischen Philosophen und religiösen
Denker: al-Kindi, al-Farabi, al-Battani, Avicenna, Ibn
Gebirol, al-Ghazali.

*Toledo zeigt zum ersten Male in Europa, daß die Wissen-
schaft kosmopolitischen Charakter trägt;* sie ist universal,

global, »human«. Sie geht alle Menschen in allen Rassen und Religionen an. In Toledo arbeiten Araber, Juden und Griechen mit Spaniern, Franzosen, Deutschen, Balkanslawen und nicht zuletzt mit Engländern zusammen. Aus England kommen bereits im 12. Jahrhundert Adelard von Bath, der erste »Naturforscher« Westeuropas, dann Robert von Chester, Daniel von Morley und Alfred von Sareshel. Aus dem burgundisch-lothringischen Raum, der schon im 10. und 11. Jahrhundert offen und interessiert für arabische Astronomie, Astrologie und Naturwissenschaft war, kommt Walter von Malvern. Plato von Tivoli, Gerhard von Cremona, Aristipp von Catania, Salio von Padua, Johannes von Brescia kommen aus Italien. Aus Flandern kommen Heinrich Bate und Rudolf von Brügge; aus Nordfrankreich die Boten des Petrus von Cluny und der Denker von Chartres, vom Balkan Hermann von Kärnten (Dalmatien), aus Südfrankreich Provençalen und bedeutende Juden wie Armengaud, Jacob Anatoli, Moses ibn Tibbon, Jacob ben Mahir; aus Spanien unter vielen anderen Johannes von Sevilla und Hugo von Santalla. Im Klima von Toledo wächst im Werk des Erzdiakons von Segovia, Domingo Gonzalez, der erste Versuch einer Vermählung des Avicenna mit einer christlichen, augustinischen Theologie.

Neben Toledo erweisen sich einige *offene Landschaften*, wie die Provence, Oberitalien und Sizilien, als Mittler-Räume und einige *offene Plätze* als wichtige Zellen, die den größer werdenden Blutkreislauf des geistigen Europa bilden und befruchten: Mailand, Pisa, Montpellier, Salerno, Neapel und Palermo.

Die Entwicklung vom offenen Europa des 12. und frühen 13. Jahrhunderts zum geschlossenen Europa des späten Mittelalters besteht im geistigen Raum eben darin, daß diese

offenen Landschaften zu geschlossenen Landschaften werden, die den Kontakt mit dem ebenfalls in sich erstarrenden
islamischen Raum verlieren. Beladen mit den überreichen,
verlockenden und gefährlichen Schätzen des Wissens und
mit Fragen ziehen sich die europäischen Denker in einen in
sich geschlossenen Raum zurück. Dieser Raum erstreckt sich
zwischen Oxford, Brüssel, Köln und Basel und dehnt sich
ostwärts bis Krakau, Prag und Wien aus. Seine Mitte ist
Paris. Das Spiel des Geistes wird jetzt nicht mehr auf den
ausgedehnten Wanderfahrten, die bis tief in den Orient
hineinführen, erfahren, sondern lokalisiert sich in den Universitäten. Die früher öffentlichen Streitgespräche mit Katharern, Waldensern, Ketzern, Juden oder mit ostkirch-
lichen Theologen sind kirchenpolitisch und gesellschaftlich
unmöglich geworden. Verwandelt, kirchlich und methodisch
diszipliniert, erhalten sie einen Ort und eine Existenzmög-
lichkeit in der scholastischen Disputation. Das gehört zum
Wesen und zur Struktur der mittelalterlichen Universität:
sie ist offen und geschlossen zugleich. Sie ist Festung des
Glaubens, Bollwerk der Papstkirche, Instrument von Königen, Kirchenfürsten und Orden, die sich hier ihren Nach-
wuchs, die *clerici,* einen neuen Stand akademisch gebildeter
Beamter und Fachleute, heranbilden: Juridisch, römisch-
rechtlich und kirchenrechtlich gebildete Gehilfen, die als
erste Diener der Kirche und des Staates den Aufstieg der
Papstkirche und der Westmächte tragen.
Diese selbe Universität ist gleichzeitig ein Freiheitsraum, in
dem »unverschämt«, wie ihre Gegner es ausdrücken, alle
Fragen gestellt werden, die durch die geschlossene Gesellschaft und Kirche sonst ausgeschieden oder verboten werden. Es gibt bis zum heutigen Tag keine gefährliche Frage,
mag sie nun Gott, Welt, Kirche, Christentum oder Dogma

betreffen, die in ihrer Grundform und ihrem Kerngehalt nicht bereits in der Universität des 13. und 14. Jahrhunderts gestellt wurde.

Die Universität ist die größte Hoffnung und zugleich die größte Enttäuschung der Päpste. Zwei Daten, zwei Tatsachen mögen dies hier kurz illustrieren: Die Universität Bologna erhält von den Päpsten das Recht, sich die Lehrerin Europas zu nennen. Stolz bekennt sich Papst Honorius III. in einer Bulle von 1220 zu ihr: von ihr kommen »die Herrscher, die die christlichen Völker regieren«. Der Papst denkt an die Kanonisten. 1290 hält auf einem Pariser Konzil der päpstliche Legat eine furchtbare Drohrede an die Adresse der Pariser Universität. Dieser Mann ist kein Geringerer als Benedetto Gaetani, der künftige Papst Bonifaz VIII. Der päpstliche Legat beschimpft die Universitätsprofessoren als Narren, die sich einbilden, bei der römischen Kurie den Ruf großer Weiser zu haben. »Wir aber in Rom erachten sie als Narren, sie, die mit dem Gift ihrer Lehren sich selbst und die ganze Welt vergiftet haben. Ihr Magister von Paris, Ihr habt Euere ganze Wissenschaft und Lehre lächerlich gemacht ... Das sind alles Capricen... Wir erachten Eueren Ruhm als Dummheit und Rausch ... Wir verbieten Euch, unter Androhung des Verlustes Euerer Ämter, Würden und Pfründen, öffentlich oder privat über die Privilegien der Bettelorden zu diskutieren.«

Bonifaz VIII. ist deshalb so aufgebracht, weil die Pariser Universität seit mehr als einem halben Jahrhundert immer noch mit den Bettelordensprofessoren kämpft. Und da spricht dieser mächtige Kirchenfürst die ungeheure Drohung aus: »Die römische Kurie würde, ehe sie dieses Privileg widerrufen würde, die Universität von Paris zerschmettern, zerbrechen. Wir sind nicht dazu von Gott berufen, um die

Wissenschaft zu erwerben oder in den Augen der Menschen zu glänzen, sondern um unsere Seelen zu retten.«

Die Universität von Paris sieht dem großen Gegner ins Gesicht. Sie wird die mächtigste Feindin des römischen Papsttums im späteren Mittelalter als Vorkämpferin der Kirchenpolitik der französischen Könige und der gallikanischen Kirche. Die Universität von Paris wird sich im demokratischen Zeitalter der Kirche, im frühen 15. Jahrhundert, in der Konzilsbewegung in Konstanz und Basel als Richterin über die Päpste zu konstituieren versuchen.

Universitas: das ist im Mittelalter zunächst ein Name für eine Genossenschaft, eine Korporation, wie es ihrer so viele in der Stadt gibt. Eine Gilde, eine Zunft von Kaufleuten oder Handwerkern, jede organisierte Gruppe kann so heißen. *Die* Universität entsteht zunächst als eine Genossenschaft von Studenten und Professoren zu gegenseitiger Hilfe im fremden Land. Der Fremde war nahezu wehrlos, er mußte sich aus Schutz- und Sicherheitsgründen mit anderen zusammenschließen. In Bologna schließen sich die deutschen, französischen und englischen Studenten zur Universitas zusammen. In Paris sind es die Professoren (die in Bologna meistens Einheimische waren, die keinen Sonderschutz brauchten). Paris und Bologna sind die beiden Archetypen der europäischen Universität. Paris liefert das Modell einer Universität von Professoren, Bologna das Modell einer Universität von Studenten. Beide entstehen im letzten Drittel des 12. Jahrhunderts. – Die französischen Universitäten sind strukturell meist Kinder Bolognas, ähnlich die schottischen Universitäten.

Älter ist noch Salerno. Hier ist eine medizinische Hochschule, die 200 Jahre den gleichen Weltruf wie Paris und Bologna genießt. Salerno ist wahrscheinlich schon im 10.Jahr-

hundert entstanden und pflegte die griechisch-lateinische Me-
dizinkultur. Um 1080 soll Constantinus Africanus die arabische Arzneiwissenschaft in Salerno eingeführt haben.
Salerno steht in ständiger Verbindung mit Konstantinopel,
dessen großartige Spitalkultur wir bereits kennengelernt
haben.

Bologna ist das große Zentrum des Studiums der Rechtswissenschaft in Europa; sein Gegenpol Paris wird das Zentrum der Theologie. Grundlagen für Bologna als Universität
sind einerseits die Tradition der Laienbildung in Italien,
denn der langobardische Adel ließ seine Söhne literarisch
erziehen, während der Adel jenseits der Alpen auf Schriftkultur verächtlich herabsah. Andererseits brauchte die städtische Bewegung vor allem Juristen und gebildete Fachleute
zur Verwaltung der Stadt und ihrer Rechte. Vor Bologna
schon hatten sich Rom, Pavia und Ravenna als Rechtsschulen
hohen Ruf erworben. Bologna glänzt um 1000 n. Chr. als
Schule der sieben freien Künste.

Der große Aufstieg als Schule des römischen Rechtes beginnt im 12. Jahrhundert unter Irnerius. Bologneser Rechts-
lehrer treten auf dem berühmten Reichstag von Roncaglia
als Berater Kaiser Friedrichs I. auf: Bulgarus, Martinus, Ja-
cobus und Hugo. Nach dem Vorbild des weltlichen Rechts
begründet in Bologna Gratian das Kirchenrecht (um 1140)
mit seinem Textbuch *Decretum*, einer wissenschaftlich-syste-
matischen Ordnung der kirchlichen Rechtssprüche. Gratian
fußt auf Abälards *Ja und Nein*. Sein Schüler und erster
Kommentator ist der größte Papst des 12. Jahrhunderts,
Alexander III. Auch der bedeutendste Papst in der großen
Krisis des Mittelalters, Innozenz III., ist der Schüler eines
Bologneser Kanonisten, des Uguccio von Pisa.

Die Kanonisten Bolognas bemühen sich, der Kirche als einer

»perfekten Gesellschaft« *(societas perfecta), der* geschlossenen Gesellschaft Europas, ein Recht zu schaffen, das ebenso
perfekt, vollkommen und lückenlos sein soll wie das alte
römische Recht.

Diese Kanonisten bilden die neue Hierarchie der Papstkirche
aus. Nicht Mönche, nicht Seelsorger, nicht Theologen, sondern Juristen besetzen alle Führungsstellen der römischen
Kirche seit dem 13. Jahrhundert. Kanonisten entwickeln die
Lehre von der Weltherrschaft und politischen Oberhoheit
des Papstes über alle Völker der Erde.

Dieses europäische Mittelalter ist aber auch hier eine Koexistenz der Gegensätze. Bologna kann zumindest nicht im
Mittelalter als eine »klerikale« Universität angesprochen
werden. Im Gegenteil, in Bologna herrschen die sehr weltzugewandten und sehr selbstbewußten Studenten des weltlichen Rechts. Es sind dies zum Großteil bereits ältere, er-
fahrene Männer, die sich in *ihre* Universität weder von
Rom noch von den Professoren etwas »hineinreden« lassen
wollen. Der Professor ist hier zunächst eine Art Privat-
dozent, der von einer Gruppe unabhängiger Herren zwischen 17 und 40 Jahren als Lehrer geworben wird. Diese
Studenten schulden »ihrem« Professor keinerlei geistlichen
Gehorsam. Als Herren ihrer Universität üben die Studenten
einen bedeutenden Druck auf die Stadt und die Professoren
aus, die ihrerseits zunächst nur lose in einem »Kolleg« organisiert sind. Die Studenten verhandeln mit der Stadt wegen
der Preise für Wohnungen und Lebensmittel und in den
ständig vorkommenden Rechtshändeln.

Der Student des Mittelalters ist ein ebenso streitlustiger wie
trinkfester Gesell. Wenn es mit der Stadt oder mit den
Professoren zu keinem Vergleich kommt, dann hat diese
mittelalterliche Universität (auch hier wirkt Bologna neben

Paris vorbildlich) eine furchtbare Waffe: die Sezession, die Auswanderung in eine andere Stadt.

Aus verständlichen wirtschaftlichen und politischen Gründen stellen sich andere Städte gerne zur Verfügung, um die Auswanderer aufzunehmen. Die meisten italienischen Rechtsschulen und Universitäten gehen auf Sezessionen von Studenten und (oder) Professoren zurück, denen es in ihrer alten Stadt nicht mehr behagt. Aus Sezessionen von Bologna entstehen: Vicenza (1204), Padua (1222), die bedeutendste Abspaltung von Bologna, und von Padua im Jahr 1228 Vercelli.

Mitte des 13. Jahrhunderts umfaßt die Organisation der Rechtsstudenten in Bologna zwei »Universitäten«: eine cismontane mit italienischen Studenten und eine transmontane mit Studenten aus dem übrigen Europa; besonders die deutschen Studenten (mit den zugehörigen Polen, Tschechen, Ungarn) spielen in Bologna früh eine gewichtige Rolle.

Die Herren Studenten erzwingen von »ihren« Professoren durch Geldstrafen die genaue Einhaltung der Vorlesungstermine und setzen sich gegen mißliebige Professoren durch Boykott durch.

Es ist verständlich, daß sich die Professoren diesem massiven Druck gegenüber zu wehren suchen. Auch bei ihnen setzt sich dasselbe genossenschaftliche Prinzip durch wie bei den Studenten. Die Gilde der Professoren bestimmt, wer Professor werden darf. Ein Lehrstuhl in Bologna ist sehr begehrt, und es gibt nur wenige (während Paris über Massen von Dozenten verfügt). Die »ordentlichen« Vorlesungen finden am Vormittag, die »außerordentlichen« nachmittags statt. Das akademische Jahr beginnt am 19. Oktober. Die durch Papst Honorius III. erlassene Promotionsordnung (1219) wird vorbildlich für Europa. Da jedes Doktorat der

Zustimmung des Erzdekans von Bologna bedarf, wird eine gewisse kirchliche Kontrolle gesichert. Die Studenten von Bologna aber wollen keine päpstlichen Privilegien; erst im Spätmittelalter, nachdem sich die Päpste als Stadtherren von Bologna auch politisch durchgesetzt haben, nimmt ihr Einfluß stark zu.

Neben dem alles überragenden Studium beider Rechte besitzt Bologna auch »Universitäten« für die Artes, die freien Künste, und für die Medizin.

Typisch für Italien ist die enge Verbindung des Studiums der Philosophie und der Medizin: Aristoteles und die antiken Theoretiker der Medizin bilden die Grundlage. Die »praktische« Arzneikunst, einschließlich der Chirurgie, ist bekanntlich lange eine unfreie, niedere, den Handwerkern überlassene Kunst (Feldscher und Barbier als Chirurgen).

Bedeutsam für Europa ist der Bologneser Lehrstuhl für Astrologie. Der berühmteste akademische Astrologe in Bologna, Cecco d'Ascoli, wird 1327 von der Inquisition verbrannt; er hatte unter anderem auch dem Christentum das Horoskop gestellt.

Das italienische intellektuelle und akademische Leben ist praktisch-politisch-gesellschaftlich orientiert. Die beiden Rechte und die Medizin mit ihren philosophischen Hilfswissenschaften stehen ganz im Vordergrund. Die Politik der Päpste kommt hier dem italienischen Genius entgegen, da sie das Theologiestudium lange für Paris und England reserviert halten. Die späte theologische Fakultät in Bologna (1352-64) gelangt nie zu Ansehen. In Bologna spielen auch die Kollegien als Stiftungen für auswärtige Studenten keine bedeutende Rolle: Es entstanden 1267 ein Kolleg für Studenten aus Avignon, 1326 für Brescia, 1367 für spanische Studenten.

Die Pariser Universität ist der Raum, in dem sich die bedeutendsten Geisteskämpfe des Mittelalters abspielen und in dem im Spätmittelalter wichtige Grundlagen für das naturwissenschaftliche Denken der Neuzeit gelegt werden. Dieser Welt-Innenraum Europas, »Paris«, wird uns als solcher noch näher bekannt werden. Hier soll nur seine äußere Konstitution skizziert werden. In ständigen Kämpfen mit bischöflichen, päpstlichen und königlichen Behörden und nicht zuletzt mit den Bettelorden steigt die Pariser Universität im 13. und 14. Jahrhundert zu einer »Demokratie«, zu einer Macht in Europa auf, mit der sich die Universitäten der Gegenwart in keiner Weise vergleichen können.

Der Übergang der Lehrtätigkeit von den Mönchen auf den Weltklerus war *die* große Revolution der Erziehung und Bildung im Übergang des 11. zum 12. Jahrhundert. Abälard kennt die Universität noch nicht, er zieht aber als erster große Massen von Studenten aus aller Welt nach Paris. Drei bedeutende Schulen in Paris sind Zellen der Universität: die Abteischulen Ste. Géneviève und St. Victor und die Domschule Notre-Dame. Zwischen 1150 und 1170 entsteht die Universität, in der sich der bischöfliche Kanzler von Notre-Dame als Gerichtsherr der Professoren und damit der Universität behaupten will. Alle bedeutenden Professoren sind lange Zeit hindurch Ausländer, sie bilden als eine Professorenzunft die Pariser Universität.

Bedeutsam ist, daß das Papsttum die Universität in ihrem Kampf gegen den bischöflichen Kanzler in den entscheidenden Jahrzehnten von 1200 bis 1230 unterstützt. Rom möchte Paris als Zentrum des kontinentalen Studiums der Theologie für sich gewinnen. Deshalb verbietet Honorius III. im Jahr 1219 das Studium des römischen Rechts in Paris. Der Papst fürchtet, daß die hier aus ganz Europa

zusammenströmenden jungen Theologen zur Jurisprudenz
»übergehen«; das Rechtsstudium bedeutet Karriere, Aufstieg im Dienst der Kirche und des Staates. Dieses Verbot
kommt auch dem französischen König entgegen, der das
römische Recht als kaiserliches Recht fürchtet.

Das Hauptgewicht in der Struktur der Pariser Universität
liegt bei der Fakultät der Artisten: das ist die »philosophische« Fakultät, an der die sieben freien Künste, die *artes
liberales,* gelehrt werden. Diese freien Künste zerfallen in
den Dreiweg *(trivium):* Grammatik, Rhetorik und Dialektik, und den Vierweg: Musik, Arithmetik, Geometrie und
Astronomie.

Im 13. Jahrhundert gilt das Hauptinteresse der Artisten
dem Dreiweg, also der Philosophie und ihren Hilfswissenschaften; im 14. Jahrhundert verlagert sich das Schwer-
gewicht auf die mehr naturwissenschaftlichen Disziplinen
des Vierwegs; nicht zuletzt infolge der kirchlichen Sank-
tionen gegen das freie Denken der Artes-Philosophen.

An sich gilt die Artes-Fakultät nur als eine Vorstufe, eine
Vorbereitung auf das Theologiestudium. Ein »rechter« Professor ist in Paris nur der Professor der Theologie, der sein
sechzehnjähriges Studium hinter sich hat. Die Jahre an der
Artes-Fakultät bilden nur die notwendige, nachher verachtete Vorstufe. Dennoch sehen die »Theologen« voll Angst
und Unwillen, nicht selten auch voll Neid auf die Artisten.
Diese haben sich nämlich bereits in der zweiten Hälfte des
12. Jahrhunderts stark vermehrt und bilden bald ihre Universität.

Noch 1362 besteht der Lehrkörper der gesamten Pariser
Universität aus 441 Artisten, 25 Theologen, 25 Medizinern
und 11 Kanonisten.

Die Pariser Artes-Magister sind *das* Element intellektueller

Unruhe und geistiger Dynamik, *der* Motor des geistigen Lebens und aller revolutionären Bewegungen an der Pariser Universität. Die Qualität und die geschichtliche Bedeutung der »Professoren«, der Theologen, entscheidet sich an dieser Front: ob sie die ständige Herausforderung durch die Artisten annehmen oder das Kampfgespräch fürchten und fliehen. Thomas von Aquin und sein Lehrer Albert der Deutsche haben es angenommen.

In engem Zusammenhang mit der geistigen Mobilität steht die strukturelle Mobilität der Artisten an der Pariser Universität. Diese sind einerseits Lehrer, durch deren Hände alle Studenten gehen müssen, und gelten andererseits als Studenten, als Scholaren, die später weiterstudieren bis zum theologischen Doktorat und zur Erwerbung einer Professur. Eine Professur aber ist den vielen hundert Artisten schon aus Mangel an freien Lehrstühlen versagt; so wird ihre intellektuelle Unruhe auch von dieser Seite genährt. Nicht wenige, ja die bedeutendsten Artisten wollen gar nicht Theologen werden. Sie ziehen die größere geistige Freiheit und Beweglichkeit im Raum der Philosophie vor. Als Lehrer und Studenten, als Angehörige beider Gruppen, die an der Universität zusammentreffen, erkämpfen sich die Artisten eine Schlüsselstellung. Die Entscheidung fällt um 1220. Der Kanzler von Notre-Dame hatte vor 1200 den ganzen Lehrbetrieb auf der Seine-Insel, also unter engster Kontrolle des Bischofs, dessen Stellvertreter er war, zusammengezogen. Um 1220 entziehen sich die Artisten der Jurisdiktion des Kanzlers und lassen sich auf dem linken Seine-Ufer nieder; zunächst in der Rue du Fouarre, der Strohgasse, so genannt nach den strohgedeckten Eingängen ihrer Schulen.

Das ist die Geburtsstunde des Quartier Latin. Den Schutz der Artisten übernimmt der Abt von Ste. Géneviève, der

Konkurrent der Domschule Notre-Dame und ihres Kanzlers. Es ist nur ein Weg von wenigen Minuten von der Île de la Cité, der Insel der Notre-Dame, bis zu den wenigen Häusern, die heute noch den Rest der Rue du Fouarre bilden: ein pittoreskes, echt pariserisches Kunterbunt in den verschiedenen Baustilen der letzten Jahrhunderte, gleich daneben ehrwürdige Reste des frühen Pariser Mittelalters. Eben dieses Gemenge einiger Häuser und Straßen, die sich hier kreuzen, beliebt bei Malern, erinnert an die heroische Zelle des blühendsten, freiesten, angriffslustigsten geistigen Lebens im Europa des Mittelalters.

Nel vico degli strami, in der Strohstraße lehrte Siger von Brabant vielverdächtige Wahrheiten: Dante läßt in seiner *Göttlichen Komödie* Thomas von Aquin, das Haupt der Theologen, das Lob auf Siger von Brabant singen, seinen großen Gegner, das geistige Haupt der Artisten. Siger ist, kirchlich abgeurteilt, in der Haft elend zugrunde gegangen. Dante aber läßt ihn durch seinen größten Gegner besingen: im Himmel. Etwas vom Lebensgeheimnis des europäischen Mittelalters wird sichtbar, wenn man diese Vereinigung der Widersprüche bedenkt.

Das Leben an der Pariser Universität im Klima der Artisten ging früh schon ziemlich turbulent zu. Anfang des 13. Jahrhunderts wird hier bereits um Amalrich von Bêne und David von Dinant eine »pantheistische« und »freidenkerische« Zelle entdeckt. Artisten, Studenten, Kleriker werden verbrannt. Der päpstliche Legat verbietet 1215 alle Aristoteles-Vorlesungen (Physik und Metaphysik). Alle Artes-Kandidaten müssen einen Eid ablegen, nicht David von Dinant (ihren Kollegen) und andere Häretiker zu lesen. 1255 jedoch werden nahezu alle Bücher des Aristoteles als Pflichtlektüre für die Artistenfakultät vorgeschrieben. In der Zwischenzeit erkämpfen sich die Artisten die Herrschaft über die Universität. Ihr Rektor wird das Haupt der ganzen Universität; der Gehorsamseid an den Rektor bildet die Grundlage der akademischen Verfassung. Diese Machtstellung erlangen die Artisten als Führer der »Nationen«, der Studenten. Vier Nationen stehen einander oft streitlustig gegenüber: drei französische Nationen (Franzosen, Normannen, Pikarden) und eine »englische« Nation, die alle germanischen, deutschen, nordischen Völker umfaßt und im 15. Jahrhundert »deutsche Nation« heißt. In die französischen Nationen sind auch die anderen »lateinischen« Völker einbezogen. Neben den Nationen stehen seit Beginn des 13. Jahrhunderts die drei Fakultäten: Artisten, Theologen, Kanonisten (die Medizin gehört zu den Artisten).

Die Universität als Ganzes, Professoren und Studenten, steht im frühen 13. Jahrhundert im Kampf mit dem Kanzler und der Stadt. Aus studentischen Karnevalsunruhen 1228/29 entsteht der erste und größte Auszug von Studenten und Professoren aus Paris. Sie gehen nach Oxford und Cambridge, aber auch nach Angers, Toulouse, Orléans und Reims, und entziehen sich so dem Druck der geistlichen und weltlichen Behörden in Paris. Diese Sezession alarmiert Rom. Gregor IX. bemüht sich um die Rückkehr der Abgewanderten, doch hat er nur teilweise Erfolg. Er erläßt die Bulle *Parens scientiarum* (1231), eine *Magna Charta* der Universität Paris: Paris wird als Mutter der Wissenschaften anerkannt und die Gerichtsbarkeit des Kanzlers und Bischofs über die Universität stark eingeschränkt. 1215 begründete die vom Papst bekämpfte *Magna Charta* in England die konstitutionelle Entwicklung des englischen Staates.

Ab 1229 kommt ein gewisses Bündnis zwischen Artisten und Theologen durch den gemeinsamen Kampf gegen die Auf-

Giotto: Der heilige Franz von Assisi gibt einem Armen seinen Mantel.
San Francesco, Assisi.

Die Zelle des heilgen Franz von Assisi auf dem Monte Casale.

nahme von Bettelordensbrüdern in den Lehrkörper zustande. Dominikaner und Franziskaner erschienen den weltgeistlichen Theologen und den Artisten als der Feind der Universität schlechthin, da sie an ihren Orden und an den Papst in strengem Gehorsam gebunden sind. 1253 verlangt die Universität von allen Professoren in einem Gehorsamseid die Verpflichtung auf die Statuten der Universität. Diesen Eid können und wollen die Bettelordensmänner nicht leisten. 1255 bedroht eine päpstliche Bulle die Universität mit der Exkommunikation, wenn sie sich weiterhin weigert, die Bettelordensleute aufzunehmen. Die Universität löst sich daraufhin formal selbst auf.

Als gefährlichste Waffe handhabt die Universität diese Selbstauflösung, die Sezession, und den Streik: sie kann das, da sie kein eigenes Universitätsgebäude besitzt, da sie ein offenes Haus, ohne »Haus« ist, also freizügig; ihre Professoren und Studenten finden überall in Europa Aufnahme. In diesem Kampf denunzieren weltgeistliche Professoren und Bettelordensmänner einander als Häretiker, »Atheisten«, usw. Die Verschlechterung des geistigen Klimas, das im 13. Jahrhundert enger, düsterer und feindseliger wird, hängt eng mit diesen Querelen zusammen. 1261 gelingt ein vorübergehender Ausgleich unter Papst Urban IV., der zuvor ein Pariser Kanonist war. Die Universität als Ganzes nimmt die Bettelordensbrüder auf, von der Artistenfakultät bleiben sie aber ausgeschlossen. Dieser Freiheitsraum wird gewahrt. Zudem darf kein Ordenskolleg mehr als einen Professor an der Universität haben; nur Dominikaner dürfen zwei Professoren stellen. Das ist ein Sieg der Universität, deren Corpsgeist sich durchgesetzt hat. Im Kampf gegen die Bettelorden festigt die Universität ihre innere Verfassung. 1318 erlangt sie den Gehorsamseid der Bettelordensbrüder.

Den Höhepunkt ihres politischen Einflusses erringt die Pariser Universität im 14. und frühen 15. Jahrhundert. Als »älteste Tochter des Königs von Frankreich« beruft sie sich darauf, vor keinem anderen weltlichen Richter zu erscheinen, auch nicht vor dem Parlament, dem königlichen Gerichtshof. 1398 wird Gerson Rektor; in seiner Zeit schwingt sich die Universität zum Richter über Päpste und Gegenpäpste auf. Das Konzil von Konstanz organisiert sich nach ihrem Vorbild in vier Nationen: Franzosen, Engländer, Deutsche und Italiener, um den Einfluß der Italiener auf die Führung der Kirche zu brechen.

Damit jedoch haben der hochgemute Intellektualismus und auch das Machtstreben der Pariser Universität zu hoch gegriffen. Ihre innere Schwäche zeigt sich an, als sie 1431 Jeanne d'Arc als Ketzerin und Zauberin erklärt. Die Universität geht unter in schweren Kämpfen mit den Königen Karl VII., Ludwig XI. und Ludwig XII. Im letzten Jahr des 15. Jahrhunderts, 1499, reitet Ludwig XII. bewaffnet in die Universität ein, bricht ihr Streikrecht und unterwirft sie. Auch das ist ein Ende des Mittelalters und seiner so überaus vielfältigen Freiheiten, die oft bis heute nicht wiedergewonnen wurden.

Die Universität von Paris ist von Anfang an besonders stark mit dem englischen Geistesleben verbunden. Engländer stellen im 12. Jahrhundert das Hauptkontingent der nicht-französischen Studenten. Paris ist zudem, was oft übersehen wird, die Zelle des College-Systems und nicht England. Das erste Pariser Collège ist das Collège des Dix-huits, gegenüber der Westfront von Notre-Dame im Hôtel-Dieu: ein Raum im Hospital, ausgebaut durch einen Londoner Bürger, der von seiner Pilgerfahrt nach Jerusalem zurückkehrte. Später erhält es ein eigenes Haus. Um 1186 gründet Graf

Robert de Dreux in der Nähe des Louvre ein Hospiz für
»arme Kleriker«. 1208 gründet der Pariser Bürger Etienne
Belot mit seiner Frau ein Kolleg »Die guten Kinder von
St. Honoré«. Als Gründer von Pariser Collèges stehen später
neben Bürgern: die Äbte von Clairvaux, Prémontré, Cluny,
Bischöfe und Kardinäle.

Das berühmteste Pariser Collège, das der Universität später
den Namen überließ, die »Sorbonne«, wurde um 1257 durch
den Kaplan Ludwigs des Heiligen, Robert de Sorbon, für
Artes-Mitglieder gegründet, die Theologieprofessoren werden wollten. Das war nötig, wenn der weltgeistliche Nach-
wuchs nicht ganz ausfallen sollte; die Bettelordensstudenten
brauchten kein Geld für das langwierige und kostspielige
Studium. – Ein berühmtes, vornehmes Collège ist das 1304
von der Gattin Philipps des Schönen, der Königin Johanna
von Navarra, gegründete Collège de Navarre.

Die Unterschiede zwischen einem Pariser Collège und einem
Oxforder College sind aber bedeutend: Die Pariser Collèges
sind wesenhaft Studenten-Collèges unter Führung eines Magisters; ihre Stellung ist viel schwächer. Kanzler oder Kanoniker
visitieren die Collèges als Vertreter der Kirche von Paris.
Das Oxforder College ist eine sich selbst regierende Korporation, sein Haupt, der Warden, ist ein von allen seinen
Mitgliedern gewählter Verwalter, der nichts mit den Studien zu tun hat. Der Warden regiert das College mit Assi-
stenz der Seniors, wobei die Zustimmung aller Mitglieder
bei wichtigen Sachen erforderlich ist. Im 15. Jahrhundert
übernehmen die Pariser Collèges einen hohen Prozentsatz
der Lehrtätigkeit, einige berühmte von ihnen werden kleine
Privatuniversitäten. Das berühmt-berüchtigte Collège Mon-
taigu sieht innerhalb weniger Jahrzehnte Erasmus von Rotterdam, Calvin, Ignatius von Loyola, Rabelais und ein Dut-

zend berühmter Humanisten und Reformatoren auf seinen engen Schulbänken. Tief »mittelalterlich« ist die Atmosphäre dieser Collèges noch im frühen 16. Jahrhundert: strenge monastische Disziplin; Schmutz, Gestank, schlechtes Essen; Elend und Not von Studenten und jungen Magistern.

Die Pariser Collèges verfallen oft früh, als Institution werden sie erst durch die Französische Revolution beseitigt. England wahrt eine ungebrochene Kontinuität. Oxford verlor bis heute kein einziges seiner mittelalterlichen Colleges, ähnlich Cambridge.

Englands alte Universitäten und Colleges haben einen Abglanz mittelalterlicher Freiheiten bis heute bewahrt. Oxford ist die Mutter dieser Universitäten: durch Auswanderungen und Sezessionen aus Oxford entsteht 1209 Cambridge; ihm folgen Northampton 1263, Salisbury 1283 und Stamford 1334.

Oxford verdankt seinen ersten Aufstieg einem Exodus englischer Professoren und Studenten aus Paris (1167). Im Kampf gegen Thomas Becket erhebt Heinrich II. Oxfords Schule zum *studium generale*. Oxford ist keine Bischofsstadt, hat also auch keine Domschule; sein Bischof sitzt in Lincoln, 120 Meilen weit entfernt, eine Tatsache, die den Aufstieg der Oxforder Universität zur Unabhängigkeit sehr fördert. Auch in Oxford ist, wie in Paris, der Kanzler der Universität zunächst ein Beamter des Bischofs. Dieser wird aber im Laufe der Auseinandersetzungen des 13. Jahrhunderts zwischen Universität und Bischof zu einem Vertreter der Universität. Im frühen 14. Jahrhundert wirft die Universität für immer das Joch des Bischofs ab.

Die »Nationen« der Studenten spielen in Oxford nur in der Frühzeit eine Rolle; eine »nördliche« und eine »südliche« Nation streiten sich da so heftig wie auf dem Kontinent.

Doch die nationale Einigung Englands läßt sie verschwinden. Die Nationen werden 1274 aufgelöst. Die ersten großen Privilegien erhält Oxford 1214: Papst Innozenz III. er-
zwingt diese »Ordonnanzen« von dem schwachen König
Johann. Der Papst möchte Oxford zur Stütze des Papsttums ausbauen, ein Traum, der nicht ganz in Erfüllung
ging: 1358 ist Wyclif Magister am Balliol College, 1372
wird er Doktor der Theologie in Oxford. Wyclif verdankt
den Ruf und die rasche Ausbreitung seiner Reformbewegung, der bedeutendsten im Spätmittelalter vor Hus und
Luther, seinem Ruhm als Oxforder Professor. Ganz getäuscht hat sich jedoch der große Papst, Innozenz III., nicht:
Oxford ist weniger aggressiv und theologisch konservativer
als Paris. Hier gibt es auch bis zur Reaktion gegen die Bewegung um Wyclif keine Verbrennungen von Magistern
und Studenten. Durch Professoren und Studenten eng mit
Paris verbunden, geht Oxford gleichzeitig seine eigenen
Wege. Früh gewinnen die Naturwissenschaften eine besondere Bedeutung und prägen mit einem starken franziskanischen Element das geistige Gesicht Oxfords. Die besten Mathematiker des 13. Jahrhunderts sind Oxforder: Johannes
de Sacro Bosco (Hollywood) und Johannes Pisanus (Pecham), der franziskanische Erzbischof von Canterbury.
Sehr bedeutsam ist in diesem Zusammenhang das lange Zeit
reibungslose Eindringen der Bettelorden. 1221 haben sich
die Dominikaner im Herzen der Stadt niedergelassen, auf
der Ostseite der Judenstraße, *the Jewry.* Oxford war eine
Handelsstadt und hatte viele Juden. Deren intellektuelle
Bedeutung, nicht zuletzt durch ihre Verbindung nach Spanien und dem Orient, wird uns bei Roger Bacon noch ent-
gegentreten: Jüdische Übersetzer vermitteln das arabische
und griechische Geistesgut des Mittelmeerraumes. Die Ox-

forder Dominikaner sehen in der Judenbekehrung eine
Hauptaufgabe ihrer Mission.

Ebenso reibungslos haben sich die Franziskaner (1224), die
Karmeliter (1256) und die Augustiner (1268) in Oxford
festgesetzt. Das Verhältnis zwischen Bettelorden und Weltgeistlichen, deren Kampf das Gesicht der Pariser Universität
prägt, ist hier harmonisch. Erst ab 1303 kommt es auch in
Oxford zu schweren Auseinandersetzungen.

Um 1314 liegt die Verfassung der Oxforder Universität in
einem königlichen Brief vor. Sehr »demokratisch« konsti-
tuiert sie die Universität als eine Art Parlament verschiedener Stände, in dem die Artisten die Führung haben.
Unter Führung der Artisten erobert die Universität die
Regierung der Stadt Oxford. Das Gericht des Kanzlers von
Oxford zieht alle wichtigeren Streitfälle an sich.

Oxfords Ruhm ist der Ruhm seiner Colleges. Diese Colleges
reißen den ganzen Studiengang an sich. Die Artes-Magister
setzen sich in jeder Weise durch. Diese englischen Universitäten haben keine höheren Fakultäten, kein römisches
Recht, die Medizin hat nur geringe Bedeutung. So vermögen
die Colleges mit ihrer »humanistischen« Artesbildung auch
in dieser Hinsicht führend zu bleiben.

Nennen wir kurz einige der wichtigsten College-Gründungen. Für den gebildeten Engländer sind sie eine lebendige
Wirklichkeit, für den Fremden, der nicht in ihrem Milieu
aufgewachsen ist, läßt sich die intime und intensive Prägung
des ganzen Menschen durch sie kaum durch wenige Zeilen
vermitteln.

Das University College (um 1280) geht auf ein Legat Wilhelms von Durham zurück, der Professor in Paris und er-
wählter Erzbischof von Rouen war. Es umfaßt zunächst nur
eine kleine Gemeinschaft von 4 Magistern in einer *hall*, die

zusammenleben und sich unter einem *senior fellow* selbst regieren.

Das Balliol-College, zunächst eine Sühnestiftung von Sir John de Balliol für einige arme Studenten nach Pariser Muster, erhält erst im 14. Jahrhundert seine typisch englische Prägung.

Das Merton-College (1263/64) gestiftet von Walter de Merton, ist das älteste Oxforder College, das 1264 de facto und de jure unter Leitung eines Warden besteht. Die ersten 8 Studenten sind Neffen des Gründers. Auch als ihre Zahl auf 20 anwächst, sind es noch ausschließlich Verwandte, für die der Warden nicht so sehr ihr Vorgesetzter als vielmehr der Vertreter des reichen Onkels, der Familie und der Kirche ist. Alle Mitglieder dieser Familienstiftung tragen eine gemeinsame Tracht, eine *uniform dress*. Mertons Statuten von 1270 werden vorbildlich für das gesamte englische Universitätsleben. Der Studiengang und das Leben im College sind genau geregelt. Die Freiheit der Studenten auf dem Kontinent ist in England unbekannt. Doch darf man nicht vergessen, daß Studenten in Bologna oft reife Männer waren; hier in Merton treten bereits sieben- bis achtjährige Knaben ein.

Die späteren College-Gründungen, wie Exeter (1314), Oriel (1324), Queen's College (1341), Canterbury (1361) und New College (1379), folgen den bewährten Vorbildern.

Cambridge, aus einer Oxforder Sezession von 1209 hervorgegangen, verstärkt durch Pariser englische Studenten im Jahr 1228, nimmt eine etwas mühsame, langsame Entwicklung. Bis zum Ausgang des 14. Jahrhunderts ist Cambridge eine Universität dritten Ranges, *a third-rate university*, wie der Historiker der englischen Universitäten, Rashdall, bemerkt.

Werfen wir einen kurzen Blick auf die Universitäten des »Kontinents«, neben den beiden großen Polen Bologna und Paris.

Italien besitzt im 13. und 14. Jahrhundert eine Menge kleiner Universitäten, die oft nicht mehr als eine Art städtischer Rechtsschulen sind. Sie haben eigene Universitätsgebäude und tragen einen unkirchlichen, stadtbürgerlichen Charakter: Reggio, Vicenza, Siena, Piacenza, Perugia, Treviso, Verona, Pisa, Florenz, Pavia.

Spezifische Bedeutung gewinnt Neapel zunächst als Gegengründung Kaiser Friedrichs II. gegen das päpstliche Bologna. Überragend und einmalig für ganz Europa steigt Padua auf, entstanden durch eine Auswanderung aus Bologna (1222), vermehrt durch weitere Sezessionen aus Bologna 1306 und 1322. Padua wird unter dem Schutz der freien Republik Venedig zum Zentrum des naturwissenschaftlichen und links-aristotelischen Denkens und Studiums für ganz Europa. Kopernikus und Galilei setzen die Arbeit von einem Dutzend Generationen Ärzte, Mathematiker, Astronomen und Naturphilosophen voraus. Das tolerante, durch Venedig gegen die Inquisition abgeschirmte Padua nimmt besonders viele deutsche, polnische und mitteleuropäische Studenten auf. 1409 wird hier erstmalig der Doktorhut der Medizin einem Juden verliehen. Noch im 18. Jahrhundert studieren auch englische, schottische und andere protestantische Studenten in Padua.

Die Universitäten Spaniens und Portugals stehen in enger Verbindung mit der Krone, von der sie gegründet sind. Ihre Kanzler sind meist königliche Beamte; oft bestehen auch enge Verbindungen mit Domschulen, was einem stärkeren Einfluß des örtlichen Bischofs gleichkommt. Valladolid (Mitte des 13. Jahrhunderts), Salamanca (um 1227), Valencia (1208/09), Sevilla und Lerida; in Portugal sind hier wenigstens Lissabon und Coimbra (1920) zu nennen. Die große Weltstunde der spanischen Universitäten (und des portugiesischen Coimbra) schlägt im 16. Jahrhundert, in dem die Neuscholastik in Salamanca die dogmatische Selbstfindung des europäischen Katholizismus auf dem Konzil von Trient entscheidend mitbestimmt und in dem das Denken der spanischen Völkerrechtler um Vittoria und Suarez die Grundlagen des neuzeitlichen Völkerrechts legt.

Die überragende Bedeutung der Pariser Universität für Europa läßt oft übersehen, daß für Frankreich selbst eine Reihe anderer Universitäten bedeutsam sind, die ein reges Eigenleben entfalten. Symbolisch für deren starke Bedeutung darf man noch Calvins Prägung weit mehr durch das Rechtsstudium und den Humanismus in Orléans und Tours als durch Paris werten.

Die französischen Universitäten folgen weit öfter dem Modell Bologna als Paris, bisweilen sind sie Mischformen des Pariser und Bologneser Vorbilds. Die Studenten erkämpfen sich im Laufe des 14. Jahrhunderts oft die Mitbestimmung in der Universitätsregierung, z. B. bei der Wahl des Rektors. Wo es den Studenten nicht gelingt, in die Regierung der Universität aufgenommen zu werden, bilden sie doch machtvolle Korporationen neben der Universität. In fast jeder dieser französischen Universitätsstädte hat der Bischof mehr Einfluß und Macht über die Universität als in Paris und Bologna. Die Städte selbst gewinnen erst in der Spätzeit an Einfluß, als es um die Zahlung fixer Gehälter geht. Viele kleine Universitäten leben von Collèges und Stiftungen für arme Studenten. Das Rechtsstudium überwiegt alle anderen Studien.

Die größte Rechtsschule des mittelalterlichen Frankreich ist

Orléans. Hier blühten bereits im 12. Jahrhundert der »Humanismus«, die klassische Literatur, Grammatik, Poesie und daneben das Recht. Die berühmtesten Stilisten und Poeten, aber auch alle Sekretäre der Päpste Alexander III. und Lucius III. sind hier gebildet worden. Nach dem Verfall von Chartres hält sich die klassische humanistische Tradition des 12. Jahrhunderts hier bis in das 13. Saeculum. Thomas von Aquin stellt Orléans auf eine Stufe mit Paris, Bologna und Salerno.

Hier in Orléans kommt es im 14. Jahrhundert zu einem revolutionären Schritt, der in anderen Ländern oft erst Jahrhunderte später vollzogen wird (in Deutschland im 17. und 18. Jahrhundert): Professoren beginnen in der Volkssprache Vorlesungen zu halten, lesen neben den obligaten lateinischen Vorlesungen in französischer Sprache.

Toulouse ist die erste päpstliche Universität, gegründet 1229 zur geistigen Niederwerfung der Katharer. In dieser Gründung manifestiert sich eine eigenartige Dialektik des Geistes und der Macht: Um die Anziehungskraft von Toulouse zu erhöhen, wird verkündet, daß in Toulouse der naturwissenschaftliche Aristoteles, der damals in Paris noch verboten war, frei gelehrt werden soll. Immer wieder gehen aus den Hohen Schulen Europas Männer hervor, die sehr anderes gelernt und erfahren haben, als deren Gründer planten. Toulouse ist eine der wenigen europäischen Universitäten, an denen alle Fakultäten vertreten sind.

Kleine Universitäten im französischen Raum sind Angers, Avignon (1303 durch Papst Bonifaz VIII. gegründet), Cahors, Grenoble, Orange, Aix-en-Provence. Sie wurden alle zwischen 1332 und 1409 gegründet.

Eine geistige Welt für sich bildet Montpellier. Hier, wo Araber, Juden und Spanier noch im 13. Jahrhundert zusammenleben, hält sich viel vom Résistance-Geist der Provence und des ganzen französischen Südens. Der starke, direkte arabische Einfluß wirkt sich besonders in der Medizin aus, die hier als Hohe Wissenschaft verstanden wird, und in der naturphilosophischen Spekulation.

Drei Nationen bilden die Universität: die Provence, Burgund und Katalonien. Montpellier ist eine Magister-Universität; der Bischof bestellt den Kanzler und drei Magister zur Führung der Universität, ähnlich wie im frühen Oxford. Maguellone, der Bischofssitz, war aber hier ganz nahe bei Montpellier, viel näher als Lincoln bei Oxford und auch näher als Ely bei Cambridge. Der Bischof behält hier die Gerichtsbarkeit über Professoren und Studenten. In Montpellier erringen jedoch die Studenten praktische Rechte, die noch heute von Universitätsreformern beachtet werden sollten: zweimal im Jahre treffen sich die Studenten mit den Professoren, legen dabei den Vorlesungsplan für das kommende Semester fest, besprechen Beschwerden und andere Angelegenheiten, die beide Partner betreffen.

Langsam, aber unaufhaltsam verschieben sich bedeutende Gewichte Europas im hohen Mittelalter nach Osten. Die Universitätsgründungen Mittel- und Osteuropas unterstreichen diesen Prozeß. Bis zur Mitte des 14. Jahrhunderts sind Deutschlands intellektuelle Zentren Paris und Oberitalien. Noch Kaiser Karl IV. ist in Frankreich gebildet.

Paris wird das Vorbild für Prag, die erste deutsche und erste tschechische Universität (1348), und für Wien (1365), die erste Universität im engeren deutschen Sprachraum; in beiden Städten machen sich die Einflüsse Oxfords geltend. Magister der englischen Nation in Paris sind erste Professoren in Wien. Paris wird noch für Erfurt (1379–92), Heidelberg (1385) und Köln (1388) Vorbild, aber auch für die ersten Universitäten Polens (Krakau 1364–97) und Ungarns (Pecs = Fünfkirchen 1367, Budapest 1389–95, Preßburg 1465 bis 1467). Die je zwei Daten, die mehrfach für Universitäten Ostmitteleuropas und Osteuropas zu nennen sind, weisen auf ein charakteristisches Phänomen hin: die erste Gründung florierte sehr oft nicht, erst eine Neugründung einige Jahrzehnte später vermag der Universität zu einem gewissen Aufblühen zu verhelfen. Noch war der Bedarf an *clerici*, an Akademikern und Intellektuellen, hier nicht sehr groß; vor allem fehlt es an qualifizierten Professoren.

Die europäischen Universitäten haben einen neuen Stand und in gewisser Hinsicht einen neuen Menschentyp erzogen und geprägt: den Akademiker und Intellektuellen. Beide sind nicht unbedingt identisch.

Wie lebte und studierte der Student, der in einem vier- bis sechzehnjährigen Studium Mitglied des neuen Standes wurde? Ein Alter von 14 Jahren gilt im allgemeinen als Vorbedingung für den Eintritt ins Universitätsstudium, zwischen 13 und 16 Jahren sind die meisten Studenten alt, wenn sie auf die Universität kommen. Ein hoher Prozentsatz der Studenten studiert auf Kosten eines wohlhabenden Verwandten, Gönners, Prälaten oder Stifters. Viele sind sehr arm und leiden unter schlechter Heizung und wenig Licht in den schlechten Unterkünften; turbulent, ausschweifend in mehrfachem Sinne ist dieses studentische Leben; Raufhändel mit Bürgern und Handwerkern, Totschläge, Exzesse sind an der Tages- und Nachtordnung. In den Kollegs herrscht eine harte, oft düstere geistliche Disziplin mit einem hochausgebildeten Denunziantentum. Bei den jährlichen Kapitelversammlungen werden die Studenten aufgefordert, einander anzuzeigen. Dieses System hat auf Menschen verschiedener Anlagen verschieden gewirkt: einen Erasmus von

Rotterdam und einen Rabelais hat es abgestoßen, Calvin, der es in seine geistliche »Disziplin« einbaut, wird dadurch angezogen.

Die Vorlesungen beginnen sehr zeitig am Morgen, um 6 Uhr, im Sommer noch früher, und dauern oft drei Stunden. Bei berühmten Lehrern drängen sich dichte Massen, die kaum Platz finden in den überalten Räumen, die als Vorlesungssäle dienen. Nur wenige sind so groß und schön wie jene spätmittelalterliche Vorlesungshalle von Salamanca, die wir heute noch besuchen und bewundern können.

Unwahrscheinliche Zahlen nennt das Mittelalter selbst für die es stark beeindruckenden Massen seiner Studenten. Paris soll 1287 30 000, Bologna 10 000 Studenten gehabt haben. In Wirklichkeit dürften es in Paris im Durchschnitt 2500, auf seiner Höhe vielleicht 6000 bis 7000 Studenten, in Oxford zu Ende des 13. Jahrhunderts zwischen 1500 und 3000 Studenten gewesen sein.

Bedeutsam ist, daß die mittelalterliche Universität ihren Studenten keine religiöse Bildung und Erziehung vermittelt. Erst die Reformer im Spätmittelalter, einige religiös ergriffene Professoren wie Wyclif, Hus und Gerson, werden hier eine neue Zeit herausführen. Religiöse und nationale Ergriffenheit mit eigenartigen Mischungen beider Elemente prägt zumal im osteuropäischen Raum später Professoren und Studenten: Wittenberg mit seiner jungen Generation um Melanchthon, der schon mit 17 Jahren Professor ist, wird im Banne Luthers zum Vorbild.

Die mittelalterliche Universität bildet *clerici*, Akademiker, aus und erzieht Intellektuelle.

Clerici, clerks, juristisch gebildete Männer, tragen den Aufstieg und Ausbau des Staates im hohen Mittelalter. Der »Aufstieg des Westens«, des »modernen« Staates, am sichtbarsten in Frankreich, aber auch in England, wird von diesem neuen Stand getragen. Könige, Päpste, Fürsten, Bischöfe, Städte, Korporationen, sie alle suchen sich die Dienste dieses neuen Standes zu sichern, um ihre Stellungen auszubauen oder zu verteidigen. Die Funktionäre, die »Manager«, die Beamten und Bürokraten, die oft allein führenden Männer am Hebel der Macht, das sind diese *clerici,* deren Aufstieg vom späten 12. Jahrhundert an ein erregendes Phänomen darstellt – in der Stille wachsend, oft umschwiegen. Die zeitgenössischen Chronisten schenken ihm wenig Beachtung; sie berichten von Schlachten, von den endlosen Streitigkeiten der Päpste, Könige, Bischöfe und adeligen Sippen. Hinter ihnen stehen aber die Männer dieses neuen Standes, die zäh, planmäßig und unverdrossen den neuen Staat (in Frankreich, England, in den deutschen Landesfürstentümern) und nicht zuletzt die neue Kleruskirche aufbauen. Weder Siege noch Niederlagen ihrer Herren, weder schwache Könige noch starke Päpste behindern ihren Weg. Auch ihre eigenen Niederlagen verwirren sie nicht. Fällt einer von ihnen im Hofdienst in Ungnade, sind bereits andere zur Stelle, die sein Werk fortführen: die rationale Durchformung der Verwaltung der Macht. Gerade die fähigsten dieser Männer sind besessen von ihrer Aufgabe. Staat und Kirche sollen ein Kunstwerk werden, ein geistig durchkonstruiertes Gebilde wie die gotische Kathedrale. Der Staat an sich, die Kirche an sich, der Apparat an sich: hier verfließen, verschwinden alte Grenzen. Der adelige Akademiker ist Berufsgenosse seines aus dem Niedervolk aufgestiegenen Studiengenossen; der Kleriker ist Genosse seines Mitarbeiters, der bereits darauf verzichtet, Geistlicher zu werden, da sein Studium nicht mehr allein auf eine geistliche Pfründe angewiesen ist.

Die Bildung dieses neuen Standes ist einseitig juristisch und einseitig intellektuell. Der europäische Intellektuelle mit seiner Größe und seinem Elend ist ein Sohn dieses Mittelalters und seiner Universitäten. Nur der Verstand – dieser aber vorzüglich – wird hier hochgezüchtet. Der leib-seelische Innenraum des Menschen, das Gefühl, eine tiefergehende Gesittung, eine Bildung der Wurzelkräfte der Person – das alles wird nicht berührt, ebensowenig wie die religiöse Formung der Person. Eigentümlich schizoid wirken diese mittelalterlichen Intellektuellen oft. Sie sind hochentwickelt im Verstand, doch ungepflegt in den Sinnen und ohne Spiritualität der Person. Ihre Laster, nicht nur ihre Berufskrankheit, die Homosexualität, die »Sodomie«, erwecken das Entsetzen sensibler und religiös ergriffener Menschen. Ihr Paris erscheint nicht nur einem Bernhard von Clairvaux, sondern auch einem Jacob von Vitry als ein Babylon. Bernhard ruft den Professoren und Studenten zu: »Flieht aus Babylon, aus Paris, flieht und rettet eure Seelen.« Paris ist das Paradies, »das Paradies auf Erden, die Rose der Welt, der Balsam des Universums«, so besingen schon Goliarden und Vaganten – frühe Sprößlinge dieser Intelligentsia – die Hauptstadt der intellektuellen Bewegung Europas. Kritisch, sehr kritisch sehen diese Intellektuellen aufeinander, auf die Kleruskirche, auf das Mönchtum vor allem, das ihnen als faul, verfressen und geil erscheint. Noch die Angriffe von Valla und Erasmus von Rotterdam gegen dieses Mönchtum sind direkte Erben dieser Animosität. Als typische Städter sehen sie voll Verachtung auf den »Tölpel«, den »ungebildeten« Bauern herab. Dem Adel fühlen sie sich ebenbürtig, wenn nicht überlegen: auf den »inneren Adel« des Geistes komme es an.

Es ließe sich leicht ein langer Katalog der Schwächen, Laster, der Brüchigkeiten im Charakter dieser Intellektuellen zusammenstellen. Eine gewisse Grausamkeit gehört zu ihrem Metier. Robert de Sorbon hält fest: »Nichts ist vollkommen erkannt, was nicht von den Zähnen der Disputation zermahlen wurde.« Zergliedern, analysieren, trennen, scheiden, unterscheiden, auflösen, das ist die Hauptaufgabe, die in der Logik, in der Wissenschaft zu leisten ist. In vielen dieser Intellektuellen lebt die Hoffnung, die Zuversicht und der Wahn, »alles zu können«, da sie formal begrifflich alles »verstehen«, logisch gliedern, »begreifen« können. Faustens Traum hat bei ihnen diese Gestalt: die Welt und alle Wirklichkeit lassen sich beherrschen, wenn man sie nur recht in den Griff, das heißt in den rechten, den richtigen Begriff bekommt.

Hochmut, Neid, Haß wider den Konkurrenten, »unschamhafte Neugier«, »Atheismus«, »Gottlosigkeit«, Zynismus: es gibt wenige Laster und Anklagen gegen Europas Intellektuelle, die nicht bereits von der anti-intellektualistischen Bewegung des Mittelalters vorgebracht und ihren Erben in der Neuzeit übergeben worden wären.

Die anti-intellektualistische Bewegung begleitet als Reaktion und Partner die intellektuelle Bewegung. Nicht selten sind es Intellektuelle, die nach einem Bekehrungserlebnis oder einfach als Gegenreaktion zu heftigen Anti-Intellektualisten werden oder gar beide Elemente in ihrer Brust vereinigen. Unter ihnen finden sich einige führende Nominalisten.

Es ist an der Zeit, von der Größe mittelalterlicher Intellektueller zu sprechen. Boethius von Dacien, einer ihrer bezeichnendsten Repräsentanten, nennt in seinem Lob der »Philosophie« der Pariser Intellektuellen als ihre vornehmste Tugend die *magnanimitas:* schon Abälard hatte sie als hohe Tugend der geistigen Initiative, als Leidenschaft der

Sankt Claras Gärtlein in San Damiano,
wo Franziskus seinen „Sonnengesang" dichtete.

Pestkreuz. Mitte des 14. Jahrhunderts. Maria im Capitol, Köln.

Hoffnung gefeiert. Dieser »hohe Mut«, Erbe des hohen Mutes des antiken adeligen Philosophen und des Ritters, wendet sich voll Enthusiasmus den Aufgaben des Menschen zu: rational, mit den Mitteln des Verstandes die Tiefen der Wirklichkeit, der Natur und des Menschen zu erforschen – bis hinein in die »Tiefen der Gottheit«. Über allem steht eine Kühnheit, ein Wagemut des Geistes. Die größten Geister des Hochmittelalters sind in allen Bereichen von Wissenschaft, Kunst, Politik, in Kirche und Staat typische Intellektuelle: Thomas von Aquin und die großen Päpste zwischen Alexander III., Innozenz III. und seinen Nachfolgern im 13. Jahrhundert. Der größte Dichter, Dante, ist ebensosehr ein typischer Intellektueller wie der größte Mystiker, Meister Eckhart. Wenn sich Europas Intellektuelle im Mittelalter so oft in den Niederungen des Lebens verlieren, sollte eines nicht vergessen werden: Aus den Scharen der namenlosen und auch namhaften Intellektuellen, die Europas Städte, Höfe und Kanzleien seit dem frühen 13. Jahrhundert bevölkern – Gegner haben sie mit der Heuschreckenplage verglichen, die Gott über die Ägypter sandte –, ragt eine Elite auf, deren Höchstleistungen zum ewigen Erbe der Menschheit gehören. Sie erheben sich ebenso hoch über die Massen ihrer weniger begabten Zunft- und Artgenossen, wie das intellektuellste Werk der mittelalterlichen Kunst, die gotische Kathedrale, über die niedrigen Häuser ihrer nächsten Umgebung ragt – über jene niedrigen Häuser, in denen doch die Menschen wohnen, die sie erbauen.

XXII

Europas beste Köpfe kämpfen in Paris

PARIS, BEREITS IM 12. JAHRHUNDERT die geistige Hauptstadt Europas, ist im 13. und frühen 14. Jahrhundert der Schauplatz, auf dem die besten und kühnsten Köpfe Europas zusammenstoßen. 1217 kommen die Dominikaner, 1229 die Franziskaner nach Paris. Um 1240–47 ist Roger Bacon dort Artes-Magister. 1245 (wenn nicht schon 1242) bis 1248 lehrt Albert der Große, 1248–55 lehrt sein franziskanischer Antipode Bonaventura in der Stadt an der Seine. 1252 bis 1257 versuchen die weltgeistlichen Professoren, die Vertreter der Bettelorden von der Universität zu vertreiben. Thomas lehrt 1252–59 in Paris. 1265 beginnt Thomas die Arbeit an seiner *Summa theologica,* 1266 verfaßt Roger Bacon sein *Opus maius.* 1255–60 war Siger von Brabant nach Paris gekommen und liest gleichzeitig mit Thomas. 1270 wird Siger zum ersten Male kirchlich verurteilt, 1277 umfaßt eine kirchliche Verurteilung von 219 Thesen neben Siger auch seinen großen Gegner Thomas.

Auf diese schweren Kämpfe und die kirchlichen Verurteilungen folgt ein kurzes Atemholen. Zu Beginn des neuen Jahrhunderts flammen die Kämpfe wieder auf. 1303–08 lehrt Duns Scotus in Paris, 1300–03 und 1312–14 auch Meister Eckhart.

1312–14 schreibt Dante die »Hölle«; wenngleich er in Italien wirkt, blickt er doch stets auf Paris. 1325 hebt die

Universität von Paris die Verurteilung des Thomismus auf: Das revolutionäre Element von 1270 wird jetzt als konservatives Element gegen seine radikalen Sprößlinge und Verwandten berufen. 1329 verurteilt der Papst Meister Eckhart, 1337 verurteilt die Universität Paris zum ersten Male Lehren des Ockhamismus. Wilhelm von Ockham lehrt 1317 bis 1324 in Oxford.

Versuchen wir, die Chiffren dieser Namen und Daten, die sich im engen Raum eines Jahrhunderts zusammendrängen, etwas zu erhellen.

Dramatisch ist bereits das Vorspiel: 1210 wird ein schon im Jahr 1206 verstorbener Philosophiedozent, also ein Artes-Magister, exhumiert und verbrannt: Zehn seiner noch lebenden Anhänger werden als Amalrikaner verbrannt. Amalrich von Bêne (bei Chartres) vertritt als Schüler von Chartres einen hochgemuten Intellektualismus.

Clarembald von Chartres (gestorben nach 1170, von Thomas von Aquin angegriffen, von Meister Eckhart als Kronzeuge berufen) hatte bereits gelehrt: Prinzipiell ist alles erkennbar; das Wesen der Materie ist der Wandel, die Bewegung. Die Mathematik erforscht die Gesetze der Veränderung der Materie. Mit den höchsten Kräften des Verstandes ist auch die Gottheit erkennbar.

Amalrich lehrt: Die Hölle ist nichts anderes als die Unwissenheit; sie ist in uns »wie ein fauler Zahn im Munde«. Gott ist alles in allem; auch das Böse gehört zu ihm und erweist Gottes Allmacht. Der Mensch, der weiß, daß Gott alles bewirkt, kann nicht sündigen. Seine Erkenntnis der Wahrheit ist schon der Himmel und die einzig mögliche Auferstehung. Es gibt kein Jenseits, nur im Diesseits ist Vollendung des Menschen.

Hier setzt jener *humanisme de cette terre,* jene Einwurzelung im irdischen Leben ein, die von den »linken« averroistischen Aristotelikern im 13. Jahrhundert in Paris entschieden und demonstrativ herausgearbeitet wird und bis zur Gegenwart Modelle eines kämpferischen, außerchristlichen Humanismus liefert – bis zu André Gide, zu Sartre und Camus.

Dieser Humanismus ist schon bei Amalrich von Bêne eindeutig politisch engagiert. Amalrich und seine Schüler aktivieren, politisieren und dynamisieren Gedanken, die auf den Abt Joachim von Fiore zurückgehen: Alle drei göttlichen Personen sind Fleisch geworden; das Reich des Vaters war das Reich des Alten Testaments, das Reich des Sohnes, die Kirche der Sakramente, geht eben zu Ende; jetzt ist das Reich des Heiligen Geistes angebrochen; es wird täglich in uns Fleisch und macht jeden Gläubigen zu Gott. Die Identifizierung des Heiligen Geistes mit dem Geist, der in jedem Menschen als »aktiver Intellekt« wirkt, wie im Anschluß an Averroes dann die linken Aristoteliker sagen, ist vielleicht die folgenschwerste Entscheidung dieser intellektuellen Bewegung.

Die Amalrikaner finden eine gewisse Deckung am Pariser Hof. Amalrich soll Erzieher des Thronfolgers, des Sohnes König Philipp-Augusts gewesen sein; der Thronfolger soll der Retter-Fürst der Endzeit sein, der Kaiser und Papst ablöst.

Mit Amalrich wurde ein Kollege abgeurteilt, David von Dinant. Dieser schwört auf Aristoteles und die reine Logik. Er lehrt einen materialistischen Pantheismus: Gott ist die Materie; die wahre Welt ist dort, wo nur Materie, nur Gott besteht. David soll ein Tischgenosse des Papstes Innozenz III. gewesen sein.

Überschwänglich, berauscht von der Lektüre des Aristoteles

und seiner arabischen Kommentatoren, vor allem Avicennas und Averroes, sehen diese jungen Dozenten Gott, Natur, Materie, Geist zusammen. Wie ein geistiges Rauschgift wirken da die Lehren: Die Materie ist ewig und ständig in Bewegung. Es gibt keine Schöpfung in der Zeit; es gibt nur einen Intellekt, ein allen Menschen gemeinsames Denkvermögen. Eine Weltseele ist in allem Lebendigen zugegen. Es gibt keine persönliche Unsterblichkeit. Glaube und Wissen sind streng zu trennen. Die Wissenschaft hat es nur mit der Natur und dem natürlichen Leben zu tun. Theologie ist keine Wissenschaft.

Die Aufdeckung der »freidenkerischen« und »pantheistischen« Zellen um Amalrich und David an der Pariser Universität löst schwere Schocks aus: In den Jahren 1213, 1215, 1219, 1225, 1228, 1241 wird für Kleriker das Studium der Naturwissenschaften verboten. Niemand, der »in üblem Ruf steht«, darf Vorlesungen halten (Kardinallegat Robert im Statut für die Pariser Universität, 1215). 1231 wird das wissenschaftliche Diskutieren in der Volkssprache kirchlich gerügt, und noch Galilei wird zum Vorwurf gemacht, daß er »gefährliche Thesen« ins Volk trage.

Trotz aller Verbote zuerst des naturwissenschaftlichen Aristoteles und dann seiner arabischen Kommentatoren dringen beide, vor allem Averroes selbst, zwischen 1230 und 1250 in die Universität ein. Roger Bacon zitiert in seinen Pariser Aristoteles-Vorlesungen um 1245 oft Avicenna und Averroes. Wenig später zeigt sich, daß es bei den Artisten eine starke Universitätsfraktion von »linken Aristotelikern«, Averroisten, gibt. Ihre führenden Köpfe sind Nordfranzosen, Niederdeutsche, Nordländer – Siger von Brabant und Boethius von Dacien (ein Däne oder Schwede), der Niederländer Goswin. Ihr Leitmotiv ist: »Sprechen wir nicht hier von

Gottes Wundern, wir haben jetzt über Natürliches natürlich zu verhandeln« (Siger). Ein Hörer nennt Boethius in seiner Nachschrift den *naturalis;* ihn interessieren »nur die Dinge, wie sie in der Bewegung und in der Materie sind«.

Boethius ist in den Verfolgungen untergegangen: weder Herkunft noch Todesjahr stehen fest. Er ist der Verfasser der bedeutendsten Sprachlogik des Mittelalters und eines Traktats *Über das höchste Gut (De summo bono),* den man das radikalste Manifest eines weltimmanenten Lebens genannt hat: »Das höchste Glück ist menschliche Tugend im Diesseits.« Verstand und Intellekt sollen das menschliche Leben im Denken und Handeln leiten. Wenn im Menschen etwas Göttliches ist, dann ist es der Intellekt; er betätigt sich in Werken des Denkens, der Gerechtigkeit und im echten sittlichen Handeln: diese drei schaffen die »menschliche Glückseligkeit«. Boethius trennt scharf zwischen Glauben und Wissenschaft; er vertritt rein die vielumkämpfte These der »doppelten Wahrheit«: Glaube und Wissenschaft entsprechen verschiedenen Prinzipien und haben je ihre eigene Wahrheit.

Siger von Brabant (geb. um 1240, ermordet in päpstlicher Gefangenschaft in Orvieto um 1282) ist heute noch so leidenschaftlich umstritten wie im 13. Jahrhundert. Ost und West reklamieren ihn für sich. Eine zeitgenössische Handschrift nennt diesen jungen Mann, der sein Werk mit 26 Jahren konzipiert, »Siger den Großen«. Duns Scotus meint: Einer, der so irrt, ist »aus der menschlichen Gesellschaft auszulöschen«. Petrarca nennt Averroes, auf den sich Siger hauptsächlich stützt, »einen tollen Hund, der mit unsagbarer Wut seinen Herrn Christus und den katholischen Glauben verbellt«.

Siger steht mitten im Sturmzentrum des geistigen Lebens von Paris. Seine Partei, »die Partei Sigers«, kämpft jahre-

lang gegen die Rektorswahl von 1271. Siger fasziniert die Studenten und Intellektuellen durch sein entschiedenes Eintreten für die Autonomie der Vernunft, der »reinen« Wissenschaft, die er von jedem Einfluß der Theologen befreien möchte. Der wahre Prophet ist der Wissenschaftler!
»Wache, studiere und lies und laß dich durch verbleibende Zweifel zu noch mehr Studium anregen, denn ein Leben ohne Wissenschaft ist Tod, ist das Begräbnis eines niedrigen Menschen.«
Die »reine Vernunft« kennt keine »Vorsehung«, keine Willensfreiheit, bekennt die unerschaffene Ewigkeit der Welt und die Einheit des Intellekts in allen Menschen. Es gibt keine »persönliche« unsterbliche Seele. Die Religion ist notwendig für die Volksmassen, nicht für die »Gebildeten«. Die Dogmen sind gut für den »Glauben«, die Vernunft lehrt oft ein Gegenteil. Siger bekennt sich zur Kreislauflehre der Antike: Alles kehrt in großen Weltzeitaltern wieder, auch die Religionen und die Gesetze. Die Maschine der Welt funktioniert fast zur Gänze aus sich heraus, nur an der Peripherie wird sie durch die Gestirne, die himmlischen Intelligenzen, gelenkt.
Ewig sind Materie, Bewegung und Zeit. Vergänglich sind nur die Individuen, die zusammen *eine* Geistseele haben. Die Willensfreiheit ist, strenggenommen, ein leeres Wort. Nach großen ehernen Gesetzen müssen wir alle unser Leben vollenden. Gut ist, was dem Menschengeschlecht nützt, schlecht ist, was ihm schadet.
1270 beginnt die kirchliche Verfolgung der »Averroisten«, der Partei Sigers in Paris. Wohl auf der Flucht aus Paris nach Lüttich, dem Norden zu, fallen Siger und Goswin in die Hände der Inquisition; Siger wird zu lebenslänglichem Kerker verurteilt und stirbt in der päpstlichen Gefangenschaft.

Averroisten fliehen aus Paris nach Italien, wo sie in Padua und Venedig Hauptstützpunkte errichten.

1269 wird Thomas von Aquin entgegen der Universitätsregel, die für Bettelordensmänner nur eine Vorlesungsperiode kannte, ein zweites Mal nach Paris berufen, um die schwankende antiaverroistische Front zu stützen. Die Auseinandersetzung zwischen Siger und Thomas ist als das bedeutendste geistige Ereignis des 13. Jahrhunderts angesprochen worden. Als Thomas, erschöpft, 1274 stirbt, setzt sein großer Lehrer und Freund, Albert der Große, den Kampf fort.

Thomas von Aquin bittet in einem Gebet Gott, er möge ihm gewähren, heiter zu sein, ohne Leichtfertigkeit und reif ohne Wichtigtuerei. Der »Ochse von Sizilien«, wie ihn verehrend Ordensbrüder genannt haben, stürzt sich mit einer uns heute unheimlich anmutenden Ruhe und Gelassenheit in die Geisteskämpfe seiner Zeit. Kaum ein Ausgleiten ins Persönliche findet sich in seinem Riesenwerk. Selbstbeherrschung, Nüchternheit, Geduld – Hinhören auf den Gegner, das ist es, worauf es Thomas ankommt. Thomas hat die Methode und den Geist des Streitgespräches und der »akademischen« Auseinandersetzung zu einer Vollkommenheit entwickelt, die vor und nach ihm wenige erreicht haben. In den Raum der Universität und der philosophischen Untersuchung bringt er herein, was draußen in der Welt unmöglich wurde: die freie, freimütige Auseinandersetzung mit den härtesten Gegnern und den härtesten Tatsachen.

Thomas muß zumindest gegen vier Fronten kämpfen: je zwei »rechte« und zwei »linke«. Rechts stehen die traditionelle Universitätstheologie und die Franziskaner, links eine freischwebende Intelligenz und die radikalen Averroisten um Siger. Die Verurteilung von 219 gefährlichen Thesen durch Bischof Tempier von Paris (1277) wirft Thomas, Siger und die freischwebende Intelligenz in einen Topf und mit ihnen auch noch die Amalrikaner und andere religiöse und politische Schwärmer.

Für die Männer der Rechten ist Thomas ein Revolutionär und höchst gefährlicher Mann. (Irlands Bischöfe werden im 19. Jahrhundert John Henry Newman, den späteren Kardinal Newman, als »gefährlichsten Mann in England« ansehen). Für die Männer der Linken ist Thomas auf dem halben Wege stehen geblieben.

Die traditionelle Universitätstheologie und die Franziskaner werfen Thomas vor, daß er den so gefährlichen Aristoteles, mit seinen noch gefährlicheren Kommentatoren Averroes und Avicenna, dazu das ganze Pack der jüdischen, arabischen und antiken Philosophen in der Universität in der Theologie und der Kirche beheimaten möchte. 1265–70 beginnt der franziskanische Sturm gegen Thomas in Paris. 1273 hält Bonaventura seine Vorlesungen gegen Aristoteles und gegen Thomas.

Die franziskanische Theologie und Philosophie beruft sich wie eine konservative ältere Universitätstheologie auf Augustinus: Gnade, Liebe, der Kampf zwischen Natur und »Übernatur«, Geist und Fleisch, das ist es, worauf es ankommt; der Hochmut des Intellekts verdirbt den Christenmenschen. Stark emotional gefärbt, bewahrt das franziskanische Denken sowohl die Erinnerung an den Widerstand des heiligen Franziskus gegen eine herzlose rationalistische Wissenschaft wie auch das Ressentiment über die große Niederlage, die der Orden in den Kämpfen der Zeit erlitten hat. Bonaventura versucht zudem wenigstens einen Teil des prophetischen und geschichtlichen Elements in den Orden zu retten.

Thomas wird von dieser Seite vorgeworfen, daß er Christus und die Kirche an die entfesselten Spiele des Intellekts, an

die Neugier des »freien Geistes« verrate. Tatsächlich steht
Thomas, der Sohn eines der treuesten Lehensmänner Kaiser
Friedrichs II. und Bruder eines höfischen Minnesängers, geistig Siger von Brabant näher als den Franziskanern und den
»Alten«. Voll Neugier und Wissensdurst stürzt sich der
junge Thomas auf die eben entdeckten Quellen, liest früh
Averroes und Avicenna, ohne jedoch zunächst die weltan-
schauliche Tragweite zu ermessen. Er vertieft sich in das täglich durch neue Übersetzungen anschwellende Werk der antiken, arabischen und nicht zuletzt jüdischen Denker. Thomas
von Aquin, Albert der Große und Meister Eckhart verdanken viel dem Großmeister neujüdischen Denkens, jüdischer
»Aufklärung«, Maimonides.

Thomas ist der Rechten als »Rationalist«, »Aufklärer« und
Aristoteliker, als Verehrer und Freund der Vernunft und
eines kühl wägenden rationalen Denkens, das sich streng an
seine wissenschaftliche Methode hält, verdächtig. Andererseits wirft ihm die Linke vor, er wage es nicht, konsequent
seine eigenen Gedanken zu Ende zu denken, und er versuche vor allem, Aristoteles, die Araber und das weltimmanente philosophische Denken unter einen vollkommen un-
nötigen theologischen Überbau zu stellen und so dessen
wahre Bedeutung zu verdecken.

Das Geheimnis der schwebenden Mitte, des Denkens und
Lebenswerkes des Thomas von Aquin hängt eng mit seiner
geschichtlichen Weltstunde und seiner Persönlichkeit zusammen. Sir Henry Slesser hat Thomas *the first Whig*, den ersten »Liberalen«, genannt. Englische Denker des schöpferischen Kompromisses, eines lebendigen Konservatismus, nicht
zuletzt die bedeutenden Theologen der frühen *Church of
England* um Thomas Hooker haben sich bewußt und unbewußt zu Thomas hingezogen gefühlt.

Thomas ist unerschütterlich überzeugt von der Größe und Grenze des menschlichen Verstandes; alles Irdische ist ihm zur Forschung anheimgegeben, und manches Himmlische kann er erspüren. Die Welt ist gut; sie ist von Gott erschaffen. Der Mensch ist als Kind Gottes gut erschaffen; die Sünde hat vor allem seinen Geist getrübt – »die erstgeborene Tochter der Unkeuschheit ist die Blindheit des Geistes«. Mit Gottes Hilfe kann jedoch der Mensch die Kräfte seines Geistes wieder voll entfalten und nunmehr als Herr seines Verstandes und seines zum Guten befreiten Willens – und damit seiner selbst – sein Leben vernünftig und gut, geistvoll und demütig gestalten.

Die Hilfe Gottes kommt dem Menschen durch eine vierfache Erziehung zu: Erziehung durch die Kirche, die Gesellschaft, die Übung der Verstandeskräfte und die Auseinandersetzung mit Gegnern. Erziehung bedeutet, sich der ganzen Wirklichkeit zu öffnen, sie gehorsam zu vernehmen.

Der Edelmann Thomas von Aquin unterwirft sich mit der vitalen Kraft einer großen Demut diesen vier Erziehungsmächten. Als erstes ist es die Kirche mit ihrer Autorität und dann die Autorität der menschlichen Gesellschaft. Thomas bekennt mit Aristoteles: Das »Gemeinwohl« geht in jeder Weise dem Wohl des Individuums voraus. Der einzelne hat sich der Gesellschaftsordnung auf jeden Fall unterzuordnen. Thomas akzeptiert die Gesellschaftsordnung des adeligen Alteuropa – von Homer bis zu seiner Zeit – voll und ganz. Sklaverei, Kriegführung, Todesstrafe sind als natürliche Mittel in diese Gesellschaftsordnung einbezogen. Persönlich neigt er dazu, diese statische »menschliche Gesellschaft« vor allem im Bild der Stadt, einer rational durchformten städtischen Hausordnung, zu sehen. Jeder Mensch soll Hausgenosse und Freund des Menschen sein. Freundschaft aber bedeutet, sich

um die Erziehung der eigenen Person und des Nächsten zu
bemühen. Die unermüdliche geistige Arbeit, das Werk seiner
beiden großen *Summen,* nicht zuletzt seine Vorlesungstätig-
keit hat hier ihre personale Wurzel: Thomas sieht erschrok-
ken und betrübt, wie da in Paris und Europa eine junge
Intelligenz berauscht, ja überflutet wird durch den Einbruch
der Geister aus dem Nahen und dem Fernen Osten (wenn
man Bagdad und Persien, die östliche Gnosis, jenem zurech-
nen darf). Diese jungen Intellektuellen sind der Überzeugung
– so sieht es Thomas –, daß alles erlaubt und daß dem Menschen alles zu denken, zu erdenken möglich sei. Ihr geht zu
weit! Das ist ein wesentliches Denkmotiv des Thomas in seiner Auseinandersetzung mit der Linken. In diesem klobigen
Manne wohnt eine große Schamhaftigkeit; die geistige Un-
schamhaftigkeit späterer scholastischer Theologen, die Gott,
Welt, Mensch und Natur in den Griff ihrer hybriden Spekulationen nehmen wollen, ist ihm zutiefst fremd. Eben deshalb wagt er es, sogar den großen Averroes, von dem er so
viel gelernt hat, gelegentlich als »Pervertierer« des Aristoteles anzuklagen. Thomas ist überzeugt, daß Aristoteles ein
frommer Denker war, voll Scheu vor dem letzten Geheimnis
der Gesamtwirklichkeit.
Ihr geht zu weit! Dieser Abwehr nach links entspricht ein
»Ihr geht überhaupt nicht weiter! Ihr wagt nicht zu denken!« als Anklage gegen die Rechte. Diese Frontstellung
gegen rechts macht aus Thomas den »Vater der Aufklärung,
den Erzvater rationaler Philosophie«, der direkt zu Descartes und noch zu Kant führt, dessen Motto für die Aufklärung
lautet: Wage zu denken, Mensch, wage dich aller Kräfte
deines Verstandes zu bedienen.
Thomas ist gegen jeden Obskurantismus und, was für Europas innere Selbstfindung ebenso wichtig ist, er ist gegen jedes

Ertränken der Vernunft im Meer des Gefühls, ja des »Glaubens«. Hier stößt Thomas erstmalig und einmalig mit dem mächtigsten Kopf der älteren Theologie des Abendlandes zusammen – mit Augustin.

Augustin lehrt den Primat des »Willens«, des »Herzens«, der emotionalen Kräfte. Thomas lehrt den Primat des Intellekts. Gott ist »das vollkommenste Geistwesen«. Sein und Existenz Gottes bestehen wesenhaft darin, daß er sich selbst denkt, versteht, beschaut. Das ist der große Freiheitsbrief, die *magna charta* eines offenen europäischen Rationalismus.

Der Mensch ist um so offener zu Gott und zu sich selbst, je mehr er, geistdurchformt, sich aller Kräfte seines Verstandes bedient. Die Gesellschaft ist dann »in Ordnung«, wenn sie eine Gemeinschaft vernünftiger, freier Menschen ist, die eine Sprache sprechen, die sich verstehen.

Nun sieht aber Thomas, daß die Menschen einander nicht mehr verstehen. Also ist es die erste und wichtigste, die politische Aufgabe der Wissenschaft, zur Verständigung in einer Sprache zu gelangen. »Scholastik«, Schulwissenschaft, ist bei Thomas die Erziehung zu klarem Denken in klaren, sauberen Begriffen.

Der religiöse, personale Eros des Thomas verdichtet sich in seinem pädagogischen Bemühen, sich möglichst knapp, klar und eindeutig auszudrücken. Hier setzt seine Kultur des Streitgesprächs an.

Die *disputatio legitima,* das Streitgespräch in bestimmter Form (Frage, Antwort, These, Zustimmung, Verneinung, Argument, Beweisführung, abschließende Formulierung des Ergebnisses) beherrscht im 13. Jahrhundert den Studienbetrieb der Universität. Thomas macht die Disputation zum konstitutiven Element seiner Werke – sie alle sind Streitgespräche – und erfindet in seiner Lehrtätigkeit in Paris eine

neue Form, die »freie« Diskussion, deren Thema die Zu-
hörer bestimmen.

1256–59 hält Thomas wöchentlich zwei solche Disputatio-
nen *(disputatio de quolibet)*. Seine Grundüberzeugung ist:
Eine geistige Auseinandersetzung ist ein gemeinsames Bemühen nicht um den Sieg eines der Streitenden, sondern um den
Sieg der Wahrheit. Auch dem Irrenden gebührt Dank, weil
auch der Irrtum der Verdeutlichung der Wahrheit dienen
kann. Einen Menschen zur Wahrheit zu führen, ist die größte
Wohltat, die ein Mensch dem Nächsten erweisen kann. »Man
muß sie beide lieben, sowohl die, deren Meinung wir teilen,
als auch die, deren Meinung wir ablehnen. Beide nämlich
haben sich gemüht um der Erforschung der Wahrheit willen,
und beide haben uns hierin Hilfe geleistet.«

Thomas ist ein Meister im Hinhören auf die Argumente des
Gegners, er bemüht sich, diese noch klarer zu fassen, im
Sinne der berühmten Maxime Paul Valérys: »Das erste, das
der zu tun hat, der eine Meinung widerlegen will, ist dies: er
muß sie sich ein wenig besser zu eigen machen als der, der
sie am besten verteidigt.«

In diesem Sinn baut Thomas seine Werke und seine Vorlesungen. Er will Raum für das vernünftige Denken und
Raum für den Glauben schaffen. *Beide* Räume sind größer,
als seine rechten und linken Gegner sehen. Die geschaffene
Welt, Natur, Mensch, Gesellschaft und alle Dinge lassen sich
rational erforschen und sollen wissenschaftlich erforscht werden. Aufgabe der Theologie bleibt es – hier gewinnt Thomas
den Anschluß an die älteste christliche Theologie –, Gott zu
umschweigen: »Weil wir nicht vermögen, von Gott zu wissen, was er sei, sondern nur, was er nicht sei: darum können
wir nicht betrachten, wie Gott sei, sondern vielmehr nur, wie
er nicht sei.«

Als Thomas am Nikolaustag 1273 von der Messe zur Arbeit zurückkehrt, legt er die *Summa theologica,* sein zweites Hauptwerk, an dem er arbeitet, beiseite: »Ich kann nicht.« Reginald von Piperno, sein Freund und Sekretär, ist tief bestürzt. Doch er erhält nur die Antwort – zweimal: »Reginald, ich kann nicht. Alles, was ich geschrieben habe, kommt mir vor wie Spreu.« Beim zweiten Male setzt er noch hinzu: »... verglichen mit dem, was ich geschaut habe und was mir offenbart worden ist.« Den ganzen Winter hindurch dauert dieses Schweigen. Dann geht er, vom Papst befohlen, auf die Reise zum Konzil nach Lyon. Er geht zu Fuß, wie er als Bettelmönch alle seine Reisen zurücklegt. Reginald ermuntert ihn: »Nun zieht Ihr zum Konzil, und dort wird vieles Gute geschehen für die ganze Kirche, für unseren Orden, für das Königreich Sizilien.« Thomas antwortet: »Ja, gebe Gott, daß dort Gutes geschehe!«

Auf dem Weg nach Lyon stirbt er. Das letzte Wort des Thomas von Aquin ist ein Brief, eine Antwort auf eine von Mönchen von Fossa Nuova erbetene Erläuterung zum *Hohenlied der Liebe.*

Das ist ein Ende. Hat Thomas gespürt, was seine Synthese von Intellekt und Gefühl, Wissenschaft und Offenbarung, weltimmanenter Philosophie und christlicher Theologie voraussetzt, soll sie glaubwürdig bleiben und schöpferisch weiterwirken? Das wunderschöne Gedankengebäude des Thomas setzt voraus: eine prästabilierte Harmonie von Kirche und Staat, in der »vernünftige«, städtische Menschen leben, bereit, sich freundschaftlich auseinanderzusetzen. Eben diese sehr rationalen, beherrschten Menschen sind gleichzeitig von einem tiefinnerlichen Glauben ergriffen, der in seinem seelischen Bereich die Dogmen und Wahrheiten des Glaubens ebenso »natürlich« und selbstverständlich akzeptiert wie im

Bereich seines Verstandes die Gesetze der Logik und Wissenschaft. Für Thomas sind die beiden Sätze völlig einleuchtend: »Unsere Auferstehung wird gleichförmig sein der Auferstehung Christi.« Und: »Der Mensch ist eine Sache der Natur« *(homo res naturalis est).*

Für seine Zeitgenossen und mehr noch für die folgende Generation war das gar nicht einleuchtend. Diese Menschen leben nicht in einer *societas humana,* in der die großen Ordnungsmächte sich vertragen, sondern in der sie einander niederkämpfen. Thomas erwähnt die Kämpfe zwischen Papsttum und Kaisertum gar nicht. Er spricht auch nicht von den Verbrennungen der Amalrikaner, von den Verfolgungen seiner jungen Kollegen an der Universität. Die Generation nach ihm kann darüber nicht hinwegsehen: nach dem Tod von Thomas und Bonaventura, nach der Austreibung und Einkerkerung Sigers und seiner Freunde ziehen rauhe Winde in Paris ein. Wir erinnern uns der Schimpfrede des päpstlichen Legaten Gaetani an die Adresse der Pariser Professoren. Derselbe Mann versucht als Papst Bonifaz VIII. noch einmal, die Oberherrschaft des Papsttums über die Fürsten und Völker Europas zu behaupten. Der Sohn eines Katharergeschlechts, Nogaret, nimmt ihn in Anagni gefangen. Der Papst stirbt, empört über diese Schmach noch im selben Jahr (1303), und von 1309–77 ist das Papsttum in Avignon mehr oder minder der Gefangene der Interessen des französischen Königs. Aller Welt ist nun die Schwäche dieses Papsttums kund – und die bedeutendsten Vertreter des geistigen Lebens stehen teils in offenem Kampf mit der Kurie oder werden von ihr selbst angegriffen. Papst Johannes XXII. verurteilt sowohl die Spiritualen, die an der Armutsidee des Franziskus festhaltenden Franziskaner, wie auch Marsilius von Padua, Ockham und Meister Eckhart. Zerspalten, zer-

THEODERVS·GERTRVDIS

*Die Krönung Mariens. Glasfenster aus der Stiftskirche
St. Kunibert in Köln. Zwischen 1215 und 1226.*

rissen ist die Welt! Diese Urerfahrung aller religiös und geistig ergriffenen Köpfe läßt die Synthese des Thomas als unglaubwürdig erscheinen. Der Protest gegen Thomas verschärft sich noch, als ein gewisser, innerlich spannungsloser und harter Thomismus die Herrschaft an den Universitäten als Repräsentant der Orthodoxie anzutreten beginnt. *Diese* Thomisten verfahren mit den Begriffen des thomistischen Denkens wie mit für alle Zeit fixierten Werkzeugen. Nun entsteht eine »Zwei-Schubladen-Theologie«. In der oberen Schublade liegen, jederzeit griffbereit, die Begriffe, Fakten und Daten der »übernatürlichen Welt«, inklusive alle Dogmen und Ideologien der Kirche. Über das alles läßt sich nicht mehr streiten, das ist nur mehr zu verteidigen. In der unteren Schublade liegen die Dinge und Sachverhalte der »natürlichen« Welt. Über sie läßt sich streiten; in endlosen Disputen, die sich doch immer wieder auch in die »übernatürliche« Welt versteigen, wird dann formallogisch alles das abgehandelt und zerredet, was in den Griff dieser scholastischen Dialektik kommt; es ist dies eine Dialektik, die immer im Wort, im Wortdenken verhaftet bleibt und die das Objekt, die Realität, die Geschichte und die konkrete kirchenpolitische Situation nicht mehr erreicht.

Gegen diese Scholastik, die alles »weiß« und zu keiner konkreten Situation ein konkretes und glaubwürdiges Wort zu sagen hat, erhebt sich der vierfache Protest der großen Generationen nach Thomas und der Protest ihrer Erben in der Pariser Spät-Scholastik. Dieser Protest sucht einerseits das »Konkrete«, andererseits visiert er die tiefe Kluft an, welche die Kirche, die Gesellschaft und den Menschen zerreißt. Weg vom rein formalen logistischen Denken – hin zur »Wirklichkeit«!

Hier setzt das politische Denken von Männern wie Heinrich

von Gent, Gottfried von Fontaines, Marsilius von Padua und Johannes von Jandun später an. Diese Pariser Scholastiker fragen: Was sind Kirche und Staat konkret? Ihr radikales politisches Denken wird uns im Kapitel »Der neue Staat und die neue Kirche« noch beschäftigen. Ein zweiter Protest läuft Thomas bereits zuvor, holt ihn ein, überholt ihn; dieser stammt aus franziskanischem und joachimitischem Erbe und stellt die Fragen: Wie steht es mit der Geschichte des Menschen und wie steht es mit der Natur? Die »Geburt der Geschichte« und die Entwicklung der Naturwissenschaften und Naturphilosophie zwischen Roger Bacon und den Pariser und Paduaner Naturphilosophen des 14. Jahrhunderts hat hier ihren geschichtlichen Standort.

Der dritte Protest beginnt dort, wo Thomas ergriffen endet: Im Bedenken der Einen und Dreifaltigen Gottheit, die kein Begriff erreicht und der doch die vornehmste Selbstverpflichtung des Intellekts gilt. Die intellektuelle Mystik Meister Eckharts ist Vollendung thomasischer Kühnheit und steigt noch über sie hinaus. Ihre Überzeugung ist: Ja, der Mensch, in dem Gottes eigener Intellekt in seinem »Seelenfünklein« erwacht, erfährt in seiner intellektualen Vereinigung mit Gott die Vergottung.

Der vierte Protest ist der stärkste philosophische und theologische Ausdruck der Zeiterfahrung: Eine unüberbrückbare Kluft geht durch alle Welt und Wirklichkeit. Er wurzelt im franziskanischen Widerstand gegen den Thomismus und gegen die kuriale Weltordnung. Dieser Protest tritt in zwei Formen auf: im Scotismus und im Nominalismus oder Ockhamismus, wie er nach seinem Begründer genannt wird. Der Schotte Johannes Duns Scotus und der Engländer Wilhelm von Ockham sind Franziskaner.

Duns Scotus (um 1270–1308), der »Legist Gottes«, der größte

Denker des Franziskanerordens, der nicht zufällig in unserer
Zeit (seit Heidegger) auf subtile Geister faszinierend wirkt,
lehrt: »Gott ist durch eine unendliche Distanz vom Geschöpf
entfernt.« Scotus verwirft die Synthese des Thomas, hält sie
für ungenügend durchdacht: in ihr wird Gott nicht genügend
verehrt und der Mensch in seiner Qualität, Personalität und
Freiheit Gott nicht richtig gegenübergestellt. Gott und Mensch,
Glaube und Wissen, Theologie und Philosophie sind zunächst
durch Abgründe getrennt. Gott ist die Freiheit, der freieste
Wille, gebunden nur durch die Gesetze der Logik und die
beiden ersten Sätze des Dekalogs, nicht aber gebunden an
Weltschöpfung, Erlösung und sittliche Ordnung. Gott konnte
die Welt unerschaffen, den Menschen unerlöst lassen. Dem
»ganz anderen Gott« steht in einer harten, gesetzlichen
Naturwelt, in »äußerster Einsamkeit« der Mensch gegenüber. Der Mensch verwirklicht sich in stets neu geforderten
Taten der freien Entscheidung und der Liebe: Gott, der Welt,
den Dingen gegenüber. In diesem Sinne konnte man Scotus
als Vater des christlichen Existentialismus ansprechen.
Auf das Hiersein in der »Diesheit« (*haecceitas* ist ein Begriff,
den Scotus erfindet) kommt es an. Das Leben für den Menschen ist ungeheuer ernst und anstrengend; immer steht er in
der Entscheidung, immer ergeht an ihn die Forderung, vier
getrennten Welten gerecht zu werden: Gott fordert seine
Liebe und bedingungslose Unterwerfung und Hingabe; die
Denkprinzipien der metaphysischen Welt fordern höchste
Anspannung des Intellekts, ihre reine, große Ordnung wird
sonst zunächst im schlechten Denken pervertiert; die mora-
lische Ordnung fordert nicht minder streng den Menschen
zum Dienste ein; als erstes und letztes auf dieser Erde ist
es die Natur, deren Gesetze vom Menschen Anerkennung
fordern.

Scotus ist Intellektualist und Mystiker. Er fordert höchste Reinheit des Verstandes und des Herzens. Sein »goldener Traktat« *Vom ersten Prinzip* ist geometrisch klare Geist-Logik *und* glühende mystische Liebe. Gott als Einheit, als das einzigartige Erste, sagt sich in der Trinität aus. Diese fordert höchste Anstrengung des menschlichen Geistes – und Liebe: »Du Lebendiger, Du adeligstes Leben, da verständig und wollend, Du Seliger... Du klare Schau Deiner selbst und angenehmste Liebe.«

Die kurze Notiz über Duns Scotus vermag kaum anzudeuten, wieviel hier vom Menschen verlangt wird. In steter Selbstreinigung soll er seinen Geist härten, zur Hingabe an Gott, er soll sich zur demütigen Annahme der unerbittlich harten eigenständigen Gesetze der Natur und Moral erziehen; er soll sich gleichzeitig in reiner Liebe dem durch Abgründe getrennten Gott und Mitmenschen hingeben. Scotus persönlich überbrückt diese Zerklüftung durch eine marianische Frömmigkeit.

Thomas von Aquin steht dem seit dem 12. Jahrhundert stürmisch aufbrechenden Marienkult sehr reserviert gegenüber; er bedarf dieses emotionalen Bandes nicht, um Gott, Welt und Mensch zu verbinden und zu versöhnen. Die Bestrebungen einer gewissen katholischen Frömmigkeit des 20. Jahrhunderts, der Ausdruck einer zutiefst gespaltenen, verwirrten Welt, Maria als »Miterlöserin« zu sehen und zu verehren, wäre ihm schlechthin absurd erschienen.

Anders ist Duns Scotus: Bei ihm setzt die »moderne« Marien-Verehrung und die marianische Theologie ein: »Maria«, die »große Mutter«, versöhnt, was geängstete Männer nur abgründig zerklüftet erfahren können.

Wilhelm von Ockham (vor 1300 geboren, 1349/50 gestorben) zeigt, wie in einer jüngeren Generation die Radikalisierung des Denkens noch über Scotus hinaus rapide Fortschritte macht. Was bedeutet sein Nominalismus, der zunächst die folgenreichste philosophische Bewegung des Spätmittelalters ist und der dann die Mutter des neuzeitlichen »modernen« Denkens wird?

Für die Gesellschaft Alteuropas von Platon bis Thomas ist das Denken eine Aussage des Seins. Das Wort ist Abbild des »Universalen«. Das menschliche Denken spiegelt die Ordnung des Kosmos. »Richtig« denken bedeutet ein Mitdenken der »rechten« Weltordnung. Dagegen setzt Ockham eine neue Sprache, neue Worte, ein neues Denken: Sprache ist eine demokratische Konvention freier, einzelner Individuen, die sich über den Sinn jedes Wortes zu verständigen haben. Denken heißt nicht (mehr): Das Heilswort nachsprechen, den Heilssinn jedes einzelnen Dinges aus seiner Verankerung im Universalen ablesen. Das »Universale« ist nicht mehr der Urgrund des Seins, in dem alle Worte als seine Bilder verankert sind, sondern bedeutet schlicht: ein konventionelles Zeichen für eine Mehrheit. Sprache des Menschen ist nicht mehr Abbild der Sprache Gottes, der Weltschöpfung, sondern eine Konvention von Menschen.

Dieser »demokratischen« Philosophie entspricht Ockhams politische Überzeugung. Aus vierjähriger Haft im päpstlichen Avignon flieht dieser Franziskaner mit seinen spiritualistischen Ordensgenossen Bonagratia von Bergamo und dem Ordensgeneral Michael Cesena zu Kaiser Ludwig dem Bayern, nachdem er den Protest Cesenas gegen die Dekrete Johannes XXII. gegen die franziskanische Armut unterzeichnet hat.

Jetzt erst haben Europas Denker und Theologen selbst eine Geschichte. Sie sind verstrickt in die großen zeitpolitischen Auseinandersetzungen; der reine Scholastiker und Universitätsgelehrte hat keine Geschichte, das heißt, er geht in der Geschichte der Universität, im Gelehrtenstreit auf.

Diese jungen Generationen, die mit den Nominalisten heraufkommen, haben Geschichte und machen Geschichte. Aus der Schule Ockhams kommen Wyclif, Hus und Luther. Politisch durchsetzt ist das ganze Denken Ockhams. Seine Kritik an den »gefräßigen, geizigen und ehrgeizigen Theologieprofessoren«, an den »ungebildeten, habsüchtigen Inquisitoren, die selbst nichts von Häresie und Orthodoxie verstehen«, an dem »machtgierigen« Papsttum ist eine Seite seiner Theologie und Philosophie. Worum geht es ihr in der Hauptsache?

»Jedes Ding ist ein einzelnes, einzigartiges.« Das All besteht aus solchen einzigartigen Dingen, die nebeneinander stehen. In letzter Fremdheit stehen sich der freie Gott und der freie Mensch gegenüber. Die radikal unabhängige freie Person entscheidet sich für eine natürliche Moral. Sittlich ist, was vernünftig ist. Der allergrößte Teil der bestehenden politischen, religiösen und rechtlichen Institutionen und gesellschaftlichen Einrichtungen hat nichts mit Gott und dem Kosmos zu tun, sondern ist einfach gesetztes »positives Recht«, ist eine Konvention, die jederzeit geändert werden kann. Ockham, in manchen Bezügen ein Vater der neueren Menschenrechte und eines demokratischen politischen Denkens, denkt dabei weniger daran, die radikale Freiheit des einzelnen Individuums herauszustellen als vielmehr die Freiheit der Bünde, Genossenschaften, der Völker und Staaten. Diese haben sich vernünftig miteinander auseinanderzusetzen, sie haben das Recht und die Pflicht, sich in Kirche und Staat, an der Universität und in der Stadt eine Obrigkeit zu wählen.

Wo ist da Gott? Gott hat mit allen diesen Auseinander-

setzungen nichts zu tun. Gott ist der ganz andere. Unendlich fern, ungreifbar und unangreifbar ist er den Händeln
der Menschen (auch in der Politik der Kirche) und den Händen der Menschen (auch in der Theologie) entrückt. Ockham
hält einen Großteil der älteren Theologie für Dichtung, für
unerlaubte Begriffsdichtung: an Gott kommt sie nicht heran,
den Menschen aber verwirrt sie.

Die Kühnheit und Radikalität Ockhams tritt in den späteren Universitätsfraktionen der »Nominalisten« und »Ockhamisten« oft fast bis zum Verschwinden zurück. Das ist ja
das charakteristische Merkmal für den Untergang des offenen Europa und seine Ablösung durch das geschlossene
Europa des Spätmittelalters und der frühen Neuzeit. Jetzt
konstituieren sich als Universitätsparteien, die erbittert
gegeneinander kämpfen, Thomisten und Scotisten, nachdem
der Dominikanerorden nach einigen Jahrzehnten der Offenheit seine Mitglieder zum Thomismus, der Franziskanerorden seine Männer zum Scotismus verpflichtet. Diese beiden
Gruppen treten als »Realisten« und Partisanen des »alten
Wegs«, der *via antiqua,* den Männern des »neuen Wegs«,
der *via moderna,* den Nominalisten und Ockhamisten entgegen. Von der Größe und schöpferischen Ursprünglichkeit
und Eigenwilligkeit des Thomas, Duns Scotus und Ockham
ist bei den Parteigängern der Universitätsfraktionen, die
sich unter ihrem Banner scharen, oft ebensowenig zu erkennen wie bei den Welfen und Ghibellinen, die in Italiens
Städten um die Macht kämpfen, kaum mehr etwas von der
Größe eines Innozenz III. und der kaiserlichen Selbstherr-
lichkeit eines Heinrich VI. und Friedrich II. wahrzunehmen
ist.

Oft trennen nur die Namen die erbitterten Gegner. Je mehr
sie einander als enge und verbitterte Kombattanten innerlich

ähnlich sind, um so heftiger tobt der Kampf zwischen ihnen. Trotz der Heiligsprechung des Thomas von Aquino im Jahr 1323 (des Revolutionärs von 1270!) wird der Thomismus im 14. Jahrhundert überall zurückgedrängt. Im 15. Jahrhundert wird Köln seine Hochburg. Seinen Siegeszug tritt er *nach* der Epoche der Städte und der Konzilbewegung mit dem Sieg der absolutistischen Fürsten und der Kirche der Gegenreformation im 16. Jahrhundert an. Der Scotismus offenbart seine revolutionäre Kraft, nicht selten verbunden mit nominalistischen Elementen, im Oxford Wyclifs, im Prag des Jan Hus, und wird zu einer starken Universitätsfraktion in Rom, Padua, Pavia, in Salamanca, Alcala noch im 16. und 17. Jahrhundert und in Coimbra. Die Lehre des 1328 exkommunizierten Ockham erobert als »Nominalismus« um 1340 Paris und greift von hier auf die deutschen Universitäten über. Ein Erneuerer Ockhams, Gabriel Biel, ist der philosophische Lehrer Luthers – vermittelt durch Staupitz und Nathin. Das nominalistische Klima beherrscht am Vorabend der Reformation die Universitäten Erfurt und Wittenberg.

XXIII

*Die Geburt der Geschichte: Geschichtsschreibung und
Vision der Weltgeschichte*

DIE GROSSE EUROPÄISCHE GESCHICHTSSCHREIBUNG, Geschichts-
philosophie und Geschichtsprophetie sind Kinder des offenen
Europa des 12. und frühen 13. Jahrhunderts. Geschichtsschreibung setzt einen offenen Sinn voraus, der sich nach-
denklich und froh einer Fülle von Erfahrungen stellt.
Geschichtsphilosophie und Geschichtsprophetie setzen die
Erfahrung eines großen Schmerzes voraus, eine tiefe Be-
unruhigung: Welcher Sinn liegt in dem Geschehen der Zeit?
Was bedeutet der Zusammenbruch der großen Mächte?
Die bedeutende Geschichtsschreibung in dieser Zeit ist vor
allem eine Sache der Angelsachsen, Normannen, dann auch
der Franzosen, zuletzt der Spanier. Diese suchen sich und
ihren Zeitgenossen Rechenschaft zu geben über den groß-
artigen Aufstieg ihrer Völker zu starken Staaten, aber auch
über die Kämpfe innerhalb des eigenen Volkes.
Die Geschichtsphilosophie ist vor allem eine Sache der Deutschen. Diese sinnen dem Fall des Heiligen Römischen Reiches, der Schwäche der Kirche, der erstaunlichen und er-
schreckenden Erfahrung der Pluralität nach. Ostkirche, Byzanz
und das Erscheinen der Ketzer wecken hier die Kräfte der
Meditation. Wie hängt die Weltgeschichte als ein Prozeß des
Heils, der Erlösung mit dem offen sichtbaren Prozeß des
Zerfalls, des Unheils zusammen?

Die Geschichtsprophetie verbindet Deutsche und Italiener. In diesen verbindet sich der Schmerz franziskanischer Spiritualer mit der leidvollen Erfahrung der Vergewaltigung des »armen italienischen Volkes« durch fremde Herren. In großer Angst wird hier die große Erwartung geboren, die Hoffnung auf einen »Engelspapst«, einen Heilskaiser, einen »Führer«, einen Duce (*novus dux* = Führer der Neuzeit).

Im geschlossenen Europa des Spätmittelalters sinkt dieses hochgemute Geschichtsdenken zu einer von der Kirche verfolgten religiös-politischen Schwärmerei und Wahrsagerei ab. Die scholastische Universitätswissenschaft kennt keine Geschichte als Wissenschaft, sie übergießt die Visionäre einer neuen Weltgeschichte mit Hohn. Noch die Studienordnung der Jesuiten unterstellt die Geschichte der Rhetorik. Nicht minder mühselig sind die Wege empirischer Geschichtsschreibung im Spätmittelalter und der frühen Neuzeit. Es fehlt oft an der Bildung und fast immer an einem offenen, unbefangenen Sinn, der sich froh und aufgeschlossen der Geschichte stellt.

Eben diesen Sinn besitzen die englischen, das heißt die angelsächsischen und normannischen Geschichtsschreiber des 12. Jahrhunderts. Der Mönch Ordericus Vitalis (gest. 1143) faßt in seiner *Kirchengeschichte* im Stil der älteren Weltchroniken die »Weltgeschichte«, das heißt die Geschichte der westlichen Christenheit von Christi Geburt bis zur Gegenwart, zusammen. Geschichte ist für ihn Erziehung des Menschen durch Gott. Sein Herz und sein offener Sinn aber gehören der Darstellung des Aufstiegs der normannischen Herrschaft und des Schicksals des Volkes in England seit 1066. Dieser Mönch hat ein scharfes Auge für den Verfall von Sitte und Bildung der Kirche bei den Angelsachsen vor der normannischen Eroberung. Er erkennt aber auch das schwere Los des einfachen Volkes unter den neuen Herren. Ordericus schildert die Kühnheit, Tüchtigkeit und politische Fähigkeit der Normannen, er vergleicht sie mit dem römischen Senat und beobachtet gleichzeitig ihre strotzende Kraft, ihre Herrschsucht, ihren Hochmut und ihre Grausamkeit. Lebendigste Anteilnahme am kleinen Alltag und am großen Geschehen gibt seinem Werk den starken Atem des persönlich Ergriffenen, des Engagierten.

Methodisch bereits ein Höhepunkt streng historischer Geschichtsschreibung ist das Werk Eadmers (gest. um 1144). Dieser Schüler Anselms von Canterbury, dessen Biographie er verfaßt, ist tief überzeugt, daß der Geschichtsschreiber der Wahrheit dienen muß. Unpathetisch und klar steckt sich Eadmer erreichbare Ziele. Seine Liebe gehört dem angelsächsischen Volk; in den Normannen sieht er die Feinde seines Volkes und seiner Kirche. Aus beiden Völkern stammt Wilhelm von Malmesbury (gest. um 1142?). Dieser blickt voll Stolz und Selbstbewußtsein auf die »unwissenschaftlichen« Geschichtsschreiber der Vergangenheit herab. Obwohl sein Hauptinteresse ganz der westlichen anglo-normannischen Welt gehört, bemüht er sich um ein Verständnis der tragischen Geschichte des Kaisertums im 11. Jahrhundert. Er ist tief beeindruckt von der politischen und militärischen Bedeutung der deutschen Reichskirche (der Abt von Fulda stellt dem Kaiser 60 000 Mann!), blickt auch objektiv auf die Sarazenen, deren natürliche Menschlichkeit er anerkennt. Sein jüngerer Landsmann, Mönch wie er selbst, Wilhelm von Newburgh (gest. um 1198), ist als Vater der modernen historischen Kritik angesprochen worden, da er heftig gegen Gottfried von Monmouths »Erfindungen« um König Artus protestiert. Bei ihm und bei einigen seiner Landsleute, wie Gervasius von Canterbury, vor allem bei Matthäus Paris

(Mönch von St. Albans nördlich von London) und Roger von Howeden, findet sich eine sehr »moderne« Benützung von Urkunden als Quellen der Geschichte. Matthäus und Roger haben enge Beziehungen zum englischen Hof; Roger war aktiv in der königlichen Regierung als Richter, Berater und Kanzleibeamter tätig.

Diese nüchterne empirische englische Geschichtsschreibung, die sich vor allem mit zeitgenössischem Geschehen auseinandersetzt, entspricht der Vorliebe der gleichzeitig in Oxford beginnenden englischen Universitätswissenschaft für naturwissenschaftliche und mathematische Probleme.

Charakteristisch für sie ist die bedeutende Rolle der Biographie, die Schilderung einer Geschichte, die man selbst im Wirken einer persönlich bekannten Gestalt miterlebt hat. In diesem Sinn schreibt Roger die *Taten Heinrichs II. und Richards*. Nicht ganz in diesem Sinn verfaßt Suger von St. Denis sein *Leben Ludwigs des Dicken*. Suger stilisiert seinen König zur Gestalt *des* guten, vorbildlichen, christlichen Königs, der sein Volk vor einem räuberischen Adel schützt, der Friede und Gerechtigkeit verkörpert.

Eine besondere Stellung nimmt in diesem Westen die Kreuzzugsgeschichte ein. Wibert von Nogent (der Geschichtsschreiber des ersten Kreuzzuges), Fulcher von Chartres, Wilhelm von Tyrus, Wilhelm von Malmesbury und andere nehmen sich ihrer an, oft mit deutlicher Kritik an den Kreuzfahrern. Daneben gewinnt die Geschichte in der Volkssprache an Bedeutung. Nicht zuletzt durch die Kreuzzüge und die Bekanntschaft mit dem Orient ist ja der Hunger nach neuen Stoffen in weiten Kreisen sehr gestiegen.

Bis zum Ausgang des 14. Jahrhunderts wird englische Geschichte in französischer Sprache geschrieben, in der Sprache der Könige, des Hofes, des Adels. Sie beginnt mit Waces

Roman de Rou (um 1170), einer Verherrlichung der von
Heinrich II. eingesetzten Herzöge der Normandie. Das bedeutendste Werk der volkssprachlichen Geschichtsschreibung
ist Villehardouins *Eroberung Konstantinopels.* Vorzügliche,
lebendige Biographien schreiben nunmehr zwei Laien in
französischer Sprache: *Die Geschichte Wilhelms des Mar-
schalls* (anonym) und *Die Geschichte des heiligen Ludwig
von Frankreich* von Jean de Joinville (gest. 1317).
In der Volkssprache läßt Alfons X., der Weise (1252–84),
der Erzieher seines kastilischen Volkes von Kriegern, Hirten
und Bauern, eine Universalgeschichte und Geschichte Spaniens in einem Werk verfassen *(Grande e General Estoria),*
daneben ein Allgemeines Gesetzbuch, das zugleich eine juri-
dische Enzyklopädie ist *(Las Partidas).* Durch Alfons X.
wird die kastilische Volkssprache als erste romanische Sprache
offizielle Staatssprache. Sein gelehrtes, bewußt Bildung, Wissenschaft und Geschichtsschreibung förderndes Wirken steht
in der Tradition der islamischen und östlichen Kulturpoli-
tik, der die spanischen »Zaunkönige« einst ebensosehr verpflichtet waren wie Kaiser Friedrich II. In diesem Zusammenhang verdient Beachtung, daß als ein großartiger Abschluß dieser östlichen offenen Welt unter mongolischer
Schutzherrschaft eine einzigartige erste Weltgeschichte entsteht: *Die gesammelten Geschichten* des persischen Ge-
schichtsschreibers Raschid ad-Din (1247–1318). Dieser zum
Islam übergetretene Jude, Gelehrte, Arzt und Wesir wurde
von den Khanen Ghazan und Öldscheitu mit der Edition
einer Universalgeschichte betraut; er sammelt eine Gruppe
von Mitarbeitern, darunter zwei chinesische Gelehrte, einen
buddhistischen Eremiten aus Kaschmir, einen Mongolen (für
die Stammesüberlieferungen der Mongolen), einen »fränkischen« Mönch und einige persische Gelehrte. Diese um-

fassende, von England bis China reichende Universalgeschichte ist der europäischen Geschichtsschreibung um ein
halbes Jahrtausend voraus.

Alfons der Weise (eine an sich falsche, aber gebräuchliche
Übersetzung für el Sabio, richtiger wäre: der Gebildete, Gelehrte), der mütterlicherseits aus dem Geschlecht der Staufer
stammte, wurde zum deutschen König gewählt und geriet
durch seine Verflechtung in die Reichspolitik in schwere
Konflikte, nicht zuletzt mit den Päpsten.

Im deutschen Raum gibt es wie im Westen Chroniken und
Geschichtswerke verwandter Art. Bedeutsamer ist aber, daß
in diesem deutschen Raum eine Geschichtsphilosophie an-
setzt, deren Einflüsse über Giambattista Vico, Lessing, Hegel bis zur deutschen Geschichtsphilosophie über Oswald
Spengler hinaus in vielen Unterströmungen wirksam sind.
Der deutsche Raum ist auch noch im 12. Jahrhundert zutiefst konservativ geprägt. Es geht um die Bewahrung des
Heiligen Römischen Reiches und der alten Kirche, um die
Verteidigung des archaischen Zusammenlebens von Gott
und Welt, des Menschen und aller guten Dinge. Aus der
Erklärung, Deutung und Rechtfertigung dieser alten Welt
wird jedoch etwas Neues: Ein konservatives Erbe zeugt ja
nicht selten unbewußt und ungewollt revolutionäre Sprößlinge. Aus dem Denken deutscher Mönche, Theologen und
Kirchenfürsten über die Geschichte lassen sich Folgerungen
ziehen, die weit über die Sicht und Absicht ihrer ersten
Träger hinausgehen.

Der konservative Kölner Mönch Rupert von Deutz denkt
am Beginn des 12. Jahrhunderts die Weltgeschichte als eine
Ausfaltung der Trinität, des Dreifaltigen Gottes, besonders
des Heiligen Geistes. Das »Dritte Reich« ist das »Imperium
der Frömmigkeit«, das Reich Christi. Das ist ein Prolog.

Hugo von St. Viktor, der deutsche Mönch in Paris, ringt
bereits mit dem Gedanken des Fortschritts: Ist im Wandel,
im Auf- und Untergang der großen Reiche ein guter, ge-
heimer Sinn verborgen? Hugo ringt sich zur Überzeugung
durch: Ja, es gibt einen geheimen, untergründigen Fortschritt des Reiches Christi mitten durch den Wandel der
irdischen Reiche hindurch.
Die Weltgeschichte als ein Prozeß des Fortschritts? Nein:
sie ist ein Prozeß des Verfalls, und die Dekadenz zeigt sich
besonders an der Geschichte des Westens – Europas und seiner Christenheit. Diese These rheinischer Katharer, eine
frühe Form des Mythos vom »korrupten Westen«, alarmiert den rheinischen Kleriker Ekbert von Schönau. Er
konzipiert eine Verteidigung des Reiches, der Reichskirche
und römischen Kirche und übersendet sie seinem Studien-
freund Rainald von Dassel, dem Kanzler Kaiser Friedrichs I.
Dieser Geschichtspessimismus »linker« Observanz trifft in
Deutschland auf stärkste Unterstützung von der »rechten«
Seite. Augustin hatte ihn vorgeprägt, der Spanier Orosius
dem ganzen Mittelalter vorgestellt; bis über Luther und
noch Spengler hinaus fasziniert er die deutsche Intelligenz
und sensible religiöse Geister. Kleist sagt: »Die Weltgeschichte ist das Weltgericht«, ein furchtbares Gericht über
die Völker. Die bekannte Lähmung politischer Aktivität
und jedes gesellschaftlichen und persönlichen Widerstands-
willens gegen »große Mächte« und »große Männer« im deutschen Raum findet hier jederzeit eine wichtige mentale
Stütze.
Um die Mitte des 12. Jahrhunderts ringen Gerhoch von
Reichersberg und Otto von Freising mit diesem Pessimismus. Entsetzt sehen beide auf die Folgen des unheilvollen
Kampfes, in dem Kaisertum und Papsttum sich zunächst im

großen Streit des 11. Jahrhunderts, zwischen Heinrich IV.
und Gregor VII., zu zerfleischen begonnen haben. Dieser
Kampf kam einer wirklichen Katastrophe gleich. Kirche,
Volk und Friede wurden in Deutschland dadurch verwirrt
und weitgehend zersetzt. Wo war ein Ende dieses Zerfalls ab-
zusehen?

Der streitbare bayerische Propst Gerhoch von Reichersberg
schildert in seiner Schrift *Über die vierte Nachtwache* die
Weltgeschichte als einen einzigen großen Verfallsgang. In
dieser großen Nacht der Barbarei, des Unglaubens, der Verderbnis der Sitten halten einzelne von Gott erwählte Zeugen des Lichts Nachtwache: die Apostel, die Märtyrer, die
mönchischen Reformer der Kirche. Die vierte Nachtwache
beginnt mit Gregor VII. und dauert bis zum Weltgericht.
In ihr ist die Kirche durch innere Zersetzung äußerst bedroht. Herrschsucht und Habsucht verführen auch die
Päpste. Nachtwache halten nur einige »arme Christen«, de-
mütige Mönche und Laien.

Mächtige, in dunklem Gold strahlende Untergangsvisionen
malt Hildegard von Bingen, die deutsche Seherin, die bereits im 12. Jahrhundert bis England und Island bekannt
ist. In fünf Weltaltern erzieht Gott die Menschheit für das
Gericht und die Vollendung; durch das Feuer der Geschichte
wird das Gold, der reine Charakter des heilen Menschen,
gewonnen. Auf die Zeitalter des feurigen Hundes (der rohen
Gewalt), des gelben Löwen (des Kriegselends), des falben
Rosses (des Leichtsinns und Luxus) folgen die des schwarzen
Schweines (Unzucht und Schisma) und endlich des grauen
Wolfes (des Antichrist). Auf die Epoche des grauen Wolfes folgt eine strahlende kosmische Endzeit. Hier erinnert
die Vision Hildegards stark an den Fenriswolf der nordischen Weltuntergangsvision in der Völuspa. Zuvor aber

Albi, Kathedrale. Blick in den Mönchschor.

Freising, Dom. Romanisches Westportal. Kaiser Friedrich I.
von Hohenstaufen und Kanzler Bischof Otto von Freising.

fallen Reich und Kirche, Kaiser und Papst; die Könige des
Westens werden unabhängig, und Ketzer durchströmen alle
Lande. Die protestantischen Geschichtsschreiber des 16. Jahrhunderts berufen sich auf Hildegard von Bingen als Kronzeugin.

Tieferschüttert blickt der größte Geschichtsschreiber des
deutschen Mittelalters, Otto von Freising, auf den Sturz des
Reiches. Dieser Sohn des Herzogs von Österreich, Leopolds
des Heiligen, hatte in Paris bei Abälard studiert. Er war
Zisterzienser, doch das hinderte ihn nicht daran, Bernhard
von Clairvaux sehr skeptisch gegenüberzustehen. Dann
wurde er Bischof von Freising. Als Enkel Heinrichs IV. und
als Onkel Kaiser Friedrichs I. erfährt er die Tragödie des
Heiligen Reiches sowohl als ein Mann der kirchlichen Reform wie als Familiengeschichte. *Die* Weltgeschichte liegt
eigentlich schon hinter uns – das ist die Grundmelodie seiner Weltchronik »von den zwei Bürgerschaften« *(de duabus
civitatibus),* vom Ringen der Kinder des Lichts mit den
Kindern der Finsternis. Dennoch überläßt sich Otto nicht
hemmungslos seinem Pessimismus. Langsam, allmählich im
Verborgenen wächst durch alle Zusammenbrüche hindurch
das Reich Gottes. »Neue Menschen«, Mönche neuer Orden,
tragen das Licht der guten Zukunft, der »Neuzeit« in die
Gegenwart.

Otto von Freising erlebt noch die ersten Jahre der Regierung seines Neffen Friedrich I. Barbarossa; Freude beginnt
sein Werk zu erhellen. Seine *Geschichte Friedrichs* ist die
frohe Kunde von der Überwindung des Zerfalls durch einen
starken, rechtschaffenen Herrscher.

Im Ansatz findet sich bereits bei Otto jenes Drei-Stadien-
Gesetz der Weltgeschichte, das der bedeutende »Geschichts-
philosoph« Anselm von Havelsberg in seinen drei Büchern

Gespräche entwickelt. Als kaiserlicher Diplomat, als Prämonstratenser, als Bischof im halbheidnischen Osten, in Havelberg, zuletzt als Erzbischof von Ravenna lernt Anselm die so gegensätzlichen Welten des 12. Jahrhunderts kennen: Rom, Byzanz, den slawischen Osten; die neuen Mönchsorden und die alten Stätten lateinischer und griechischer Kultur. Reflexe seiner Welterfahrung prägen seine Schau der Weltgeschichte. Diese ist ein großartiges Erziehungswerk Gottes. Gott erzieht den Menschen zunächst durch Bilder und Bräuche der heidnischen Vorzeit, dann durch die Kirche zur Annahme der ganzen Wahrheit in Christus. Christus ist Lehrer und Arzt des Menschen. Der pneumatische, vom Heiligen Geist beseelte Optimismus der griechischen Kirchenväter bestimmt das Denken Anselms. Der Wandel der Geschichte ist positiv zu werten, denn in ihm erzieht der Heilige Geist die Menschheit. Die Christenheit ist gegenwärtig mehr zu erfassen imstande als in der Zeit der Apostel. Der Heilige Geist ist der Träger und Motor des Fortschritts; an ihm haben alle Völker teil, besonders die »neuen Religionen«, das heißt die neuen Orden.

Einen neuen Orden gründet Joachim von Fiore in den letzten Jahren des 12. Jahrhunderts. Joachim war Abt eines Zisterzienserklosters in Kalabrien. Die Zisterzienser verfolgen ihn als Abtrünnigen; Theologen in Paris und Mitglieder anderer Orden verfolgen ihn als Ketzer.

Die Verachtung des Thomas von Aquin und der geschichtsfremden, ja geschichtsfeindlichen Hochscholastik und Universitätswissenschaft gegen jede Geschichtsphilosophie kommt für Jahrhunderte im Urteil des berühmten Spätscholastikers Heinrich von Langenstein über Joachim zum Ausdruck: »Was für eine Person der Abt Joachim war, das weiß die Pariser Schule wohl. Denn dort besitzt er keinerlei

Ansehen, Autorität, sondern gilt als ein verdächtiger Spekulant über zukünftige Dinge.« Dieses Urteil der Pariser Schule, die zu dieser Zeit für die gesamte gebildete Welt maßgeblich ist, wird für Jahrhunderte hindurch ausschlaggebend. Joachim von Fiore, dieser »Spekulant«, ist der fruchtbarste Anreger der europäischen Geschichtsphilosophie. Dante sieht ihn im Sonnenhimmel des Paradieses als eine Leuchte christlicher Weisheit, »begabt mit prophetischem Geist«. Columbus beruft sich auf ihn, Renaissance und Reformation drucken ihn im freien Venedig. Lessing führt ihn ins deutsche Geschichtsdenken des 18. und 19. Jahrhunderts wieder ein.

1202 stirbt Joachim in seinem abgelegenen Bergklösterchen. Der ungeheure Erfolg der joachimitischen Bewegung im 13. und 14. Jahrhundert, die sich auf ihn beruft und ihm ihre Werke unterschiebt, hat sein Leben und Werk fast begraben. War er der Sohn eines Notars? War er ein Kind des armen, hörigen Landvolkes? War er jüdischer Herkunft, wie eine andere Quelle wissen will? Sicher ist nur: Joachim wächst voll brennendem politischem und kirchenpolitischem Interesse in jenem griechischen Süditalien vor den Toren Siziliens und Afrikas heran, in dem die normannischen Könige und ihre Erben, die Staufer, mit den Päpsten um die Herrschaft ringen. Joachim steht in Beziehungen zum Hof in Palermo und zu römischen Päpsten, die ihn beide hochschätzen. Sehr möglich sind auch Beziehungen zu den eben genannten deutschen Geschichtsdenkern. Das Reichskloster Monte Cassino, umkämpft im Zweiten Weltkrieg, war damals ein Stützpunkt deutscher kirchenpolitischer und kultureller Einflüsse. Rupert von Deutz weilt jahrelang in Monte Cassino. Anselm von Havelberg ist die italienische Welt wohl vertraut.

Italien und die Sorge um das italienische Volk, das von fremden Herren unterjocht wird, klingt immer wieder in Joachims Schriften auf. Dieses Leid- und Leitmotiv hat für seine Geschichtsschau große Bedeutung. Die eben anbrechende »Neuzeit«, das Zeitalter des Heiligen Geistes, hat den Terror der Barbaren zur Voraussetzung, unter deren Druck die alte Kirche zusammenbricht. Der alte Klerus und die alte Kirche erweisen sich als unfähig, den »neuen Menschen« in der Vollmacht des Geistes und der Liebe zu formen und zu führen. Der alte Priester-Klerus und die Herrschaftskirche gehen im geschichtlichen Kampf unter. Joachim denkt hierbei an die deutschen Herren, die Adeligen, Könige und Kaiser seit Heinrich IV.

Verhalten und vorsichtig spricht sich Joachim über den Übergang vom zweiten zum dritten Weltalter aus. Im ersten herrschte die starre und fleischliche Gesetzlichkeit des Alten Bundes, des Alten Testaments. Das zweite Weltalter ist *das Mittelalter:* Tertullian hatte im 2. Jahrhundert diesen weltgeschichtlichen Periodenbegriff geprägt als *tempus medium.* Die deutschen Geschichtsdenker des 12. Jahrhunderts sprechen von einem *status mediocris.* Beide verstehen darunter eine Mischzeit, in der Altes und Neues, Barbarisches und Christliches miteinander verschmolzen sind und auch miteinander ringen. Joachim von Fiore sieht das Weltalter des Westens, der römischen Kirche, als *das Mittelalter,* in ihm herrschen Macht und Gewalt, die Gesetze dieser Erde; gleichzeitig durchströmt dieses Mittelalter in Gestalt von Märtyrern, in neuen Orden und durch unmittelbare Einwirkung des Heiligen Geistes bereits das Dritte Reich des Heiligen Geistes.

Die Offenheit des 12. Jahrhunderts zeigt und vollendet sich in Joachims offener Schau der Weltgeschichte. Das ist ein außerordentliches Ereignis. Noch für viele orthodoxe Christen des 20. Jahrhunderts ist es eine in Fleisch und Blut übergegangene Überzeugung: Es gibt nichts wirklich Neues, Gutes unter der Sonne. Der Christ lebt in der Endzeit, alles Wichtige ist bereits geschehen. Warten wir in Demut auf das Jüngste Gericht, auf die Bestrafung der vielen Bösen, die das Reich Gottes verfolgen, und die entsprechende Belohnung der Guten. Wir sahen eben, wie mitten im konservativen und tief pessimistischen deutschen Geschichtsdenken des 12. Jahrhunderts diese Mauer der Angst einer dualistischen und letzten Endes manichäischen Konzeption durchbrochen wird. Die Zukunft der Menschheit liegt nicht hinter uns, abgeschlossen im Heldenzeitalter der frühen Kirche und in den Dogmen der ersten Jahrhunderte. Freudenzeit, nicht nur Leidenszeit bringt die Zukunft der Menschheit.

Joachim sieht klar, daß die Ablösung der Kleruskirche und der großen alten Herrschaftsordnungen durch die neue Gesellschaft der Freien, der Liebenden, der »neuen Menschen«, die in neuen, freien Ordnungen aus der Kraft des Geistes und der Liebe ein neues Leben führen, schwere Opfer erfordern wird. »Der Mensch des Fleisches verfolgt den, der aus dem Geiste geboren ist.« Noch herrscht Petrus, aber neben ihm steht bereits Johannes. In der Papstkirche der Gegenwart wächst die Geistkirche der Zukunft, die neue Gesellschaft neuer Menschen heran. Joachim lehnt die Formen, Traditionen und Gesetze, die ganze alte Kirche nicht ab. Sie hat ihre heilsgeschichtliche, zeitgeschichtliche Rolle. Sobald sie diese Funktion erfüllt hat, wird sie abgelöst; »wenn kommen wird das Vollkommene«. Dieses steht bereits in der Tür. Joachim will durch seine Gründung eines neuen Ordens eine Zelle des neuen Menschen der Zukunft schaffen. Das Ordensstatut, das er entwirft, geht alle Menschen an. Ein Sendschreiben Joachims wendet sich an »alle Gläubigen Christi«. Das ist eine Fanfare. Päpste mit ihren Enzykliken und die Kaiser mit ihren Urkunden hatten sich *an alle* gewandt. In meist unbewußter Nachfolge Joachims wenden sich die kühnsten Revolutionäre Europas in der Neuzeit, die Puritaner, und andere Revolutionäre zu Ende des 18. und am Beginn des 20. Jahrhunderts »an alle Menschen«.

Worin besteht das »Ewige Evangelium«, die Frohe Botschaft des Heiligen Geistes, der die alte Kirche und die alten Reiche der Welt ablöst? Joachim hat sie, soweit wir heute seine Schriften kennen, nicht näher beschrieben. Seine Saat aber fällt auf einen Boden, der dafür in höchstem Maß aufnahmebereit war, auf die tief beunruhigten Elemente im Franziskanerorden, die ihren Herrn und Meister, Franziskus, verfolgt und seine Verpflichtung zu einem Leben in vollkommener Armut vom Papst und von der Ordensmehrheit verworfen sahen.

In großer innerer Einsamkeit und Seelennot hatten diese vielverfolgten Spiritualen sich schon vor dem Einbruch des Joachimitismus eine eigene Schau der Weltgeschichte zurechtgelegt, die sie trösten und ihren Widerstand rechtfertigen sollte: Franziskus ist der wiedergeborene Christus, der Retter und Erlöser; er bringt die langverheißene *neue Zeit*. Diese Spiritualen beziehen eine dreifache Frontstellung sowohl gegen den Dominikanerorden als auch gegen Kaiser Friedrich II. und gegen den Papst. In ihrer Schau der Weltgeschichte wird Dominikus und sein Orden dem Franziskus und seinen Franziskanern untergeordnet. Es geht hier nicht nur um die übliche Konkurrenz mittelalterlicher Orden, sondern um weit mehr: Nur *ein* Orden ist von Gott berufen, die Menschheit in *die* »Neuzeit« zu führen – die Brudergemeinschaft des Franziskus. Die Verwerfung seines Testaments, die Umwandlung seiner Ordensregel bilden den ersten und entscheidenden Ansatz für die Feindschaft der Spiritualen gegen Rom. Franziskaner dieser Art werden im hohen 13., besonders aber im 14. Jahrhundert und noch darüber hinaus denkwürdige Bündnisse eingehen in ihrem Kampf mit Rom um Rom. Sie schließen Bündnisse mit Fürsten und Kaisern (als politische Propagandisten Kaiser Ludwigs des Bayern), Bündnisse mit dem Volk, Bündnisse mit neuen Wissenschaften. Franziskaner sind um Jeanne d'Arc. Franziskaner werden als Ketzer vom 13. bis 16. Jahrhundert verbrannt.

Die Verbindung mit den Joachimiten, die ihrerseits Joachims Geschichtsschau, seine Weltanschauung weiterbildeten, wird durch ein zeitpolitisches Moment gefördert. Joachimiten und Spirituale sehen in Kaiser Friedrich II. den Antichristen oder zumindest dessen Repräsentanten. Hier verbindet sich eine untergründige Résistance des schwerbedrängten italienischen Volkes mit dieser spirituellen Bewegung.

Die direkte Verbindung der Joachimiten mit Spiritualen beginnt, als 1241 ein Abt des von Joachim gegründeten Ordens nach Pisa in das Franziskanerkloster flieht, um dort die Schriften Joachims zu hinterlegen; er befürchtet die Zerstörung seines Klosters durch Friedrich II.

Einführung in das Ewige Evangelium nennt der Pisaner Franziskaner und Pariser Dozent, Gerardino von Borgo San Donnino, schlicht seine Einleitung zu seiner Edition (1255) der drei Hauptschriften Joachims von Fiore. Weniger schlicht ist der Inhalt dieser »Einführung« und seines Kommentars der ihm besonders wichtig erscheinenden Joachim-Stellen.

Das »Ewige Evangelium« ist kein geschriebenes Evangelium, kein toter Buchstabe. Wohl aber ist das Ewige Evangelium im gesamten Schrifttum Joachims enthalten. Der Geistkundige braucht es nur herauszulesen. Dieses Ewige Evangelium verwandelt das Evangelium Christi. Die Zeit der Zeichen, Bilder und Rätsel ist vorbei. »Jetzt werden alle Figuren aufhören, und die Wahrheit der beiden Testamente wird ohne Schleier erscheinen.« Die Zeit der alten Kirche geht zu Ende. In fünf Jahren, 1260, beginnt *die* Neuzeit. Wohl dem, der jetzt schon von ihrem Geist ergriffen, Mitglied der neuen Kirche des Heiligen Geistes ist.

Gerardino von Borgo San Donnino hatte ausgesprochen und geschrieben, was Joachimiten und Spirituale in ganz Italien, Südfrankreich und Spanien bereits seit langem dachten. Er tut es in Paris in einem Moment, in dem der Kampf der weltgeistlichen Professoren gegen die Aufnahme der Bettelorden in den Lehrkörper der Universität einem ersten Höhepunkt zustrebt. Die Professoren erfassen sofort ihre Chance. Hier zeigt sich schwarz auf weiß, daß diese Bettelorden ketzerisch verseucht, die Brutstätte von Schwarmgeisterei, von Verderbnis der akademischen Jugend und des Volkes sind.

Noch 1255 wird Gerardino zum ersten Male kirchlich verurteilt. Wir haben hier nicht die kirchlichen Verfolgungen der Spiritualen im hohen 13. und ganzen 14. Jahrhundert zu schildern. Bedeutsam für das europäische Geschichtsdenken ist aber, wie sich nun im Untergrund bei den Verfolgten deren Schau der Weltgeschichte radikalisiert, politisiert, später auch säkularisiert. Ihre Schau vom stets verfolgten »armen Christus«, der gegen die Machtkirche Roms und die großen weltlichen Herren kämpft, wird durch direkte Erben ihres Denkens im 16. Jahrhundert von Italien zunächst nach Polen, Ungarn, Siebenbürgen, dann weiter nach Rußland getragen und bildet dort eine wichtige An-

regung für das Denken der religiösen und politischen Nonkonformisten. Dostojewskis *Legende vom Großinquisitor*
und der russische Mythos vom »korrupten Westen« werden
durch sie mehrfach angeregt und mitgeprägt.

1298 stirbt in Narbonne, im alten Zentrum der Katharer
und der reichen Kultur der Languedoc, Petrus Johannes
Olivi. Dieser mehrfach kirchlich verurteilte Franziskaner
entwickelt in seinem Brief an die Söhne Karls II. von Neapel
und in seiner Apokalypsen-Postille die Geschichtsschau der
revolutionären Spiritualen.

Die Weltgeschichte verläuft in drei Heilszeiten: im Reich
des Vaters, des Sohnes, des Heiligen Geistes. Jeweils muß
sich das Neue in Leiden und Verfolgung schwer durch-
ringen. Das »Dritte Reich« des Heiligen Geistes und der
Freiheit wird durch die Spiritualen heraufgeführt, in deren
Verfolgung sich die römische Kirche als Antichrist erweist.
Die päpstliche Kirche, besessen von Machtgier und Besitz-
stolz, ist das neue Babel. Noch vermag sie es, den »armen
Franziskus« niederzukämpfen, letztlich wird sie ihm aber
weichen müssen. Denn Franziskus ist »der neue Mensch«,
der neue Führer *(novus dux)* der neuen Menschheit.

Dieses hochgemute Bild verdüstert sich in den schweren
Verfolgungen. Angelo Clareno schreibt die Leidensgeschichte
der Menschheit als Leidensgeschichte der verfolgten Geist-
kirche der Spiritualen.

Im süditalischen Raum um Neapel politisiert sich das Ge-
schichtsbild der Spiritualen, nicht zuletzt in der Sekte des
Fra Dolcino. Jetzt wird einem politischen Führer die Schirm-
herrschaft über die Heraufkunft der »Neuen Zeit« übertragen. Zunächst ist es ein Anjou, dann deren Erben aus
dem Hause Aragon in Neapel. Der Hof von Neapel übernimmt tatsächlich die Schutzherrschaft über vielverfolgte

Spirituale, aber auch über andere religiöse Nonkonformisten. Hier entsteht der religiös-politische Kult des »Führers«, des Duce, der dem Volk das »Heil« bringt.

Cola di Rienzi, einer späten Welt oft nur durch Richard Wagners Oper bekannt, versucht, sich als Volkstribun zum Herrn Roms aufzuschwingen. 1347 proklamiert er in seiner *Synode* der nationalen Freiheit Italiens das italische Volk als Heils- und Erlöservolk. Cola will sich als »zweiter Franziskus« sehen, der dessen Werk weiterführt, politisch sichert und vollendet.

Franziskanische Motive bestimmen oft noch in den folgenden Jahrhunderten ein revolutionäres Geschichtsdenken und auch revolutionäre Aktionen. Es ist nicht Zufall allein, daß noch ein Klub der Französischen Revolution den Namen des Franziskanerklosters, der Cordeliers, tragen wird; ebenso ist es kein Zufall, daß die Jakobiner den Namen der älteren Pariser Jakobiner (so heißen sie nach ihrem Zentrum St. Jacques), der Dominikaner, tragen werden. Die Radikalität der Säuberungen und Reinigungen vererbt sich; Jakobiner der Französischen Revolution verfolgen mit derselben Erbitterung ihre Gegner wie dominikanische Inquisitoren die franziskanischen Spiritualen.

Gab es einen Ausweg aus dieser heillos verworrenen Situation, in die die spirituale Angst und Hoffnung geraten waren? Die Neuzeit brach ja offensichtlich nicht an, weder 1260 noch im Jahre 1300, wie dann erwartet wurde. Es siegten in allen Landen die alten Herren und die alten Mächte. Ja, es wurde immer noch schlimmer. Dante, der Schüler der Spiritualen, wird darüber berichten.

Ein Ausweg wird über die See gesucht. Angelo Clareno, der Geschichtsschreiber der verfolgten Geistkirche, geht mit Gesinnungsgenossen 1299 nach Armenien zur Mission. Andere

Spirituale fliehen nach Afrika, in den Fernen Osten bis in die Mongolei, unter die Schutzherrschaft der mongolischen Toleranz aller Religionen.

Einen Ausweg nach innen suchen andere Spirituale, indem sie sich in den Naturwissenschaften ein neues Reich erobern. Im Franziskanerkloster in Hières bei Toulon, dem geistigen Mittelpunkt des provençalischen Joachimismus, versammelt Hugo von Digne, der Bruder der Visionärin Douceline (der Stifterin der Beghinen von Marseille), Ärzte, Notare, Gebildete in seiner Zelle, um Bibelexegese zu betreiben und gemeinsam die Werke Joachims von Fiore zu studieren. Diese religiös bewegten Laien wecken das Interesse der Spiritualen für die Naturwissenschaften. Petrus Johannes Olivi, der Geschichtstheologe, ist auch Naturforscher; seine Impetus-Theorie und seine Vorstellung von der »Trägheit der Masse« sind Vorstufen des modernen Begriffs der Bewegung.

Naturwissenschaft wird ein Mittel franziskanischer spiritualer Welterneuerung. In Roger Bacon und seinem Schüler Arnald von Villanova wendet sich der prophetische Enthusiasmus der Spiritualen auf »*die* Wissenschaft«, versteht diese als Hilfsmittel der Welterneuerung durch die wahren Wissenden. Die Naturwissenschaftler sind die einzigen wahren Wissenschaftler: sie verstehen den Geist, indem sie ihn aus der Natur zu erkennen versuchen. Sie führen die neue Zeit herauf, das Weltzeitalter des Menschen, der durch den Geist Herr der Erde wird.

XXIV

Zauber, Macht, Rechnung der Natur:
die Geburt der Naturwissenschaften

UM DIE MITTE des 14. Jahrhunderts klagt Johannes von Rupescissa: Es gibt wenige wahre und fromme Naturforscher; die meisten sind Magier, Zauberer, Betrüger, Geldfälscher. »Es nützt nichts, zu den Höhen dieser Kunst zu streben oder zu gelangen, wenn nicht der Sinn gereinigt ist durch ein heiligmäßiges Leben und durch vertiefte Kontemplation, so daß er nicht nur das Innere der Natur erkennt, sondern auch versteht, die wandelbare Natur zu verwandeln; das aber steht den allerwenigsten zu.«
Der Franziskaner Johannes von Rupescissa hat seine naturwissenschaftlichen Kenntnisse in siebenjährigem Kerker »durch Gottes Erleuchtung« gelernt. Er ist praktischer Arzt, Chemiker und Alchimist und erregt in seiner Zeit großes Aufsehen durch seine Prophezeiungen über die kommenden Änderungen in Kirche und Staat. Dem in Avignon »gefangenen« Papsttum sagt er den Verlust seiner Macht und seiner weltlichen Güter, die Rückkehr zur apostolischen Armut voraus. Seine Kerkerjahre verbringt er zuerst als Gefangener des Franziskanerprovinzials in Toulouse, dann im päpstlichen Gefängnis in Avignon.
Dieser Johannes steht in der langen Reihe franziskanischer Naturforscher, Alchimisten, Goldmacher, Propheten, Astrologen und gehört zu jener spezifischen Gattung europäischer

Naturforscher, die über den Doktor Faust zu Boyle, Erasmus Darwin, ja bis ins 19. Jahrhundert und zur Gegenwart heraufführt.

Die europäische Naturforschung ist nicht zu trennen von weltanschaulichen, religiösen und politischen Momenten. Ihre regsten und erregtesten Köpfe erstreben die *Wandlung* und *Änderung* der »Elemente« der Natur und der Gesellschaft, aber auch der Zeit und aller »Verhältnisse« des Menschen. *Der Naturwissenschaft wird eine eminent religiöse und politische Funktion beigemessen.*

Erasmus Darwin, der Großvater von Charles Darwin, ist Arzt, religiöser Reformer, Aufklärer und Revolutionär. Die reformerischen, weltverbessernden Aspirationen von Naturforschern im 19. Jahrhundert, um Haeckel zur Rechten, um Friedrich Engels' Spekulationen zur Linken, im 20. Jahrhundert vor allem in den zwei Problemkreisen Naturwissenschaft–Religion und Atomphysik–Politik–Gesellschaft, haben eine lange Ahnenreihe. Diese beginnt im 12. und vor allem im 13. und frühen 14. Jahrhundert in der eigentümlichen Randposition, in der die Naturwissenschaften in Europa entstehen.

Wer sich für »das Innere der Natur« interessiert und es gar durch das Experiment zu erforschen wagt, begibt sich in eine lebensgefährliche Gemeinschaft mit Magiern, Zauberern, Alchimisten. Er tritt in Verbindung mit geheimen Verschwörern, die aus Herrschsucht, Hochmut, wohl auch durch einen Teufelspakt Geheimnisse aufdecken wollen, die Gott verhüllt hat.

Der Südfranzose Sylvester von Aurillac, ein Mathematiker und naturwissenschaftlich interessierter Gelehrter des 10. Jahrhunderts, ist nicht als Papst Silvester II. im Mittelalter berühmt und berüchtigt geworden, sondern als Magier und Zauberer. Noch im 17. Jahrhundert unterscheidet man in der deutschen Sprache erst langsam zwischen »Geist« und »Gas«, man verwendet für beide ein Wort. Boyle, der Freund Newtons und einer der Väter der modernen Chemie, ist auch noch Alchimist; Newton selbst bezieht grundlegende Elemente seiner Farbenlehre von den Naturphilosophen des 13. und 14. Jahrhunderts.

Gesellschaftlich und kirchlich haben die naturwissenschaftlich interessierten Männer des Mittelalters keinen legitimen, anerkannten Standort. Die Universität verbannt alle technischen Fertigkeiten, die die Grundlage für das Experiment und die empirische Forschung bilden, als »unfreie Künste« in die Stuben und Hinterhöfe kleiner Handwerker und dubioser Leute. Die Theologie lehnt jeden Griff in das »Innere der Natur« als verbotenen Eingriff in den heiligen Schoß der großen Mutter ab. Noch im 19. Jahrhundert lehnt in diesem Sinn ein Gutachten der spanischen Akademie der Wissenschaften eine Regulierung des Manzanares ab. Wer da aller öffentlichen Meinung zum Trotz Naturwissenschaft treiben wollte, mußte sich auf den Umgang mit allerlei verdächtigen Leuten einlassen: mit provençalischen Juden, den Übersetzern der arabischen alchimistischen, chemischen, medizinischen und astrologischen Traktate; mit merkwürdigen Gesellen, die in ihren dunklen, abgeschiedenen Kellerräumen nach dem Stein der Weisen, der Umwandlung von Quecksilber in Gold, suchten. Wer es wie Roger Bacon gar wagte, seine Klosterzelle zur Stätte naturwissenschaftlicher Spekulationen zu machen, mußte die Folgen tragen und die Zelle mit dem Kerker tauschen.

Die nie genug zu beachtende breite Koexistenz von Gegensätzen und »Widersprüchen« sehr verschiedenartiger Elemente, die wir in der »freien« und »unfreien« Gesellschaft,

in der Frömmigkeit und Geistigkeit des Mittelalters bereits
kennengelernt haben, bestimmt vor allem auch die Struktur
und Entwicklung der Naturwissenschaften. Rationale und
irrationale, wissenschaftliche und »abergläubische« Motive,
verwegene Spekulation und empirische Methode mischen
und mengen sich, werden durch zeitpolitische und religiöse
Motive wohl zur Einheit eines Lebens und Werkes, nicht
aber zu einer Wissenschaft legiert. In dieser fruchtbaren
Epoche der Geburt der europäischen Naturwissenschaften
erscheinen immer wieder als Schwestern miteinander verbunden, oft sogar verschmolzen zu einer eigenartigen
Zwittergestalt, Chemie und Alchimie, Astronomie und
Astrologie, Mathematik und Weltbaukunst (die Zahlen sind
heilige Chiffren, Träger aller Geheimnisse im Makrokosmos
und Mikrokosmos), Technik und Magie, Medizin und Philosophie, Optik und Lichtmystik.

Hell strahlt als erste Zelle dieser Naturwissenschaft das
Oxford des Robert Grosseteste (Greathead, der Großkopfige)
auf. Robert wurde 1175 in der Grafschaft Suffolk geboren,
studiert in Oxford und Paris, lehrt als führender Franziskaner in Oxford, wo er Kanzler der Universität wird, und
stirbt 1253 als Bischof von Lincoln und Beschützer seines
geliebten Oxford.

Licht – das Licht der Griechen und das Licht klarer, rationaler Vernunft. Ist es Zufall, daß die Sehnsucht nach dem
lichten Land der Griechen in Oxford, im nördlichen Europa
so früh zündet und schöpferisch wirksam wird? Diese Sehnsucht nach klarer Vernunft umspannt von hier in einem
großen Bogen das nördliche Europa und führt schon zu
Grossetestes Lebzeiten bis zu dem Schlesier Witelo, der die
Oxforder Arbeiten zur Optik weiterentwickelt.

Das Licht und die Zahl, beide hatte Platon als eng verwandte

Elemente, als Grundstrukturen des Kosmos ersehen. Augustin und der Neuplatonismus tradieren diese Schau dem Mittelalter. Die Franziskaner im allgemeinen, die Oxforder Franziskaner im besonderen, sind Platoniker und Augustinus-Verehrer im Gegensatz zu den aristotelischen Dominikanern.

Grosseteste lehrt: Die dreidimensionale Ausdehnung und der Raum sind eine Funktion des Lichts und seiner Wirkungsgesetze. Das Licht, die Lichtenergie ist die Grundlage aller natürlichen Kausalität. Die Gesetze der Optik bilden deshalb die Basis aller Naturerklärung. Der Kosmos ist die Selbstentfaltung des Lichtprinzips nach immanenten Gesetzen. Diese drücken sich in Zahlen und den einfachsten klarsten Modellen der Geometrie aus. Grosseteste fordert – wie nach ihm Roger Bacon und noch Galilei: Die Mathematik und besonders die Geometrie bilden die unerläßliche Voraussetzung der Naturphilosophie und Naturforschung, die nicht voneinander zu trennen sind.

Das Licht ist für Grosseteste das Universalprinzip, durch das die Beziehungen zwischen den Personen der göttlichen Trinität zu beleuchten sind; das Wirken der Gnade ist durch den freien Willen zu »erklären«. Das Licht ist das Instrument, mit dem die Seele auf den Körper wirkt. Das Licht ist der Grund der Schönheit der sichtbaren Kreatur.

Diese hochspekulativen Gedanken aus dem griechischen Erbe werden aber nun, und das ist charakteristisch für Oxford und eine spezifisch englische Begabung zu empirischer und »praktischer« Wissenschaft, verbunden mit dem Experiment. Das ist die große »strategische Bedeutung«, wie es A. C. Crombie genannt hat. Jetzt wird im Westen die griechische Schau mit dem Experiment der von den Griechen verachteten unfreien, handwerklichen Künste konfrontiert

Kaiser Friedrich II. von Hohenstaufen.
Museo Comunale in Barletta (Bari).

Grabmal Eduards III. von England, London,
Westminster-Abtei.

und verbunden. Der platonische Rationalismus von Chartres im 12. Jahrhundert mit seiner Verehrung der *Natura* wird als Motor benutzt, um das Licht, die Natur zu erforschen.

Grosseteste ist der Begründer einer Schule des naturwissenschaftlichen Denkens in Oxford, die über Roger Bacon, John Pecham, Duns Scotus, Wilhelm von Ockham zu Thomas Bradwardine, John Dumbleton und anderen reicht und Deutschland, Padua und Paris beeinflußt. Die tiefe direkte und indirekte Bezogenheit der neueren Naturforscher (zwischen Leonardo da Vinci, Galilei, Gilbert, Francis Bacon, Harvey, Descartes, Newton und Leibniz) zu den Fragen und Positionen dieser Naturphilosophen und Forscher des 13. und frühen 14. Jahrhunderts ist auffallend und bedeutend.

Diese Oxforder Schule bildet die neue naturwissenschaftliche Methode aus, induktive Forschung und Experiment, dazu die mathematischen und philosophischen Grundlagen. Das Problem ist: Berichten unsere Sinne die Wahrheit?

Wie sehr diese Schule dem Praktischen zustrebt, zeigen die Mathematiker und Naturforscher des 14. Jahrhunderts. Richard von Wallingford (um 1292–1335) entwickelt Meßinstrumente und trigonometrische Techniken. In Oxford sammelt William Morlee, aus derselben alten Gelehrtenfamilie wie Daniel von Morley im 12. Jahrhundert, 1337 bis 1344 Wetterberichte, um für die Bauern Wettervorhersagen machen zu können. Oxford besitzt in dieser Zeit eine ausgebildete Meteorologie, seine Stärke ist die Naturbeobachtung und exakte methodisch-rechnerische Aufarbeitung ihrer Daten.

Sehr selbstbewußt setzt »der Perscrutator« (wahrscheinlich Robert von York) sich von den Autoritäten der Alten ab, die er als Fabeln ansieht; er will nur gewisse Methoden und Regeln von ihnen lernen, im übrigen aber Gottes Gnade, dem eigenen Verstand und dem Experiment folgen. Im selben Oxford legt Richard Swineshead (Suiseth) durch seinen *calculator* die theoretischen Grundlagen für die Einführung der mathematischen Methode in die Physik. Noch ein Leibniz will ihn neu edieren! Swineshead versteht die Qualität als eine Form der Bewegung, als eine Form der Quantität; die großen Prozesse der Natur und Wirklichkeit beginnen mit der materiellen Quantität der Dinge, gehen in geistige Qualität über. Hier liegt ein Ansatzpunkt für das naturphilosophische und wissenschaftliche Denken der neuesten Zeit.

Die Begegnung von platonischer Kosmosschau, Neigung zur Empirie und zum Experiment, und von mathematischer Grundlagenforschung (Oxfords Mathematiker sind führend im 13. Jahrhundert und vorbildlich für Europa), schafft jenes Oxford, das die naturwissenschaftlichen Studien in Paris, Padua, dann in Deutschland überaus fruchtbar anregt.

Wie mittelalterlich dieses Oxford gleichzeitig ist, zeigt die Gestalt des Roger Bacon, der Jahrhunderte hindurch in der »Neuzeit« als erster »moderner« Naturforscher verehrt wurde. Dieser Franziskaner hat sein väterliches Vermögen für die Wissenschaften geopfert; spanische Studenten in Oxford verlachen ihn ob seiner Studien; seine Ordensoberen kerkern ihn ein. Bacon jedoch sieht nach dem arabisch-jüdisch-christlichen Süden Europas. Dort wächst die heilbringende Wissenschaft als Mathematik, Astrologie, Bibelkritik und Sprachwissenschaft. Wahre Theologie setzt Naturwissenschaft voraus. Bacon beruft sich auf über 30 islamische und jüdische Gelehrte als Zeugen. Oxfords Juden sind als Anreger, Übersetzer und Gesprächsfreunde für ihn und für das wache geistige Klima wichtig. Bacon erstrebt eine All-Wissenschaft zur Reinigung der Christenheit, zur Änderung und Bekehrung der Welt.

Deshalb studiert Bacon die franziskanischen Missionsberichte über den Fernen Osten und fordert seinen Papst auf, die ganze Erde erforschen zu lassen; er zeichnet eine Weltkarte, die den Seeweg von Spanien nach Indien enthält und über Peter von Ailly Columbus erreicht.

Sein Papst, das ist Guido von Foulques, ein geistig offener Südfranzose, der nach einem langen Leben als Laie, Soldat und Jurist Sekretär Ludwigs des Heiligen wird und nach dem Tod seiner Frau in den Priesterstand tritt. Guido wird dann Erzbischof von Narbonne und 1265 Papst Klemens IV. Dieser Papst der Provence befiehlt Bacon, über den Kopf seiner Ordensoberen hinweg, ihm geheim seine Entdeckungen mitzuteilen. Avignon, die Stadt der Päpste, war damals die neugierigste Stadt der Welt und zugleich ein Tummelplatz für Astrologen, Spekulanten, Goldmacher, Alchimisten, Zauberer, Totenbeschwörer und Magier. Der Zauber wurde vor allem verwendet, um Gegner zu töten. Shakespeares Totenbeschwörer und Zauberer erinnern an diese Welt, in der gerade auch Könige und Bischöfe Zauber üben ließen, um sich ihrer Gegner zu entledigen: Bischof Hugo Geraud von Cahors versucht, Papst Johannes XXII. durch Zauber zu töten. König Philipp IV. verwendet Zauber gegen Bonifaz VIII. und die Templer. 1318 läßt Papst Johannes XXII. durch eine Untersuchungskommission die magischen Praktiken des Klerus am päpstlichen Hof untersuchen. Dieser Papst hat ständig zahllose Prozesse gegen Kleriker wegen Zauberei. 1326/27 klagte die Bulle *Super illius specula,* daß sehr viele Christen sich der Zauberei und des Paktierens mit Dämonen ergeben haben. Johannes XXII. beruft einen

Kongreß aller erreichbaren Naturwissenschaftler und Alchi-
misten ein, um zu erfahren, ob diese Künste eine natürliche
Basis haben oder nur auf böser Magie beruhen: die Alchimisten bejahen, die Naturwissenschaftler verneinen. *Das ist
das Klima, in dem Europas Naturwissenschaften entstehen,*
die sich langsam aus dem Dunst der Zauberküchen, der
Magie, politischer und ekstatischer Spekulation erheben.
Bacons Werke sind hastig entworfene *Briefe* für seinen
»Engelspapst«, von dem er die Erneuerung der Kirche, die
»Reinigung« der Wissenschaften, die Befreiung der Theologie erwartet. Die »Nützlichkeit« *(utilitas)* aller Wissenschaften hat den bestimmten Sinn, die Christenheit konkur-
renzfähig zu machen mit der Geisteswelt und Sittlichkeit
der Heiden und Ungläubigen. Nach Bacons Überzeugung
ist es besser, die Ungläubigen durch Weisheit und wahres
Wissen zu bekehren, als durch Bürgerkriege, in denen die
kriegerische Roheit der Ungebildeten nur vergängliche Erfolge einbringen kann. *An die Stelle der gescheiterten Kreuzzüge sollen Kreuzzüge der Wissenschaft zur Gewinnung der
Geister und Seelen treten.*
Mit Entsetzen sieht der spirituale Franziskaner Bacon, daß
für diese Kreuzzüge im Raum des Geistes und der Seele die
Christenheit unfähig ist. Verdorben ist Rom, die Kurie. Da
herrschen Hochmut, Geiz, Neid, Wollust und Schwelgerei.
Verdorben sind alle Orden, ist der ganze Klerus, Bacon betont *totus clerus*, der ganze Klerus. Verdorben sind die Fürsten und Laien, die einander durch ständige Kriege zugrunde
richten. Verdorben sind die Universitäten, voran Paris. Dem
äußeren Schein nach leben wir in einer Zeit großer Gelehr-
samkeit und einer Blüte der Studien, in Wirklichkeit wird
an den hohen Schulen eitel Stroh gedroschen; ihre dialekti-
schen, formal-logischen Spiegelfechtereien erreichen die Wirk-

lichkeit nicht. Aus dem Pathos des spiritualen Franziskaners entwickelt hier erstmalig ein Mann der Universität, der sich doch gleichzeitig als Außenseiter weiß, eine umfassende Kritik der europäischen Universität und des Intellektualismus.

Der Einsame übersteigt sich in seiner Kritik. Was will Bacon selbst? Eine Reinigung der Christenheit; ihr soll seine »Reinigung« der Wissenschaften dienen. Gesäubert soll die Universität werden von den »sodomitischen«, homosexuellen Professoren; gesäubert soll die Theologie werden. Zu deren »sieben Todsünden« rechnet er die Konzentration auf formale Philosophie, die Vernachlässigung der Naturwissenschaften, der Philologie, der Textkritik. Gerade diesen Wissenschaften kommt eschatologische Bedeutung zu. Jedes Jota, jedes Wort der Bibel ist zu beachten, da es Aufschlüsse über die Geschichte und Zukunft der Kirche geben kann.

Bacon lebt ganz aus der Geschichtsvision der franziskanischen Spiritualen, auf die er sich auch direkt beruft. »Die Natur ist ein Instrument des göttlichen Operationsplanes«, der göttlichen Lenkung der Weltgeschichte. Hier ist der Ansatzpunkt für das astrologische Interesse Bacons und der spiritualen Franziskaner. Deren Geschichtsprophetie setzt sich jetzt immer mehr in Astrologie um. Diese gestattet, mit Hilfe der Naturwissenschaft die Zukunft zu berechnen.

In breitem Strome war seit dem 12. Jahrhundert die antikarabisch-jüdische Astrologie in Westeuropa eingeströmt. Jetzt stellen Astrologen allen Religionen, auch der *Sekte Christi* (*secta Christi* bei Bacon, *secta catholicorum* bei dem bedeutenden französischen Staatsmann Pierre Dubois, einem Schüler des Siger von Brabant) das Horoskop. Nüchtern soll Aufgang und Untergang auch des christlichen Abendlandes berechnet werden. Die »Astrologen«, die erregten Köpfe, die vom 13. zum 20. Jahrhundert (mit Nietzsche und Spengler)

die Lebensdauer der Kulturen, Weltreiche, nicht zuletzt der
»westlichen Zivilisation« berechnen, stammen aus dieser
Schule.

Der Arzt und Astrologe Pietro von Abano, in Konstantinopel und Paris gebildet, der in Padua den Averroismus mit
einführt, lehrt: Unter Merkurs Herrschaft blühen gleichzeitig
das Christentum, Sokrates, Platon, Aristoteles und viele
Dichter. Cecco d'Ascoli stellt Christus das Horoskop: sein
ganzes Leben, auch seine Passion, steht unter dem Gebot der
Sterne, nichts geschah aus freiem Willen. Eine aggressive,
gegenchristliche und antirömische Tendenz prägt diesen radikal linken Flügel der astrologischen Naturwissenschaft. Pietro
von Abano erklärt dezidiert: Es kann keine Vorsehung geben; die Natur folgt nur ihren eigenen unveränderlichen
Gesetzen; diese berechnet der Naturwissenschaftler, vorab
der Astrologe. Es kann deshalb auch keine Wunder geben
und keine Verfügungen über diese. Das bedeutet die Entmachtung des Papsttums und allen Kirchenwesens. Berech-
nung der Natur, nicht »falscher Zauber«, das ist es, worauf
es ankommt. Als falscher Zauber wird von diesen »linken«
Naturforschern und Astrologen die Bemühung aller Religionen angesehen.

Die Kirche und der Klerus ihrerseits wollen diesen Männern
nachweisen, daß sie Magier und falsche Zauberer sind. Doch
das wird schwierig, da der Klerus selbst in Alchimie, Magie
und Astrologie tief verstrickt ist.

Bei Bacon und dem »rechten« Flügel sieht die astrologische
Bemühung anders aus. Bacon will astrologisch den Sturz des
Islam berechnen und astronomisch eine Kalenderreform
durchführen.

Seine Überzeugung bei allen seinen naturwissenschaftlichen
Studien und Spekulationen ist, daß die Neuzeit, die Endzeit,

das Reich des Geistes vor der Türe stehe. Der seit uralten Zeiten verfolgte geistige Mensch, für Bacon ist es nun der Naturforscher, führt sie herauf. Das ist eine folgenschwere Abwandlung des Leitmotivs der spiritualen Geschichtsvision. Der wahre geistige Mensch ist der Naturforscher und reine Wissenschaftler. Durch ihn kommen Bildung und universaler Friede über Kirche und Welt. »Durch die Gnade Gottes« ist der moderne Brennspiegel gebaut worden, bekennt Bacon.

Erinnern wir uns, um diese fundamentale Umwälzung des Weltbildes, die sich hier ankündigt, richtig zu sehen: »Von Gottes Gnaden« waren zuvor die Kaiser, Päpste und Könige, dann alle Fürsten als Träger des Heils. Jetzt ist es die Maschine. Gegen die magische Welt der archaischen Gesellschaft, die Bacon ausgezeichnet kennt (er nennt ihre Zaubergesänge, Heilungen, Gottesurteile), beruft *der* »geistige Mensch«, der Naturwissenschaftler, mit Gottes Hilfe das neue Gnadenwerk: die »Wunder« der Technik, die Erforschung der »Wunder der Natur«.

Auf diese »*Wunder der Natur*« werden noch verzückt, schwärmerisch Ernst Haeckel und andere naturwissenschaftlich interessierte Geister im 19. und 20. Jahrhundert als die *allein wahren Wunder* blicken. Welche kopernikanische Wandlung des Wunder-Erlebnisses! Das 12. Jahrhundert hatte erstmalig eine Inflation des Wunders gebracht. Lange vorbereitet, tritt an die Stelle der Erfahrung des Mysteriums, des großen Geheimnisses der Gottesmacht und Gotteswirksamkeit in Kult und persönlicher religiöser Erfahrung, die Wundersucht. Wundersüchtig sind die Massen des Volkes in einer Renaissance antiker und spätantiker Wundersüchtigkeit von damals bis heute. Es kann gar nicht genug Wunder zu schauen geben. Die Romane bringen wundersame Erzählungen und Legenden und vermählen die »Wunder« des

Orients, der keltischen Phantasie, der orientalischen Wirklichkeit mit den Wundertaten neuer und alter Heiliger, die oft »erfunden« werden.

Giovanni de Dondi dall Orologio, Professor der Astronomie in Padua, dann der Medizin in Florenz (sein Vater war bereits Arzt und Professor in Padua gewesen), arbeitet zehn Jahre lang an der Erfindung, an der Konstruktion seiner mechanischen Uhr mit Schlagwerk. Giovanni schreibt: In jedem Ding der Natur sind viele bewundernswerte Zusammenhänge zugegen; diese sind *mirabilia*, nicht *miracula* – vom Verstand und Denken erfahrbare, erforschbare herrliche Phänomene, keine Mirakel! Giovanni beruft sich auf Aristoteles und seine eigene Erfahrung: Wir sind täglich von Wundern umgeben; durch vertrauten Umgang mit ihnen verlieren viele Dinge das Wundersame, Mirakelhaft-Unverständliche; deshalb verwundere ich mich nicht mehr wie früher, erschrecke nicht mehr, sondern habe mir fest befohlen, alles Wundersame genau zu beobachten und zu bedenken und mich über nichts allzusehr zu erstaunen.

Dieser Giovanni wirkt in der Mitte des 14. Jahrhunderts. Sein berühmter Zeitgenosse Nikolaus von Oresme (er stirbt als Bischof von Lisieux, 1382) schreibt in französischer Sprache gegen die Astrologen, übersetzt naturwissenschaftliche Werke des Aristoteles in diese seine Volkssprache und kämpft zeitlebens gegen den »falschen Wunderglauben« des Volkes, wie er sich ausdrückt. Nikolaus gibt eine umfassende Kritik der Psychologie des wundersüchtigen Menschen und untersucht den Einfluß der Einbildungskraft und Phantasie auf den eigenen Körper. Dieser »aufgeklärte« Kleriker klagt, viele Kleriker seien selbst wundersüchtig, andere nützen geschickt erfundene Wunder aus, um das Volk zu täuschen und um Geld für ihre Kirchen zu bekommen. Nikolaus bekennt sich zur Erforschung der Wunder der Natur und singt ein Hoheslied auf die Vernünftigkeit der Bibel, der Evangelien, des christlichen Glaubens. »Alles, was in den Evangelien enthalten ist, ist höchst vernünftig« *(rationabilissima)*. Hier wird sichtbar, wie die Kritik am Wunder mitten in der Theologie und Wissenschaft des Hochmittelalters ansetzt. Reformatoren, Aufklärer und vor allem Naturforscher und Naturphilosophen werden sie fortführen, über Toland zu Hume und dessen geistigen Söhnen in der kritischen Selbstbesinnung des neuzeitlichen Denkens.

Immer wird ein Zentrum der Bemühungen bleiben: Die vernünftigen, berechenbaren »Wunder der Natur« werden ausgespielt gegen die »unvernünftigen« Wunder der alten Kirche, gegen den Wunderglauben des Volkes und der »Ungebildeten«. Diese Wunder-Kritik der Naturwissenschaft ist affektbeladen und immer im Zusammenhang bestimmter zeitpolitischer und weltanschaulicher Momente im 13. und 14. Jahrhundert ebenso wie im 19. und 20. Jahrhundert.

Roger Bacon kämpft gegen den »Aberglauben« des Volkes und die Feindschaft der Pariser Scholastiker gegen die Naturwissenschaft. Bacon fordert empirische Naturforschung und das Experiment, ohne selbst diesen Forderungen Folge leisten zu können. Er versucht nur wenige Experimente. Das naturwissenschaftliche Experiment *(experimentum)* ist bei Bacon und seinen Zeitgenossen noch tief eingetaucht in eine Sphäre des Magischen, Zauberhaften, Wunderbaren; Versuch und Versuchung (guter und böser Geister), Spruch und Zauberspruch schweben noch um dieses frühe »faustische« Experiment – bei Bacon wie bei Leonardo da Vinci.

Bacon stellt die »wissenschaftliche« Frage: Wenn Hirsche, Adler und Schlangen ihr Leben durch Kräuter und Steine verlängern, warum soll die Findung eines Lebenselixiers dem

Menschen verwehrt sein? Bis ins 19. Jahrhundert werden
Fürsten Europas gewisse »Naturforscher« begönnern, weil
sie von ihnen die Verwandlung des Quecksilbers in Gold,
wirskame Maschinen gegen ihre Feinde, nicht zuletzt den
Stein der Weisen und ein Lebenselixier erhoffen.

Bacons Vision einer technischen Welt der Zukunft (Schiffe
ohne Ruder, Unterseeboote, »Automobile«, Flugzeuge,
kleine, zauberhafte Instrumente, um sich aus dem Kerker
zu befreien, andere Instrumente, um Menschen an sich zu
fesseln, andere, um auf dem Wasser gehen zu können) vereint die magische Technik der Vorzeit und die Wunsch-
träume des Volkes mit der prophetischen Ergriffenheit des
spiritualen Franziskaners. Dies zusammen verbindet sich bei
ihm jedoch mit dem wirklich Neuen, mit einer unbändigen
Neugier zu sehen, zu erforschen, was denn wirklich in der
Natur an wundersamen Kräften vorhanden ist. Wer sie
meistert, ist der Herr der Welt und der Zukunft.

Hell beleuchtet Bacons Pläne und Visionen sein »Schüler«
Arnald von Villanova (geb. um 1238), der Bacon oft direkt
abschreibt. Bacon verschwindet im Kerker, da sein Papst zu
früh stirbt. Arnold behauptet sich als Arzt von Päpsten und
Königen gegen die Inquisition. Dieser Katalane hat in Neapel studiert und ist in Barcelona, Montpellier, Paris und
Avignon als Arzt, Alchimist und Astrologe, als Diplomat,
Sozialreformer und Geschichtstheologe tätig. Gegen die Thomisten schreibt dieser Spirituale sein *Schwert der Wahrheit
wider die Thomisten.* Arnold möchte die Weltanschauung
und das religiöse und wissenschaftliche Streben der franziskanischen Spiritualen in den Schoß der römischen Kirche
retten. Ein Engelspapst soll der Schirmherr der kommenden
Erneuerung des gealterten Kosmos, der Kirche und Gesellschaft und aller Elemente werden. Arnold sucht eine ganz-

heitliche Medizin und eine Chemie, die den Menschen an
Leib und Seele verjüngen sollen. Die Naturwissenschaft wird
hier als wichtigste Hilfe für die spirituale franziskanische
Welterneuerung berufen.

Der Arzt und Alchimist Arnald von Villanova lenkt das
Augenmerk auf einige spezifische Züge der Chemie und
Medizin dieses Zeitalters. Arnold ist für seine Epoche und
für folgende Jahrhunderte durch ihm zugeschriebene alchi-
mistische Traktate weit bekannt geworden. Die Chemie ist
untrennbar mit der Alchimie verbunden, die seit 1144 aus
arabischen Quellen breit in Westeuropa einströmt. Chemie-
Alchimie soll die Elemente der Natur zum Besseren, zum
Geistigen, zum Göttlichen verwandeln. In den Arnold zu-
geschriebenen Schriften wird das Leiden Christi mit dem
»Leiden« der Elemente verglichen. Die chemische Verwandlung ist ein Gegenstück zur Verwandlung von Brot und
Wein in das Fleisch und das Blut Christi. Das Quecksilber
wird wie das Lamm zur Schlachtbank geführt, »es schwitzt
Blut, um die Menschheit von der Armut und Not zu be-
freien«.

Das chemische Element tritt zuerst neben, dann an die Stelle
des Erlösers. In späterer Zeit wird das »tägliche Brot« von
der Chemie erwartet. In der Sprache der Alchimisten, die
sich bis zum 18. Jahrhundert erhält, wird dies zunächst im
vorbereitenden Sinne verstanden. Diese Mönchs-Alchimisten
wollen die Änderung und Verwandlung der Welt durch
Christus beschleunigen und durch die chemische Verwandlung der Elemente fördern. Ekstatisch, ungeduldig und fana-
tisch ist diese »Wissenschaft« ebenso wie ihre Erben im 19.
und 20. Jahrhundert. Die Dinge müssen radikal, von der
Wurzel, von der »Mutter Materie« her geändert werden,
und dementsprechend muß auch der Mensch sich durch die

Absage an die Herrschaftsmächte der alten Welt radikal
ändern. Chemie und Alchimie stehen hier im Dienst einer
religiös-politischen Welterlösungsidee, die bereits bei den
radikalen Franziskanern, die aus Avignon nach Deutschland
und Böhmen fliehen, mit den »erwachenden Völkern«, die von
der Herrschaft Roms zu befreien sind, verbunden wird.
Nicht minder weltanschaulich gebunden zeigt sich die Medizin dieser Epoche. Die europäische Medizin ist ein Kind der
Antike und der arabischen und jüdischen Arzt-Philosophen.
Die beiden größten Denker der »Aufklärung« im 12. Jahrhundert waren auch große Ärzte, und zwar praktische Ärzte:
Ibn Ruschd Averroes (wie sein Vorgänger Ibn Sina Avicenna) und sein Zeitgenosse Maimonides. Jeder mittelalterliche Arzt ist auch irgendwie Astrologe, wird als solcher
berufen. Auf der Höhe des 13. Jahrhunderts finden sich dieselben Klassiker des antiken und arabisch-jüdischen medizinischen Schrifttums in den Bibliotheken von Montpellier, Salerno, Paris, von Granada, Toledo, Kairo, Damaskus und
Bagdad.
Wer ernsthaft Medizin studiert, tritt in den »freigeistigen,
aufgeklärten« Raum des Mittelmeeres ein. Nebeneinander
stehen da die Medizin als rein theoretische Wissenschaft und
die praktische Arzneikunst, die es wagt, in das verborgenste
Wunder der Natur, den menschlichen Körper, einzudringen.
Man kann sich heute kaum davon eine Vorstellung machen,
was dies für viele Menschen des Mittelalters bedeutete: jeder
Leib des Menschen war doch Abbild des Leibes Christi, des
»Fronleichnams«, des Herrenleibes. Einen Menschen zu sezieren, hieß das nicht, Gott sezieren? Kann es etwas Unfrom-
meres, Gottloseres und Menschenfeindlicheres geben als diese
Anatomie? Petrarca und die Humanisten beginnen im 13.
und 14. Jahrhundert ihren Feldzug gegen die »gottlosen«

Ärzte, zunächst in Padua gegen die averroistischen Ärzte.
Dieser Konflikt hält über ein halbes Jahrtausend an und
wirkt heute noch im unverhohlenen Mißtrauen von Humanisten, Künstlern, schöpferischen und eigenwilligen Menschen
gegen »die Ärzte« nach, denen alles Böse zugetraut werden
kann, da sie sich am »Heiligsten« auf Erden, am Menschen,
»vergreifen«.

Nun, die Anatomie hat sich trotz größter Widerstände bereits im Mittelalter durchgesetzt. In Salerno werden im späten 11. und frühen 12. Jahrhundert zuerst Schweine und
dann Verbrecher seziert. Der große Aufstieg der Anatomie
beginnt aber erst im 14. Jahrhundert mit Mondino de
Luzzi. Die Chirurgie manifestiert ihren Fortschritt mit der
Großen Chirurgie des Bruno da Longoburgo 1252 in Padua.
Die Hauptfortschritte der Medizin im engeren Abendland
werden durch Außenseiter, vor allem durch die als Praktiker
verachteten niederen Handwerker erzielt. Diese Wundärzte
und Feldscherer werden von den Arzt-Professoren voll Verachtung und von oben herab betrachtet. Medizin als Universitätswissenschaft ist eine reine Buchwissenschaft, ist
Kommentar der Klassiker.

Die klinische Wissenschaft ist im Islam und bei den Juden
zu Hause. Dort sind es nicht selten viele Generationen von
Arztfamilien, die sich vom 12. bis zum 14. und 15. Jahrhundert behaupten. Der mit Averroes befreundete Ibn Zuhr
(lateinisch Avenzoar), wahrscheinlich der größte Kliniker
des Islam, ist das berühmteste Mitglied der berühmtesten
Arztfamilie des islamischen Spanien. Sechs Generationen
dieser Familie sind namhaft bekannt. Ähnliches gilt für jüdische Arztfamilien in Spanien, der Provence, in Italien, wo
Juden auch Leibärzte und Leibastrologen der Päpste sind.
Diese lange Tradition und Kontinuität von Arztfamilien ist

wichtig. In ihr bildet sich ein Selbstbewußtsein, ein geistiges Klima aus, das wohlvertraut mit dem geistigen Leben in der Welt der »drei Ringe« ist. Diesen Ärzten ist nichts Menschliches fremd, sind alle Religionen nah und fern zugleich. Kritischer Sinn, Distanz und »Aufklärung« gedeihen in diesem Klima. Diese Ärzte haben auf ihren vielen Reisen Ost und West wirklich erfahren. Bildungsreisen, Vertreibungen, Berufungen in den Dienst fremder Fürsten führen sie tief in den Osten und Westen hinein.

Ihnen nahe stehen jüdische Familien, die viele Generationen hindurch als Übersetzer und Vermittler tätig sind. Einer von ihnen ist Jakob ben Mahir ibn Tibbon, der provençalische Mathematiker, Astronom und Zoologe, einer der größten Übersetzer naturwissenschaftlicher Werke aus dem Arabischen ins Hebräische. Jakob stammt aus einer berühmten Familie von gebildeten, »aufgeklärten« Juden: er selbst ist Führer der Maimonides-Partei gegen die altrabbinische Orthodoxie. Kepler und Kopernikus zitieren ihn noch.

Nur in den Randzonen und Randschichten der europäischen Welt und Gesellschaft gedeihen also die Naturwissenschaften. Außenseiter der Universitätswissenschaften, religiöse Nonkonformisten, Juden, Moslims, spirituale Franziskaner sind ihre Träger, dazu verkannt, verachtet und »übersehen« das niedere Volk von Handwerkern, die sich den »unfreien Künsten«, der Mechanik, widmen. Wohl befassen sich mit dieser Grundlage der Technik im 13. Jahrhundert bereits einige »gebildete« Köpfe wie Jordanus Nemorarius und ein unbekannter Schüler, den man als den Vorläufer Leonardo da Vincis angesprochen hat. Gerhard von Brüssel, Roger Bacon, Petrus Johannes Olivi und einige Männer in Padua, Oxford, Flandern und Schlesien befassen sich mit »technischen« Problemen im engeren Sinn. Die Begegnung zwischen den »Gebildeten«, den Männern der »Wissenschaft«, der Universität und Buchkultur mit den Handwerkern beginnt jedoch erst Jahrhunderte später wirklich und fruchtbar zu werden: in der Londoner Royal Society, in den Niederlanden, im Frankreich des 18. Jahrhunderts. Wer die Schwierigkeiten bedenkt, die heute noch »Humanisten« und »Techniker« mental oft durch tiefe Klüfte trennen, wird die Experimente des 13. und 14. Jahrhunderts nicht gering schätzen.

Im Jahr 1600 läßt Gilbert, der Leibarzt der Königin Elizabeth I., sein Buch *Vom Magneten* erscheinen. Das ist das erste gedruckte Buch eines akademischen Professors, das sich ausschließlich mit einem naturwissenschaftlichen Gegenstand auf rein experimenteller und beobachtender Basis befaßt. Gilbert war stolz darauf, mit einfachen Bergleuten, Seesoldaten, Schiffsleuten zu verkehren. Von größter Wichtigkeit waren für ihn die Arbeiten des einfachen Seemannes Robert Norman, der sich im Alter auf die Herstellung von Kompassen verlegte und seine Beobachtungen schriftlich fixierte.

1269 schreibt Petrus der Fremde, ein französischer Soldat in der Armee der Anjou, die Lucera dei Pagani in Kalabrien belagert, einen Traktat über den Magneten, der eines der bedeutendsten Denkmale mittelalterlicher Erfahrungswissenschaft ist. Diese Schrift enthält eine Reihe von Experimenten über den Magnetismus.

Traum und Hoffnung der Naturwissenschaft und Theologie, der Politik und Kirche des Mittelalters vereinigt im Leben und Werk ein merkwürdiger Mann, der bis heute nicht nur in Spanien gelesen, neu ediert und kommentiert wird: der Franziskanertertiar Ramon Lull (Raimundus Lullus, 1235 bis 1315). Hochgemut und weltoffen ist das Denken und

Wollen dieses Katalanen. Seiner Überzeugung nach hat die Bekehrung zum Christentum als der einzigen ganzen Wahrheit auf Erden durch Aufklärung zu erfolgen; ja, echte Aufklärung ist als solche Bekehrung zum Christentum. Glaube und Vernunft, Mysterium und Rationalismus gehören zueinander. Ramon Lull besucht die Kurie in Rom, die Hörsäle in Paris und Padua, Fürstenhöfe und Konzile in Frankreich und Deutschland; er findet sich in den Straßen und Plätzen nordafrikanischer Städte, vielleicht auch Asiens zum Gespräch ein. Worin beruht die bezaubernde Wirkung dieses Mannes, die noch auf Nikolaus von Cues, die großen Humanisten Bessarion und Pico della Mirandola, auf Giordano Bruno und noch auf Gassendi und Leibniz ausstrahlt? Der Vierzigjährige hat nach einem bewegten Weltleben in der Einsamkeit des Berges Randa in seiner Heimat eine Vision, eine logische Vision, die erste Schau seiner »Großen Kunst«, der berühmten *Ars magna*. Was ist diese *Ars magna*? Sie ist der Traum einer All-Wissenschaft, einer All-Logik, zunächst in Gestalt einer Rechenmaschine, die durch einen Mechanismus konzentrischer Kreise, radialer Abteilungen, geometrischer Symbole die Ur-Worte, die Prinzipien kombiniert. Eine kybernetische Maschine also, die imstande ist, jede Wahrheit, jede Wissenschaft, nicht zuletzt den Glauben aufzuschlüsseln. Einsteins und Heisenbergs Universalformel zur mathematischen Aufschlüsselung der Materie, des Lichts, der Energie, der Grundgesetze des Kosmos, hier *in nuce* vorgedacht und vorgestellt.

Eine Wundermaschine, eine Windmaschine, die nur leere Worte drischt, so hat man später gespottet. Leibniz hat jedoch nicht darüber gespottet; ihm ging der Traum derselben Vision zu nahe, eine gemeinsame, wissenschaftlich verifizierbare, allen Menschen einleuchtende Sprache zu fin-

Verkündigung Mariae. Kölner Meister um 1310—1430.
Köln, Wallraf-Richartz-Museum.

den – die nach seiner Ansicht die Voraussetzung für den Weltfrieden bildet.

In seinem Erziehungsroman *Blanquerna*, einem Lieblingsbuch noch von Aufklärern des 18. Jahrhunderts, das den ersten europäischen Reisebericht über den Sudan und Schilderungen der Türkei, Georgiens und Abessiniens enthält, läßt Ramon Lull den Papst zu den Kardinälen sagen: »Helft mir, bitte, in dem Unternehmen, alle bestehenden Sprachen auf eine einzige zurückzuführen. Denn wenn es nur *eine* gibt, werden die Völker einander verstehen und durch das Verständnis einander lieben lernen und werden tausend ähnliche Gewohnheiten annehmen und in Eintracht zueinander kommen.« War Lull ein Schwärmer, ein Utopist? Gewiß war er auch das. Vor allem jedoch war Lull ein Universalgenie, ein kühner Vordenker der Aufgaben der Zukunft.

Der reife Mann lernt Arabisch (wie der alte Leibniz Russisch zu lernen beginnt) und fordert – ganz im Sinne Bacons – die Errichtung von Akademien in Europa, in denen das Arabische, Hebräische und Griechische die Grundlagen des Studiums bilden sollen. Lull ist »ein genialer Liebhaber seines Feindes, des Islam« (Karl Vossler); er will die Gespräche des offenen Europa wiederbeleben. In seinem *Libro del gentil* (erste Fassung arabisch in Mallorca, 1272/73) legen ein Jude, ein Muslim und ein Christ die Vorzüge ihres Glaubens dar. Im *Buch vom Heiligen Geist* (Montpellier, 1276–78) sprechen sich ein Grieche und ein Lateiner in der Gegenwart eines Mohammedaners aus; im *Buch vom Tataren und Christen* (Rom, 1285) befragt ein Tatar einen Juden, einen Christen und einen Muslim. Lull tritt dafür ein, daß bereits die Kinder des christlichen Europa einen Einblick in die Welt der Juden und des Islam erhalten sollen. Seine Überzeugung ist:

Europas Christenheit muß neu erzogen werden, indem ihr die Augen geöffnet werden für die Schönheiten fremder Welten.

Die Zeit der äußeren Kreuzzüge ist vorbei. Nur reine Wissenschaft und gereinigter Glaube vermögen Gegner der Kirche zu überzeugen. Lull tritt nach langem Schwanken dem Dritten Orden des Franziskus bei. Franziskanisch ist seine Liebe zum Kind, zum Feind und zum Volk: er ist einer der größten volkssprachlichen Autoren des Mittelalters. Franziskanisch ist seine Abneigung gegen den Intellektualismus der Pariser Thomisten und gegen den »Hochmut« der Paduaner Averroisten. Der Achtzigjährige erlangt in Algier das heißersehnte Ziel, das Martyrium.

Mallorca ist heute Mode geworden, ein beliebtes Reiseziel, in wenigen Stunden mit dem Flugzeug erreichbar. In der riesigen Kathedrale der Hauptstadt der schönen Insel liegt das Grab dieses großen Europäers, der Europa nur offen verstehen konnte – offen nach allen Seiten.

In der Bibliothek des Kardinals Nikolaus von Cues (1401 bis 1464), des größten Denkers im Ausgang des Mittelalters, des Mathematikers, Naturwissenschaftlers, Philosophen und Kirchenmannes, finden sich 45 Schriften des Ramon Lull. Von ihm mit angeregt, greift Nikolaus von Cues in seinem Denken und politischen Planen entschieden über die Grenze des Mittelalters, vielleicht noch des heutigen Europa hinaus. Er wagt es, eine Koexistenz mit den gefürchteten, schwerbewaffneten Feinden der damaligen westlichen Christenheit, die Jahr für Jahr durch ihre Invasionen den Westen bedrohten, vorzuschlagen – mit den Hussiten und den Türken.

XXV

Der Jude und die Frau im Mittelalter

VIELLEICHT ÜBERRASCHT den Leser diese Zusammenfügung in
einem Kapitel: Der Jude und die Frau im Mittelalter.
Es gibt jedoch eine Fülle von Darstellungen des Mittelalters,
in denen von beiden nicht oder kaum die Rede ist. Dieses
Übergangenwerden ist kein Zufall. Der Jude und die Frau
bilden tragende Elemente der Kultur und Gesellschaft des
offenen Mittelalters, werden dann in ein Ghetto eingeschlossen und haben die schwersten Blutopfer für die Schließung
der Gesellschaft seit dem Mittelalter zu bezahlen.
Eine schizophren in männischer Angst erstarrende Welt verfällt dem Hexenwahn. Die Hexenverfolgungen vom Spätmittelalter bis herauf in das 18. Jahrhundert (noch zu Goe-
thes Lebzeiten wird in Deutschland eine Hexe verbrannt)
sind ebensosehr Ausdruck dieser sich immer hermetischer
abschließenden, immer noch ängstlicher werdenden Welt,
die nur kurzfristig und lokal engbegrenzte Inseln freierer
Gesittung zuläßt, wie der neueuropäische Antisemitismus,
der direkt nach Auschwitz führt.
Offene Welt Alteuropas, vor allem des 12. Jahrhunderts!
Jüdische Geistigkeit bildet in ihr einen integrierenden, un-
ersetzlichen Bestandteil der intellektuellen und religiösen
Kultur Europas. Jüdische Ärzte, Übersetzer, Philosophen,
Theologen und Finanzleute im Dienst der weltlichen und
geistlichen Fürsten tragen zur Bildung des intellektuellen

und emotionalen Klimas bei, in dem Europa erwacht. Auf das franziskanische wissenschaftliche Denken übt Avencebrol (Ibn Gabirol), auf thomistisches und dominikanisches Denken übt der »Rabbi Moyses«, wie Thomas von Aquin Maimonides nennt, einen überragenden Einfluß aus. Der größte Denker und Mystiker des deutschen Mittelalters, Meister Eckhart, ist ohne Maimonides und die jüdischen Neuplatoniker ebenso schwer vorstellbar wie Dante ohne die provençalischen, spanischen und italienischen Juden zwischen Salerno, Sizilien, Neapel und der Lombardei, die Mittler arabischer sufitischer Mystik, Gnosis und ihrer Kosmos- und Zahlen-Spekulation.

In leuchtender Intensität blüht die jüdische intellektuelle und emotionale Kultur in einer Epoche auf, in der sich gleichzeitig bereits die Schatten des Unterganges abzeichnen. Die Judenverfolgungen des ersten und zweiten Kreuzzuges (1096–1146) sind ein Fanal, ein Wendepunkt. Vorher gab es nur sehr sporadische Judenverfolgungen im westlichen Europa.

Die Judenmassaker 1190 in England sind bereits eine drohende Mahnung. 1290 werden die Juden aus England vertrieben. Dieser ersten Gesamtaustreibung aus einem europäischen Land folgen ähnliche Verfolgungen in Frankreich (1306), Spanien (1492), Litauen (1495) und Portugal (1497). In England werden die Juden erst durch Cromwell (1655) wieder zugelassen. Das »neue Israel« der Puritaner erinnert sich seiner geistlichen Väter.

Das vierte Laterankonzil (1215), Höhepunkt der mittelalterlichen Kirche, verpflichtet die Juden nach dem Vorbild von Kalifen, eine Sondertracht zu tragen. Der »gelbe Fleck« auf dem Obergewand, die gehörnte Kappe und andere Kainszeichen bilden optisch eine aufreizende Herausforderung, diese »Mörder Christi auszurotten«. 1223 verbietet eine päpstliche Bulle den Christen jedes Gespäch mit Juden über religiöse Fragen.

Das offene 12. Jahrhundert hatte viele solcher Streitgespräche gekannt. Wenn sie in der Folgezeit noch stattfinden, dann unter dem Sonderschutz spanischer Könige oder veranlaßt durch christliche Juden-Bekehrer; doch arten sie meist in direkte Verfolgungen aus. Im 12. Jahrhundert beginnt die Absonderung der Juden gegen die Umwelt, die Ghettos entstehen. Die Juden verlassen ihre in den christlichen Stadtteilen gelegenen Häuser, schließen sich in den jüdischen Vierteln zusammen und hoffen so, bei plötzlich ausbrechenden Verfolgungen Schutz zu finden. Genauso schließen sich die deutschen Kaufleute in Nowgorod ab, umgeben sich mit Palisaden und Gräben gegen russische Ausschreitungen.

Wer verfolgt die Juden und wer versucht, sie zu schützen? Die Verfolgungen werden zunächst ausgelöst durch den Fanatismus einzelner ohne Führung und Disziplin aufbrechender Kreuzfahrerhaufen, wobei Mönche als Prediger eine traurige Rolle spielen. Später sind es dann besonders Franziskaner, die führend in die Judenhetze einstimmen. Breite Schichten eines Volkes nehmen an der Judenhetze nicht teil. Sie fühlen sich ihren jüdischen Nachbarn verbunden und versuchen als Ritter, Bürger oder Bauern, verfolgte Juden in ihren Häusern zu schützen. Der neueuropäische Antisemitismus wird erst durch eine, man möchte sagen systematische, vielhundertjährige Verhetzung zu einem Phänomen, das breiteste Volksschichten ergreift. Deutsche Städter, das Volk in England und Frankreich treten für die verfolgten Juden ein, bemühen sich bei den Königen um deren Rückberufung; in Frankreich haben sie Erfolg. Schutzbriefe und Privilegien für Juden werden von Päpsten, Kaisern und Kö-

nigen erlassen. Hierbei sehen weltliche und geistliche Fürsten die Juden als ihre »Kammerknechte«, als ein kostbares
Material an, das zu erhalten ist.

Im Spätmittelalter kommt es zu umfangreichen Handelsgeschäften. Ludwig der Bayer verkauft etwa »seine« Juden
oder verpfändet sie Fürsten und Städten für eine bestimmte
Zeit. Der Judenschutz ist, im ganzen gesehen, nicht minder
schwer belastet als die Judenverfolgung. Ein kurzes Intermezzo einer anderen Gesinnung bildet das dritte Laterankonzil von 1179. Es fordert die Duldung der Juden »aus reiner
Menschlichkeit«, *pro sola humanitate.*

Es ist das Niedervolk, es sind Unterschichten in Stadt und
Land, die lange Zeit hindurch die Judenverfolgung tragen.
Erst die städtische Predigt einzelner Weltpriester, der Bettelmönche und anderer Orden überträgt diesen Bazillus auf
breitere Volksschichten. Erschwerend für diese intolerante
Entwicklung ist außerdem, daß es dem Christentum in
Europa nicht gelingt, die Angst und den Haß zu überwinden. Das ist wohl die bedeutungsvollste Tatsache in der
inneren Geschichte des christlich geprägten Jahrtausends
Europas: diese Angst, die mit der Unbildung und Unwissenheit vermählt ist. Jede Mißgeburt eines Tieres oder Menschen, jeder Todesfall eines Kindes, jede Hungersnot und
jede Seuche läßt sofort nach einem Übeltäter suchen. Zuerst
ist der Jude schuld. Als dieser aus Europa verdrängt wird,
sind es die Frauen, die Hexen. Und als die Pest 1348–50
Europa heimsucht, schlägt für viele Judengemeinden die
letzte Stunde.

In kurzen Worten läßt sich die jüdische Tragödie in Europa
seit dem 12. Jahrhundert unmöglich umfassend schildern:
Zuerst werden in rheinischen und französischen Städten
ganze Gemeinden ausgerottet; singend sterben manche, ein-

geschlossen in ihre Synagogen; sie singen sterbend die Psalmen – dieselben Psalmen singen dreihundert Jahre später verfolgte Christen, Hugenotten, die ebenfalls mit Weib und Kind, in ihren festen Plätzen eingeschlossen, verbrannt werden. Verzweifelte Juden begehen Selbstmord; in letzten Liebesakten töten sich gegenseitig Eheleute, der Bräutigam tötet die Braut, die Mutter ihr Kind. Das jüdische Martyrium in Europa hat, an zeitlicher Dauer, Größe und bewußtem Ertragen gemessen, nichts Vergleichbares in der Geschichte Europas, in der Weltgeschichte. Daran zu erinnern ist Pflicht – gerade des nicht-jüdischen und des christlichen Historikers.

Durch diese Verfolgungen werden Fluchten ausgelöst, die für Europas innere Geschichte große Bedeutung haben. Zunächst fliehen in Spanien vor den fanatischen nordafrikanischen Muslims, die mit den Almohaden und Almoraviden ins Land kamen, Juden nordwärts zu den Kastiliern, mit denen sie sich verbündet wissen. Diese jüdische Wanderbewegung setzt sich fort in der Provence, nach Italien, nach Frankreich und bringt die intellektuelle jüdische Renaissance nach Westeuropa.

Nach dem ersten Kreuzzug beginnt die große Ostwanderung der Juden, von Deutschland und Mitteleuropa nach Polen, Böhmen, Mähren, Schlesien und Ungarn. Diese West-Ost-Wanderung läuft parallel der deutschen West-Ost-Wanderung. Deutsche und Juden wandern oft gleichzeitig dem Osten zu, wobei Polen eine »Kolonie der deutschen Juden« wird.

Juden fliehen aus England nach Frankreich, Deutschland, Spanien, Italien. Juden fliehen aus Frankreich nach Italien, Spanien, nach Jerusalem, in die Länder des Islams. Juden fliehen aus Deutschland nach Frankreich, Spanien, Polen,

Italien. Fliehende Juden bilden einen Teil der eigentümlichen Mobilität der mittelalterlichen Gesellschaft in ganz Europa.

Neben den Fluchten, nicht selten mit ihnen verbunden, ist der Reisen vieler Juden zu gedenken. Die Bildungsreisen und Kavalierstouren der adeligen jungen Herren im Europa des 17. und 18. Jahrhunderts haben hier eine bemerkenswerte Vorstufe.

Abraham Judaeus (Ibn Ezra, geb. um 1090 in Toledo) ist 1140 in Rom, 1141 in Salerno, 1145 in Verona, 1148 in Lucca, 1156 in Béziers, 1158 in London, 1160 in Narbonne und stirbt 1167 wahrscheinlich in Calahorra. Dieser große Übersetzer aus dem Arabischen ins Hebräische ist einer der größten Bibelkommentatoren des Mittelalters, ein Vorläufer neuzeitlicher Bibelkritik, bewundert von Spinoza. Sein Landsmann Pedro Alfonso (gest. 1110) war Leibarzt des Königs Alfons VI. von Kastilien, konvertierte und war dann Arzt am Hof Heinrichs I. von England. Seine 33 Erzählungen, übersetzt in viele Volkssprachen, sind eine Quelle für Chaucer, Shakespeare und das gesamte erzählende europäische Schrifttum. Zwei große Reisende des 12. Jahrhunderts, Benjamin von Tudela und Petahiah von Regensburg, beschreiben ihre Fahrten durch das mittelalterliche Europa und den Nahen Osten.

Jüdisches Denken und jüdischer Glauben begleiten in inniger Korrespondenz die christliche Philosophie und Theologie – zunächst ihren »Schülern« ein bis zwei Generationen vorauseilend. Sie sind auch Mittler des arabisch-antiken Bildungsgutes im 12. Jahrhundert. Gleichzeitig bringt dieses jüdische Denken und Glauben verwandte Phänomene hervor: in der jüdischen Scholastik, in der orthodoxen Theologie und Mystik des 13. Jahrhunderts. Zuletzt zeigt es sich im Untergang der jüdischen Gemeinden Europas in Spanien und Deutschland im 14. und 15. Jahrhundert und reflektiert da genau die Erstarrung des christlichen Denkens in einer ebenso harten geschlossenen Orthodoxie, die keine Fenster nach außen mehr kennt noch zuläßt. Diese Kämpfe *in* der Synagoge um die Rechtgläubigkeit der »Aufklärer«, der Philosophen in der Nachfolge des Maimonides, entsprechen schon im 13. Jahrhundert in Frankreich und Spanien genau den Kämpfen innerhalb der Kirche.

Die Blüte jüdischer Dichtung, Philosophie und theologische Spekulation strahlt in diesem großen 12. Jahrhundert vom islamischen Spanien zunächst in die Provence. Von dieser Blüte zehren bis zum heutigen Tag die Liturgie der Synagoge und das intellektuelle Leben der europäischen Juden. Hier hatte das jüdische Denken bereits im 11. Jahrhundert im Neuplatonismus des Ibn Gabirol (der Avencebrol der Lateiner) und in dem *Führer zu den Pflichten des Herzens* (so heißt eine seiner Schriften) Ibn Pakudas vorbildlich angesetzt. Nun aber manifestiert sich gleichzeitig der religiöse und geistige Aufbruch. Die Dichter Moses Ibn Ezra und Jehuda Halevy geben jüdischer Selbsterfahrung in Schmerz und Größe ergreifenden Ausdruck:

> Israel ist unter den Völkern, was das Herz unter den anderen Körperteilen ist: es leidet für den ganzen Körper und empfindet zugleich den Schmerz schärfer als alle anderen Körperteile. Nicht umsonst hat Gott zu Israel gesprochen: Euch habe ich unter allen anderen erkannt, darum werde ich euch vor allen anderen heimsuchen.

Hier wird ein wichtiges Motiv jüdischen Denkens offenbar, das in dem so oft verkannten jüdischen Intellektualismus ebenso wie – oft verborgen – in jüdischem Witz und jüdischer Ironie wirksam ist. Sie haben ihre Wurzeln in einer Schmerzerfahrung, die in ganz Europa ihresgleichen sucht. Im Fühlen wie im Denken dieser durch andere so gequälten Menschen erhebt sich die Frage: »Warum fügt Gott uns solche Leiden zu? Warum läßt Gott solche Freveltaten gegen sich selbst, gegen sein Volk geschehen?«

Aus der Schmerzerfahrung wird das große jüdische Lied geboren – in Spanien, vor allem aber in Deutschland. Das Lied in der Sprache des Volkes ist oft aus dem Leid geboren; das gilt für das franziskanische Lied des Jacopone da Todi, für den schwermütigen Sang Walthers von der Vogelweide über das Elend des Reiches, der Kirche, das Leid dieser Welt, in der »das Unrecht auf der Straße fährt«, und gilt auch für die Trauergesänge der deutschen jüdischen Dichter des 12. und 13. Jahrhunderts.

Eigentümlich spiegelt das deutsche Judentum dreifach Grundzüge deutscher Mentalität wider: Die Beiträge dieses deutschen Judentums zur jüdischen Kultur und Geistigkeit bestehen im großen Lied, in der Ausbildung eines harten, engherzigen Talmudismus, der für seine geschlossene Welt durch das Feuer geht, und in Reaktion hierzu in der Ausbildung einer quietistischen Mystik. Deutsche Rabbiner werden im 14. Jahrhundert in Südfrankreich und Spanien »nach dem Rechten« sehen und »Ordnung machen« im Kampf gegen die offenere Geistigkeit der Anhänger des Maimonides.

Maimonides, Rabbi Moses ben Maimon (1135 in Cordoba geboren, 1204 in Kairo gestorben), der »zweite Moses«, ist *der* große Philosoph und Aufklärer des Judentums. Seine weltgeschichtliche Wirkung auf das europäische Denken zwischen Thomas von Aquin, Spinoza und Kant ist ebenso bedeutsam wie die Tatsache, daß er bis heute die Wegscheide und der Stein des Anstoßes im orthodoxen Judentum ist.

Maimonides stammt aus einer Sippe von sieben Generationen Ärzten. Er ist sowohl Arzt und Empiriker wie Theo-
loge und Philosoph. Sein hochgemuter Intellektualismus
nährt sich von Aristoteles und seinen arabischen Zeit- und
Landesgenossen (Averroes stammt ebenfalls aus Cordoba)
und ist in seiner Persönlichkeit ebenso stark lebendig wie
seine religiöse Zuversicht. Maimonides möchte das Denken
und Fühlen seines Volkes versöhnen mit den großen Traditionen des antiken und neueren philosophischen Denkens;
alles, was vernünftig ist, und alles, was fromm ist, möchte
er in der »offenen« Synagoge vereinen.

Dieses weltoffene Denken entsprach genau den Bedürfnissen
der jüdischen Intelligenz, die sich in der ihr fremden Umwelt der Provence und Spaniens eingewurzelt hatte. Für sie
bedeutete vernünftig denken die Verpflichtung zur Kommunikation mit allem, was andernorts gut, ja besser gedacht
wurde.

Die jüdischen Ärzte, Übersetzer, reichen Bürger, Hofbeamte
spanischer Könige, Ratgeber von Bischöfen und Finanz-
männer großer adeliger Herren ersehen hier die Chance, als
Juden am Kosmos des gesamten wissenschaftlichen und philosophischen Denkens legitim zu partizipieren.

Gegen diese Parteigänger des Maimonides erheben sich die
integralistischen Rabbiner strengster Orthodoxie. Integrali-
stische Juden denunzieren Maimonides-Anhänger (1233 in
Montpellier) bei der dominikanischen Inquisition – das sind
die ersten Anfänge einer Internationale der Integralisten.
Ihr offen ausgesprochenes Prinzip »vernichten, verbrennen,
ausrotten« entspricht genau der Weltanschauung des neu-
katholischen Integralismus und seines Ketzerkampfes. Durch
die furchtbaren Verfolgungen verdüstert und verhärtet sich
diese jüdische Orthodoxie; sie siegt im 14. und 15. Jahrhun-

dert. Jahrhunderte, in denen sich die armseligen Reste der Judenheit einleben in ihren Fluchtorten, Ghettos und eben in den streng und angstvoll geschlossenen theologischen Systemen.

Hier dürfen zwei eigentümliche Phänomene in diesem Zusammenhang nicht übersehen werden: Einerseits ist es die tragische Rolle, die zum Christentum übergetretene Juden als Denunzianten und Verfolger ihrer früheren Glaubensgenossen spielen. Die Tragödie der Vernichtung des spanischen Judentums, zumal seit dem »Heiligen Krieg«, dem Gemetzel von 1391, ist undenkbar ohne diese *Conversos*, die mit dem Haß der Renegaten und Neubekehrten alle Juden bekehren oder ausrotten wollen.

Nicht minder interessant ist ein anderes, weit weniger beachtetes Phänomen: Der Christenmensch des Mittelalters war durchaus anfällig für das Judentum. Wenn wir in Westeuropa auch nur von Einzelbekehrungen zum Judentum hören (Geistliche sind es dabei nicht selten, die im Gott des Alten Testaments eine reinere Inkarnation der Gottesidee ersehen) und nicht vom Übertritt ganzer Völkerschaften und Stämme wie im späteren Osteuropa und einmal in Süditalien, so müssen die wiederholten Warnungen von Konzilen und Synoden vor der Ansteckung mit jüdischen Gebräuchen usw. ernst genommen werden. Die Verschärfung der Abtrennung der Juden von ihrer christlichen Umgebung wird oft so begründet wie 1267 durch einen päpstlichen Legaten auf einer Versammlung des polnischen Klerus in Breslau: »In Anbetracht dessen, daß Polen auf dem Boden des Christentums eine neue Anpflanzung darstellt, steht zu befürchten, daß sich die christliche Bevölkerung hier, wo die christliche Religion in den Herzen der Gläubigen noch keine festen Wurzeln zu fassen vermochte, um so leichter von dem Afterglauben und den üblen Sitten der in ihrer Mitte lebenden Juden beeinflussen lassen wird.« Nun hatte aber die rasche Ausbreitung der Häresien längst gezeigt, daß es mit der Einwurzelung des Christentums im Volke eine sehr heikle Sache war.

Unter den Juden, die 1270, also drei Jahre später, in Weißenburg im Elsaß erschlagen werden, befinden sich auch zwei zum Judentum übergetretene Christen; der eine von ihnen war zuvor »Prior der Barfüßer«, Bettelordensmönch, gewesen.

Die Juden standen, wie diese Tatsache zeigt, ihren christlichen Mitmenschen gleichzeitig zu nah und zu fern: sie zogen sie an durch ihre starke Frömmigkeit und Glaubensinbrunst und stießen sie ab sowohl durch das Alte, Uralte, Archaische in ihrem Gemeinschaftswesen (auf dem der Staub der Wüste lag und in dem die Glut des feuerspeienden Sinai brannte) wie auch durch das Neue, »Moderne«; durch die intellektuelle Kultur ihrer »aufgeklärten« Ärzte und einer gebildeten Oberschicht.

Ein Lichtpunkt im düsteren Gemälde der Geschichte des Judentums in Europa ist das österreichische Judenstatut von 1244. Es wurde durch Herzog Friedrich den Streitbaren erlassen und war bald auch richtunggebend für Polen, Böhmen, Ungarn und Schlesien. Hier beginnt die Tradition, die Herzog Albrecht II., von seinen Feinden als »Beschützer der Juden« verspottet, fortsetzt und die im 16. Jahrhundert in der Toleranz-Gesetzgebung Ferdinands I. und Maximilians II., erstmalig und vorbildlich für Europa, sich auf nicht-katholische Christen ausweitet und ihren Höhepunkt unter Kaiser Joseph II. erreicht.

Die für das nicht-jüdische Europa fruchtbarste und folgenreichste Erbschaft des europäischen Judentums in der offenen Welt des 12. Jahrhunderts stellt die Kabbala dar. In der Provence aus uralten Quellen ansetzend, verbreitet sich diese intellektualistische Mystik zunächst in Frankreich und Spanien und wirkt seit der Frühzeit der Renaissance ungewöhnlich anregend auf Humanisten und spekulative Denker ein. Reuchlin, Pico della Mirandola, Jakob Böhme und der Engländer Fludd zeigen die Wegmarken ihrer Ausbreitung an.

Aus England und Spanien wurden die Juden vertrieben. Seit der Pest-Katastrophe von 1348–50 sind sie auch in Frankreich, Deutschland und Mitteleuropa zu kleinen Gemeinden zusammengeschmolzen, die ganz abgeschlossen von ihrer Umwelt leben und nichts mehr vom hochgemuten, bildungsstarken Juden im offenen Europa wissen. In Italien jedoch haben sich jüdische Gemeinden in größerer Freiheit erhalten, nicht zuletzt in Rom unter dem Schutz der Päpste.

Hier in Italien beginnt auch wieder eine gewisse Renaissance des geistigen Lebens. Freierer Atem des Geistes setzt freiere Luft voraus. In Rom wirkt der »mittelalterliche Heine«, der Dichter Immanuel Romi (um 1270 bis 1335), ein Freund des Maimonides und – des Humors. Wichtigster Stützpunkt jüdischer Geistigkeit ist Padua. Hier bricht zwar einerseits der harte deutsche Talmudismus ein, der sich wie zuvor bereits in Spanien bemüht, die italienischen Juden auf seine Orthodoxie gleichzuschalten. Hier liest aber auch an der Universität Elias Delmedigo (um 1460 bis 1497) unter dem Schutz der freien Stadt Venedig. Dieser aus Kreta stammende Philosoph ist ein Lehrer des jungen Reichsgrafen Giovanni Pico della Mirandola. Die kleine Schrift dieses berühmten Humanisten wird in ihrem Titel das Leitmotiv des europäischen Humanismus in knappster Kürze formulieren: *Von der Würde des Menschen.*

Ist es ein Zufall, daß die beiden einzigen Gestalten des mittelalterlichen Judentums, die heute einem breiteren Publikum bekannt sind, jüdische Frauen sind? Im englischen Sprachraum ist es die schöne Jüdin aus dem Roman *Ivanhoe* Walter Scotts, eine Gestalt der Dichtung; im deutschen Sprachraum ist es die *Jüdin von Toledo,* eine historische Gestalt aus dem gleichnamigen Drama des österreichischen Klassikers Franz Grillparzer.

Die Frau im Mittelalter! Ihre Stellung ist differenzierter, nicht so leicht auf einen Nenner zu bringen wie die des Juden. Ihre Stellung wechselt je nach dem Stand, dem sie angehört; landschaftliche und zeitliche Momente tragen ebenfalls bei. Am Ausgang des Mittelalters ist aber weithin ein Zustand erreicht, der in den geschlossenen Gesellschaften des neueren Europa weithin Geltung hat: »Die Frau hat nichts mitzureden.« Sie hat in der Kirche zu schweigen, gemäß einem über alle Maßen strapazierten Wort des Paulus. Recht ist Männerrecht. In der Familie, in der Gesellschaft, im Staat haben die Männer allein das Wort. Die Epochen, in denen Frauen als Herrscherinnen und große Äbtissinnen, als große Damen des höfischen Lebens, als Dichterinnen und Mystikerinnen der Gesellschaft der Zeit ihre Prägung mitgaben, ist vorbei.

Werfen wir, um die bedeutende Rolle der Frau in der früh- und noch hochmittelalterlichen Welt erkennen zu können, einen Blick auf die französischen Verhältnisse. Es ist ja kein Zufall, daß der kühnste Vorstoß und Versuch, die männlich-männische Gesellschaftsordnung durch eine höfische Ordnung mit der Frau an der Spitze zu ersetzen, aus dem südfranzösischen Raum kommt.

Im Abgesang des Mittelalters wird das Mädchen von Domremy, Jeanne d'Arc, noch einmal die politische Hochstellung der Frau in Erinnerung rufen – entrückt ins Wundersame, dann in die Legende –, hier ist bereits unwirklich und unwahrscheinlich geworden, was viele Jahrhunderte zuvor Wirklichkeit war. Ste. Géneviève, die heilige Genoveva, die Schutzpatronin von Paris, hütete wie Jeanne als Schäferin die Schafe ihrer Eltern und wurde dann zur Verteidigerin von Paris gegen den Hunger und den Hunnenkönig Attila. Klothilde, der Gattin Chlodwigs, kommt an der Bekehrung der Franken zum Katholizismus, diesem fundamentalen Ereignis der europäischen Geschichte des Frühmittelalters, ein Hauptverdienst zu. Starke, mächtige, nicht selten furchtgebietende Frauen treten uns als Herrscherinnen in dieser Frühzeit entgegen: Fredegundis und Brunhilde, Radegundis, Bathilde und Himneschilde, Ausflede und Plektrude. Eine bedeutende Frau ist die Mutter Karls des Großen, Bertrade. Unter den Frauen Karls des Großen ragt seine dritte Gattin, die Schwäbin Hildegard, hervor. Kaiserin Judith, die Gemahlin seines Sohnes Ludwig des Frommen, überragt ihren Mann an Kraft und Bedeutung. Stolz trägt sie den Namen der großen Frau des Alten Bundes. Erst Puritaner des 16. Jahrhunderts werden, als »Neue Israeliten«, ihren Töchtern wieder Namen des Alten Testaments zu geben wagen.

In den wirren Zeiten des schwachen Königtums und überstarken Adels kämpfen Frauen oft als »Staatschefs«, oft Witwen, die für ihre unmündigen Kinder mit fast übermenschlichen Kräften ihre Lande gegen Vasallen, Nachbarn und Feinde aller Art behaupten. Im 9. Jahrhundert verbietet ein Konzil in der Diözese von Nantes den Frauen die Teilnahme an politischen Versammlungen. Urkunden bezeugen aber ihre Teilnahme an Wahlen in die Stadtverwaltung im Süden. Hier kommt es seit dem Ausgang des

Oben: Flucht nach Ägypten. Kapitell. Saint-Hilaire-le-Grand, Poitiers.
Unten: Kapitell mit Trauben und Vögeln. Marienkirche, Gelnhausen.

Durham, Kathedrale. Erbaut von 1093 bis gegen 1130.
Ausbau und Erweiterungen im 13. und 15. Jahrhundert.

11. Jahrhunderts zu einer wirklichen Gleichberechtigung von Mann und Frau. In Einzelfällen, z. B. in der Touraine, nehmen Frauen 1308 sogar an der Wahl der Deputierten für die Generalstände in Tours teil. Einer der begehrtesten Freiheitsbriefe für Städte, die *Charte de Beaumont*, die von mehr als 500 kleinen Städten und Ortschaften der Champagne und Ostfrankreichs erlangt wird, setzt fest: Ein Verkauf bedarf, wenn der Verkäufer verheiratet ist, der Zustimmung seiner Frau.

Das 12. und auch noch das 13. Jahrhundert sind in diesem Raum die Epochen großer führender Frauen. Wir hörten von Königin Eleanore und der Kaiserin Mathilde, der Mutter Heinrichs II. Diese Epoche beginnt mit der älteren Mathilde, der Gattin Wilhelms des Eroberers und ältesten Tochter des Grafen Balduin V. von Flandern, die in der Normandie mit starker Hand regiert, wenn ihr Gatte in England ist. Großen Einfluß auf die Geschichte Frankreichs nimmt dann die Gräfin Ermengardis von Narbonne. Fünfzig Jahre regiert sie ihre Länder, führt ihre Truppen, ist Führerin der royalistisch-französischen Partei im Süden gegen die Engländer. Ermengardis ist mehrmals verheiratet, ihre Männer sind nur Mitregenten. Von Beginn ihrer Herrschaft (1134) an muß sie zur Verteidigung ihres Erbes viele Kriege führen. Diese Frau ist Schirmherrin der Kirche und der Troubadours, sie ist berühmt als Schiedsrichterin und als Rechtssprecherin in schwierigen feudalen Rechtsfällen.

In diesem 12. Jahrhundert, das den Aufstieg Frankreichs sieht, regieren Frauen große Teile Frankreichs in der Regierungszeit König Philipp-Augusts, die so wichtig ist für die Einigung Frankreichs unter einer Krone: Eleanore von Aquitanien, Alix von Vergy in Burgund, die Gräfinnen Marie und Blanche in der Champagne, Jeanne in Flandern.

Der Aufstieg der Messen und der Städte der Champagne wird durch diese Frauen patronisiert. Wirtschaftliches Zentrum Nordwesteuropas ist neben der Champagne Flandern. Das vielbegehrte Flandern wird 65 Jahre von zwei Frauen regiert: zuerst durch Jeanne, dann durch ihre Schwester Margarethe. Deren Vater, Balduin IX., stirbt 1205 als Kaiser von Konstantinopel, ihr Gatte Ferdinand von Portugal ist 12 Jahre Gefangener des Königs Philipp-August. Margarethe baut allein das kriegsverwüstete Flandern wieder auf, behauptet sich als Lehensträger der französischen Krone und des deutschen Kaisers, fördert mit allen Mitteln die Freiheit der Städte. Diese Frau verwendet erstmalig 1221 die französische Sprache als Kanzleisprache (in Paris geschieht das erst später unter Ludwig dem Heiligen). Frau und Volkssprache sind innig aufeinander bezogen – die Dichtung und religiöse Bewegung bezeugen dies.

Das Leben Frankreichs im 13. Jahrhundert steht in seiner ersten Hälfte im Zeichen der Königin Blanca von Kastilien. Eleanore von Aquitanien hatte ihre Vermählung im Jahr 1200 mit Ludwig VIII., dem Sohne Philipp-Augusts, als ein Bindeglied der Versöhnung zwischen England und Frankreich zustande gebracht. Ab 1226 führt Blanca die Regentschaft für ihren unmündigen Sohn, Ludwig den Heiligen. An der Spitze ihrer Truppen aus Bürgern der Kommunen und der königlichen Städte kämpft sie, die »Ausländerin«, gegen aufständische große adelige Herren. Ihr großartigstes Werk ist die Beendigung des Albigenserkrieges durch den Frieden von Paris (1229). Als ihr Sohn 1234 volljährig wird, übt sie auch weiterhin sehr großen Einfluß auf die Regierung aus. Die kluge, weise Hand dieser großen Frau schützt die Juden und das arme Volk und verbietet ihren Untertanen, am päpstlichen Kreuzzug gegen Kaiser Friedrich II.

teilzunehmen. Ihr Sohn, Ludwig der Heilige, hatte sich von
seinen franziskanischen Beratern zu einer sehr unglücklichen
Politik gegen die Juden verleiten lassen. Unter ihm kam
es zu den ersten Talmud-Verbrennungen.

Als die Juden vor dem königlichen Gerichtshof in Paris
unter Vorsitz der Königin Blanca daraufhin ihre Sache verteidigen, finden sie mehr Verständnis und Einsicht bei dieser Frau als bei dem seelisch geängsteten König. Die Chronik
von St. Denis rühmt Blanca als Schirmherrin des armen
Volkes gegen den reichen Klerus. Das Domkapitel von Paris
hatte Massen seiner zinspflichtigen und hörigen Bauern von
Orly, Chatenai und benachbarten Orten ins Gefängnis geworfen, wo Männer, Frauen und Kinder an der Hitze star-
ben, da sie sich geweigert hatten, eine Sondersteuer zu
zahlen. Die Königin Blanca kommt zum Gefängnis des
Domkapitels, öffnet die Tore und befreit die Gefangenen.

Eine ebenbürtige Nachfolgerin und persönliche Gegnerin
fand Blanca in der Gattin ihres Sohnes, Margarethe von der
Provence. Diese tapfere und wagemutige Kampfgefährtin
ihres Mannes, Mutter von elf Kindern, Verbündete ihrer
Schwester Eleanore, Königin von England, läßt sich von
ihrem Sohn Philipp dem Kühnen, dem Thronfolger, schwö-
ren, daß er ihr bis zum dreißigsten Jahr Gehorsam leisten
und keinen Rat ohne seine Mutter annehmen wird. Margarethe hält ihren Gatten davor zurück, sich ins Kloster zu-
rückzuziehen. Sie stirbt 1295. Der große Aufstieg Frankreichs im 12. und 13. Jahrhundert ist von großen Frauen
mitgetragen.

Nun siegen die »Männer« und ein männisches Zeitalter: 1317
beschließen die Generalstände in Paris mit Philipp V. den
Ausschluß der Frauen vom Recht der Thronfolge.

Die adelige Frau des frühen Hochmittelalters in Frankreich

nimmt am Krieg und der Fehde persönlich teil. Um 1090
reitet die junge hübsche Isabella von Conches, bewaffnet als
Ritter, in den Kampf. Frauen nehmen am ersten Kreuzzug
teil, kämpfen und fallen im Kampf. Dieselbe starke Teilnahme gilt für den zweiten und die folgenden Kreuzzüge.
Als Ludwig der Heilige für den achten und letzten Kreuzzug in Paris das Kreuz nimmt, nehmen es auch Johanna von
Toulouse, Isabella von Aragon und die Gräfin Margarethe
von Flandern.

Wir kennen bereits die starke, aktive Anteilnahme adeliger
und anderer Frauen an der albigensischen Bewegung. Und
hier konnte zum erstenmal in einer religiösen Gemeinschaft
der Frau eine führende Rolle zufallen. Frauen sind als »Vollendete« tätig, predigen, spenden das einzige Sakrament, das
consolamentum. Die Gräfin von Foix verläßt ihren Gatten,
um eine Gemeinschaft von albigensischen Damen zu leiten.
Gegen »*die* Männer«, gegen das nordfranzösische Kreuz-
fahrerheer unter Führung Simons von Montfort, des Proto-
typs eines brutalen, erfolgshungrigen Mannes, kämpfen
Frauen und Mädchen mit ihren Männern als Bürger von
Toulouse. Frauen töten durch einen Steinwurf den Mann
Simon von Montfort.

Die Bewegung der Albigenser wurde zerschlagen und mit
ihr die Kultur der höfischen Welt, in der auch Frauen selbst
als Troubadours in Erscheinung treten. Noch sind fünf Lieder der Gräfin Beatrix von Die erhalten, in denen sie unbefangen, offen ihre Liebe zum Grafen Raimbaut von Orange
besingt. Als weibliche Troubadours sind noch bekannt: ihre
Tochter, Tiberge, Castellox, Klara von Anduse, Isabella von
Malaspina, Marie von Ventadour. »*Marie ai nom, si sui de
France*«: stolz, froh, selbstbewußt, nennt sich so selbst die
bedeutende Dichterin Marie de France; dieses ihr Bekennt-

nis »Marie heiße ich und bin aus Frankreich«, erinnert uns an das nicht minder unbefangen-stolze Bekenntnis des Mädchens Jeanne aus Domremy, das fünfzig mürrischen Theologen im Verhör Widerstand leistet, bis es im Kerker zusammenbricht: »Johanna heiße ich und kam aus Domremy nach Frankreich...«

Um 1250 hat Deutschland rund 500 Frauenklöster mit 25 000 bis 30 000 weiblichen Religiosen. Dennoch ist es offensichtlich, daß es nicht gelungen ist, die religiöse Frauenbewegung voll und ganz in die Kirche einzubeziehen.

Die kritische Situation war bereits einer großen starken Frau des 12. Jahrhunderts, Hildegard von Bingen, klargeworden. Diese Frau sieht den Niedergang der Kirche und Gesellschaft vor allem durch die Schwäche der Männer bedingt: diese haben das »weibische Zeitalter« *(tempus mulibrise)* geschaffen. Da der Klerus versagt, muß sie, die Frau, gegen die Ketzer predigen und auf Missionsfahrt an Rhein und Nahe gehen. Männlich ist die Äbtissin Hildegard, männliche Züge trug lange noch die monastische weibliche Frömmigkeit, wie sie der lateinisch, mittelniederdeutsch und altschwedisch überlieferte *Jungfrauen-Spiegel (Speculum virginum)* um 1100 festhält. In dieser Ethik und Lebenslehre für Nonnen gibt es keinen Abschnitt über die Liebe, das Privatgebet spielt keine Rolle, eine Individualseelsorge für die einzelne Nonne gibt es nicht. Große Härte prägt diese Standeslehre. Für gefallene Jungfrauen gibt es keine Buße. Nun kannte alle Welt viele solcher Fälle, vor allem Verführungen durch Kleriker.

Da boten die nonkonformistischen religiösen Bewegungen ein ganz anderes Feld freier, aktiver Tätigkeit für die Frau: Waldenser und Katharer, aber auch andere Gruppen, laden die Frau zur Predigt und zur aktiven und passiven individuellen Seelsorge ein. Nach der Niederwerfung dieser Be-

wegungen – immer wieder haben auch Frauen, Mädchen und
Kinder den Scheiterhaufen bestiegen, froh, befreit, innerlich
gelöst – suchen ergriffene, religiös erweckte Frauen eine Zuflucht in den Klöstern der Franziskanerinnen und Domini-
kanerinnen, nicht zuletzt im Beghinentum, und geraten
hier im 13. und 14. Jahrhundert in eine äußerst schwierige
Situation: die Männer drücken sich, wo sie nur können, von
der Individualseelsorge in diesen Klöstern, und die Kirche
sieht voll Mißtrauen auf diese immer der Ketzerei verdäch-
tigten unruhigen Frauen. Für eine kurze Zeit, eine Sternstunde, gelingt es Meister Eckhart, Tauler und Seuse und der
mystischen Bewegung in den deutschen Dominikanerinnen-
klöstern, diese Unruhe, diesen Drang nach einer personhaften
Gottbegegnung aufzufangen und ihm kirchlich legitime Ausdrucksformen zu schaffen.

Die Verdüsterung und Verängstigung Europas im Spätmittelalter, dieses Sich-Einhausen in geschlossenen Nationen, Kirchen, Gruppen, die alle voll Haß und Neid widereinander-
stehen, ist auch in diesem Zusammenhang zu sehen: Es ist
nicht gelungen, die religiöse Frauenbewegung, die im 12. Jahrhundert so stürmisch und hoffnungsvoll aufzubrechen be-
gann, geistig, religiös, gesellschaftlich zu bergen. Unter-
schwellig brennen nun die Feuer. Geistig und seelisch ohne
Betreuung sehen sich die Frauen einer geschlossenen Phalanx
von Männern gegenüber, die sich in der Theologie eine einseitig männische Ideologie geschaffen haben. Diese kennt nur
»eine Moral von Männern und für Männer. Die andere
Hälfte der Menschheit wird nur berücksichtigt, soweit die
Männer von ihr Gebrauch machen.« Thomas von Aquins
Ethik ist ganz auf den Mann bezogen. Ruhig spricht er vom
»Gebrauch der notwendigen Dinge, der Frau, die für die
Erhaltung der Art notwendig ist, oder der Nahrung oder

der Getränke«. »Die Frau wurde geschaffen, um dem Manne zu helfen, aber einzig bei der Zeugung..., denn bei jedem anderen Werk hätte der Mann bei einem anderen Mann eine bessere Hilfe als bei einer Frau.« Wohl macht sich in einigen Bußbüchern und bei einigen Scholastikern im 13. Jahrhundert eine gewisse Lockerung dieser Verachtung bemerkbar. Haß, Verachtung und Furcht vor der Frau regieren jedoch in einer breiten Masse der geistlichen Literatur, in der die Frau schlechthin als »*die* Sünde« dargestellt wird und in der eine antike und augustinische Frauenverachtung hochsteigt. »Die Frau ist die Pforte des Teufels, der Weg der Bosheit, der Stachel des Skorpions, mit einem Wort ein gefährlich Ding« (Hieronymus, der Schutzheilige aller Frauenfeinde).

Die innere Schizophrenie des abfallenden Mittelalters wird durch die Kluft zwischen Ideologie und gesellschaftlicher Wirklichkeit beleuchtet. Die so von Mönchen und Theologen verachteten, als minderwertiges »Menschenmaterial« behandelten Frauen trugen eine Hauptlast der Arbeit in Land und Stadt. Frauen arbeiten auf dem Feld (bei Germanen und vielen anderen Völkern kam die ganze Feldarbeit der Frau zu), bilden ein Gros des landarbeitenden Volkes. Frauen arbeiten in der Stadt in sehr vielen Gewerben und Berufen. 108 Gewerbe, in denen Frauen tätig sind, werden in Paris genannt. Als Weberinnen, Stickerinnen, Kaufleute, als Meisterinnen im Handwerk, die nach dem Tod ihrer Männer tapfer und unverdrossen die Betriebe weiterführen, als Lehrerinnen und Ärztinnen, als Führerinnen großer Betriebe des Fernhandels stellen die Frauen »ihren Mann«. Der Niedergang der deutschen Städte im Spätmittelalter hängt auch mit der Verdrängung der werktätigen Frau aus blühenden Frauengewerben durch den Mann zusammen. »Es bildet sich ... eine breite Schicht proletarischer Frauen ... Verstärkt wurde dieser Frauennotstand durch die erschreckend große Zunahme der öffentlichen Unzucht und durch den moralischen Zusammenbruch des Beghinenwesens.« In diesem späten Mittelalter kommen in Nürnberg, Basel und Rostock auf je tausend Männer 1207, 1246, 1295 Frauen. Frauen, die ihre großen Kräfte nicht einsetzen können, Frauen, die geistig und religiös keine Heimat mehr finden.

»Singen und sagen«, dichten und denken, ein kulturell hochstehendes Leben und Lieben hatten Frauen in der höfischen Kultur des 12. Jahrhunderts gelernt. Aus der Masse gedrückter Frauen, die eben das Leben, die Männer und die Not nehmen mußten, wie sie ihnen zukamen, erheben sich steil und ekstatisch, spitze Flammen, einige prophetische Frauengestalten im Spätmittelalter, Ausnahmen in jeder Hinsicht, wie eine Katharina von Siena, die den Päpsten schwerste Strafen androht, wenn sie nicht wieder aus Avignon nach Rom gehen.

Ungelöst bildet die Frauenfrage eine schwere Hypothek für die Zukunft Europas.

XXVI

Der neue Staat und die neue Kirche

DUNKELROTER PORPHYR im Dom von Palermo; der auf Löwen thronende Sarkophag, stolz, unnahbar, läßt unwillkürlich an den Sarkophag Napoleons im Pantheon in Paris denken. Der Sarkophag in Palermo trägt sechs Reliefmedaillons: Christus, Maria und die Symbole der vier Evangelisten.
Den Mann, dessen sterbliche Reste dieser rote, kaltglühende Stein birgt, läßt Dante seine Schuld in der Hölle büßen, in einem glühenden Sarg im Gräberfeld der Ketzer.
Seine Zeitgenossen haben diesen Mann als »Schrecken des Erdkreises« und als »wunderbaren Verwandler« angesprochen. Er selbst sah sich als irdische Verkörperung der göttlichen Gerechtigkeit, als höchster Repräsentant des göttlichen Willens im Raum politischer Ordnung auf Erden.
Kaiser Friedrich II. faßt in seinem *Kaiser-Buch*, im *Liber Augustalis*, wie er selbst sein Gesetzbuch für sein sizilisches Königreich nennt, sein Staatsdenken zusammen. Diese »Konstitutionen« von Melfi (1231) waren als Vorbild und Modell für alle Staaten der Zukunft gedacht, für Staaten, die sich ein hoher Herr mit Hilfe der göttlichen Vernunft baut. Kaiser Friedrich sieht den Staat als Kunstwerk des Verstandes und eines harten politischen Willens. Treue Staatsdiener, Beamte, eine Staatspolizei, ein durchgebildetes Gerichtswesen und ein Heer sichern die Ruhe im Innern und verteidigen die Ansprüche dieses Staates nach außen.

Kaiser Friedrich II. verkündet in seiner Schrift dem gesamten christlichen Erdkreis: Wie Gott sich als Dreifaltigkeit den Gläubigen offenbart, so manifestiert sich der Kaiser den Menschen als absolute Gerechtigkeit. Wie Christus seine Kirche gestiftet hat, so hat der Kaiser den Staat gestiftet. Wie die Kirche notwendig ist für das Heil der Seelen, so ist der Staat notwendig für das Heil der Menschheit auf Erden. Ohne Staat gehen die Menschen zugrunde, da sie ohne seine Gesetze, ohne seine Ordnung nicht leben können. Die Natur selbst ruft den Staat ins Leben, der somit gottgewollt und naturnotwendig ist. Der Staat ist der Tempel der Gerechtigkeit. Die Beamten sind seine Priester; der Kaiser vollzieht als Hoher Priester des Staates das heilige Mysterium seines Amtes; er ist allgegenwärtig und unfehlbar. Es ist ein Sakrileg, »Urteile, Entschlüsse und Satzungen des Kaisers zu erörtern«.

> Um von des Kaisers anderen Fehlern zu schweigen, doch hat er vor allem vier große Verbrechen begangen: Er war mehrmals meineidig, brach leichtfertig den zwischen ihm und der Kirche einst wiederhergestellten Frieden, beging ein Sakrileg, indem er die Kardinäle und andere Prälaten und Kleriker, die zu dem von Unserem Vorgänger berufenen Konzil reisten, gefangennehmen ließ, und steht im begründeten Verdacht der Häresie.

Mit diesen Sätzen eröffnet Papst Innozenz IV. am 17. Juli 1245 die Absetzungssentenz auf diesem letzten Tage des Konzils von Lyon. Die Absetzungsformel selbst lautet:

> Nachdem Wir wegen der aufgezählten und vieler anderer Freveltaten des Fürsten mit Unseren Brüdern und dem heiligen Konzil sorgfältige Beratung gepflogen, erklären und verkünden Wir kraft der Uns von Christus übertragenen Binde- und Lösegewalt, die er dessen Stellvertreter auf Erden, Uns, wenn auch ohne Verdienst, zugesteht, durch die Person des heiligen Petrus auch

Uns gegeben: daß der Fürst, der sich des Kaiser- und Königtums sowie aller Ehren und Würden unwert erwies, wegen seiner Sünden von Gott als Kaiser und König verworfen wurde, von Gott aller Ehre und Würde beraubt ist. Wir nehmen sie ihm durch diese Sentenz und lösen alle, die durch den Eid der Treue ihm verpflichtet sind, auf immer davon und verbieten kraft apostolischer Autorität jedem, ihm von nun an als Kaiser oder König zu gehorchen oder anzuhängen. Wir bestimmen, daß jeder, der ihm in Zukunft Rat, Hilfe und Gunst gewährt, dadurch ohne weiteres der Exkommunikation verfalle. Diejenigen, denen im Kaiserreich die Wahl zusteht, sollen ungehindert einen Nachfolger wählen. Über das Königreich Sizilien werden Wir nach dem Rat Unserer Brüder selbst bestimmen.

Der Papst und die Konzilväter löschen die brennenden Fakkeln in ihren Händen und stoßen sie gegen die Steinfliesen der Kathedrale. Der Glanz des Kaisers soll damit ausgelöscht sein. Dann stimmen sie ein feierliches Tedeum an.

Ein Weltkampf hat seinen Höhepunkt erreicht. Das Papsttum hat, so scheint es, seinen größten und gefährlichsten Rivalen, den Kaiser des Heiligen Römischen Reiches, niedergerungen, dem später in der frühen Neuzeit kaiserliche Hofhumanisten den Titel »Heiliges Römisches Reich Deutscher Nation« gaben. Es ist hier nicht der Ort, das Ringen dieser beiden höchsten Ordnungsmächte des Mittelalters von Jahrhundert zu Jahrhundert, von Geschlecht zu Geschlecht zu verfolgen. Einige Grundlinien mögen das Ergebnis dieses Kampfes in der Mitte des 13. Jahrhunderts verständlich machen. Durch die Entmachtung und Entwürdigung, die Heilloserklärung des Kaisers, durch die Zerschlagung des Heiligen Römischen Reiches wird der Raum endgültig frei für den Aufstieg der neuen, jungen Staaten in Westeuropa und in Osteuropa. In diesem Entwicklungsprozeß versuchten die

Papstkirche als »vollkommene Gesellschaft« und der Papst als Oberherr aller christlichen Fürsten und als Schiedsrichter der Nationen die Vormacht zu erringen. Die junge Welt der Staaten und Nationen und der perfekten Kleruskirche wächst kräftig und ungeduldig neben dem Leichnam des Heiligen Reiches heran. Dieses Reich aber geht mit seinem Kaiser im Bewußtsein des Volkes in die Sage und Legende, in den Wunschtraum der Zukunft ein; um seine reichen, zerstückelten Glieder, die *disiecta membra imperii*, streiten sich für mehr als ein halbes Jahrtausend die Erben und Nachbarn.

Das Heilige Römische Reich war seit den Tagen seines Gründers, Karls des Großen, der oberste Schirmherr der Kirche, der »Christenheit«. Das deutsche Volksbewußtsein des Mittelalters und noch weit darüber hinaus sieht die beiden Repräsentanten der göttlichen Weltordnung auf Erden noch immer nebeneinander thronend und brüderlich vereint. Papst und Kaiser schirmen die Christenheit, die Menschheit. Der Papst führt das geistliche Schwert, der Kaiser das weltliche. Als Vogt der Kirche führt der Kaiser die Kriege Gottes auf Erden und ist verpflichtet, für Frieden und Recht zu sorgen. Nach der Überzeugung der Kaiser und ihrer Anhänger gehörte zu dieser Verpflichtung, in Italien, im »schönen Garten des Reiches«, wie Dante es nennt, nach der »rechten Ordnung« zu sehen; Pflicht des Kaisers habe es zu sein, die Rechte des Reiches in Italien zu wahren und den Papst in Rom zu schützen sowie die Kirche jederzeit, wenn es not tat, zu »reformieren«.

Den Höhepunkt der Vollmacht der Kaiser und des Heiligen Römischen Reiches erreichen im 10. und frühen 11. Jahrhundert die Ottonen, die sächsischen Kaiser. Sie sind tatsächlich die Schirmer, Vögte und Führer der Kirche und Christenheit. Sie reformieren Kirche und Klosterwelt, setzen in Rom

Päpste ein und ab, greifen wirkungsvoll in die schweren Kämpfe ein, in denen ein schwaches, ohne geistliche Kraft und ohne jedes gute Ansehen darniederliegendes Papsttum ein Beutestück römischer Adelsfamilien und Cliquen geworden ist.

Voll Abscheu, erfüllt von Zorn und Angst, sehen kirchliche Reformer im 13. und 14. Jahrhundert auf diese »Herrschaft der deutschen Barbaren« über die Kirche und das italische Land; sie betrachten sie als Vergewaltigung und bekämpfen in Friedrich II. den Antichristen.

Voll Bewunderung sehen deutsche Kleriker auf dieselbe ottonische Zeit. Es ist die politische Maxime Kaiser Friedrichs I. und seiner geistlichen Berater, das Reich im alten Glanz der ottonischen Epoche zu erneuern. Bewußt werden die rheinischen Dome und kaiserlichen Pfalzen als Erneuerung der ottonischen Bauten angelegt.

Die Kunst und Kultur der ottonischen Epoche mit dem Primat der Baukunst, später der Plastik und der Buchmalerei, aber auch der geistlichen Dichtung, ist die einzige Epoche in der Geschichte Europas, in der die Deutschen einzigartig, überragend und ohne jede Konkurrenz die Führung innehaben. Kein Land, kein Volk Europas, am allerwenigsten Italien, hat damals vergleichbare Werke geschaffen, die sich mit der Kraft ihrer Gott- und Weltseligkeit, der Sicherheit und Monumentalität, der leuchtenden Spiritualität dieser Kunst und Kultur messen können.

Das muß gerade hier kurz festgehalten werden: Diese großen und reichen Werke zeigen, daß dieses Heilige Römische Reich in seiner deutschen Konzeption nicht einfach »Schimäre«, Traum, Illusion, Hybris und Gewalttat war, wie seine späteren Feinde und manche seiner Erben es sahen oder praktizierten.

Gegen diese Schutzherrschaft erhebt sich im 11. Jahrhundert unter Führung mönchischer Reformer ein revolutionäres Papsttum. Gregor VII. möchte »die Freiheit der Kirche« erkämpfen. Er streitet gegen »weltliche, fleischliche« Prälaten, »Simonisten«, die von weltlichen Herren ihre Ämter gekauft oder erhalten haben, und gegen den deutschen König, der sich als Kaiser die Herrschaft über Italien und den Römischen Stuhl »anmaßt«.

Das revolutionäre Papsttum, das sich aus den Bindungen des frühen Mittelalters zu lösen sucht, findet Verbündete, die ihm später selbst gefährlich werden. Es stützt sich auf religiös erregte Volksmassen, junge, mönchische Reformgruppen, spiritualistische Individualisten und auf weltliche Fürsten im Reich und auch außerhalb, die im Bund mit Rom den Kaiser zu einem *primus inter pares* herabdrücken wollen.

Der Weltkatholizismus trägt heute noch eine gewisse Prägung und Narben, die er im Kampf Gregors VII. und der ihm verbündeten mönchischen Reformer gegen die »Verweltlichung« der Kirche, gegen den »unzüchtigen« König Heinrich IV., erhalten hat. Der Zölibat wird jetzt als für alle Kleriker verbindlich durchgekämpft. Gelöst vom »Fleische«, von seinem irdischen Geschlecht, gelöst aus der Macht seiner Sippe und seines Volkes, soll der Kleriker allein Gott und dem heiligen Petrus und dessen Stellvertreter in Rom, dem Papst, dienen. Mit revolutionärer Wucht wird diese einzige Vaterschaft proklamiert; sie entsakralisiert und entmachtet alle irdische Vaterschaft und Herrschaft, vor allem die des »Herrn Kaisers«, der als *Christus Domini*, als Gesalbter des Herrn, durch Salbung und Krönung bischofsähnlichen Rang und durch zahlreiche Ehren-Diakonate in bischöflichen Kapiteln sogar in Rom auch in der Kleruskirche eine feste, geheiligte Stellung besaß.

Die Reformer um Gregor VII. beginnen ein Werk, das im
12. und 13. Jahrhundert systematisch fortgeführt wird. Der
Kaiser wird entmachtet und von allen seinen Plätzen in der
Kleruskirche verdrängt. (Bis auf die Höhe des 19. Jahrhunderts hält sich allein im Gebet der Kirche am Karfreitag für
den Kaiser ein Rest der einst reichen liturgischen Gebete, die
dem Heiligen Reich und dem »heiligen Kaiser« galten.) Dieser Entmachtung des Kaisers entspricht die Übernahme und
Usurpation der Titel, Ränge, Ämter und Aufgaben des Kaisers und des Reiches durch die römische Kurie. Die römische
Kurie beginnt bereits im 11. Jahrhundert, die Formeln der
kaiserlichen Kanzlei zu übernehmen. Der Papst übernimmt
die sakralen Gewande des Kaisers, übersteigt dann die Kaiserkrone, ein Abzeichen der Kosmos-Herrschaft, durch die
Tiara, die dreifache Papstkrone, die an die Stelle einer lange
Zeit recht einfachen Mütze tritt.
Die Kanonisten, die juridischen Ideologen der Kurie, arbeiten immer entschiedener die These heraus: Die römische
Kirche ist der einzige legitime Nachfolger des Römischen
Reiches, des Kaiserreiches des alten Rom. Allein das päpstliche Rom kann Rom erben. Der Papst ist der einzige rechtmäßige Nachfolger der Rechte und der Herrschaft der alten
römischen Kaiser. Ihm kommt es zu, sich für die vielen Aufgaben weltliche Gehilfen und Schwertträger zu wählen – den
deutschen König und alle christlichen Fürsten. Es ist verständlich, daß die weltlichen Fürsten im Raum des Heiligen
Reiches und in ganz Europa mit dieser Entmachtung des
Kaisers einverstanden waren und sich dem Papsttum in seinem Kampf mit dem Kaiser zur Verfügung stellten; es sei
denn, sie waren gerade selbst in ähnlicher Streitstellung mit
der Kurie um die Herrschaft über »ihre« Landeskirche gebunden.

Es ist aber auch verständlich, daß sich die Kaiser mit allen ihnen zur Verfügung stehenden Mitteln gegen diese Entwicklung zur Wehr setzten. Dem juridischen Scharfsinn eines französischen Kirchenmannes und der Ermüdung beider Parteien nach einem halbhundertjährigen Kampf verdanken das Reich und Mitteleuropa das Wormser Konkordat von 1122, den wohlbedachten Versuch eines Ausgleichs. Der Kaiser soll als deutscher König im engeren deutschen Reichsraum – auch in der Kirche – die Vorhand haben; in Italien aber hat der Papst in der Ernennung und Wahl der Bischöfe und damit der Kirchenherrschaft den Primat.

Im Dom von Palermo stehen neben dem Sarkophag Kaiser Friedrichs II. die Sarkophage des Normannenkönigs Roger, dessen Tochter Konstanze und ihres Gatten, Kaiser Heinrichs VI. Der normannische Großvater, die normannische Mutter und der deutsche Vater ruhen hier neben dem Enkel und Sohn, Kaiser Friedrich II. Alle immer neu ansetzenden Versuche eines Vergleichs zwischen Kaiser und Papst scheitern, da beide Partner, gedrängt durch ihre Auffassung ihrer Aufgaben und Positionen, ständig neue Grenzüberschreitungen begehen und sich auf *einem* Schlachtfeld gegenüberstehen – in Italien.

Die Kaiser wollen, wenn sie in Deutschland erstarken, die großen alten Stellungen der Vergangenheit zurückgewinnen. Sie verstehen ihre Aufgabe der »Erneuerung des Reiches« vor allem auch als Unterwerfung der sich ihnen immer mehr entziehenden italischen Lande. Die Päpste wissen, daß sie dem militärischen und politischen Druck des Kaisers auf die Dauer nicht gewachsen sind, wenn sich dieser in Italien festsetzt.

Durch die Heirat Konstanzes, der Erbin des normannischen Königreiches Sizilien, mit Heinrich VI., dem Sohn Kaiser

Oben: Oxford, Christ Church. Großer Hof von Südosten.
Unten: Avignon, Palast der Päpste; Gesamtansicht.

Florenz, San Miniato al Monte. 11. Jahrhundert.
Inneres und Fassade im 12. Jahrhundert verändert.

Friedrichs I., einem harten, schlauen und rücksichtslosen
Machtpolitiker von durchaus »normannischer« Art, schien
dem Papsttum eine tödliche Bedrohung erwachsen zu sein.
Das päpstliche Rom fühlte sich wie eine Kreatur in der Falle.
Der staufische Adler stieg steil zur Sonne der Weltherrschaft
empor, seine Schwingen überschatteten Rom von Nord und
Süd; alle weltlichen und geistlichen Herren bekamen seine
Krallen zu spüren, wenn sie sich gegen seine Oberherrschaft
aufzulehnen wagten.

Papst Innozenz III. läßt sich vor seinem Tod von seinem
Mündel, dem jungen Friedrich II., versprechen, nach der
Kaiserkrönung auf Sizilien zu verzichten; sein kleiner Sohn
Heinrich soll unter päpstlicher Regentschaft das sizilische
Reich bekommen. Friedrich II. wurde in Sizilien, in der
sarazenisch-griechisch-normannischen Mischwelt dieses Insel-
reiches erzogen. Er ist ein Mensch von hervorragender technischer und politischer Intelligenz und denkt nicht daran,
auf Sizilien zu verzichten. Hier allein kann er auf der Grundlage des normannischen Systems seinen Staat aufbauen, als
einen durch Beamte, Techniker, Richter, Polizei und nicht
zuletzt durch ein feinst ausgebautes Steuersystem lückenlos
beherrschten und in seinen materiellen Reichtümern erschlos-
senen Zukunftsstaat. In Italien war gegen die kraftvollen
Stadt-Republiken und die Herrschaften seiner Anhänger und
Feinde wenig zu erreichen. Im deutschen Raum herrschten
weltliche und geistliche Fürsten, da schien kein Platz frei für
den Aufbau einer direkten kaiserlichen Herrschaft. Erst in
den letzten Jahren seines Lebens, nach dem Tod des letzten
Babenbergers (1246), bot sich im Ostraum des Reiches, in
Österreich, eine neue Chance: Kaiser Friedrich II. will da
ein Königtum Österreich schaffen, das in Verbindung mit
alten staufischen Besitzungen auf einer Linie vom Elsaß und

Südwestdeutschland über Nürnberg und Eger bis Wien dem
Kaiser im Südosten des Reiches eine eigene unabhängige
Machtbasis schaffen soll. Die Nachfolger des staufischen Kai-
sertums, die Habsburger, setzen dreißig Jahre nach Friedrichs
Planungen tatsächlich in diesem Raume an.

Kaiser Friedrich II. aber, exkommuniziert und vogelfrei erklärt, wird als Antichrist von den Predigern des Papstes auf
allen Märkten und Plätzen Italiens verklagt. Jeder Christ
kann, ja soll ihn töten. Unstet kämpft er sich von Ort zu
Ort, von vielfachem Verrat, von Mordanschlägen und Niederlagen und kurzen Siegen belastet. Er stirbt 1250.

Ein Weltzeitalter ist zu Ende. Das Heilige Reich versinkt in
Deutschland in den Kämpfen und Wirren der »kaiserlosen,
der schrecklichen Zeit«.

Auf dem Marktplatz in Neapel, in diesem Neapel, das Friedrich II. durch seine kaiserliche antipäpstliche Universität zu
einem Zentrum »aufgeklärter« Bildung und zur Hohen
Schule von Staatsbeamten für ganz Europa machen wollte,
wird sein Enkel Konradin, der letzte Hohenstaufe, 1268
hingerichtet. Er war bei dem Versuch, sein sizilisches Erbe
zurückzuerobern, in die Hände des neuen Herren, Karls von
Anjou, gefallen. Die päpstliche Partei in Italien jubelt –
endlich ist das verhaßte Adlergeschlecht ausgerottet, die
»teuflische Brut« ausgetilgt.

Den Reisenden, der vom Westen her nach Österreich kommt,
grüßen, eine knappe Stunde vor Innsbruck, im Inntal, die
freundlichen Türme des behäbigen, in einem stolzen und
selbstsicheren Bauernbarock glänzenden Baues des Zister-
zienserstiftes Stams. Großer, stiller Friede liegt auf dem Stift.
Fernab scheint es der Geschichte. Dieses Stift Stams ist eine
Gedächtnisstiftung, erbaut von der Mutter des unglücklichen
Konradin, die sich in zweiter Ehe mit dem Herzog von Tirol

vermählte. Die Mittel·für diese Gründung sind vielleicht die Gelder gewesen, die Karl von Anjou für die Freilassung Konradins angeboten wurden.

Die Hinrichtung des letzten Hohenstaufen in aller Öffentlichkeit auf dem Marktplatz in Neapel ist eine revolutionäre, bis dahin in Europas Geschichte undenkbare Tat. Geschichtslogisch ist sie der »richtige« Abschluß der revolutionären Erhebung des römischen Papsttums gegen die Kaiser des Heiligen Römischen Reiches. Ohne den zweihundertjährigen, auch propagandistisch geführten Feldzug gegen den als gottlos erklärten Kaiser und auch ohne päpstliche Billigung wäre diese Tat nicht möglich gewesen. Sie ist bahnbrechend für alle künftigen Hinrichtungen europäischer Fürsten aus erlauchtem (das heißt, nach der Überzeugung des Volkes und weitester Schichten, aus heiligem) Geblüt: die Hinrichtung Karls I. in der Englischen Revolution, die Hinrichtung Ludwigs XVI.

Vergebens werden die Päpste der Neuzeit, vom 16. bis zum 19. Jahrhundert, ihr »Bündnis mit den christlichen Fürsten« zur »Niederwerfung aller schändlichen Rebellionen« von Ketzern und anderen Rebellen aus »der Hefe des Volkes« beschwören. Vergeblich werden die Ideologen·der Kurie den Geist und die Aktion der Restauration zu neuer geschichtlicher Wirkmächtigkeit zu berufen suchen. Die Niederkämpfung des Kaisertums gelang dem Papsttum nur durch einen revolutionären Bruch der Kontinuität der europäischen Geschichte. Es bedurfte der Aufbietung der extremsten Mittel der Propaganda und der politischen Aktion, um als unheilig, gottlos, dem Bösen verfallen zu erklären, was vielen Geschlechtern als heilig und unberührbar galt: Stellung und Person des Kaisers und Königs und aller zur Herrschaft in der Christenheit berufenen Personen. Das Papsttum selbst mußte sehr bald einen ersten Preis für die Entwürdigung und Entweihung der neben ihm höchsten Würde in der Christenheit bezahlen. Knapp ein Menschenalter nach der Hinrichtung Konradins nimmt Wilhelm von Nogaret, Groß-siegelbewahrer König Philipps von Frankreich, Papst Boni-faz VIII. in Anagni gefangen (1303) und überhäuft den Wehrlosen mit Schmähungen. Tödlich in seinem Stolz und Selbstbewußtsein getroffen, kehrt der von den Anagnesen befreite Papst nach Rom zurück und stirbt wenige Wochen später.

Bonifaz VIII. hatte kurz vorher die Exkommunikation des französischen Königs angekündigt. Dieser *splendid autocrat* (C. W. Previté-Orton) hatte versucht, hundert Jahre nach Papst Innozenz III. dessen Rolle als Oberherr aller christ-lichen Fürsten und Schiedsrichter der Nationen zu überneh-men. Benedetto Gaetani war, schon lange bevor er Papst Bonifaz VIII. wurde, tief überzeugt von der Aufgabe des Papstes, Führer der gesamten Menschheit zu Gott zu sein. In groß angelegten Bullen *(Clerici laicos infestos, Ausculta filii* und vor allem *Unam sanctam)* verkündet er aller Welt seine Überzeugung, die ihm heilig war: Die Laien sind dem Klerus unterworfen, der Papst hat den Königen der Christenheit zu befehlen; er ist ihr oberster Gerichtsherr, alle Christen schul-den ihm politischen und religiösen Gehorsam. Die Bulle *Unam sanctam* darf als ein Programm kurialer Weltpolitik und Weltherrschaft gelten. Bis zu Leo XIII. im späten 19. Jahrhundert wurde sie päpstlicherseits nicht widerrufen. Der juridisch hochgebildete Bonifaz VIII. besaß ein bedeu-tendes Organ für Massenpropaganda und augenfällige Ak-tionen. Das Jubeljahr von 1300, die Erfindung des *Anno Santo,* entspricht seinem innigen Verlangen, die Christenheit Europas zu seinen Füßen im Ewigen Rom versammelt zu sehen. Durch Jubiläumsablässe zum Heiligen Jahr werden *die Massen* nach Rom geführt; die eigentümliche Vermassung europäischer Menschen, die meist als eine Erscheinung späterer Zeiten angesprochen wird, setzt hier deutlich an. Bewußt werden die Massen im Zeichen religiös-politischer Aktionen zusammengeführt zur Demonstration der päpstlichen Theokratie, der Vollmacht päpstlicher Herrschaft über alle Christenmenschen.

Die Veranstaltung und Inszenierung des Heiligen Jahres in Rom im Jahr 1300 durch Bonifaz VIII. macht auch auf einige andere Züge dieser »neuen Kirche« der »Neuzeit« aufmerksam. Sie wird eine Kirche der Laien-Massen unter straffer Führung des Klerus, mit Rom als Zentrum, absolutistisch, kanonistisch, juridisch regiert; Rechtsprozesse und Finanzoperationen bestimmen ihr Gesicht und ihre Gestalt. Die Inszenierung des Jubeljahres selbst stellt eine sehr große Finanzoperation dar. Mit dieser sehr massiven, »realistischen« Entwicklung der Kirche sind nun Phänomene gekoppelt, die einen eigentümlich illusionären, anachronistischen, irrealen Zug im Gesamtbild dieser neuen Kirche des Spätmittelalters und der Neuzeit offenbaren.

Am Vorabend dieses Jubeljahres 1300 wird in Frankreich der Prozeß gegen Bonifaz VIII. eröffnet und zehn Jahre lang – also lange über den Tod des Papstes hinaus – von den Räten Philipps des Schönen verfochten. Der Papst soll abgesetzt werden – als Ketzer! Uns interessieren heute wenig die »Begründungen«, die die willfährigen französischen Prälaten und Kronjuristen und auch die Bonifaz VIII. zutiefst hassenden Kardinäle aus dem Hause Colonna vorbringen. Wichtiger ist die geschichtliche Gesamtsituation, in der ein solcher Prozeß überhaupt möglich war. Bonifaz VIII. wähnte ein Realist zu sein und übersah vollständig, daß sich das geistige und politische Klima in Europa seit den Tagen Innozenz' III. sehr geändert hatte. Die jungen aufstrebenden Weststaaten, England und Frankreich, waren in keiner Weise gewillt, Rom die Herrschaft über »ihre« Landeskirchen zu überlassen. Und die Völker Europas, oft enttäuscht und getäuscht, sahen teilnahmslos oder schadenfroh, nicht selten in Zorn, Unmut und Trauer auf dieses Rom. Es ist nun hochinteressant zu sehen, wie sich im Spätmittelalter die Kirche der Päpste allen zukunftsoffenen Tendenzen der Zeit entgegen, in steter Auseinandersetzung mit den neuen Staaten immer perfekter und lückenloser als Institution entwickelt. Die Kirche wird zur Kleruskirche, in der die Laien als Hörige, als Sklaven, als »Instrumente« (diese Bezeichnung des Aristoteles für den Sklaven wird heute noch, etwa in der kurialen Auffassung der »Katholischen Aktion«, als charakteristisches Merkmal des Laien genannt) treu-gehorsam zu dienen haben.

Je schwächer und hilfloser sich das Papsttum in der Durchsetzung seiner Rechte und Ansprüche in den aufsteigenden Nationalstaaten erweist, um so heftiger verkünden Kanonisten und andere Ideologen die päpstliche *plenitudo potestatis,* die Gesamtherrschaft des Papstes in Kirche und Christenheit. Der Papst besitzt alles Recht im Schrein seiner Brust *(omne ius in scrinio sui pectoris habet).* »Alles regiert, disponiert, ordnet und richtet er, wie es ihm gefällt. Er kann jedem sein Recht nehmen, wie es ihm paßt, denn bei ihm steht sein Wille für Recht und Vernunft, was ihm gefällt, hat Gesetzeskraft.« Der spanische Minorit Alvarez Pelayo feiert mit diesen Worten 1332 die Voll-Macht des Papstes. Gleichzeitig spottet ein anderer kurialer Traktat über die Machtlosigkeit des Kaisertums: »Vom Kaiser heißt es, daß er alles besitzt; in Wirklichkeit besitzt er fast nichts . . .«

Dasselbe ließ sich in vieler Beziehung auch vom Papst sagen. Wenn es zu ernsten Auseinandersetzungen kam, im Streit mit den Königen des Westens, vor allem mit den Königen Frankreichs und Englands, zeigte sich erschreckend deutlich, wie wenig wirkliche Macht der Papst besaß, wenn es ihm nicht gerade noch gelang, einen Fürsten gegen den anderen auszuspielen.

Die Schwäche und das Illusionäre in der Gestalt des Papstes Bonifaz VIII., der entschieden die Wendemarke anzeigt (kurz darauf wird das Papsttum in der »Babylonischen Gefangenschaft« der Kirche ein Werkzeug in der Hand der französischen Könige), sind heute unschwer wahrzunehmen. Schwerer fällt es, die Züge von Größe, innerer Stärke, von hohem Mut, nicht nur von Hochmut, in seiner Persönlichkeit zu sehen. Diese werden sichtbar, wenn man zu sehen wagt, daß viel von dem Anachronismus in seinen Plänen, in seiner Weltschau und Weltpolitik sich bereits bei dem Mann findet, den man als unbestreitbaren Höhepunkt des hochmittelalterlichen Papsttums und als größten Papst des Zeitalters anspricht – bei Innozenz III.

Dieser Sohn des Grafen Trasmund von Segni ist wahrscheinlich (1160/61) in Anagni geboren worden, in dem Schicksalsort also, in dem sich Gefangenschaft und Zusammenbruch Bonifaz' VIII. vollzogen. Nach seiner Überzeugung ist der Papst zwar geringer als Gott, aber größer als der Mensch; im Papst spricht und handelt Gott; was er als Recht verkündet, ist deshalb göttliches Recht. Der Papst bestimmt, was Gottes Wille ist. Weltpolitisch ausgedrückt, hieß das: Innozenz III. weiß sich als der einzig wahre Imperator; als Oberherr der Könige und des Kaisers ist er Schiedsrichter in allen wichtigen Streitfällen der Völker. Kirchenpolitisch hieß das: Der Papst unterwirft sich die Bischöfe, bricht ihre selbständige Gewalt, faßt sie als päpstliche Beamte auf und greift ständig durch eigene Sondergesandte und Legaten in das Kirchenregiment der Länder ein.

Schon damals zeigte sich an, daß die auch heute noch vielgefeierten Triumphe Innozenz' III. oft prekärer, spektakulärer, hinfälliger Natur sind; andere Aktionen, die von ihm ausgehen, wirken sich für lange Zeit schwer und verhängnisvoll für Kirche und europäische Christenheit aus.

Der Papst wollte das Haupt eines Völkerbundes der christlichen Nationen sein. Gewiß, eine ganze Reihe schwacher Könige und Thronprätendenten nahm von ihm eine Krone an, bekannten sich als Lehensmann des Papstes, um politische Gewinne einzuhandeln – die Könige und Fürsten von Portugal und Aragon, Polen, Ungarn, Galizien und Lodomerien, Serbien, Kroatien, Bulgarien. Das waren Augenblickserfolge, die über Nacht zerfallen konnten.

Die Eingriffe Innozenz' III. in England, wo er den schwachen König Johann Ohneland zwang, England und Irland als päpstliche Lehen zu nehmen, zeigen bereits die Überspannung, denn alle Proteste des Papstes gegen die *Magna Charta* von 1215 haben nichts genützt. In Frankreich und im deutschen Raum erwecken seine Eingriffe unauslöschlichen Haß. Walther von der Vogelweide bezeugt dies in seinen Sängen. Die Politik der französischen Könige im späteren 13. und frühen 14. Jahrhundert ist auch eine Revanchepolitik für die Bannungen, Exkommunikationen und Maßregelungen, die sie in Schwächemomenten von Rom hinnehmen mußten.

Ganz gescheitert ist Innozenz III. mit seinem Lieblingsprojekt, dem vierten Kreuzzug. Innozenz ist für die maßlose Propaganda und die Finanzierung verantwortlich. Das Unternehmen entglitt jedoch völlig seinen Händen, da er nicht, wie es manche Zeitgenossen sehen wollten, persönlich den Kreuzzug anführen konnte. Unauslöschlicher Haß der Ostkirche, der Griechen, wurde durch die Plünderung Konstantinopels, die Eroberung des oströmischen Kaiserreiches erweckt. Nicht weniger tief wurde die Kluft im Westen aufgerissen. Der Kreuzzug gegen die Albigenser, die Vernichtung der Kultur der Provence sind durch seine Initiative eingeleitet worden. Gewiß, das Laterankonzil von 1215 bringt ihm einen Triumph. Hier aber bekennt er selbst offen vor aller Welt die innere Schwäche und Verfallenheit der Kirche, die Verderbnis der Bischöfe, die Unbildung der Kleriker, die Roheit der Massen.

Verachtung der Welt (De contemptu mundi) – dieses Leitmotiv der bekannten Schrift dieser starken Persönlichkeit verrät etwas vom Geheimnis des päpstlichen Absolutismus, der nun steil aufsteigt: Innozenz III. und seine bedeutenden und weniger bedeutenden Nachfolger sind der Überzeugung, daß der Mensch, ein schwaches, hinfälliges Sündenaas, der Zuchtrute eiserner Herrschaft bedarf. Unterwerfung unter die perfekte Herrschaft der Kirche ist die Voraussetzung für die Arbeit der Kirche am Seelenheil dieser sündigen, verdammenswerten Massen. *Ecclesia iudicatrix* – die Kirche wird als *Weltgerichtshof* gesehen, als Richterin über Könige, Völker und Einzelmenschen. Die »Mutter Kirche«, die in ihrem breiten Schoß ihre Kinder sehr frei und freimütig tummeln ließ, wird zur autoritären Rechtsanstalt, die von Juristen und Finanzmännern regiert wird.

Wohl debattieren noch Theologen wie Gottfried von Fontaines und Augustinus Triumphus von Ancona (gest. nach 1306 beziehungsweise 1328) über die Frage, ob die Kirche besser durch einen guten Juristen als durch einen Theologen regiert werde, und entscheiden sich gegen die juristische Lösung. In der Wirklichkeit des 13. und 14. Jahrhunderts wird jedoch das Papsttum »erbarmungslos juristifiziert«. Die Kirche verfällt einer »kanonistischen Versteinerung«, wie einer der besten Kenner des Spätmittelalters, Hermann Heimpel, feststellt. Die Überzeugung setzt sich durch, daß die Führung der Kirche in den Händen von Juristen möglichst beider Rechte, also des römischen und kanonischen Rechtes, von Verwaltungsbeamten und idealerweise von Finanzgenies liegen soll.

Die Kanonisten kommen aus allen Ländern der Christenheit, vor allem aus Italien und Spanien, aber auch aus England. Bonifaz VIII. stützt sich auf den Engländer Alanus; englische Kanonisten und Rechtsdenker haben in Rom großen Einfluß. Im 13. und 14. Jahrhundert arbeiten die Kanonisten die Lehre von der Vollgewalt des Papstes als Herr und oberster Gesetzgeber der Kirche immer schärfer heraus. »Der Papst kann machen, was Gott vermag.« Als »himmlischer Kaiser« (coelestis imperator) kann er vom Eide lösen, kann Könige und Kaiser absetzen. Häresie ist Majestätsverbrechen. Jede Erhebung und jeder Widerspruch gegen eine politische oder religiöse Maßnahme des Papstes ist Häresie, Rebellion. Die Rebellen werden exkommuniziert, päpstliche Heere ziehen gegen sie zu Felde. Auf dieser Ebene finden die Kämpfe der päpstlichen Truppen in Italien – um Italien statt.

Auf einem Kalkfelsen über der Rhône steht das »Palais des Papes«, die Burg und Festung der Päpste in ihrer Stadt Avignon. In diesem Bau mit den nackten, viele Meter dicken Mauern hat von 1309 bis 1377 die Kurie ihren Sitz aufgeschlagen. Der Sieger über Bonifaz VIII., Philipp der Schöne von Frankreich, hat die Päpste hierher gezwungen. Die Angst vor dem Prozeß gegen den toten Papst, der als Ketzer entlarvt werden soll, die Notwendigkeit, den schändlichen Prozeß gegen die Templer zu liquidieren, zwingen sie nach Avignon.

Kalte, messerscharfe Formen: Die Vertikale, als Richtmaß absoluter Herrschaft, bestimmt die Architektur des päpstlichen Palastes. Ganz in Stein gepanzert ist diese Papstkirche. Die heute leeren Säle, nur durch ein Labyrinth von Gängen und Korridoren erreichbar, waren einst mit reichen und bunten Fresken und Teppichen geschmückt. Nur die Tour de la Garde-Robe, der Ankleide- und Erholungsraum der Päpste, ein Märchenwald graziöser und raffinierter Fresken, die alle Freuden dieser Welt heiter-wollüstig widerspiegeln, verrät noch, daß einst diese harte Schale gleichzeitig einen weichen Kern barg.

»Avignon ist ein Feld voll Unkraut, das mit scharfem Eisen ausgejätet, dann im Feuer gereinigt, endlich mit dem Pflug eingeebnet werden soll!« Das Unkraut besteht aus *orgueil*, Hochmut, Geiz und Gier, aus Wollust und Simonie; alles ist käuflich in Avignon. So sieht die heilige Brigitte von Schweden in ihren Visionen Avignon. Die zeitgenössische Literatur prangert Avignon als Sumpf und Hölle, als Babylon an.

Die Papstburg, Festung und Palast zugleich, sieht im Mittelalter auf die engen, schmutzigen Straßen der kleinen Stadt Avignon herab, in denen ein aragonischer Gesandter, von dem Gestank ohnmächtig wird. In den kleinen Häusern, die nur selten zwei Stockwerke haben, drängen sich um teures Geld die Bittsteller und Gesandten, die Geldwechsler (1327 sind bereits 43 italienische Geldwechsler in Avignon), Notare, Advokaten, Beamte der Kurie und der Höfe Europas, auch viele Kunsthandwerker, Maler, Baumeister und dazu ein Heer von Abenteurern, Dieben, Wucherern und Dirnen, von Astrologen, Magiern, Nekromanten und auch Gefangenen.

Papst Johannes XXII. gibt 1329/30 rund drei Millionen Goldfranken für Unterhalt und Bezahlung des Hofpersonals aus, das mindestens 300 bis 400 Personen zählt. Die riesenhaft anschwellende kuriale Verwaltung umfaßt im wesentlichen die *Camera apostolica*, der als wichtigste Person am päpstlichen Hof, als Finanzminister *(camerarius)*, ein Kardinal vorsteht; dieser ist auch der intimste politische Berater des Papstes. Unter seiner Kontrolle schreiben die *secretarii* die politische Korrespondenz. Unter seiner Leitung arbeitet der Schatzmeister, stehen die riesenhafte päpstliche Finanzverwaltung und die päpstliche Münze.

Das zweite Hauptamt ist die Kanzlei. Unter Führung eines Vizekanzlers arbeiten ihre sieben Büros. Das dritte Hauptamt ist die Justizverwaltung. Ihre oberste Führung haben Papst und Kardinäle im Konsistorium, daneben amtieren kardinalizische Gerichtshöfe und eine Reihe anderer, niederer Gerichtshöfe. Im Leben dieser Kleruskirche nehmen Prozesse und die Einhebung von Geldern immer breiteren Raum ein. Denn der päpstliche Hof, die Heere der Beamten, der Krieg in Italien, der das ganze 14. Jahrhundert dauert, verschlingen große Summen. Da die Kreuzzugszehnten, die früher für Kriege, die als Kreuzzüge erklärt wurden, nach Rom gezahlt wurden, infolge des Widerstandes der meisten Staaten nach 1300 wegfallen, muß ein neues System von Abgaben erfunden und aufgebaut werden. Kurialer Zentralismus und Fiskalismus treiben dabei einander vorwärts. Jedermann, der von der Kirche etwas haben will, muß nach Rom oder nach Avignon, weil er hier dafür bezahlen muß. Bischöfe und Prälaten zahlen Servitien für ihre Ämter; Klöster und Kirchen zahlen Anerkennungszinse; jede Urkunde, jeder Gnadenerweis kostet Geld; für alle Pfründen müssen Annaten, Jahrgelder, gezahlt werden; den Zehnt des gesamten Klerus muß sich der Papst oft mit dem Landesherrn teilen. Papst Johannes XXII. bildet dieses päpstliche Steuer- und Finanzwesen auf das kunstvollste aus. Dante und Petrarca, italienische, deutsche, englische und französische Chronisten klagen über diese Finanzwirtschaft. Die Härte der Eintreibungen macht die Kurie verhaßt. Wer nicht zahlt, wird exkommuniziert. So werden am 5. Juli 1328 ein Patriarch, fünf Erzbischöfe, 30 Bischöfe und 46 Äbte exkommuniziert, da sie ihre Zahlungen nicht rechtzeitig geleistet haben.

In wessen Händen ist dieser ungeheure Apparat? Zumeist in den Händen von Franzosen. Von den 134 Kardinälen, die unter den sieben Avignon-Päpsten erhoben werden, sind 13 Italiener, 13 Spanier, 2 Engländer, 1 Genfer und 113 Franzosen – kein Deutscher. Der Ausschluß der Deutschen besteht jedoch bereits seit Gregor IX. und wird erst im großen Schisma gebrochen, als Urban VI. Hilfe beim Kaiser sucht. Das als antideutsch angesehene französische Papsttum in Avignon legt den Keim für die englische und die deutsche Reformation.

Betrachten wir kurz diese Päpste in Avignon, die persönlich oft besser waren als ihr Ruf.

Der erste, Klemens V. (1305–14), zuvor als Bertrand de Got Erzbischof von Bordeaux, war ein hochgebildeter Mann. Er ordnete für die Universitäten Paris, Bologna, Oxford und Salamanca die Errichtung von Lehrstühlen für Hebräisch, Syrisch und Arabisch an. Er war ein großer Freund der Ärzte und frühen Humanisten. Da er jedoch oft krank lag, fehlte ihm die Kraft zum politischen Widerstand gegen seinen furchtbaren Gegner und Herrn, Philipp den

Schönen von Frankreich. Seit 1309 residiert er in Avignon. Sein Nachfolger, Johannes XXII. (1316–34), Sohn einer reichen Bürgerfamilie aus Cahors, macht die Kurie zur ersten Finanzmacht der Welt. Er selbst ist ein bescheidener, geiziger, cholerischer Mensch und ein erbitterter Feind des deutschen Kaisertums. Im Armutsstreit exkommuniziert er nicht nur die spiritualistischen Franziskaner, sondern auch Waldenser, Katharer und Beghinen; er verurteilt 28 Thesen Meister Eckharts und 60 Thesen des Petrus Johannes Olivi und lehrt selbst eine häresienahe Theologie: Die Seelen der Gerechten schauen Gott nicht vor der Auferstehung der Leiber, weder Verdammte noch Teufel bewohnen gegenwärtig die Hölle, diese wird erst nach dem Ende der Welt ihr Aufenthaltsort. Diese in drei Predigten vertretene konfuse Theologie wird für die Theologen Kaiser Ludwigs des Bayern, Michael von Cesena, Ockham und Bonagrazia de Bergamo zum willkommenen Anlaß, den ketzerbrennenden Papst selbst als Ketzer zu erklären. Dieser zornmütige, zähe kleine Greis, ein großer Förderer aller seiner Verwandten, stirbt, viel gehaßt, nach halbem Widerruf seiner Thesen. Sein Nachfolger wird Benedikt XII. (1334–42). Ihn verklagen die vielverfolgten Waldenser und Albigenser als »Teufel« und »Geist des Bösen«. Benedikt hatte, als er noch im Dienst Johannes' XXII. stand, dessen großer Wertschätzung er sich erfreute, als Professor in Paris und dann als Bischof gegen die Franziskaner, gegen Joachim von Fiore, Meister Eckhart, Ockham und Olivi geschrieben. Jacques Fournier, dieser Mann aus niederer Familie, möchte als Papst alle Übel in der Kirche ausrotten. Seine radikalen Reformmaßnahmen, sein Kampf mit dem Predigerorden (er selbst war Zisterzienser) erzielen nur mäßige Erfolge. Dieser harte Typ, der keine Kompromisse kennt, wird von seinen Zeitgenossen ob seines Geizes, seiner Herzenshärte und seines Egoismus arg gescholten.

Die Kardinäle erstreben nach seinem Tod sichtlich einen Wechsel des Klimas in Avignon. In Pierre Roger, dem Erzbischof von Rouen, als Papst Klemens VI. (1342–52), wählen sie einen umgänglichen Grandseigneur, der groß im Geben ist. 100 000 Kleriker suchen Pfründen bei ihm. Sein Hof wird der Sammelpunkt des gebildeten, weltzugewandten europäischen Adels, der sich in Avignon beim Turnier oder auf den Bällen trifft. Seine drei Nachfolger klagen über das Loch in der päpstlichen Kasse, das er hinterläßt. Dieser für Wissenschaft und Kunst empfängliche Papst, der auch sonst ein offenes Herz hat, erweist sich in der Pestzeit (1348 bis 1350) als sehr caritativer, großzügiger Helfer. Er versammelt italienische und deutsche Maler, französische Dichter und Architekten, Ärzte und Naturforscher aus ganz Westeuropa an seinem Hof. In manchen Zügen gemahnt er durchaus an die späteren Renaissance-Päpste. Unter seinem Nachfolger schlägt der Wind wieder völlig um. Innozenz VI. (1352–62) ist ein Inquisitor, der besonders grausam gegen die spiritualen Franziskaner, die an der Armutsidee des Franziskus festhalten, vorgeht.

In den ersten Jahren des 14. Jahrhunderts schreibt der Publizist Pierre Dubois, ein Propagandist König Philipps des Schönen: »Es wäre für die ganze Welt heilsam, sich Frankreich zu unterstellen, da das französische Volk von seiner vernünftigen Urteilskraft besseren Gebrauch macht als jedes andere Volk.« Dubois plädiert für einen europäischen Völkerbund unter Führung Frankreichs. Frankreich, das bedeutet für ihn die Herrschaft der politischen Vernunft; Frankreich fällt die Aufgabe zu, das Heilige Römische Reich und die Papstkirche zurückzudrängen. Sehr bezeichnend für den Wandel der Verhältnisse ist die Tatsache, daß dieser kluge Franzose den beiden alten Weltmächten ihre Heilsnamen verwehrt. Das Reich heißt bei ihm nicht mehr Römisches Reich, sondern Deutsches Reich, und die Kirche heißt bei ihm *secta catholicorum,* die Sekte der Katholiken. Die Kreuzzüge sind in seinen Augen ein Mittel der Handels- und Kolonialpolitik zur Verbilligung der teuren orientalischen Produkte und zur Sicherung der Verkehrswege im Mittelmeer. Dubois macht interessante Vorschläge zur Reform des Unterrichts und der Bildung, die wichtige Aufgaben des Völkerbundes sind – ein Vorläufer der UNESCO vor 600 Jahren. Bildung, Wissen, ein rational geplantes Leben können allein die Vorherrschaft des Abendlandes in der Welt sichern, das ist seine Überzeugung. Dubois tritt auch bewußt für eine neue Frauenbildung ein.

Secta catholicorum – Dubois spricht gelassen aus, was für die Politiker, Staatsmänner, Beamten und auch für die Kirchenmänner der neuen Staaten in Frankreich und England längst Maxime ihres Handelns geworden ist. Die »Kirche« ist für sie einerseits die Kurie, mit der man ständig streitet und handelt, nicht zuletzt um die Höhe der Gelder, die nach Rom – Avignon gehen und von denen man sich selbst einen Löwenanteil sichert. Die Kirche ist zum anderen die Kleruskirche im eigenen Land, die man langsam und sicher der politischen Herrschaft des Königs unterwirft. Der Zentralisierung, Bürokratie und Autokratie an der Kurie entspricht genau die Ausbildung einer königstreuen Beamtenschaft in Frankreich, deren »Evangelium das Zivilrecht ist«, wie man treffend gesagt hat. Vom Aufstieg Frankreichs und Englands her gesehen, erweist sich die scheinbar so offensive päpstliche Politik und die ideologische Propaganda einer päpstlichen Oberherrschaft über die Könige und Völker der

Ritter Coeur am Zauberbrunnen. Aus „LIVRE DU COEUR D'AMOUR ÉPRIS" des Königs René d'Anjou, um 1477. Österreichische Nationalbibliothek.

Christenheit als eine Defensive. Eine Defensive, die man in Rom und Avignon offensiv zu führen versucht. Das steile Ansteigen kurialer und päpstlicher Ansprüche verdeckt immer mühseliger, daß in der harten Praxis des politischen Kampfes immer mehr Rechte, Forderungen und Positionen der Hand des Papstes entgleiten. Sie gehen in die Hände der Könige über, die sich mit Hilfe eines Corps von Beamten ihren neuen Staat bauen. Diese Beamten entstammen gerade in Frankreich als *chevaliers du roi* dem Kleinadel oder sind bürgerlicher Herkunft.

Der erstaunliche Aufstieg Frankreichs ist ein Werk seiner Könige und des Königsglaubens seines Volkes. Im frühen 12. Jahrhundert ist dieses Königtum schwach und kann sich nur mit Mühe in der Île de France, dem Raum um Paris, behaupten. Bei einer deutschen Invasion (1124) zeigt sich jedoch bereits die Kraft eines tief eingewurzelten Nationalgefühls. Suger von St. Denis, der Kanzler und Berater König Ludwigs VI., ist sein Zeuge. Der Dichter Ägidius von Corbeil (1140–1224?) besingt Frankreich bereits als das einzigartige Land, das aus Männern Menschen macht; »alles Barbarenland muß aus dir, Frankreich, Nektar schöpfen, bedarf deines Salzes und deines süßen Duftes«. Der kulturpolitischen Überlegenheit entspricht früh ein politisches Selbstbewußtsein, das in den Worten Ludwigs VII. an einen Vertreter Heinrichs II. von England, seines soviel glanzvolleren und mächtigeren Rivalen, der einen Großteil Frankreichs in der Hand hatte, sehr zum Ausdruck kommt:

...der Kaiser von Byzanz und der König von Sizilien rühmen sich ihrer goldenen und seidenen Gewänder. Dein Herr jedoch, der König von England, ermangelt keiner Sache. Ihm gehören waffentüchtige Männer, Pferde, Gold, Seide, Edelsteine, Früchte, jagdbare Tiere und alle anderen Dinge (beachten wir die Rangordnung dieser kostbarsten Werte dieses 12. Jahrhunderts!). Was nun uns in Frankreich angeht: Wir haben nur unser Brot, unseren Wein und einfache Freuden.

Dieser stille, umsichtige König spielt nach des Tages Arbeit gern Schach, speist, je älter er wird, wieder öfter mit seinen Mönchen in ihrem Refektorium. Er ist ein Mann der Geduld, der warten kann, bis die Zeit reift und die großen Gegner und Feinde stürzt und die reichen Lande West- und Südfrankreichs heimführt – bis alles Land in Frankreich Königsland wird. Das ist eine Aufgabe für Jahrhunderte. Zunächst gilt es, oft in zäher und geduldiger Kleinarbeit, diesen und jenen adeligen Herrn zu unterwerfen, im Todesfall Land an sich zu ziehen und sich durch den Schutz des Volkes und des Klerus beliebt zu machen.

Drei große Könige folgen aufeinander und errichten in hundert Jahren den französischen Staat: Philipp-August (1180 bis 1223), Ludwig IX., der Heilige (1226–70), und Philipp der Schöne (1285–1314). Umsichtig bauen die Könige Frankreichs auf dem Königsglauben des einfachen Volkes auf, den Suger von St. Denis bereits grundlegend ideologisch fundiert hatte. »Der allerchristlichste König«, gesalbt mit dem heiligen Öl des heiligen Remigius, ist der wahre Nachfolger Karls des Großen; er trägt dessen heiliges Schwert und führt die heilige Kreuzzugsfahne, die Oriflamme, wider alle »Barbaren«, alle Feinde Gottes und der Kirche. Die Kirche Frankreichs, »die älteste und gehorsamste Tochter« der römischen Kirche, steht treu an der Seite dieses ihres Königs, der Friede und Recht hegt, die Kranken heilt (nach der Salbung in Reims heilt der König Skrofeln; noch in der Restaurationszeit, nach 1815, haben überzeugte Royalisten diese Heilstat von ihrem König erwartet), die Schwachen schützt, die Verfolgten aufnimmt, die Armen aus der Schuldhaft befreit. Es kam dem Aufstieg Frankreichs sehr zugute, daß es in dieser Zeit einen König wie Ludwig den Heiligen gab. Dies bewies aller Welt, daß der Königsglaube des französischen Volkes nicht eitle Mär, sondern geschichtsmächtige Wirklichkeit war. Jeanne d'Arc, das Mädchen von Orléans, erweckt dann in der großen Krise des Hundertjährigen Krieges, als Frankreich zu zerfallen scheint, diesen Königsglauben aus der Asche zu neuem Leben.

Neben diesem Glauben steht nicht selten, personal verschwistert, die französische politische Vernunft – die Vernunft der königlichen Beamten, der treuen Diener ihres Herrn. Aus der Verwaltung der königlichen Güter, der Krondomänen, und der königlichen Gerichtsbarkeit wächst die Verwaltung des jungen Staates. Zunächst war es ein erblicher Prêvot, der die königlichen Domänen verwaltet; ein Bailli (südlich der Loire: ein Seneschall) vertritt als königlicher Beamter »die Hand des Königs«, überwacht die großen Vasallen und führt das direkte Kommando über den mittleren Adel. Die Kammer des Königs verwaltet die Finanzen. Im *cour du roi*, im Gerichtshof des Königs, sammeln sich die Legisten, diese hochwichtigen Männer, die das Recht als Recht des Königs suchen, finden und verwalten.

Seit Ludwig IX. ist der königliche Gerichtshof, das »Parlament«, zunächst in Paris. Die Betreuung der Rechenkammer des Königs obliegt italienischen Finanzleuten, Lombarden oder Florentinern, die als Ausländer ganz vom Vertrauen des Königs abhängig sind. Ganz unter der Herrschaft des Königs steht die Kirche. Sie ist faktisch bereits »gallikanisch«, ist national-französische königliche Landeskirche, lange bevor sie sich im Kampf der Pariser Universität und der Könige mit der Kurie offen als solche manifestiert.

Im letzten Viertel des 13. Jahrhunderts kommt es zu einer grundlegenden Umwandlung der königlichen Gewalt. Unter dem Einfluß des römischen Rechts entsteht ein neuer Begriff der Souveränität. Galt zuvor der »Staat« als Privatbesitz des Königs, so wird nun die königliche Gewalt abstrakter und unpersönlicher. Der Staat ist da!

Die königlichen Legisten aus der Schule von Montpellier, juristisch gebildete Männer, beginnen als ein Corps von Ministern und hohen Beamten für den König die Staatsgeschäfte zu führen. Der König selbst tritt als Person stark zurück. Diese Beamten kommen immer häufiger aus dem Bürgertum. Das reiche, arbeitsame, sparsame und gebildete Bürgertum von Paris, antiklerikal und sehr royalistisch, wird zur wichtigen Stütze des Königs. Bereits Philipp II. August übergibt, als er auf Kreuzfahrt geht, sein Testament der Stadt Paris und beauftragt sechs Bürger zusammen mit seinem Hof-Rat *(conseil)*, die wirtschaftlichen Interessen des Königreiches zu vertreten.

Philipp der Schöne ist der erste französische König, der die Staatsgeschäfte sehr wahrscheinlich nicht mehr persönlich führte. Weil hinter seinem Staat die Nation stand, konnte dieser König die gewagtesten Aktionen siegreich durchführen: den Kampf gegen Bonifaz VIII., die Überführung der Päpste nach Avignon, die Aufhebung des Templerordens. Dies war eine schändliche Tat. Auf sein Betreiben wurde den Templern als »Ketzern« der Prozeß gemacht, um ihre Gelder und Güter an sich zu reißen. Hinter Philipp stand das geschlossene Corps seiner Juristen, Beamten und Bischöfe – und das Volk. Er beruft erstmalig (1302) die Generalstände ein, als repräsentative Versammlung der Vertreter des Klerus, Adels und der Städte. Äußeres Vorbild war wohl das englische Parlament von 1295. In Frankreich jedoch sind die »Generalstände«, die Reichsversammlung, etwas anderes als in England. Sie sind ein Organ der königlichen Politik zur Deckung und Verteidigung des Kampfes gegen den Papst, die Templer, später zur Deckung der Kosten des Krieges in Flandern. In diesem königlichen, bürgerlichen, antirömischen Paris, in dem Bürger, Beamte, Professoren den Staat als ein Kunstwerk der Vernunft zu bauen beginnen, berauscht von dieser Möglichkeit des menschlichen Geistes, die Gesellschaft des Menschen rational zu durchformen, entsteht in der Zusammenarbeit der Magister Johannes von Jandun und Marsilius von Padua 1324–26 der *Defensor pacis*. Diese *Verteidigung des Friedens* ist der vehementeste und konsequenteste Angriff gegen den Herrschaftsanspruch der kurialen Papstkirche und die Verteidigung des weltlichen, neuen Staates.

Johannes von Jandun kommt aus der Champagne und lehrt in Paris etwa gleichzeitig mit Meister Eckhart, doch auch noch später; als radikaler Averroist trennt er streng Glaube und Vernunft, Theologie und Wissenschaft, Kirche und Staat. Johannes hält die Theologie für ganz inferior und empfiehlt den Gläubigen, auf eine Übereinstimmung von Glaube und Vernunft zu verzichten, da durch solche Bemühungen nur die Unterlegenheit des Glaubens zum Vorschein komme. Mit Marsilius sieht er die Vernichtung der politischen Selbständigkeit der Kirche als Bürgschaft für den inneren Frieden der Gesellschaft an. Es geht im Staat um »das Leben, um das Gut-Leben«.

Papst Klemens VI. hat Marsilius von Padua den »größten Häretiker unseres Zeitalters« genannt. Was lehrt dieser italienische Arzt, Legist und Averroist, in dem das Feuer italienisch-bürgerlicher Animosität gegen das päpstliche Rom glüht? Der Staat ist ein Werk der menschlichen Vernunft und unseres Willens. Wir Menschen machen den Staat. Auf die Gesetze der Religionen ist kein Verlaß, sie sagen Wahres und Falsches. Der Staat aber muß sich auf reine Vernunft und Rationalität gründen. Im Staate, dem die höchste Autorität zukommt, soll das »Volk« herrschen; im Volke wieder soll der vernünftigere Teil herrschen. Alle gesetzgeberische Gewalt ist beim Volk, das auch seine Fürsten absetzen kann. Das Volk hat den Schutz aller Verfolgten zu übernehmen. Marsilius fordert Bekenntnis- und Religionsfreiheit für jeden Menschen und verteidigt auch die Ketzer und Ungläubigen gegen jede Zwangsgewalt. Offen gegen Avignon und die Praxis der Papstkirche gewandt, tritt Marsilius, der die Botschaft Christi als eine Botschaft der Freiheit versteht, für eine Umbildung der Kirche ein, die einer Rückbildung zur urchristlichen Gemeinde gleichkommt. Das Volk wird berufen, die Kirche zu reformieren, es soll sich seine Priester und Bischöfe wählen und die Papstkirche zur Demut und Armut der Apostelzeit rückführen. Marsilius bezeichnet die Lehren der Kanonisten von der Oberherrschaft des Papstes als Früchte der Überheblichkeit der Phantasie. Der Klerus soll sich streng auf das Geistliche, auf die Verwaltung der Sakramente und den Kult beschränken, alles »Weltliche« fällt dem Staat und dem Volk zu.

Eine englische Übersetzung des lateinischen Erstdrucks des *Defensor pacis* (1522) im Jahr 1535 beeinflußt den Bruch Englands mit der römischen Kirche unter Heinrich VIII. Der Aufstieg Englands im Mittelalter wird durch die Front gegen Rom und die Front *in* Frankreich entscheidend mitbestimmt. Zweimal, im Reich der Anjou-Plantagenets im 12. Jahrhundert und im Hundertjährigen Krieg, schien ein großes Westreich zu entstehen, das Frankreich und England unter der Führung des englischen Königs vereint. Die *coronation*, die Zeremonien der englischen Königskrönung, erinnern heute noch an die zwei stärksten Wurzeln der Macht des Königs in England: ein uralter, magisch-archaischer Glaube des Volkes an die Heilsmacht des Königs verbindet sich mit der engen und direkten Herrschaft des Königs über seine Kirche.

In den angelsächsischen Jahrhunderten vor der Eroberung Englands durch die Normannen besteht bereits eine enge Verbindung von Krone, Bischöfen und Prälaten. König und Bischof leben oft im selben Hause, in der bischöflichen Pfalz (*palatium*), Königreich und Diözese fallen zusammen. Wenn der König auf Kriegsfahrt ist, verwaltet der Bischof das Reich. Diese englische Kirche hat sich durch alle Wechselfälle eines Jahrtausends eine erstaunliche Kontinuität bewahrt. Bis ins 19. Jahrhundert leben zumindest ihre Landpfarrer ihr »mittelalterliches« Leben, und noch heute kann man oft an der Grenze einer Pfarre die Struktur der angelsächsischen *estates* des 10. Jahrhunderts erkennen. Wilhelm der Eroberer unterwirft sich die angelsächsische Kirche mit Hilfe Lanfrancs, den er zum Erzbischof macht. Das neue normannische Königtum stützt sich dann aber sehr bald auf diese alte Kirche und übernimmt mit ihrer Hilfe die Traditionen der angelsächsischen Zeit. Heinrich II. erlangt durch die Heiligsprechung des angelsächsischen Königs Edmund des Bekenners eine entscheidende Stärkung seiner Königswürde. Auf diese erste Heiligsprechung eines europäischen Königs beruft sich dann 1165 Kaiser Friedrich I. in Aachen bei »seiner« mit Hilfe eines Gegenpapstes durchgesetzten Kanonisation Karls des Großen.

Heinrich II. heilt wie der französische König Skrofeln; er weiß sich durch die Salbung »heilig« (Peter von Blois nennt ihn *sanctus*), als ein »Gesalbter des Herrn« (*christus domini*), »von Gottes Gnaden«, so steht es seit 1172 in den Urkunden. Dieses Königsheil, gestärkt durch die kirchliche Salbung und Krönung, ist gleichzeitig tief in uraltem Volksglauben verwurzelt; die normannischen Könige finden sehr schnell den Zugang zum Volksglauben und erreichen damit die Einwurzelung im angelsächsischen Volk. In welche Tiefen und Untiefen dieser Königsglaube des Volkes hinabreicht, zeigt im Jahr 1100 der Tod des »roten Königs« Wilhelm Rufus, des Lieblingssohnes Wilhelms des Eroberers. Dieser Volkskönig wird vom Volk ebensosehr geliebt wie vom Klerus gehaßt. Offen erklärt er, daß weder der heilige Petrus noch ein anderer Heiliger Einfluß auf Gott habe und daß er keinen von ihnen um Hilfe bitten werde. Es ist sehr wahrscheinlich, daß dieser König den uralten Königstod stirbt, der bis heute noch bei innerafrikanischen Stämmen bekannt ist. Der König opfert sich zum Heil des Landes, wenn dieses Heil in Gefahr ist. Königsblut befruchtet das Land. Im Jahre 1100 gehen Wellen von Untergangsangst durch England, ähnlich wie um 1000 auf dem Kontinent.

Im November 1099 erschreckt eine große Meeresflut das Volk. Alle Quellen bezeugen es: Der »rote König« war vorbereitet auf seinen Tod. In der Tiefe des Waldes stirbt er bei Sonnenuntergang. Neben einer alten Kirche, einem vorchristlichen Sakralort, wird er von seinem intimen Freund Tirel mit einem besonderen Pfeil erschossen, den Rufus ihm am Morgen des Opfertages gab. Beim Begräbnis in der Kathedrale von Winchester, wo ein nackter, schwarzer Stein gegenüber dem Altar sein Totenmal bildet, läutet keine Glocke, keine Messe wird gelesen, keine kirchlichen Sterbegebete werden gesungen. Ungeheuer ist der Zulauf des Volkes zu dem »heiligen« Toten.

Im Heiligen Römischen Reich bringen Bauern in der Lütticher Gegend Getreide zum Leichnam des im Kirchenbann gestorbenen Kaisers Heinrich IV., um die Fruchtbarkeit des Korns durch Berührung mit dem Königsleib zu erhöhen.

In England ist es dieser alte, in Vorzeiten zurückreichende Glaube des Volkes, der den König durch die Katastrophen der Geschichte trägt und der in ihm das Heil der Nation verkörpert sieht. Die Ermordung des Thomas Becket, des langjährigen Freundes und Gehilfen des Königs, der später als Erzbischof von Canterbury zum Gegner Heinrichs II. wird, ist mysteriös in ihrer Durchführung (in sakralen Riten der Schindung) und darf vielleicht ebenfalls als ein Königsopfer interpretiert werden, wobei hier der »untreue« Freund für den König geschlachtet wird.

In seiner feierlichen Huldigung, der *homage,* vor dem König gelobt noch heute jeder Bischof der englischen Hofkirche: »... ich anerkenne feierlich, daß ich das besagte Bistum – sowohl seine geistlichen wie seine weltlichen Rechte – allein von Eurer Majestät innehabe.« Diese Huldigung beginnt mit der Erklärung: »Ich erkläre hiermit, daß Eure Majestät der einzige Oberste Gebieter dieses Eures Königtums in allen geistlichen, kirchlichen und weltlichen Angelegenheiten ist...«

Wenn Heinrich VIII., ohne auf viel Widerstand zu stoßen und trotz des Selbstopfers seines Kanzlers Thomas Morus, sich zum obersten Herrn der englischen Kirche und zur Ausschaltung Roms emporschwingen konnte, dann steht dieser Akt in der großen Tradition des englischen Mittelalters. Starke Kirchenführer, englische Prälaten, fremde Päpste und die Schwäche einzelner englischer Könige haben diese Kontinuität nicht brechen können. Die einzigartige Stellung des Königs in England beruht auf dem ungebrochenen Königsglauben des Volkes, der auch den Klerus, die Bischöfe und den Landklerus beseelt.

Wilhelm der Eroberer hatte bereits als Herzog der Normandie sein Land, seine Ritter und seinen Klerus straff regiert.
Er behandelt England als sein Beutegut, das er an seine
Krieger verteilt. Mit rund 6 000 Mann war er 1066 nach
England gekommen, davon waren 4 000 Ritter, nicht ganz
200 Barone, der Rest Söldner. Das angelsächsische Fußvolk,
schwerfällig, mit der Streitaxt kämpfend, übermüdet durch
vorangegangene Kämpfe, erliegt den normannischen Reitern
und Bogenschützen. Viele angelsächsische Adelige fliehen nach
1066 nach Schottland, sogar bis Rußland, einige treten in
den Dienst des byzantinischen Kaisers in Konstantinopel.

1086 sind nur acht Prozent des englischen Bodens noch in der
Hand des einheimischen alten Adels. Die bäuerlichen freien
Hintersassen und kleinen Grundbesitzer werden hörig; im
angevinischen Königtum des hohen 12. und frühen 13. Jahrhunderts lebt der Hauptteil der Nation in Unfreiheit. Der
neue König baut in jeder Grafschaft seine Burg, die ersten
in Pevensey und Hastings; dann bauen sich auch die normannischen Barone ihre Zwingburgen, um das Landvolk
unterworfen zu halten. Gleichzeitig errichten die normannischen Bischöfe, unzufrieden mit den schlichten angelsächsischen Kirchen, ihre Kathedralen. Es sind stolze und kalte
Machtbauten mit riesigen Mauern. Als erste entsteht 1093
bis 1133 die Kathedrale von Durham.

Stöhnend hat das angelsächsische Volk die neue, harte Herrschaft ertragen. Wie ein Parasit legt sich die »Krone« über
das Land, saugt es aus. Die ungeheure Macht der drei ersten
angevinischen Könige (ab 1154) verbreitet auch unter den
normannischen Lehensmännern Furcht und Schrecken; auch
sie mußten fürchten, ihre Lehen durch willkürlichen Entzug
zu verlieren. Rastlos ist Heinrich II. ständig auf Reisen, um
überall seine Herrschaft durchzusetzen. Da der König auch

die kleinen und kleinsten Lehensleute der großen Vasallen unmittelbar im Gehorsam an sich bindet, kann der große Adel dem König nicht gefährlich werden.

Wilhelm der Eroberer ist bereits der mächtigste feudale Herrscher in Westeuropa. Als Ergebnis der königlichen Ratstagung zu Weihnachten 1085 in Gloucester entsteht das berühmte Domesday-Book. Dieses »Grundbuch« des gesamten Königreiches ist eine sorgfältige schriftliche Bestandsaufnahme aller Landgüter, aller menschlichen und materiellen Kräfte des Königreiches. Einmalig und erstmalig in Europa – bis zum ersten United-States Census von 1790 –, wenn man nicht Cromwells statistische Bestandsaufnahme Irlands hier mit einbeziehen will.

Es ist nun erstaunlich zu sehen, wie in diesem normannisch überherrschten England zwei scheinbar gegensätzliche Prozesse zusammenzuspielen beginnen und das »England« für die Zukunft schaffen – das freie, traditionsstolze England, in dem so wichtige rechtliche, konstitutionelle und gesellschaftliche Grundlagen der neuen westlichen »Demokratie« entstehen.

Gleichzeitig bauen die normannischen Könige immer lückenloser ihre Herrschaft aus, und gleichzeitig dringen der alte angelsächsische Freiheitssinn und seine Traditionen wieder an die Oberfläche empor und durchformen schließlich den neuen Adel und das neue Königtum.

Wilhelm der Eroberer selbst hatte die rund 100 Gerichtshöfe der Grafschaften und Ortschaften (*county court* und *borough court*) erhalten, sie zwar unter normannische Kontrolle gestellt, aber ihr angelsächsisches Recht belassen. Um die Legitimität seiner Nachfolge zu stützen, bestätigt er das angelsächsische Gewohnheitsrecht und die »alten Rechte und Gewohnheiten« der englischen Krone. Dazu gehörten vor

allem die Steuer auf jeden Landbesitz, das Danegeld, und
der Königsfriede *(king's peace)*, der jede »private« Fehde
untersagt. König Heinrich I. (1100–35) schafft Reise-
richter, die in den Grafschaften umherziehen und Königs-
gericht halten. Die Sheriffs *(vicecomes)* bleiben in England
als Vorsteher der Grafschaft immer königliche Beamte und
steigen nicht – wie die Grafen und Vizegrafen in Deutschland und Frankreich – zu Dynasten auf. Die Grafschaften
behalten also ihren Amtscharakter und werden somit zur
wichtigen Grundlage englischer Selbstverwaltung und zum
Ausgangspunkt einer Entwicklung, die später zum Parlament
führt.

Heinrich I. begründet ein Sonderdepartement seines Hofes
für die Finanzverwaltung, durch deren Ausbildung die
anglo-normannischen Könige die stärkste Finanzmacht der
westlichen Christenheit werden. Zweimal jährlich, zu Ostern
und zu Michaelis, rechnen die Sheriffs die Pachtsummen der
Krongüter, die feudalen Einkünfte und Ausgaben vor dem
exchequer, dem Schatzmeister, ab. Diese Abrechnung findet
auf dem berühmten karierten Tuch *(chequered cloth)* statt,
die einzelnen Posten der Rechnungslegung werden grafschafts-
weise in pfeifenförmigen Jahresrollen, den *pipe rolls,* verzeichnet. Seit 1130/31 sind einzelne, seit den ersten Jahren
Heinrichs II. sind sie in geschlossener Folge bis zum 19. Jahrhundert, bis zur Abschaffung unter Wilhelm IV., erhalten.
Diese *pipe rolls* bilden eine einzigartige Geschichtsquelle,
die nur mit den Registern der päpstlichen Kanzlei zu vergleichen ist.

Mit großer Härte und Umsicht baut vor allem Heinrich II.
(1154–89) die königliche Herrschaft aus. Dieser Herr Englands und eines Reiches in Frankreich von den Pyrenäen bis
zur unteren Seine kann wohl lateinisch, provençalisch, ita-

lienisch und nordfranzösisch, nicht aber englisch sprechen.
Doch er kann herrschen, rechnen und berechnen. Durch eine
statistische Erhebung von 1166 *(Cartae baronum)* will er
feststellen, welche Barone mehr Ritter belehnt haben, als sie
für den Königsdienst nötig haben. 1166 gehorchen ihm
5000 Lehensritter, 6500 Ritterlehen waren ausgegeben worden. 784 Ritter werden von geistlichen Herren gestellt. Als
größter Pfaffenvasall schuldet der Erzbischof von Canterbury dem König 60 Ritter.
1170 ersetzt er durch den *Inquest of Sheriffs* die Mehrzahl
der alten Sheriffs durch königliche Beamte. Eine dadurch
verursachte Erhebung der Barone wird leicht niedergeschla-
gen. Heinrich I. ist der Begründer des *common law*. Das ist
das Recht, das am königlichen Hof gesprochen und durch die
reisenden Richter des Königs im ganzen Land verbreitet
wird. Daneben stehen die Geschworenengerichte *(jury)* und
die *royal writs*, schriftliche königliche Befehle an seine Beamten, den Kläger zu hören und eine *jury* einzuberufen.
Hier konnte jeder freie Mann in England Schutz suchen für
seinen Besitz gegen illegale Konfiskation durch stärkere
Herren. 1179 wird der Hohe Gerichtshof, der *Grand Assize,*
aus einer Jury von Rittern gebildet. Jeder freie Mann kann
hier seine Rechte verfechten, ohne auf den Zweikampf angewiesen zu sein.
Gerade die königliche Rechtssprechung zeigt jedoch bei diesen angevinischen Königen, wie sehr diese Königsmacht sich
aus irrationalen Kräften speist in all ihrer Willkür, »Freiheit«, Gewalttätigkeit und Spontaneität, im seltsamen, vitalen Bündnis mit Nüchternheit und rationalem Rechtssinn.
Denn der König handelt doppelt, je nachdem, wie er will
– nach seinem freien und unberechenbaren Königswillen
(mea voluntate) auf Grund seiner Macht und Persönlichkeit,

oder er handelt gesetzlich *(per legem)* inmitten seines Hof-
gerichts. Diese Doppelhaltung führt nach drei Generationen
zur offenen »Schizophrenie«, zur Spaltung in der Person
des Königs.

Besonders bei Heinrich II. und Johann Ohneland, Shakespeares *King John*, tritt dies offen zutage. Peter von Blois,
der Zeitgenosse, schildert, wie König Heinrich im Gespräch
mit dem Abt von Bonnevalle sich selbst aufdeckt: seine Neigung zu Ordnung, Recht und Rationalität und seine Neigung zu den tiefen dämonischen und genialen Wurzeln seines Wesens, zu Brutalität und Gewalttat. »Ungnade« und
»Zorn« *(ira et malevolentia)* bilden legitime Elemente der
Person des Königs. Gottesschrecken und die Schreckensmacht
des Bösen gehören zur Voll-Macht dieses Königtums. Gottes
Zorn manifestiert sich im Zorn, in der Ungnade des Königs.
Heinrich II., der sich in Wutanfällen auf den Boden wirft
und in den Teppich beißt, spricht dies offen aus: »Des all-
mächtigen Gottes Ungnade und Zorn sind auch mein Zorn,
meine Ungnade. Von Natur aus bin ich ein Sohn des
Zornes, warum soll ich nicht wütend werden? Gott selbst
wütet in seinem Zorn.« Hier wird ein Gottes- und Königs-
bild sichtbar, das in gewissen Zügen an Luthers Gottesbild
und an das Selbstbewußtsein eines Iwan des Schrecklichen
erinnert.

Es gehört zum offenbaren Geheimnis der englischen Geschichte, daß für die Nation in ihrer Entwicklung sowohl
aus dieser dämonischen und selbstzerstörerischen Kraft seiner Könige wie auch aus deren Erliegen und Schwäche reicher Gewinn erwuchs. Der hochbegabte König Heinrich II.
stirbt gebrochen, verbittert. Auf dem Totenbett erfährt er
noch, daß auch sein Sohn Johann sich an der Verschwörung
der Söhne gegen ihn beteiligt hat. Seine letzten Worte in

der Agonie: »O Schande, Schande über einen besiegten Kö-
nig«, klingen wie ein Prolog zu Shakespeares Königsdramen.
Eben dieser König war *every inch a king*, jeder Zoll ein
König. Gewalttätig und arbeitsam hat er den englischen
Staat gebaut. Als sein jüngster Sohn, Johann Ohneland, unstet, treulos und ebenfalls hochbegabt, seinen zwei über-
mächtigen Gegnern, Philipp-August von Frankreich und
Papst Innozenz III., erlag, hatte sich die Nation gesammelt,
um dem Königtum die *Magna Charta* abzuringen.
Wer war die Nation? Der Haufen gewalttätiger und reaktionärer Barone, die im Juni 1215 den König auf einem
Fleck freien Landes, vielleicht war es die Wiese Runnymede
bei Windsor, überfielen und ihm beträchtliche Zugeständnisse abrangen, war keineswegs schlechthin repräsentativ für
das Volk von England. Ähnliche Zugeständnisse haben feudale Herren fast zur gleichen Zeit und später im 13. Jahrhundert in Ungarn, Spanien und auch in Polen ihren Königen abgerungen. Durch die *Magna Charta libertatum*,
diesen großen Freiheitsbrief, weht ein reaktionärer Wind;
sie ist Ausdruck des Gruppenegoismus harter, selbstsüchtiger
feudaler Herren, die die Stunde für gekommen halten, ein
schwach gewordenes Königtum zu demütigen und möglichst
viele seiner Rechte an sich zu reißen.
Und doch feiert man mit gutem Recht bis heute die Magna
Charta als eine der großen Proklamationen europäischer
politischer Freiheit. Bis zum Ende des Mittelalters mußte
sie von jedem englischen König feierlich anerkannt werden.
Sie bahnte den Weg für die konstitutionelle Monarchie und
den Rechtsstaat der Neuzeit; ihr Einfluß ist bis heute wirksam. Es war mehr als eine Geste, daß im Zweiten Weltkrieg
eine ihrer fünf Ausfertigungen von 1215, mit dem königlichen Siegel versehen, auf einem Schlachtschiff nach Ame-

rika gebracht wurde als eines der wichtigsten Dokumente
englischer Selbstfindung.

Ihre Grund-Sätze sind: »Kein freier Mann soll verhaftet oder
eingekerkert oder um seinen Besitz gebracht oder geächtet
oder verbannt oder sonst in irgendeiner Weise ruiniert werden, und Wir (der König) werden nicht gegen ihn vorgehen
oder gegen ihn vorgehen lassen, es sei denn auf Grund eines
gesetzlichen Urteils von Standesgenossen oder gemäß dem
Gesetz des Landes.« (Artikel 39 der Charta.) Das bedeutet,
daß der König unter dem Gesetz steht; es ist die Grundüberzeugung der Magna Charta, daß alles am Gerichtswesen
hängt; alle politischen und staatsrechtlichen Entscheidungen
sind gerichtliche Entscheidungen. Sie will, daß der König
nicht mehr allein urteilt, sondern im Rat der Großen des
Reiches und gemäß den Gesetzen des Landes. »Typisch englisch«, enthält die Magna Charta keine ideologischen Phrasen
und Proklamationen; unendlich weit ist sie von den Frei-
heitserklärungen und Unabhängigkeitserklärungen entfernt,
die im Schatten der Französischen Revolution stehen.

Konkret sein ist hier alles. Die Charta fordert die Garantie
der Freiheit der Kirche, der Rechte und Privilegien Londons
und der anderen Städte, Schutz der fremden Kaufleute und
das Recht der Ratsversammlungen, bei Steuerauflagen mit-
zuwirken.

In einem einzigen Punkt schoß sie über jedes gesunde Maß
und Ziel hinaus: in der Forderung, daß 25 auserwählte
Barone ständig den König kontrollieren und jederzeit zum
Widerstand gegen ihn berufen seien, falls vier von ihnen
sich in ihren Rechten verletzt fühlen.

1215 dachten weder die siegreichen Barone noch der ge-
demütigte König daran, die Bestimmungen der Charta zu
halten. Papst Innozenz III. verurteilt sie emphatisch als eine

Saint-Denis, Abteikirche. 11.–13. Jahrhundert.

Worms, Dom, Westchor. Erbaut im 11. Jahrhundert.

unsittliche, ungesetzliche Rebellion gegen die königliche Regierung. In ihrer verbesserten Fassung von 1225 wird sie aber zur Grundlage der politischen und rechtlichen Ordnung in England; sie wird in den folgenden 300 Jahren immer wieder bestätigt.

Das 13. Jahrhundert bringt in England den Aufstieg der Parlamente und unter dem größten englischen König des Mittelalters, Eduard I. (1272–1307), den endgültigen Übergang vom Feudalstaat zum Ständestaat. Sein Vorgänger, Heinrich III. (1216–72, unmündig bis 1227, entmündigt 1264), ein Freund des französischen Südens, der Gotik und seiner poitevinischen Günstlinge, ringt unglücklich mit den Großen Englands. Epochemachend für die europäische Diplomatie und Geschichte wird jedoch sein Friedensvertrag mit Frankreich. Nach dem Tod Johanns Ohneland war ein Waffenstillstand abgeschlossen worden; erst im Frieden von Paris (1259) wird der Hundertjährige Krieg der Häuser Capet und Plantagenet beendet. Heinrich III. verzichtet auf seine Ansprüche auf die Normandie, das Poitou und andere Lande und nimmt die Guienne von Ludwig dem Heiligen als Lehen. Bis zum großen Hundertjährigen Krieg nach dem Aussterben der Capetinger (1339–1453), der England und Frankreich in einen Abgrund reißt und dessen Vorgeplänkel mit dem Beginn des 14. Jahrhunderts einsetzen, wird durch diesen Frieden von Paris die für England und Frankreich so notwendige Ruhe geschaffen.

1242 werden die Protesttagungen der englischen Barone erstmals Parlamente genannt. »Parlament« hieß ursprünglich jede Verhandlung, etwa zwischen dem englischen und schottischen König. Jede Tagsatzung konnte so heißen. Das spezifische englische Parlament entwickelt sich aus den Hoftagen des Königs. Es ist der Hof-Rat, in dem der König zunächst mit einigen Großen, dazu einigen Prälaten und Beamten wichtigere Dinge berät. Hier werden Streitfälle geschlichtet. Um ein Parlament herrscht »der große Friede«. Das Parlament steht unter besonderem Königsschutz, waffenlos kommt der Ratgeber in das Parlament. In den Jahren des schwachen Königs Heinrich III. haben sich die revolutionären Barone unter Führung Simon von Montforts in einem Baronial Parlament als Regierung des Landes etabliert. Eduard I., der »englische Justinian«, ist ein König, der leidenschaftlich am Rechtswesen, an der Gesetzgebung und Verwaltung interessiert ist. Ihm gelingt es, sein königliches Parlament zu einer Institution zu machen, in dem die großen Interessengegensätze zur offenen Aussprache, zum rechtlichen Ausgleich kommen.

Das Parlament wird zum Ort, wo der König von seinem Land Geld, Truppen, vor allem immer wieder Geld fordert; diesen Forderungen des Königs begegnen die *petitions*, die von Baronen, Rittern, Bürgern, Städten eingebracht werden. Die Stände wollen ihre Rechte, der König will das Parlament als Werkzeug seiner Regierung. Auf der einen Seite stehen die Forderungen der Barone, des Hochadels: Die höchsten Beamten der Krone, Kanzler, Schatzmeister und Justitiar, sollen vom Parlament gewählt werden, ja das Parlament soll ständig einberufen werden und nicht nur dann, wenn es dem König gefällt. Um sich des dauernd wachsenden Druckes der Großen zu erwehren, ruft das englische Königtum die »Kleinen« zu Hilfe ins Parlament: den kleinen Landadel, die Gentry, die Vertreter der Grafschaften und die Vertreter der Städte.

Im Gegensatz zum Kontinent, wo der niedere Adel etwa in Frankreich sich als Stand nicht durchsetzen kann, können sich die Ritter der Grafschaften, die Gentry, in England eine einzigartige Rolle erobern. Sie bilden mit den Bürgern der Städte einen Stand und werden allmählich im Laufe des 14. Jahrhunderts »die Gemeinen«, die *commons*. Wenn auch die Trennung des Parlaments in Oberhaus und Unterhaus erst 1352 geschaffen wird, so haben sich die *commons*, die zunächst nur stimmlose Teilnehmer des Parlaments waren, mit Hilfe des Königtums immer mehr Mitsprache erkämpft. Eine wichtige Etappe dieser Entwicklung bildet das »Modellparlament« von 1295. Zur Beratung und Finanzierung des Krieges in Schottland und Frankreich werden geladen: die Kirche, und zwar auch Vertreter des niederen Klerus, die Barone, je zwei unter Aufsicht des Sheriffs gewählte Ritter pro Grafschaft und zwei Bürger für jede Stadt. Bedeutsam ist die Begründung dieser Einberufung eines erweiterten Parlaments: »Was alle berührt, soll von allen gebilligt werden.«

So wächst politische und staatsbürgerliche Freiheit in Europa, so entstehen die Fundamente der westlichen Demokratie. Weltliche und geistliche Herren, größere und kleinere Gruppen, Gentry und Städte ringen zäh und unermüdlich in ununterbrochenem und kontinuierlichem Kampf um ihre Freiheiten und ihre Rechte.

Das Zeitalter Eduards I. ist das große Zeitalter der königlichen und parlamentarischen Gesetzgebung, der »Statuten«, vergleichbar nur der Epoche Heinrichs VIII. und der englischen Gesetzgebung des 19. Jahrhunderts. Diese Statuten fixieren zumeist älteres Recht, kodifizieren und systematisieren alte Gesetze und Rechtsbräuche. Die meisten Statuten Eduards I. betreffen lehnsrechtliche Fragen. Zwei Gesetze, von 1278 und 1279, haben besondere Bedeutung. Der König verfügt eine Nachprüfung der feudalen Privilegien, um ihm entfremdetes Königsgut zurückzugewinnen, und macht

Schenkungen an die Kirche von seiner Bewilligung abhängig (Statut über die Tote Hand).

Papst Nikolaus IV. hat sich bitter beklagt, daß »die Kleriker des Königs«, die *king's clerks,* eine Elite im Personal der königlichen Verwaltung, den Weisungen des Papstes nicht gehorchen. Diese Kleriker des Königs stammen aus dem Haushalt von Prälaten und Baronen, aus der königlichen Domänenverwaltung und von der Universität. Sie bilden ein selbstbewußtes Corps von Laien und Klerikern, die im Dienste ihres Königs hochkommen und mit ihm den Staat bauen. Nicht wenige von ihnen werden als Bischöfe eingesetzt.

Eduard I. ist der Begründer der englischen Wollwirtschaft, der Förderer des englischen Handels, wobei er sich in seinen Geldgeschäften vor allem auf italienische Kaufleute und Bankiers stützt. Als Herzog von Aquitanien ist er ein großer Städtebauer. In seiner Epoche werden über 140 *bastides* begründet.

Dieser bedeutende Staatsmann von europäischem Format ist aber auch von einer anderen Seite her kennenzulernen. 1290 vertreibt er die Juden aus England und gibt damit ein Modellbeispiel für Frankreich, Spanien und andere Länder. Eduard I. ist seit der Eroberung durch die Normannen der erste König in England, der wieder einen angelsächsischen Namen trägt. Er ist der gefürchtete »Hammer der Schotten« und der Eroberer von Wales, das er in zwei blutigen Kriegen unterwirft. Sein Sohn Eduard ist der erste neue *Prince of Wales;* seit 1343 ist das der ständige Titel des englischen Thronfolgers. Unter Eduards Regierung wird der englische Nationalismus endgültig geboren: angelsächsisches Volk und normannisches Herrentum verbinden sich, verschmelzen im Haß gegen die Kelten in Wales, in Schottland und Irland.

Wir haben, da es zeitlich unseren Raum weit überschreitet, hier nicht das Drama Schottlands, seinen langen verzweifelten Widerstand gegen die englische Herrschaft, und nicht die Tragödie Irlands zu schildern. Wohl aber fällt es in diesen Rahmen, kurz auf den anglo-normannischen, englischen Volkshaß gegen die Kelten hinzuweisen und auf die wichtige Tatsache, daß die schottische, walisische und irische Kirche der gefährlichste Gegner des englischen Königs und seiner Herrschaft ist; ihre Kleriker sind der Rückhalt der Nation, der Kern des volkhaften Widerstandes. Das englische Königtum muß seine Bischöfe im eroberten Land mit Hilfe des Papsttums durchsetzen, dem vor allem die innere Unabhängigkeit des keltischen Klerus seit dem Frühmittelalter ein Dorn im Auge war.

Durch die Erbauung von Zwingburgen *(castles)*, Kathedralen und eigenen Abteien unterwerfen sich die englischen Könige Schottland, Wales, Irland.

Für den Engländer ist der Kelte ein »Barbar«. Um 1282 schildert ein Kleriker aus dem Kreis um Erzbischof Pecham die Waliser als Restbestände der Trojaner; sie seien unter Führung des Teufels in die wilden Waldgebiete Cambriens verschlagen worden und lebten dort in verabscheuungswürdiger geschlechtlicher Promiskuität von Raub und Diebstahl und seien bösartiger Faulheit ergeben. Wenn die Engländer dieses teuflische Volk nicht schon längst vertilgt haben, dann ist dies nur der übergroßen Milde der englischen Könige zu danken, die sich bei den vielen notwendigen Strafexpeditionen immer wieder durch vorgetäuschte Reue der Waliser beeinflussen ließen. Hundert Jahre zuvor sah Gerald von Wales die Engländer als ein zum Sklaventum geborenes Volk.

Das freie walisische Hirtenvolk ist »ungebunden«, mit seinem Hab und Gut auf seinen Pferden und Karren in jeder

Weise mobil, freiheitsliebend, sangesfreudig und voll Phantasie. Es widerstrebt dem seßhaften angelsächsischen Volk und dem nach stabiler Herrschaft strebenden Normannentum gleichermaßen. Das gesamte Schimpfwortregister des Nationalismus, das wir aus den Exzessen unseres Zeitalters kennen, findet sich voll ausgebildet in der Propaganda des Volkshasses der Engländer gegen die unglücklichen Waliser, Iren und auch Schotten. Nicht minder hart ist die Praxis der Unterwerfung. Das Haupt des großen walisischen Fürsten, Llewelyns II., wird 1282 auf einer Lanzenspitze im Tower in London aufgespießt. Auf das härteste werden die schottischen »Aufständischen« 1306 behandelt. Die Ritter werden gehängt, Bischöfe in Eisen geschlossen in den Kerker geworfen, wie z. B. der Bischof von Glasgow in Porchester Castle, der Bischof von St. Andrews in Winchester Castle, der Abt von Scone im Castle of Mere in Wiltshire. Holzkäfige werden gebaut für Frauen aus der Verwandtschaft des Robert Bruce, der sich zum König von Schottland hatte krönen lassen. Für die Vergewaltigung ihrer Kirche und ihres Landes haben die Schotten später furchtbare Rache am englischen Königtum und seiner »Kirche der Heiligen« geübt. Niemand verfolgte diese Könige und ihre Bischöfe unerbittlicher und unversöhnlicher als die großen schottischen Puritaner, am Vorabend und während der Revolution von 1640.

Llewelyn II. hatte einen großen Vorgänger, Llewelyn I., den Großen (1195–1240). Seine Regierung in Wales ist eine Glanzzeit keltischer Kultur, keltischer Dichtung, des Sanges der Barden. Diese Renaissance keltischer Volkskultur in einer Zeit großen Volkshasses und eines bereits glühenden Nationalismus auf den britischen Inseln macht auf ein Phänomen aufmerksam, das für die komplexe Fülle Europas und seines Mittelalters, eine Welt voll von Spannungen, Gegensätzen und Widersprüchen, charakteristisch ist. Diese Epoche des aufsteigenden Nationalismus, des Volkshasses, der jeweils das nächste Nachbarvolk als »unrein«, »schmutzig«, »teuflisch«, als Hunde und Häretiker anspricht, ist gleichzeitig die Epoche des Erwachens der Volksseele im Lied. Nicht unähnlich dem Erwachen der Völker Mittel- und Osteuropas im 19. Jahrhundert, wo die Bemühungen um die Schaffung einer National-Literatur mit dem Nationalismus konform gehen, in Polen, Böhmen-Mähren, Ungarn, Kroatien, Serbien, nicht zuletzt in Rußland, alle infiziert durch Strahlungen der deutschen Romantik, sind in diesem Mittelalter erwachender Volkshaß, heißer Nationalismus und die Geburt einer Dichtung und Literatur in der Volkssprache engverwandte Phänomene.

Die französische Dichtung in der Volkssprache beginnt im frühen 12. Jahrhundert mit dem *Rolandslied*. Dieses atmet einen glühenden Haß gegen die Sarazenen. Wer unter diesen mit verstanden wird, verrät der große Suger von St. Denis, der Vater der Gotik: Man soll die Deutschen wie Sarazenen erbarmungslos massakrieren und die Leichname dieser Barbaren den Wölfen und Raben zum Fraße preisgeben.

Grandeur et misère de l'homme, Größe und Elend des Menschen, und eine spezifische Mentalität des Europäers werden in dieser Koppelung von schöpferischer Leistung und tödlichem Haß sichtbar.

XXVII

Haß und Liebe:

das Erwachen der Völker in der Volkssprache

DAS SPÄTMITTELALTER ist eine Epoche, in der immer neue Wellen eines heißen »Nationalismus« die Seelen der erwachenden Völker in Angst, Haß, Hoffnung und Liebe aufpeitschen. Im Hundertjährigen Krieg (ab 1328) verstärkt sich das englische und französische Nationalgefühl und bildet in stetem Blick auf den tödlich gehaßten Feind eine »Gemeinschaft im Haß«, *une communauté dans la haine,* wie Perroy es genannt hat.

Das englische Nationalgefühl wendet sich gegen Rom und Avignon, gegen die Forderungen der Päpste und gegen königliche Wünsche, gegen die schottische und walisisch-keltische Welt und dann verstärkt gegen die »bösen Franzosen«. Die Chronisten in den beiden Lagern des Hundertjährigen Krieges bezeugen sehr klar die Ausprägung des französischen und englischen Nationalismus in seinen Kämpfen: Froissart, Jean de Bel, Mathieu d'Escouchy, Thomas Basin auf französischer Seite, John von Reading und Thomas Walsingham auf englischer Seite. Die französische Animosität wird noch gestärkt durch den Gegensatz der »guten Franzosen«, der *bons Français,* gegen die Kollaborateure auf seiten der englischen Okkupanten. Es sind die mit England kollaborierenden Prälaten und Franzosen, die der Jungfrau von Orléans die Frage stellen: »Haßt Gott die Engländer?«

Im enger und geschlossener werdenden Europa stoßen die
Nationen aneinander. Das Klima wird gereizt, kalt und
hitzig zugleich. Reibereien und einzelne Haßausbrüche hat
es zuvor lange schon gegeben. Auf den Kreuzzügen im Heiligen Land streiten sich die Ritter Englands, Frankreichs und
aus dem Reich; Franzosen und Spanier geraten auf den
Straßen nach Compostela aneinander; Italiener, Franzosen
und Katalanen finden sich als Feinde und Konkurrenten im
levantinischen Handel, Deutsche und Skandinavier analog
in der Nord- und Ostsee, *patrie* und *nation* gewinnen einen
neuen, harten Klang. Auf der Iberischen Halbinsel stehen
heiße Nationalismen gegeneinander: Katalanen, Aragonesen,
Kastilier und Navarresen, Portugiesen, und alle zusammen
gegen Franzosen und Deutsche, gegen den »europäischen«
Adel und die Kaufleute aus dem Norden.
Das französische Nationalbewußtsein wendet sich im 12. Jahrhundert zuerst gegen die Deutschen. In Frankreich wird das
von Lucan im 1. Jahrhundert geprägte Schlagwort vom *furor
teutonicus* wieder aufgenommen, um die »deutsche Wildheit
und Barbarei« anzuklagen. Walter Map, der Engländer, berichtet interessiert: Ludwig VI. von Frankreich ruft Gesandten Heinrichs V. das Schimpfwort *tpwrut Aleman* zu; »das
sei für die Deutschen eine schwere Beleidigung, und ihret-
wegen komme es oft zu Streitigkeiten.« Dieses auch sonst
vermerkte Scheltwort (auch in der Form *troup alemant* und
ptrut, Sire überliefert) spielt da eine ähnliche Rolle wie
boches in der Zeit des Ersten Weltkrieges. Das *Rolandslied*
und Suger von St. Denis (in seiner *Hierapigra*), die politische Propaganda der französischen Könige im späten 12.,
dann im 13. und 14. Jahrhundert stellen als Fundamente
des französischen Nationalgefühls heraus: Die französische
Nation ist allen anderen geistig und kulturell überlegen, sie

ist das rechtgläubige Volk und der rechtmäßige Erbe Karls des Großen. Die französische Nation führt die Kriege Gottes auf Erden, als wahre Kreuzzüge. 1214 in der Schlacht von Bouvines übernimmt das *Rolandslied*, vor den Truppen von einem Jongleur vorgetragen, die Rolle der *Marseillaise*.

Der hellhörige, selbst von beachtenswerter Animosität gegen die Deutschen beseelte Engländer Johannes von Salisbury berichtet 1138 von der Verachtung der deutschen Studenten in Paris, die die Franzosen und ihren »unmilitärischen« König offen verspotten. Das deutsche Nationalbewußtsein der Stauferzeit im hohen 12. Jahrhundert, in der Glanzzeit des Reiches unter Friedrich I., wird von den Propagandisten der Reichspolitik unter Führung des Kanzlers Rainald von Dassel gegen die *reguli*, die verachtenswerten Kleinkönige des Westens, bewußt gesteuert. Hierbei wird besonders Frankreich im Streit um die rechte Karls-Nachfolge attackiert. Die Deutschen sind »die wahren Franken«, die Träger des Heiligen Reiches, die Franzosen fallen gerade durch ihre überspitzte intellektuelle Kultur, ihre *subtilitas*, dem Antichristen anheim und werden dessen Wegbereiter. So schildert das *Spiel vom Antichrist* (um 1160 vielleicht in Tegernsee entstanden) die endzeitliche Situation.

Der deutsche Minnesang, Sohn und Erbe provençalischer und nordfranzösischer Vorbilder, singt in deutscher Sprache, der Sprache des Volkes, das Lob deutscher Männer und deutscher Frauen. Nicht mit Unrecht hat man Walthers von der Vogelweide »Ich habe viele Länder gesehen« als das »mittelalterliche Deutschlandlied« angesprochen. »Von der Elbe bis an den Rhein / Und wieder bis ins Ungarland . . .« Dennoch ist gerade dieses Lied keineswegs aggressiv, eine gewisse Verinnerlichung ist an ihm erkennbar: Deutschland, das Heilige Reich, ist ein Reich nach innen, ein Raum nach innen. Wir werden sehen, wie die deutsche Mystik dieses deutsche Volks- und Nationalgefühl dann weiterhin spiritualisiert, nicht unähnlich jener spanischen Mystik des 16. Jahrhunderts, die »das Indien der Seele«, *las Indias de Dios*, das heißt Amerika, in den »sehr, sehr tiefen Bereichen der Seele« sucht.

Deutscher Volkshaß wird trotz alledem nicht dem Westen gegenüber entbunden. Die Beziehungen zwischen den staufischen Kaisern und Königen und dem König in Paris sind größtenteils freundlich, die deutsche und französische Ritterschaft trifft sich in 18 deutsch-französischen Ritterfesten; deutsche und französische Minnesänger, wie Heinrich von Veldeke und Guiot von Provins, begegnen einander brüderlich. Es ist kein Zufall, daß die große französische Kunst des späten 12. und des 13. Jahrhunderts allein in Deutschland ebenbürtigen, schöpferischen Widerhall und Weiterbildung erfahren hat, so wie die Kölner Scholastik eng mit Paris verbunden ist.

Der deutsche Volkshaß des Mittelalters entzündet sich gegenüber den Völkern des Ostens. Das ist die massive Grundlage des verkrampften, unglücklichen deutschen Ost-Verhältnisses bis zum heutigen Tag. Kurz vor Beginn des Zweiten Weltkrieges hat ein deutscher Historiker ausgerechnet, daß von den vielen deutschen Ostfeldzügen des Mittelalters der allergrößte Teil Mißerfolge waren.

Nun, seit dem Frühmittelalter schildern deutsche geistliche Quellen die Slawen als stinkende Menschen, als Fröschlein und Würmlein, als verabscheuungswürdige Tiere. Mit den slawischen »Hunden« vermählt man sich nicht, auch wenn es der Sohn eines getauften Slawenherzogs ist, berichtet Adam von Bremen.

Die Slawen ihrerseits reagieren früh auf diese deutsche Ablehnung: Cosmas von Prag spricht um 1021 in seiner *Böhmische Chronik* vom Stolz der Deutschen, die in angestammter Überheblichkeit verächtlich auf die Slawen herabblicken. Widukind von Korvey legt den Deutschen unter Führung Ottos des Großen das Leitmotiv ihrer Kämpfe mit den Slawen zugrunde: »Viel besser beginnen wir das Gespräch mit ihnen in der Sprache der Schwerter als der Worte.« Die Sprache der Waffen allein soll da gelten, denn diese »barbarischen Slawen« verstehen angeblich nur diese Sprache. Bernold von St. Blasien sagt in seiner Chronik zum Jahr 1077 den Tschechen nach, daß sie Menschen rauben zur Befriedigung niederer Lüste. Arnold von Lübeck charakterisiert die »Böhmen« als »von Natur verderbt, schändlich in ihren Taten«. Der Pfarrer in Bosau, Helmold, beschreibt in seiner bis 1171 reichenden Slawenchronik die Polen mit den bereits lange üblichen Schemata, die zur Zeichnung der Slawen deutscherseits üblich sind, als zwar tapfer, aber grausam im Rauben und Morden; sie schonen weder Kirchen noch Klöster, ihre Beutegier ist unbezähmbar. Die Slawen sind treulos, sie sind insgesamt eine »verderbte und perverse Nation«, ihr Land ist eine Provinz des Grauens und der Einöde.

Hart, grausam, unmenschlich ist der Kampf im Osten. Hier soll nicht vergessen werden, daß der Slawenkampf im hohen und späten Mittelalter ein Sport des westeuropäischen Adels ist. Auf Einladung des Deutschen Ritterordens nehmen besonders im 14. Jahrhundert nicht wenige englische, französische, flandrische und deutsch-mitteleuropäische Adelige in der »Saison« an den jährlichen Feldzügen gegen die slawischen Kleinvölker im preußisch-polnischen Raum teil.

Gegen den »deutschen Gott«, den *deus teutonicus*, der durch die deutschen Herren mit Waffengewalt ins Land kommt und die slawischen Völker dem Christentum und der deutschen

Herrschaft zu unterwerfen sucht, stellen sich die Wenden und andere slawische Stämme seit dem 10. Jahrhundert.

Im 12. Jahrhundert berichtet ein Merseburger Geistlicher in einem Einschub in das *Leben Heinrichs II:* Ein blinder Wende, dem geraten wird, die Reliquien des heiligen Kaisers Heinrich zu berühren, um geheilt zu werden, lehnt ab, da Heinrich als Deutscher einem Wenden doch nicht helfe. Tiefstes Mißtrauen gegen den Gott der Deutschen spricht sich in dieser »Anekdote« aus. Rom und römisch-katholisches Christentum werden in Osteuropa als deutscher Import verhaßt. Die polnische, tschechische und ungarische Kirche (die Ungarn werden jahrhundertelang deutscherseits als »Monstren« und Barbaren angesprochen) suchen diesen Bann zu brechen und werden zu Vorkämpfern ihrer Völker gegen die deutsche Oberherrschaft.

Doch ist es gleichzeitig typisch für dieses Mittelalter, daß neben diesen Animositäten die Wirklichkeit eines breiten friedlichen Zusammenlebens der Völker gerade auch im osteuropäischen Raum steht. Zwischen 1000 und 1230 sind elf böhmische Herzöge und Könige mit deutschen Fürstentöchtern vermählt, dazu kommen 20 Heiraten zwischen Angehörigen des Přemysliden-Hauses und des deutschen Adels. Trotz aller Verwehrungen gegen das Connubium, die Gemeinschaft des Bettes, des Tisches und nicht zuletzt der Sprache, entsteht ein slawisch-deutscher Mischadel, der in Brandenburg-Preußen den Aufstieg Preußens mitträgt und noch im ganzen 19. und frühen 20. Jahrhundert unverkennbar die Züge seiner slawischen und deutschen Ahnen vereint. Deutsche Bauern, Bürger, Städter und Handwerker leben in den Städten des eingedeutschten Ostens, in Polen, Böhmen, Mähren, Ungarn freundnachbarlich neben den einheimischen Völkern.

Diese breite Koexistenz des offenen Mittelalters wird durch den Nationalismus des Spätmittelalters gefährdet und oft abgebrochen. Die junge tschechische Intelligenz, Studenten, Professoren, Städter, werden zu den Sprechern des Volkes gegen deutsche Prälaten, deutschen Adel, gegen »Rom«.

»Der Herr liebt das Tschechische nicht weniger als das Latein«, verkündet Thomas von Stitny, einer der akademischen Vorläufer des Jan Hus, dem die »Austreibung der Deutschen« von der Prager Universität 1409 im kirchlichen Prozeß bereits in Prag vorgeworfen wird. Das Konzil von Konstanz verurteilt Hus zum Tode, wirft ihm vor, durch seine Predigt die Böhmen gegen die Deutschen aufgehetzt zu haben. Als nationaler Märtyrer wird Hus verbrannt. Für sein Volk erscheint er als Opfer eines doppelten Treubruches des »bösen Westens«: der Kaiser hatte ihm sicheres Geleit gelobt, und Rom hatte sich gegen das Heil aus der Volkssprache, die Heilsfindung in der Nation entschieden. In Schmerz, in Zorn, in Trauer, in heißem Haß und heißer Liebe entstehen die National-Literaturen der europäischen Völker. Die Sprach-Bildung ist Nation-Bildung. Das Volk erwacht in der eigenen Sprache, in Frontstellung gegen das Latein Roms und der universalistischen Bildung der Professoren, Kleriker und Beamten.

Die Dekadenz der lateinischen Literatur und lateinischen europäischen Universalsprache ist offen sichtbar geworden: im Spätmittelalter wird sie zu einer trocken-dürren Sprache von Spezialisten. In der Dichtung des 12. Jahrhunderts hingegen war sie noch blühend und überschäumend. In ihrem ersten Aufschrei und Jubel, im Wort ihres Hasses und ihrer Liebe erweist sich die Dichtung in der Volkssprache dieser dürr und eng werdenden lateinischen Wort-Mache als unendlich überlegen. Volksdichtung ist im hohen 12., dann im

13. und 14. Jahrhundert bereits Einstieg in die Tiefe, in die Wunden und Abgründe der Volksseele. Die Völker Europas beginnen, ihr Heil in der eigenen Sprache zu suchen.

Es ist heute an der Zeit, erstmalig diesen vielschichtigen Aufbruch zusammen zu sehen. Er reicht von Island bis Verona, dem alten »Bern« der deutschen Volkssage: Dietrich von Bern ist Theoderich. Er erstreckt sich vom England Langlands, Chaucers und Wyclifs zum Prag des Jan Hus und der frühen tschechischen Bibelübersetzungen, von der französischen Volksdichtung des 13. Jahrhunderts mit ihrem harten Antiklerikalismus und Antifeudalismus bis zum Inneren Reich, das verwundete deutsche Seelen sich in der Dichtung der deutschen Mystik bauen.

Verfolgen wir kurz diesen Aufbruch der Völker in der Findung und Erfindung der Volksdichtung, und beginnen wir im äußersten Norden mit *ultima Thule*, mit Island. Vor der Mitte des 13. Jahrhunderts haben unbekannte Schreiber und der Staatsmann und Geschichtsschreiber Snorri Sturluson (1178–1241) die Geschichten der Götter und Helden aufgezeichnet. Dies ist eine einzigartige, monumentale Selbstdarstellung der germanischen Völker Europas in den Jahrhunderten der Völkerwanderung und des frühen Mittelalters. Sie lagen im ständigen Kampf mit sich selbst, mit ihren Göttern, im Kampf von Mann gegen Mann, von Mann und Frau. Man sollte nicht versuchen, diese »Geschichten« der Isländer und der alten germanischen Götter Europas als ein archaisches Relikt abzutun, das für die Wirklichkeit des europäischen Hochmittelalters keinen Zeugenwert besitzt. Im 12. und frühen 13. Jahrhundert wird an der Donau im bayrisch-österreichischen Raum das *Nibelungenlied* in seiner endgültigen Fassung schriftlich niedergelegt. Seine Themen finden sich alle auch in der nordischen

Fassung. Es ist das Epos vom gnadenlosen Untergang eines Volkes, der größte epische Sang des deutschen Volkes im Mittelalter, die Geschichte vom Haß einer Frau, die ein Volk in die Tiefe reißt. Hier zeigt sich klar und deutlich, wie sehr in den germanischen Völkern Europas unter der dünnen Schicht der Christianisierung die Elemente lebten, die in vielen Jahrhunderten gewachsen waren. Kleriker und Bischöfe im deutsch-österreichischen Südosten des Heiligen Reiches waren die Autoren und das Publikum des *Nibelungenliedes*. Chronisten berichten wiederholt, daß das einschlafende Volk sofort wach wird, wenn der Prediger »diese alten Geschichten« einflicht. Der »Pfaffe«, der christliche Priester, spielt hier wie übrigens auch im zeitgenössischen höfischen Epos eine verächtliche, ganz unwichtige Rolle. Hagen Tronje wirft ihn kurzerhand über Bord; im höfischen Epos wird er – wie in der Realität des Alltags – schnell herbeigeholt, um dem Befehl eines Herrn durch Verrichtung einer kultischen Handlung zu Willen zu sein. Unbändiger Haß, große, ungezähmte Leidenschaften, Zorn und Liebe, Meineid, Verrat und ständiger Kampf erfüllen diese Dichtung. »Alles ist wie in Blut getaucht.« Starke Frauen sehen hohnlachend auf die Schwäche von Männern, die ihnen nicht gewachsen sind. Brünhilde bindet König Gunther voll Verachtung an den Pfosten des Ehebettes.

Wie war die gesellschaftliche Situation Islands in dieser Zeit? Wikinger, freie norwegische Bauern-Krieger und Händler, die sich der aufsteigenden Königsherrschaft in Norwegen nicht beugen wollten, hatten Island im 9. und 10. Jahrhundert besiedelt und waren hierbei auf keltische, irische Eremiten gestoßen. Goden, ein wehrhafter Bauernadel, der auf seinen Höfen König, Hausherr, Priester und Richter ist, sind die Führer des Volkes. 930 wird der Althing gegründet.

Köln, Dom, Außenchor. Grundsteinlegung für den Dom 1248,
erweitert im 14. und 15. Jahrhundert.
Der Kölner Dom wurde erst im 19. Jahrhundert vollendet.

Vesperbild. Um 1360–70. Lindenholz. Dommuseum, Erfurt.

Unter Leitung von 144 Herren versammeln sich im Sommer alle Freien in Reykjavik. Der Althing ist die älteste aller europäischen Volksvertretungen, das älteste »Parlament«. Er besteht zunächst ununterbrochen bis 1798; heute kann er mit den eidgenössischen Tagsatzungen verglichen werden. Im Jahre 1000 beschließt der Althing ganz demokratisch die Einführung des Christentums. Hier wird somit das Christentum durch einen Akt der Freiheit angenommen. Dies hat zur Folge, daß die alten heidnischen Anschauungen sich lange im Christentum und neben ihm erhielten. Im frühen 12. Jahrhundert beginnt die »Schreibezeit« auf Island, die Aufzeichnung von Gesetzen und Bräuchen, der Geschichte und der Geschichten der alten Zeit, die noch voll Lebenskraft im Volke wirkte.

In diesen Geschichten spiegeln sich alle Härte, aller Haß und alle Größe des Herzens. Tiefer, ganz unsentimentaler Pessimismus prägt die Isländer-Geschichten. Die Welt, die Götter, das Meer und der Mensch, sie alle sind hart, grausam, unfaßbar und doch großen und ehernen Gesetzen unterworfen.

Vielleicht müssen wir die Wucht und ganz in sich geschlossene Größe frühmittelalterlicher Kruzifixe im Klang des Hangagottliedes sehen. Odins Runenlied singt:

> Ich weiß, daß ich hing
> am windigen Baum
> neun lange Nächte,
> vom Ger verwundet,
> geweiht dem Odin.
> Ich selber mir selbst
> an jenem Baum,
> da jedem fremd,
> aus welcher Wurzel er wächst.

Odin, der gekreuzigte Gott, findet todwund die »rätlichen Stäbe«, die Zauber-Runen. Geburt der Dichtung und Findung der Sprache des Heiles, des heilenden und erlösenden Wortes aus tiefstem Schmerz. Schmerz des Gottes, Schmerz des Menschen. Symbolstark wird hier die Geburt aller Volks-Dichtung der jungen Völker Europas in einem mächtigen Urbild festgehalten: Geburt des heilenden Wortes aus einem großen Schmerz.

Das eindrucksstärkste Lied der gleichzeitig aufgezeichneten *Edda*, der Geschichten der Götter und Helden, ist *Das Gesicht der Seherin*. Eine Wölwa, eine jener starken, visionär begabten Frauen, wie sie das christliche Europa im 12. Jahrhundert in Hildegard von Bingen und einigen Frauen des Spätmittelalters bis zu Brigitte von Schweden und Katharina von Siena kennt, singt hier das Lied von Anfang, Aufgang und Ende der Weltgeschichte. Sie erzählt von der Urzeit und dem Goldenen Zeitalter, das mit der Ankunft der Nornen aufhört.

> Urzeit war es, da Ymir hauste:
> nicht war Sand noch See, noch Salzwogen,
> nicht Erde unten noch oben Himmel,
> Gähnung grundlos, doch Gras nirgend.

Sie erzählt von den ersten Kriegen der Götter, Riesen und Unholde. Und der Blick der weisen Frau sieht in Höllen:

> Einen Saal sah ich, der Sonne fern,
> am Totenstrand, das Tor nach Norden,
> tropfendes Gift träuft durch das Dach;
> die Wände sind aus Wurmleibern,
> dort sah ich waten durch Sumpfströme
> Meineidige und Mordtöter;
> dort sog Nidhögg entseelte Leiber,
> der Wolf riß Leichen – wißt ihr noch mehr?

Die Weltgeschichte ist ein Weltgericht.

> Brüder kämpfen und bringen einander den Tod,
> Brudersöhne brechen die Sippe;
> arg ist die Welt, Ehbruch furchtbar,
> Schwertzeit, Beilzeit, Schilde bersten,
> Windzeit, Wolfzeit, bis die Welt vergeht —
> nicht einer will des andern schonen.

In furchtbaren Kämpfen gehen die Götter und Menschen unter, die Erde wird vom Weltenbrand verschlungen. Dann aber werden, um mit dem Evangelisten zu sprechen, »ein neuer Himmel und eine neue Erde« erstehen; in der Sprache der nordischen Seherin heißt es:

> Wieder werden die wundersamen
> goldnen Tafeln im Gras sich finden,
> die vor Urtagen ihr eigen waren.
> Unbesät werden Äcker tragen;
> Böses wird besser: Balder kehrt heim;
> Hödur und Balder hausen im Sieghof
> froh, die Waldgötter — wißt ihr noch mehr?

»Wißt ihr noch mehr?« Der großen nordischen Schwester antwortet der Sohn der etruskischen Erde und ihrer alten Kunst, die Toten, die Schrecken der Höllen und die Lieblichkeit einer wiedergeborenen Himmelswelt zu beschwören — Dante. Das Lied der Wölwa wirkt wie eine jener sakralen Abbreviaturen romanischer Bauplastik, wie sie sich etwa in Schöngrabern in Niederösterreich finden. In ganz wenigen sakralen Zauberzeichen und Gestalten wird dort an der Außenwand der Kirche die ganze Weltgeschichte verdichtet — von der Schöpfung über Adam und Evas Fall zu Christus und zum Weltgericht.

Dantes *Göttliche Komödie* lebt aus den Feuern des Hasses und der Liebe. Der bedeutende Landsmann Dantes, Giovanni Papini, hat in seinem »lebendigen Dante« wohl am klarsten diese Verbindung des Hasses und verschmähter Liebe aufgezeigt. In diese seine Hölle »verbannt« der große Florentiner 79 Personen; davon sind 32 Florentiner und 11 andere Toskaner, im *Purgatorio* sieht er nur vier seiner Mitbürger, im Paradies nur zwei Florentiner. Florenz, die süße, heißgeliebte Vaterstadt, hat ihn unter Führung der radikal päpstlichen Partei verbannt, zum Tode verurteilt. Dantes Werk ist Dichtung aus der Leidenschaft lebenslänglicher Emigration, wie so oft italische Dichtung zwischen Petrarca und dem 20. Jahrhundert. »Die unendliche Haßliebe Dantes zu Florenz« ist jedoch *nur eine* Perspektive seines Zornes, seiner Empörung, seiner Liebe zur Kirche, zum Reich und zu Italien.

Dante schafft aus der schmerzhaften Erfahrung der zeitpolitischen Verhältnisse, die wir im vorigen Kapitel mit dem Blick auf Bonifaz VIII., Anagni, Avignon und Frankreich kurz anvisiert haben.

In Dantes Sicht stellen sich die Folgen der päpstlichen, kurialen und der französischen Politik so dar: Italien ist geschändet und zum Bordell gemacht. Die Christenheit ist ruiniert durch die »Wölfin«, wie er die kuriale päpstliche Machtpolitik nennt, die seit Konstantin dem Großen bis zu Bonifaz VIII. durch Herrschsucht und Habsucht die Kirche in einen Abgrund gedrängt hat. Das Heilige Reich des Römischen Kaisers ist durch den Wahn der Päpste und durch die antichristliche Überheblichkeit von Kaisern wie Friedrich II. und nicht zuletzt durch Schwäche und Sünde der ganzen Christenheit zu einer Gestalt der Ohnmacht geworden.

Dante fühlt sich berufen, in apokalyptischer Endzeit die kommende Erlösung zu verkünden. Als »die Stimme zehn schweigender Jahrhunderte« (so hat ihn bereits Carlyle gesehen), des stummen Volkszornes vieler Geschlechter, und als geistiger Bruder der von den Päpsten seiner Zeit verfolgten spirituellen Franziskaner und prophetischen Geister, zugleich der freien linken Aristoteliker, ergreift er das Wort zum Sang von Hölle, Sühne und Befreiung. Die Kühnheit Dantes ist außerordentlich; es gibt kaum einen »Ketzer« seiner Zeit, dessen Motive er nicht zu Wort kommen läßt. Im Himmel – im *Paradiso* – läßt er Thomas von Aquin das Lob Sigers von Brabant, des von der Orthodoxie wohl am meisten gehaßten und gefürchteten Pariser Magisters, singen. Echt mittelalterlich stellt die *Göttliche Komödie* eine Koexistenz ungeheurer Gegensätze dar. Das ganze Weltwissen der heidnischen Antike, die Astrologie der Zeit, Einflüsse aus dem arabischen und jüdischen Denken (zum Teil vermittelt durch Dantes gelehrten jüdischen Freund in Florenz, Immanuel Ben Salomon) werden hier verschmolzen. Dante verteidigt die kurz zuvor abgeurteilten Templer. Der Himmel erzittert voll Empörung über Papst Klemens V., der nach dem Willen des französischen Königs den Templerorden auf dem Verwaltungsweg aufgehoben hat. Dante verteidigt die vielverfolgten Franziskaner, die wegen ihrer Armutsidee vom Papsttum in Avignon der Vernichtung überantwortet wurden. Das Hauptziel seiner Angriffe ist die *ecclesia carnalis*, die zur Hure der französischen Könige gewordene kuriale Kirche, die durch den Machthunger der Päpste und die maßlosen ideologischen Ansprüche der Kanonisten verdorben ist.

Was will Dante? Er will durch sein Werk der Christenheit den rechten Weg in die Endzeit weisen. In ihr wird die

Kirche zur Geist-Kirche reformiert. Beatrice, die Verkörperung und das Lichtsymbol dieser joachimitisch-franziskanischen Geist-Kirche, verkündet durch ihren Triumphzug im Himmel deren Sieg. Auf Erden aber beginnt der neue Weltfrühling, der »zweite Ostertag« der Menschheit, wie Dante selbst es nennt, mit dem Italienzug Kaiser Heinrichs VII. Im engeren politischen Raum Italiens kämpft Dante ganz ohne Visier. Sein Traktat *Über die Monarchie* ist ein einziger Angriff gegen die kanonistische Weltherrschaft der Päpste. Jahrhundertelang steht dann auch seine *Monarchia* auf dem Index der von Rom verbotenen Bücher und wird von den Kaisern der Neuzeit in ihren Auseinandersetzungen mit der Kurie als Kronzeuge berufen. Erasmus von Rotterdam soll sie für Karl V. neu herausgeben.

Doch den Kampf im innersten geistigen, kirchlichen, theologischen Raum zu führen, war schwieriger. Das ist der Grund für die kunstvoll symbolische Einkleidung seiner Gedanken und Absichten in so viele, uns heute rätselhaft gewordene Gestalten, Zahlen, Anspielungen und Gleichnisse. Dante bedient sich aber auch hier nur einer von provençalischen Sängern, die im 13. Jahrhundert nach Italien geflohen waren, sowie von vielen Nonkonformisten ausgebildeten Technik der Einkleidung, des »Nikodemismus«, der *mimetizzazione*. Bis weit hinaus über Cervantes und seinen »Ritter im grünen Mantel« im *Don Quijote*, bildet diese Verkleidung direkter politischer, kirchenpolitischer und theologischer Anliegen in symbolische Fragen, Gestalten, Gleichnisse und Zahlen die einzige Möglichkeit des Ausdrucks für freie Geister in einer geschlossenen Gesellschaft, die schon für Dante nur Verbannung oder Feuertod übrig hat.

Nicht eine Sucht, sich zu verkleiden, wie in späteren manieristischen Epochen, die absichtlich »dunkel« sein wollen, beseelt den großen Dichter, sondern schlechthin die Not. Nur in dieser reichen Verkleidung war es möglich, alles zu sagen, was ihm als die Stimme vieler Tausender, die zum Schweigen verurteilt waren, aufgetragen war.

Randvoll mit »häretischen«, nicht-orthodoxen, von den Päpsten und führenden Theologen seiner Zeit abgeurteilten Ideen, theologischen Meinungen und Geschichtsprophetien ist Dantes unsterbliches Werk. Das ist heute klar zu sehen. Ebenso deutlich wird aber – und das ist das Geheimnis der Lebensfülle des Mittelalters –, daß Dantes *Göttliche Komödie* das Werk einer Katholizität ist, die es wagt, Brücken über Abgründe zu bauen, härteste Gegensätze und Gegner zu vereinen. Die Gegner singen im Himmel das Lob ihres Feindes. Unverwirrt durch seinen Zorn, im allerletzten wird ihm sein Haß zum Motor, der ihn durch Hölle und Purgatorium treibt, bis die lichten Feuer des *Paradiso* die dunklen Feuer der Erde und Hölle überwinden. Liebe, Ordnung und Heil, das sind die Ziele und Aufgaben des Menschen. Er findet sie in einer in den Feuern der Geschichte gereinigten, von Gott gezüchteten Geist-Kirche, politisch beschützt durch das Reich, das Kaisertum.

Sechshundert Jahre nach Dantes Tod in der Verbannung in Verona hat Papst Benedikt XV. im Rundschreiben, *in praeclara*, am 30. April 1921 dem Genius des Dichters gehuldigt und in dieser Kundgebung an die Weltkirche wiederholt Dantes *Monarchia* lobend zitiert, die so lange auf dem Index stand. Symbol eines Wandels: Mit der Absage Leos XIII. im späten 19. Jahrhundert an die Weltherrschaftskonzeption Bonifaz' VIII. in der Bulle *Unam sanctam* hatte der Prozeß der sehr langsamen Lösung der Papstkirche aus dem Bann der Positionen des Hochmittelalters begonnen.

Betrachten wir nun eine andere Achse volkssprachlicher Dichtung in Europa: sie führt von England nach Böhmen und reicht weit über unseren Zeitraum hinaus. Die englische Dichtung in der Volkssprache und die Erhebung der Volkssprache zur Hochsprache des Gotteswortes sind mit Italien und Rom mehrfach verbunden. William Langland (1332 bis 1376), der Verehrer des heiligen Franziskus, dessen Armut, Demut und Liebe zur Erde und zu allen gottgeschaffenen Dingen, kommt von der franziskanischen Volkspredigt in England her. Diese Bettelmönche hatten zum ersten Male seit angelsächsischer Zeit dem Volk auf den Mund und ins Herz geschaut und sich in ihren Predigten bemüht, die Sprache und das Herz des Volkes zu formen. Wir haben Dante als Sprecher der spiritualistischen Franziskaner kennengelernt. Langland zeigt sich in *Pier the Plowman* milder und erdhaft-inniger als der große Florentiner; ihn beschäftigt nicht das Schicksal der Kaiser, Päpste, Könige und Theologen, sondern das Schicksal des schlichten Volkes, der Bauern, Bettler, der Eheleute und Jungfrauen. Mit Dante aber ist er der Überzeugung, daß allein die große Liebe, die Liebe des Gottessohnes, die Menschheit erziehen und auf den rechten Weg führen kann.

Die englische Dichtung hat ihre Beziehungen zu Italien und seiner Dichtung seit ihrem Erwachen im 14. Jahrhundert gepflegt. Geoffrey Chaucer (um 1340–1400), der Verfasser der *Canterbury Tales,* in denen alle Volksschichten des *merry old England* zu Wort kommen, war vielleicht mit Boccaccio und Petrarca persönlich bekannt. Er bringt deren Werke nach England mit und übersetzt sie teilweise. Von Chaucer über die Shakespeare-Zeit bis zur Gegenwart ist Italiens Glockenklang nie mehr verstummt in Englands Ohr. Seine Dichter und Musiker hören auf ihn bis zur

Gegenwart, in der ein Benjamin Britten sich an Michelangelos Sonetten und dem Belcanto inspiriert. Tief aufgewühlt wird das Herz des Volkes in England durch den Zusammenstoß mit Rom. Wir sahen, wie Dante die italienische Volkssprache zur Heilssprache gegen das herrscherliche Latein der Kurie und ihrer Kanonisten erhebt. Wyclifs Predigten, seine Bibelübersetzungen und die Bibelübersetzungen der von ihm herkommenden Lollarden stehen in demselben großen europäischen Zusammenhang. Gegen die Überherrschung durch das »volksfremde« Latein der römischen Kirche wird die Sprache des Volkes berufen, um zu beweisen, daß diese verachtete und gefürchtete Sprache des Volkes befähigt und berufen ist, dem Volk das Evangelium zu verkünden. In der Arbeit an der Bibelübersetzung wird die Volkssprache gebildet und erzogen, reift sie zum Träger des religiösen und politischen Selbstbewußtseins der Völker Europas heran.

Durch die reichen englisch-böhmischen Beziehungen, vermittelt durch fürstliche Heiraten und durch böhmische Studenten in England, werden die Funken in Böhmen zu hellem Brand entfacht. Wyclif und seine Bewegung haben den jungen tschechischen Predigern und Professoren Mut gemacht. Der tschechische Reformator Hus übernimmt Wyclifs Anschauungen zum Teil wörtlich. Seine Vorläufer, wie Thomas von Stitny, stützen sich in ihrer Erhebung der tschechischen Sprache zur Hochsprache auf das englische Vorbild.

In der französischen Volksdichtung wird der große Bruch mit der lateinischen, klerischen, scholastischen und höfischen Dichtung um 1270–80 eindrucksvoll sichtbar. Diese junge Volksdichtung ist antiidealistisch, antihöfisch, antifeudal, antiklerikal. Polemische Gedichte gegen Papst, König, Hof tragen die ältere Tradition der Troubadours und Trouvères, der durch kirchliche Aburteilungen im frühen 13. Jahrhundert ausgeschiedenen Spielleute nunmehr ins Volk. Zuvor hatte dieses Volk bereits seine Stimme im Werk des Rutebeuf, des bedeutendsten französischen Volksdichters im 13. Jahrhundert, gefunden. Er lebt zwischen 1245 und 1280 in Paris. Er ist ein genialer Dichter, der ums Brot schreibt; ist immer bedürftig, verliert nie seinen Freimut, ein früher Vorläufer François Villons. Paris ist für Rutebeuf das einfache Volk von Paris, seine Sorgen, seine Ängste, seine Freuden. Er ist dem Glauben dieses Volkes verbunden, er steht zugleich an der Seite seines Königs, Ludwigs des Heiligen; als seine Feinde bekämpft er gleich Rabelais dekadente Bettelordensmänner.

Der große Wandel des geistigen Klimas und dessen Ausdruck in der Literatur wird am deutlichsten und am schärfsten in der Zwiegestalt des Rosenromans sichtbar. Der *Roman de la Rose* ist das einzige Werk der Literatur vor 1300, das sich bis weit ins 16. Jahrhundert der Gunst des französischen Publikums erfreut und das in England in der Pilgergesellschaft von Chaucers *Canterbury Tales* und noch bei Shakespeare (etwa im 11. Sonett) Nachklang findet.

Der erste Teil dieses Rosenromans war um 1236 von Guillaume de Loris aus Orléans verfaßt worden und bildet eine zarte, wunderschöne Spätblüte höfischer Minne. Der junge Dichter träumt, daß er im Mai vor einen Garten kommt, der von einer Mauer umschlossen ist. Im Garten ist Gott Amor, umgeben von Freude, Jugend und Freigebigkeit. Der Jüngling sieht eine Rose, die er gewinnen möchte – die ersehnte Jungfrau. Reinheit, Zartheit, Aufrichtigkeit des Herzens spiegelt sie. Hier bricht der erste Teil ab. Vierzig Jahre später setzt Jean de Meung das Werk in 18 000 Versen fort. Kalt, zynisch, zugleich pedantisch kämpft dieser bürgerliche

Literat gegen die orthodoxe Scholastik und die höfische Ethik. Keuschheit ist Illusion, statt Eros regiert Sexus die Welt. Die »Natur«, die Hauptperson dieser großangelegten Invektive in Form des »Romans«, fordert die Menschen auf, sich von den heuchlerischen Konventionen der Gesellschaft und von Aberglauben aller Art zu befreien. Robuster Optimismus und bewußte Aggressivität gegen die Herren der Welt und der Theologie strömen aus diesem Werk. Das Verurteilungsdekret des Pariser Bischofs Etienne Tempier (1277) wendet sich gegen diese »Häresien«, doch das ist der raschen Verbreitung des Romans nicht abträglich.

Ironie, Spott, gelehrte Invektive jetzt vor allem in der Volkssprache, daneben ein breites Behagen am vollen Leben in dieser Welt, charakterisieren die französische Volksdichtung des Spätmittelalters.

Neben Paris ist Arras im 13. Jahrhundert das bedeutendste literarische Zentrum. Reiche Bürger treten hier als »Poeten«, als eine Art »Meistersinger« auf; sie bilden eine Dichterakademie, »le Puy« genannt, unter Vorsitz eines »Fürsten« des Puy. Mehr als 180 Poeten sind bekannt. Andere Zentren entstehen in Valenciennes und Toulouse. Nicht selten hausbacken, satirisch, ernst und heiter, aber mit unverkennbarem politischem Unterton, antihöfisch und antiklerikal, spiegelt diese Dichtung ein Volk, das auf seine Weise am Aufstieg zur Weltgeltung seiner Nation selbstbewußt teilnimmt.

Hat nicht am Eingang des Jahrhunderts der französische König bei Bouvines die Standarte des Reiches mit dem Reichsadler erobert? Am Ende des Jahrhunderts führt der König von Frankreich in seinem Paris drohend den Prozeß, um Papst Bonifaz VIII. als Ketzer zu entlarven und abzusetzen.

In einer ganz anderen Situation wurzelt die Geburt der deutschen Hochsprache im hohen 13. und frühen 14. Jahrhundert. Die Mystik Meister Eckharts, Mechthilds von Magdeburg, Taulers und Seuses ist die Antwort auf den Zusammenbruch des Reiches und der Kirche in den Seelen und bedrängten Herzen frommer, gottergriffener Menschen, die im Reich und in der Kirche keine innere Heimat mehr fanden. Zwischen 1260 und 1350, genau im Abgesang des Mittelalters, entfaltet sich die Bewegung, die dem deutschen Volk erstmalig eine Hochsprache der Bildung und intellektuellen Spekulation der Philosophie und eine Hochsprache des Gefühls geschenkt hat. Von ihr gehen im Spätmittelalter und in früher Neuzeit Wellen mannigfaltiger Einflüsse aus, die zunächst die Niederlande, dann Frankreich, Spanien, England und später den Osten erreichen und in der Gegenwart weit über Europa hinaus spürbar sind. Meister Eckhart übt auf indische, chinesische und japanische religiöse Denker eine ebenso starke Anziehungskraft aus wie zwischen dem 15. und 18. Jahrhundert auf die französische, spanische und zuletzt die englische Geistigkeit, die über Jakob Böhme von Meister Eckhart Kenntnis hatten.

Die große deutsche Mystik mit der von ihr geschaffenen Sprache ist zugleich ein Reflex auf den Zusammenbruch des Reiches und der Kirche. 1256 bis 1273 währt »die kaiserlose, die schreckliche Zeit«. Das sind die Jugendjahre Meister Eckharts. Zwischen 1250 und 1265 hat Mechthild von Magdeburg ihre Visionen und Betrachtungen aufgezeichnet, »das fließende Licht der Gottheit in alle Herzen, die da leben ohne Falsch«. Hölle, Fegefeuer und Paradies werden als Innenräume der Seele durchwandert. Es ist wahrscheinlich, daß die mystische Frau Matelda, die Dante neben und vor Beatrice ins Purgatorio geleitet, mit Mechthild von

Magdeburg identisch ist, und daß Dante das *Fließende Licht* gekannt hat.

Wie anders ist im 13. und frühen 14. Jahrhundert die Reaktion der deutschen Seele auf die politische und kirchliche Misere, im Gegensatz zu dem großen Florentiner Dante und zur religiös-politischen Predigt und dem Schrifttum der Männer um Wyclif und Hus. Diese wirken nach »außen«, in den kirchlichen und politischen Raum der Nation. Die deutsche Mystik geht ganz nach innen: Das »innere Reich«, der Kosmos als ein Innenraum der Seele, ist ihr ein und alles. Meister Eckhart erklärt:

> Wenn ich predige, pflege ich zu sprechen: erstens von der Abgeschiedenheit, und daß der Mensch ledig werde seiner selbst und aller Dinge; zweitens, daß man wieder eingefügt werde in das eine Gut, das Gott ist; drittens, daß man gedenke des hohen Adels, den Gott in die Seele eingepflanzt, auf daß der Mensch dadurch ins wunderbare Leben Gottes gelange; viertens von der Lauterkeit der göttlichen Natur – unaussprechlich ist die Klarheit der göttlichen Natur.

Und Mechthild von Magdeburg singt es den Schwestern und Brüdern, die nach ihr kommen, als Leitmotiv vor:

> Die Seele spricht zu ihrem Herrn:
> Wäre alle die Welt mein,
> und wäre sie von Golde rein,
> und könnte ich hier nach Wunsch ewiglich sein
> die alleredelste, die allerschönste,
> die allerreichste Kaiserin fein –
> wie nichtig mir das immer wäre!
> Also viel gerne
> sähe ich Jesum Christum, meinen lieben Herrn,
> in seiner himmlischen Ehre.
> Bedenkt, was die leiden, die ihn lang entbehren!

Bedenkt, was die leiden, die ihn lang entbehren! – Der Hunger der Seelen nach einer Begegnung mit dem lebendigen Gott wurde in den rheinischen und südwestdeutschen Städten, den Zentren dieser Mystik, durch das Fehlen einer persönlichen Seelsorge und durch den Kampf der Städte mit der Kurie und ihren Bischöfen verschärft. Der Widerstand der Städte gegen Rom und die päpstliche Steuerpolitik bekundet sich 1313 in Mainz, 1330 in Köln, 1335 im Rheinischen Kirchenbund und gipfelt 1372 im Manifest der Kölner Liga gegen die Kurie. Als Folge des machtpolitischen Kampfes war es nicht selten, daß eine Stadt jahre- und jahrzehntelang von ihrem Bischof oder dem Papst mit dem Interdikt belegt wurde. Kult und Sakramentenspendung waren dem Klerus da untersagt. Hundert Jahre bevor Meister Eckhart in Straßburg wirkt, liegt über der Stadt bereits jahrzehntelang der Kirchenbann. Im Streit zwischen Kaiser Ludwig dem Bayern und dem Papst in Avignon, Johann XXII., der 1329 28 Thesen Eckharts in einer Bulle verurteilt, leben viele deutsche Städte im Kirchenbann; so beispielsweise Erfurt, die Stadt Meister Eckharts und später Luthers, drei Jahre lang, Ulm 14 Jahre, Frankfurt sogar 28 Jahre.

In den Ruinen des Reiches und neben den leeren großen Kirchen haben sich viele kleine Gruppen von Menschen angesiedelt, die als »Brüder« und »Schwestern« ein gottselig-frommes Leben führen wollen in der Freude und Freiheit, im Frieden einer innig-individuellen Begegnung der Seele mit Gott. Diese Frommen werden vielfach verdächtigt, doch wollen sie sich keineswegs von der Kirche trennen. Der Mangel an Seelsorge und die Animosität einer ohnmächtigen klerischen Obrigkeit, die spürte, wie ihr die Herrschaft über die Seelen entglitt, der Unverstand, nicht zuletzt die

permanente Denunziation in Rom und Avignon, drängten
diese frommen Gruppen an den Rand der Kirche und dann
in Wellen von Verfolgungen. Heute weiß die Forschung
endlich, wie schwer, ja wie unmöglich es oft ist, zwischen
»häretischer« und »orthodoxer« Mystik, zwischen »katholischen« und »häretischen« Beghinen zu unterscheiden. Diese
frommen Seelen, oft Frauen, geraten dann im Sog der Verfolgung allerdings nicht selten in die Nähe jener Brüder
und Schwestern, die an sich bereits dem nonkonformistischen Untergrund Europas angehörten. Dieser nonkorformi-
stische Untergrund bestand aus den Resten von Katharern
und Waldensern, »linken« spiritualistischen Franziskanern,
Beghinen und Begharden, und nimmt nun neue Gruppen und
Elemente auf – »Brüder des Heiligen Geistes«, »Brüder des
Geistes der Freiheit«, Lollarden, manche Geißler.

Der Kölner Erzbischof Heinrich von Virneburg, der den
Prozeß gegen Meister Eckhart selbst eröffnet, beginnt seine
Regierungstätigkeit in Köln mit der Verbrennung und dem
Ertränken von Begharden im Rhein. 1290, 1292 und 1306
gehen in Basel, Colmar, Aschaffenburg, Köln die Hauptwellen
der Verfolgung über diese Gläubigen, die in der Welt ein
gottseliges Leben führen wollen und sich einer Sprache bedienen, die der Mystik Eckharts nahesteht. 1317 werden
in Straßburg und 1322 wieder in Köln Begharden und Brüder vom Freien Geist verbrannt und ertränkt.

Der Kölner Erzbischof greift zugleich die Dominikaner und
Franziskaner offen an, sieht in ihnen die Quelle der frei-
religiösen Bewegungen. Die bedrängten Franziskaner denunzieren nun ihrerseits die junge, dominikanische Intelligenz, die als Seelsorger der dominikanischen Frauenklöster,
als Volksprediger und als intellektuelle spekulative Philosophen Aufsehen erregt hatte.

Diese Dominikaner hatten sich zunächst keineswegs zur Seelsorge an den Frauenklöstern ihres Ordens gedrängt. Zu Anfang des 14. Jahrhunderts stehen 46 bis 48 Männerklöster in der deutschen Ordensprovinz 70 Frauenklöstern gegenüber. Erst nach langem Widerstreben waren die Dominikaner auf Befehl des Papstes Klemens IV. endgültig zur Seelsorge in den Frauenklöstern verpflichtet worden. Diese Verpflichtung ist »die Geburtsstunde der deutschen Mystik«. Hier traf die Sehnsucht eines männlichen Geistes, der in Paris und in Deutschland Neuem weit geöffnet worden war, mit der Sehnsucht leidbedrängter weiblicher Herzen zusammen, und neue Horizonte tun sich auf.

Im Schatten der Scheiterhaufen und der ständig drohenden kirchlichen Gerichte, umlauert von permanenten Denunziationen eifersüchtiger Kleriker, die neidisch auf den Zustrom blicken, den diese jungen Prediger finden, wächst »der Garten der deutschen Seele«, die deutsche Mystik. Das Herz des Menschen findet sich in der Zwiesprache mit der Gottheit; die Seele, die sich ganz an Gott »läßt«, vereint sich mit der Gottheit. Die Gottwerdung des Menschen, die Wiedergeburt und Eingeburt Gottes mit Christus vollzieht sich in der Seele der deutschen Mystik. Die kühnste Offenheit des Geistes und die leidenschaftlichste Offenheit des Herzens vermählen sich in den Seelen einzelner Menschen. Die kühnste Offenheit des Geistes – in der philosophischen Spekulation Eckharts und seiner deutschen Ordensbrüder (Johannes Sterngassen, Giselher von Slatheim, Helwig von Gelmar, Nikolaus von Straßburg und ein halbes Dutzend Schüler und Freunde) – und die leidenschaftlichste Offenheit des »Herzens« vermählen sich. Beide Äste dieses Baumes streben gleich kühn in die »überhimmlischen Räume« (um mit Platons *Phaidros* zu sprechen) empor. Der philosophi-

Tapisserie de Touraine (Ausschnitt). Paris, Musée des Gobelins.

schen und platonistischen Spekulation dieser Dominikaner, die der großen Einheit alles göttlichen und kosmischen Lebens gilt, entspricht die volkhafte Mystik der dominikanischen Frauenklöster.

Ihre Themen sind: Das Reich Gottes ist in euch. Aller Glanz des Himmels und der Erde ist in der Seele, die sich Gott ganz hingibt. Leid, Schmerz, Verfolgung und Tod überwindet der Mensch, der Gott auf diese Weise in sich wachsen, blühen, Früchte tragen läßt. *Unzerstörbar und nicht zu erobern ist die innerste Festung, die »Burg der Seele«: sie tritt an die Stelle der zehntausend Burgen und Festungs-Kirchen, die ihr keinen Schutz gewährt haben.* Da drinnen, so lehrt bereits Meister Eckhart, im Grund des Herzens ist eine »kleine Burg«, ein *Bürglein.* In ihm brennt als Licht, Feuer, Kraft, Seelenfünklein die Flamme der Gottheit selbst. Unausrottbar ist diese innerste Feuerquelle, durch die der Mensch Gott selbst verbunden ist. Pflege diese Flamme, laß Gott in dir, in diesem Feuerkern deiner Seele wachsen!

Die Gewißheit dieser unaustilgbaren Verbindung des Menschenherzens mit Gott hat in den frommen Frauen und Männern der deutschen mystischen Bewegung einen Rausch des Jubels, der Freude, der Freiheit entfacht und hat erstmalig die deutsche Hochsprache als eine Sprache des Innenraums des »Geistes« und der »Seele« geschaffen. Von den Dominikanerinnen-Klöstern geht die große religiöse deutsche »Literatur« aus.

Hier, in der intellektuellen Spekulation Meister Eckharts, setzt aber noch die deutsche Philosophie des hohen 18. und frühen 19. Jahrhunderts an: Kant und Fichte, aber auch Schelling, Hölderlin und Hegel, die drei Schüler des Tübinger Stifts.

Als der »heimliche Kaiser im heimlichen Reich« predigt Johannes Tauler, der Schüler und Verteidiger Meister Eckharts, den Stillen im Lande: Laßt euch verachten, verschmähen, als Ketzer verfolgen, ja töten – ohne Widerstand; werft alles auf Gott. Widersteht nicht dem Bösen, im kirchlichen und weltlichen Regiment; auch wenn Papst, Bischöfe und Prälaten mir zu Wölfen würden, soll ich sie ertragen. Hier ersteht Franziskus von Assisi von neuem, in der großen Not und Angst dieser deutschen Frommen, verwandelt. Tauler und mit ihm die Prediger der Frauenklöster tragen diese Gedanken ins Volk: Der »innerliche Mensch« baut Kirche und Reich in sich. Die Kirche, das wahre Schiff Petri, ist der »inwendige Grund des Menschen, in dem Christus rastet«.

Leise, fast lautlos haben sich in dieser Bewegung der deutschen Mystik die Seelen von der »Mauerkirche« (wie Tauler sie nennt) und vom Reich entfernt. Sie leben nun in einer inneren Emigration, die bis zum Aufbruch in der Reformation währt.

Die Kirche hat die große Herausforderung und die Gefahr, die ihr von diesen »Stillen im Lande« drohte, wohl erkannt. Doch sie versuchte, sie mit ungeeigneten Mitteln zu bekämpfen. Durch die Verurteilung Eckharts nach seinem Tode und die Verfolgung und Vernichtung einzelner Mystiker wurden deren Gedanken und deren Frömmigkeit in den Untergrund gedrängt.

Der Wandel vom offenen Europa zum geschlossenen Europa des Spätmittelalters und der frühen Neuzeit bekundet sich eindrucksvoll in den Versuchen der Kirche und des Staates, mit allen Zwangsmitteln die deutsche Mystik und alle mit ihr zusammenhängenden rechten und linken religiösen und geistigen Strömungen auszurotten. Gregor XI. und Kaiser

Karl IV. erklären mit kaiserlichem Brief vom 17. Juni 1369 feierlich ihren festen Willen, die Ketzerei auszurotten und *alle Bücher, Schriften und Predigten in der Volkssprache* dem Scheiterhaufen zu übergeben. Damit verfallen auch Eckharts Schriften der Vernichtung. Mit dieser Verurteilung gestanden Kirche und Reich zugleich, daß sie zu schwach waren, um die Spreu vom Weizen zu sondern, daß sie beide Angst vor dem Erwachen der Völker hatten. Die deutsche Mystik wurde damit in den Untergrund verdrängt. Aus ihrem Schoß aber wachsen später die deutsche Dichtung und die Lyrik, geistliches und »weltliches« Lied, und nicht zuletzt das spekulative und philosophische Denken. Sie alle zusammen sind voll Abwehr gegen das »Gespenst« des »Heiligen Reiches« und seiner Erben und gegen dessen Verbündete, die offizielle Kirche und Konfession. Die tragische deutsche Kluft zwischen »äußerem« und »innerem« Reich, zwischen Macht und Geist, Politik und Metapolitik, Politiker und Intelligentsia, hat hier ihre Wurzeln.

Am Weihetag des Kölner Domes, dem 26. September 1357, predigt Johannes Tauler von der wahren Kirchweihe: sie findet im »inwendigen Menschen« statt. »Die Kirchen machen die Menschen nicht heilig, sondern die Menschen machen die Kirchen heilig.« Das »heilige Köln«, die größte, reichste und heilsmächtigste Stadt des deutschen Raumes, im Glanz seiner goldenen Schreine, im Besitz der Reliquien der Heiligen Drei Könige und der 11 000 Jungfrauen, im Besitz herrlicher und einzigartiger Kirchen (sie fielen im Feuerbrand des Zweiten Weltkrieges in Schutt und Asche) – alle diese »auswendige« Heiligkeit, so predigen Tauler und seine Geistesbrüder, hilft dem Menschen nichts – *das* Reich und die Kirche sind innen. Der innere Mensch, in dem Gott als Vater, Sohn und Heiliger Geist lebt und sich in den

Früchten des Geistes, der Liebe und wahren Freiheit aus-
gebiert, er ist der Mensch, dem die Zukunft gehört – das
Reich Gottes.

Von der großen Welt und dem übrigen Europa zunächst
fast unbemerkt, sind hier beträchtliche Teile der deutschen
Christenheit in eine innere Emigration abgewandert, in der
die Feuer- und Wasserfluten der Verfolger sie nicht mehr
erreichen.

Taulers Kirchweihpredigt im Angesicht des Kölner Domes,
des stolzesten aller deutschen Dome, stellt uns zugleich die
Frage: Wie steht es in diesem Europa um seine Kirchen, um
seine Kunst, die doch im Raum unseres Mittelalters vor-
wiegend kirchliche, religiöse Kunst ist?

XXVIII

Kunstwelten des Mittelalters

EUROPAS MITTELALTER als eine Fülle von Gegensätzen und
Gegenkräften präsentiert sich heute noch dem ergriffenen,
sehbereiten Auge in seinen Kunstwelten. In ihnen ist alles
vereint – in Körper, Raum, Form, Bild und Schmuck –, was
in diesem Mittelalter mit- und gegeneinander wirkt und
lebt. In der romanischen Bauplastik und Architektur ziehen
sumerische, altorientalische, archaische, germanische und keltische Elemente in die Formensprache Europas ein. Zu ihnen
gesellen sich in französischen Kirchen des 12. Jahrhunderts
griechische, römische, arabische und wieder kleinasiatische,
armenische Elemente. Fast ein Dutzend Sonderlandschaften
entwickeln ihre eigenen Stile und Ausdrucksformen. In den
hochdifferenzierten Kunstwelten dieses Mittelalters kommen Mönche und Volk, der geistliche und weltliche Adel,
Könige und Bischöfe zu Wort in der Gestalt. Die Monstren
der Vorzeit, die Träume eines Paradieses, die Schrecken irdischer und jenseitiger Hölle werden dargestellt.
Der Hochmut feudaler Überheblichkeit und der Stolz der
Kreatur finden ihren Ausdruck: auf einem Relief der Kathedrale von Amiens tritt eine adelige Dame ihrem Dienst-
boten roh in den Leib; auf den Türmen der Kathedrale von
Laon rühmen sechzehn in Stein gehauene Arbeitsochsen die
Geduld der Tiere, die einst die Steine zum Bau der Kathedrale herbeigeschleppt haben. Alle Stände, alle Künste, alle

Wissenschaften werden im Abbild festgehalten. Alle Teufel und alle Engel werden in Stein beschworen. Die Frau in allen Erscheinungsformen, die das Mittelalter kannte, fürchtete und verehrte: als Himmelskönigin, als Heilige, als Bäuerin, als Nonne, als Teufelsweib mit der Kröte im nackten Schoß. Der Mann als Richter im Himmel und auf Erden, als Gottmensch, Himmelskönig und als irdischer König, als Heiliger, Ritter, Bauer, Knecht, als Sünder schlechthin. Die mittelalterliche Kunst scheut, echt volkhaft, nicht davor zurück, ihren ganzen Haß und ihre ganze Liebe gleich plastisch aller Welt zu bekunden: sie bildet den Ketzer, den Antichristen, den gefürchteten Feind, den Sarazenen, den Slawen; sie bezeugt, zumal in italienischer Kathedralplastik, ihren Antiklerikalismus und Antimonastizismus (der Mönch als gefräßiger Wolf, der das Laien-Schaf verschlingt) und ihren Antisemitismus. Ganz unsentimental – in ihren vorgotischen und außergotischen Bereichen –, meist sehr nüchtern, hart und klar, vermag sie doch auch das Zarteste zu bilden.

Auf ihren Höhepunkten wird in ihr allein vielleicht einer Versöhnung Gestalt verliehen, die in der gesellschaftlichen und politischen Situation der Zeit nicht gedacht und auch nicht gewollt wurde: die Figur der Synagoge am Straßburger Münster ist schöner, reizvoller und liebenswerter als die ihr gegenüberstehende siegreiche Schwester, die Kirche.

Das slawische Volk, Grundholden, Bauern, haben in der Kunst des Naumburger Münsters als Jünger Christi eine an sich ebenbürtige Darstellung gefunden wie ihre stolzen adeligen deutschen Herren im Chor des Naumburger Domes. Ja, die beiden größten politischen Gegensätze dieses Mittelalters – der Konflikt des Westens mit Byzanz und der Zusammenstoß der Christenheit mit dem Islam – scheinen in der Kunst überwunden. Arabische Bau- und Formelemente finden sich nicht nur im französischen Süden und Südwesten und in Italien und Sizilien, sondern reichen als Koran-Suren in kufischer Schrift (getreu nachgebildet etwa in einem Braunschweiger Evangeliar des 12. Jahrhunderts) weit nach Norden. Der mächtige Einfluß von Byzanz durchstrahlt seit dem 9. und 10. Jahrhundert in immer neuen Wellen ganz Westeuropa.

Versöhnung also in der Kunst? Koexistenz der Welten, der Gegensätze in der europäischen Kunst dieses Mittelalters? *Ja*, wenn man die Gegenwart der alten Götter, Odins mit dem Fenriswolf, der »Unholden« und Dämonen, der Helden der Sigurdsage und der Nibelungen, Dietrichs von Bern und der Helden des König-Artus-Kreises in der Bauplastik und die Aufnahme antiker Göttergestalten in den Bau christlicher Kirchen in diesem Sinne verstehen will. Dies geschieht wohl meist »unbewußt«, ebenso wie Formen und Schmuckelemente archaischer, außereuropäischer und außerchristlicher Elemente unbewußt in das neue Werk einbezogen werden.

Versöhnung in der Kunst? *Nein*, wenn man an den zielbewußten Willen der Bauherren denkt, sich all das zu unterwerfen: im Dienste an ihrem Gott, zur Ehre und Feier ihrer eigenen Macht. Die Gotik ist ein »tyrannischer Stil, der all diese bunte Verschiedenheit bricht und gleichschaltet« (Ed. Perroy), eine neue Kunstwelt, die erstmalig in ganz Europa eine universale Kunstsprache propagiert. Sie setzt sich zunächst durch das französische Königtum, dann durch die Zisterzienser, vor allem aber durch die geistlichen und weltlichen Fürsten durch. Ihr Sieg zeigt auch in der Kunst den Übergang Europas an: vom offenen Europa und seinen Gärten, in denen wahrlich verschiedenartige Blumen blühten, zum geschlossenen Europa des Spätmittelalters, in dem Kirche und Staat sich bemühen, eine Form, ein Gesicht, eine Gestalt, eine Macht durchzusetzen.

In der europäischen Kunst bleiben aber neben der Gotik auch ältere Kunstwelten erhalten, nicht nur im deutschen Raum, wo sie gerade im 13. Jahrhundert ein kräftiges Eigenleben entfalten. Die Gotik selbst erfährt etwa in England, später im deutschen Raum, nicht zuletzt auch in Italien Sonderentwicklungen, die nur gewisse formale Strukturen mit dem französischen Urbild gemeinsam haben.

Gleichzeitig mit der Geburt und dem Aufstieg der Gotik – und dies ist als ein Prozeß des vielgestaltigen europäischen Lebens vielleicht das Wichtigste – erwachen in der »Protorenaissance« in der Provence und in Italien antike Formen zu neuem Leben. In der reichen, bunten Schmuckwelt der späten Gotik erwachen dann auch wieder in der Form von Grotesken die Monstren der alten »romanischen« Volkskunst als *Erinnerung an die Schrecken, ohne die es auch in der Kunst keine Geburt der Schönheit gibt.*

Die Entdeckung des »romanischen« Europa, der großen und vielfältigen Kunst Europas vor und neben der Gotik vom hohen 11. bis zum 13. Jahrhundert, hat zwischen dem Ersten und Zweiten Weltkrieg begonnen. Jahr für Jahr findet man jetzt unter den übermalten Wänden, freigehauen aus gotisiertem und barockisiertem Mauerwerk, romanische Wandmalereien, Plastiken und Säulenkapitelle – ein Vorgang, vergleichbar nur der Aufdeckung frühzeitlicher Höhlenmalereien in Frankreich, Spanien und auf anderen Kontinenten. Der innere Zusammenhang ist offensichtlich: Das Auge der Gebildeten und der Künstler der Moderne sieht fasziniert, wie da mitten im geschichtlichen Europa, in unserem durch tausend Urkunden und schriftliche Quellen

aller Art bekannten Europa eine Kunst blühte, die orga-
nisch mit ihren archaischen Ursprüngen und kommunizie-
rend mit der großen Form früher Kunst aller Kontinente
in Verbindung steht.

Urformen, Urbilder tauchen da in plastischer Gestalt auf;
Urvisionen vom Untergang und Aufgang der Welt, an den
Sang der Wölwa und Dantes erinnernd. Es bedarf großer
Kraft der Besinnung, innerer Anspannung und Freiheit, um
sich mit der großen romanischen Kunst Europas fruchtbar
auseinandersetzen zu können. Ihre mächtigen Räume, ihre
Säulen, ihre Plastiken und Bilder, die in ihrer inneren Wucht
und Monumentalität nur vergleichbar sind mit mesopota-
mischer, ägyptischer, frühgriechischer und archaischer Kunst
Altamerikas, Altasiens und Afrikas, finden in der späteren
europäischen Kunst des 13. bis 19. Jahrhunderts kaum ebenbürtige Partner. Erfordert es noch einen Hinweis darauf, daß
es einer besonderen inneren Optik bedarf, um das Wesen
dieser Werke der europäischen Romanik wirklich zu schau-
en? Neugierde, vorlautes Urteil (wie überhaupt jedes »Urteil«), rascher Blick, Ungeduld, ein photoeifriges Abschießen-
wollen mit der Kamera (*to shoot, snap-shot* heißt zu Recht
im Angloamerikanischen dieses Photographieren) sind keine
Mittel und Wege, sich dieser Kunst zu nähern. Ihr ange-
messen sind: Furcht und Ehrfurcht, Distanz, Abstand, Geduld, Verharren im Schweigen, so lange, bis Begegnung,
Konfrontation, dem Beschauer zukommt.

Der elementaren Kraft dieser Kunst werden wir langsam
inne, wenn wir uns der elementaren Bedeutung ihrer wichtigsten Formen und Ausdrucksmittel erinnern. Zuerst ist
zu fragen: Was *ist* in dieser Kunst ein Raum, ein Stein,
eine Säule, eine Farbe, ein Bild, eine Gestalt?

Der mittelalterliche Raum besitzt »eine unmittelbare meta-

physische Qualität: er wird zum Ort, zum Vollzug Gottes
selbst« (H. Kuhn). Der geschlossene Raum birgt das Heilige, das Göttliche; Gott, die Heiligen, die Toten sind in
ihm gegenwärtig. Das Untere und das Obere sind in ihm
verbunden. Wie der Tempel in Jerusalem, wie neben den
griechischen Tempeln in Paestum heute noch die Brunnen
an die Kommunikation zur Tiefe, zum Schoß der Welt, ge-
mahnen, so baute man im Mittelalter gern Kirchen neben
und über Quellen (der Dom zu Paderborn), an heiligen
Wassern. Heilige Höhle, heiliger Frauenschoß ist der Raum
– der »Mutter Kirche«, schon im vorzeitlichen englischen
Stonehenge. Bereits in der Bronzezeit empfindet der Kult
den abgegrenzten Kultbezirk als weiblich, als Ort mütter-
licher Erde, in den die Sonne von außen eindringt, um
neues Leben in ihr zu erwecken. Der heilige Raum hegt die
Toten und bewahrt sie bis zur Wiedergeburt; er ist der
Ort der Sicherheit. Festung Gottes gegen alle bösen Mächte
und Menschen ist die romanische Kirche, die Gottesburg.
Den weiblichen Schoßraum hegt der männliche Stein. Der
Volksglaube an die todüberwindende, fruchtbarkeitsentbin-
dende Macht des Steins, des heiligen Steins, ist heute noch
in vielen Zonen der Erde, auch in Europa, erhalten. Der
Mensch wohnt in Stadt und Land im 11., 12. und vielfach
noch im 13. Jahrhundert in Häusern und Hütten aus Holz.
Einzig das feste Haus Gottes und seiner Heiligen ist aus
Stein. Wir können uns heute von dieser Wirkung des sel-
tenen, einzigartigen Steins ebensowenig eine Vorstellung
machen wie von der »Größe« dieser mittelalterlichen Kir-
chenbauten: einst ragten sie weithin empor über das niedere
Bauwerk der Holzhäuser und Hütten, waren »groß« auch
im äußeren Sinne; heute stehen sie verloren zwischen hohen
Häusern und vor Menschen, die diese Größe, überblendet

durch die Quantitäten unserer Bauwelt, nicht mehr wahrzunehmen vermögen.

Heiliger Raum, heiliger Stein, heilige Größe – ihre Heilskraft potenziert sich im Turm und in der Säule. Der Turm mit seinen Glocken ist ein Bollwerk der Engel, besonders des Erzengels Michael, ein Vorwerk gegen den Teufel. Die Säule (in ihr lebt der Weltenbaum) ist heilig und unversehrbar. Ältere Volksrechte, wie die *Lex Baiuvariorum*, verfolgen die Beschädigung einer Säule als schweren Frevel. Säulen sind wunderwirkende, lebendige Wesen. Als schwächere, zum Dienst an dem stärkeren, siegreichen Christ-Gott verhaltene Kraftträger dienen sie im Gottes-Haus.

Ergriffen in Liebe, Scheu und Ehrfurcht wird die Säule geschmückt: ihre Kapitelle zeigen die Heilsgeschichte und die alten Götter und Dämonen, die Helden der alten Volksgeschichte, der Sagen und die Heiligen. Will man das Ereignis der *Geburt des humanen Menschen,* der Humanität der gotischen vollkörperlichen Statue, *aus der Säule* verstehen, muß man sie beide sehen: die »Bestiensäulen«, die Säulen, aus deren innerer lebendiger Wucht sich langsam die Gestalt des Menschen löst, und feierlich herausschreitend aus dem Bann des Schreckens und der Vorzeit die vollplastische reife Gestalt, in deren Gewandfalten aber immer noch die Erinnerung an die Bindungen der alten Mächte lebt.

Die romanischen Kirchen quollen über in Farben. Wände, Säulen, Decken, die lange Zeit hindurch aus Holz sind, leuchten in Farben. Ocker, Grün, Blau, Violett geben den Ton an. Teppiche erhöhen die Farbigkeit; Kronleuchter mit acht Türmchen strahlen in Gold- und Lichterglanz, bilden das himmlische Jerusalem ab. Die romanische Kirche ist ein Ort des Schreckens und der Freude. *Terribilis est locus iste.*

Vere est aula Dei et porta coeli, heißt es bedeutungsvoll im Introitus der Messe bei der Weihe der Kirche: »Schreckens-mächtig ist dieser Ort, wahrhaftig ist er Raum Gottes und Tor des Himmels.« Als Herr des Gerichts über Lebende und Tote, als Herr über die guten Geister und bösen Göt-ter lädt hier der Himmelskaiser und Himmelskönig seine Treugläubigen zum Dienst, zur Feier, zum Mahl.

Die dreischiffige, gerichtete Basilika, eine Grundform der europäischen Kirche (Fulda, Klosterkirche, 791–822; Köln, Alter Dom, um 800; Centula, St. Riquier, ab 790; Corvey und St. Gallen, 9. Jahrhundert), ist seit der ägyptischen Thronbasilika im Mittelmeerraum bekannt. Man findet sie zur Zeit des hellenistischen Königtums im nördlichen und westlichen Mittelmeer, findet sie in den römischen Palast-basiliken (Flavier-Palast auf dem Palatin, Villa Hadriana in Tivoli, Diokletians-Palast in Spalato), im Prätorium des rö-mischen Feldlagers, in der Gerichtsbasilika, als Synagoge und Versammlungsort von Kultvereinigungen in der späten Antike. Im romanischen Mittelalter ist sie Haus, Halle, Aula des Himmelskönigs, Festung Gottes, dient als solche auch im Kampf auf Erden als Fluchtort zur Verteidigung gegen fremde Invasionen und in inneren Kämpfen. Viele Kirchen werden in den Fehden und Kriegen des Mittel-alters niedergebrannt. Sie wird dann im größeren Friedens-raum der Stadt zum Versammlungsort der Bürger, so be-sonders in Italien zum Ort wichtiger religiöser und politi-scher Entscheidungen.

Neben der Basilika baut man Hallenkirchen und Zentral-bauten in Nachahmung der Hagia Sophia in Konstantino-pel und ihrer abendländischen Tochterkirchen, und landauf, landab entstehen viele hundert kleine, einschiffige Dorf-kirchen aus festem Stein mit einem Turm. Schlichte, aber sehr selbstsichere Kirchen dieser Art, die ganz in sich selbst ruhen, in der Ausgewogenheit ihrer »einfachen« tektonischen Maße und im Bewußtsein, das Heil und den Herrn, den *Christus Dominus*, zu bergen, werden vom 9. bis zum 13. Jahrhundert in ganz Europa erbaut. Sie grüßen heute noch den Reisenden, etwas abseits der großen Straßen, in Mitteleuropa, in den Schweizer Bergtälern, in Bayern, Tirol, in Oberitalien. Diese Kirchen hat das Volk sich zusammen mit den Patronatsherren auf deren Grund gebaut. Die großen Kirchen werden in der romanischen Epoche von Ordensgemeinschaften, wie Cluny in Frankreich und Spanien, von Hirsau in Deutschland, gebaut. Sie sind Pilger- und Wallfahrtskirchen. Neben ihnen stehen, in Stolz und Reichtum der Formen wetteifernd, Bischofskirchen. Die älteren Mönchsorden und die Bischöfe werden in der Gotik durch andere Bauherren abgelöst, die neben sie und an ihre Stelle treten: das französische Königtum und seine königlichen Bischöfe, jüngere Ordensgemeinschaften, wie Zisterzienser und Prämonstratenser, die Städte und die Bettelorden.

Die »demokratische« Hallenkirche beginnt die stolze Basilika zu verdrängen, die jedem Stand, dem Mönch und dem Domkapitel, Bischöfen und Königen und zuletzt – aus dem Chor ausgegrenzt – dem Laienvolk seinen Platz in der Kirche zuweist.

Frankreich zeigt sich in der Architektur im 12. Jahrhundert in verschiedene »romanische« Kunstlandschaften aufgegliedert. Gleichzeitig jedoch – und das ist erregend – wächst neben der bunten Fülle romanischer Bauten ein ganz anderes Kunstsystem heran – die Gotik.

Die karolingische Zeit kennt in Europa noch keine »nationalen« Baustile. Eine karolingische Pfalz oder eine Kirche sind nicht bodenständig. Sie können überall im Reich Karls des Großen und seiner nächsten Erben stehen. Um das Jahr 1000 erst sind gewisse Grundzüge der landschaftlichen und volkhaften Aufgliederung deutlich zu erkennen: St. Michael in Hildesheim ist *der* deutsch-niedersächsische Typus, der Chorbau von Saint-Martin in Tours (997–1014) hingegen eine Grundform französischer Baukunst. Dieser Prozeß erreicht im 12. Jahrhundert im »offenen Europa« seine höchste Entfaltung. Zunächst zeichnen sich in großen Zügen zwei Kreise »romanischer« Kunst ab: ein mediterraner und ein nordischer Kulturkreis. Zu ersterem gehören Italien und Südfrankreich, zum zweiten England, Nordfrankreich, die Île de France und die Normandie, die burgundische Schule, Flandern und Deutschland.

Der künstlerische Gegensatz zwischen Nord- und Südfrankreich ist ebenso wie der politische und kulturelle weitaus größer als der zwischen Nordfrankreich und etwa Deutschland. Die burgundische Schule nimmt eine Zwischenstellung ein; Langres und Vézelay, die große Pilgerkirche, in der Bernhard von Clairvaux zum zweiten Kreuzzug aufruft, gehören mehr dem nordischen, Autun und Cluny III mehr dem mediterranen Kreis an. Cluny III war die dritte Baufassung der großen Mutterkirche der Kluniazenser in Cluny (1130 Neuweihe, Westbau vollendet 1220), eine Riesenkirche, die von einem Kranz von Kapellen umgeben war und in der Französischen Revolution zerstört wurde. Das Bauprogramm dieser romanischen Mönchskirchen verstand diese als riesige Reliquienbehälter, offen den Strömen der Pilger und den mit großem Prunk begangenen Liturgien der vielen Mönche. Drei, fünf und mehr Schiffe, Längs- und Querschiffe haben diese Riesenkirchen, Türme krönen die Vierungen, erheben sich über der Kreuzung der Schiffe. Portale, reichgeschmückt mit Bauplastiken, stellen den Pilgern die Schrecken des Letzten Gerichts und die Seligkeit der Auserwählten vor Augen.

Die tonnengewölbten Basiliken Burgunds (Cluny) und seine kreuzgratgewölbten Basiliken (Vézelay) stehen in der Mitte zwischen den normannischen Bauten und den Bauschulen, besser Baulandschaften des Südens. Die normannischen Bauten nehmen bautechnisch durch ihre Lösung von der Erde und die Zerlegung der Mauer in Schichten so manches Element der Gotik vorweg; hierbei wird aus der funktionellen Differenzierung des Mauerkörpers das durchgearbeitete Rippengewölbe entwickelt. St. Etienne in Caën »erinnert« nicht zufällig an die Gotik. Strebt der Norden zur Gliederung und Auflösung der Mauermasse, so will der Süden diese in chthonischer Gebundenheit erhalten. Die Mauer erscheint als ein Block, aus dem der Raum wie eine Höhle aus dem Fels herausgeschnitten wird, und schwere Tonnengewölbe und Kuppeln bilden mit den Mauern eine Masse. Wuchtend schwere Kuppelkirchen in Aquitanien, im Angoumois und der Saintonge, Hallenkirchen, stolz und prunkend im Poitou (Notre-Dame-la-Grande in Poitiers), Emporenhallen in der Auvergne: St. Sernin in Toulouse, Ste. Foy in Conques, Santiago de Compostela; diese Orte erinnern an die Pilgerfahrten, die Cluny auf den vier Pilgerstraßen in Südfrankreich organisierte. Ziele dieser Pilgerfahrten waren Compostela in Nordspanien, der Ort des heiligen Jakobus, das Michaels-Oratorium auf dem Monte Gargano und immer mehr die Pilgerorte in Frankreich selbst, wie z. B. Conques. Seit dem 10. Jahrhundert erregen die sakralen Umzüge in der Auvergne mit den fetischhaften, in Gold und hieratischer Starre glänzenden Gestalten von Heiligen die Verwunderung, ja das Entsetzen von aus dem Norden kommenden Klerikern.

Der Süden und der Südwesten Frankreichs kennt jedoch
nicht nur den Schrecken – wie in der Bauplastik an den
Portalen der Klosterkirchen von Moissac und Souillac –,
sondern auch alle Süße des Südens, das Orientalische und
das Klassisch-Klare. Unbefangen werden römische Baufor-
men nachgebildet, wie beispielsweise in Saint-Trophime in
Arles in der herrlichen Säulenvorhalle und in Saint-Gilles-
du-Gard. Kleine, wunderschöne Kirchen, die in ihrer milden
Klarheit wie antike Tempel wirken, erheben sich zwischen
Weinstöcken und Ölbäumen aus der roten Erde, wie die
Kirche von Saint-Gabriel. Die klassische Einfachheit und
Zartheit der provençalischen Kirchen findet sich auch in der
Toskana in San Miniato oberhalb von Florenz, einem wah-
ren Juwel aus dem 12. Jahrhundert.

Von Cahors bis Angoulême zeichnen die aquitanischen
Kuppelkirchen etwas Fremdes, Orientalisches in den galli-
schen Himmel: Saint-Front-de-Perigueux (eine Nachbildung
der Apostelkirche in Konstantinopel wie auch San Marco in
Venedig), die Kathedrale in Cahors und Saint-Etienne-en-
la-Cité in Perigueux.

Weniger bunt und orientalisch als Frankreich zeigt der deutsche Raum in diesem romanischen 12. Jahrhundert ebenfalls
eine Reihe von Sondertypen und Kunstlandschaften. Wellen
westlicher Einflüsse, die von Frankreich her kommen, werden aufgefangen und selbständig verarbeitet. Das gilt nicht
zuletzt für den Baustil der Hirsauer Mönche; diese sind
deutsche Sprößlinge der kluniazensischen Klosterreform,
die sich auch mit ihren Bauplänen an das Vorbild Clunys
(des zweiten Baues der Abteikirche von Cluny) halten. Das
sind straff gegliederte Basiliken mit steilen Schiffen, die dem
Ostchor zustreben, mit sehr sauberem Mauerwerk, mit an-
tikischen Säulen, mit Türmen im Ost- und Westwerk der

Reims. Kathedrale Notre Dame (1211—1294). Westfassade Königs-
portal.

Kirche, bisweilen auch über der Vierung. Hirsauer Einflüsse
zeigen sich im ganzen deutschen Raum – in Niedersachsen,
in Westfalen, am Niederrhein, im Elsaß, am Oberrhein und
Mittelrhein, in Bayern und Österreich. Doch heben die Einflüsse von Hirsau die Sonderformen der einzelnen Gebiete
nicht auf. Niedersachsen war der Kernraum der Herrschaft
der Ottonen und der sächsischen Kaiser. Hier lag das Zentrum der ottonischen Kunst, dieser im 11. Jahrhundert
wahrhaft imperialen, in Europa führenden Monumental-
kunst, deren Grundelemente in Niedersachsen weiterhin
vorherrschen. Das »gebundene System«, ein rhythmischer
Wechsel von Säulen und Pfeilern im Langschiff, schafft in
diesen Kirchen eine Ruhe und Ordnung, die statisch und
bewegt zugleich ist. Für den sächsischen Stil stehen eindrucksvoll die Stiftskirche in Quedlinburg, St. Godehard in
Hildesheim, die Liebfrauenkirche in Halberstadt und die
Dome von Lübeck und Hildesheim.

Eine ganz andere Baugesinnung als dieses geistliche und
weltliche sächsische Herrentum bezeugen die westfälischen
Hallenkirchen, wie St. Patroklus in Soest. Diese sind erd-
gebundene, schwere, konservative Mutterkirchen, geschaffen
von einem Bauerntum, das sich der heiligen Mutter Erde
und der Mutter Gottes gleichermaßen verbunden weiß. Gerade diese so überaus bodenständigen westfälischen Kirchen
wurden jedoch mit angeregt von einem byzantinischen Bau
auf westfälischer Erde, von der Bartholomäus-Kapelle in
Paderborn (1017).

Verwandte der Kuppelkirchen Südfrankreichs sind die Kölner Dreikonchenkirchen, deren Zentralräume ebenso an römische Provinzialkunst wie an byzantinische Vorbilder anknüpfen. Die Wucht dieser Innenräume wird außen in
rheinischer Heiterkeit und Spielfreude durch die Zwerg-

galerien aufgelöst. Das deutsche Elsaß nimmt seit der Mitte des 12. Jahrhunderts immer stärker französische Einflüsse auf. Im bayerischen Land machen sich südfranzösische Einflüsse in Regensburg und oberitalienische Einflüsse in Freising bemerkbar.

Deutsche Sondertypen im Kirchenbau sind die Doppelchöre, zwei Querschiffe, das Westwerk und Doppelkapellen. Zumindest die Doppelchöre und die Betonung des Westwerkes sind im Zusammenhang mit der politischen Religiosität der Deutschen und dem inneren Bauwillen des Heiligen Römischen Reiches zu sehen. Die römische Basilika ist straff nach dem Osten gerichtet. Im Osten sind Turm, Altar, Chorraum und Klerus zentriert. Das deutsche Westwerk bedeutet: Diesem Ostteil der Kirche wird ein besonders betonter Westteil gegenübergestellt, in dem ein Westchor mit Turm (oder Türmen) einen betonten Gegen-Satz zum klerischen Ostteil bildet. Das bereits karolingische Westwerk ist Kommandostelle des Erzengels Michael – im Westen drohen die Dämonen, die bösen Geister; hier im Westen ist aber auch der symbolische Sitz des Kaisers in der Kaiserempore –, Michael ist ja auch der oberste Schirmherr des Reiches. Die »römischen« Reformbewegungen tendieren nicht zufällig auch im Kirchenbau dazu, die archaisch anmutenden Westwerke aufzugeben. In Deutschland zeigen sich im 12. Jahrhundert deutliche Bemühungen, durch eine Renaissance des Westwerkes, zumindest durch die Betonung des Westteils der Kirche, das schwer erschütterte Gleichgewicht von *regnum* und *sacerdotium*, von Kaiser und Papst, in der »Christenheit« im Kirchenbau zu dokumentieren. Die Epoche der deutschen Doppelchöre reicht vom Ende des 8. bis zur Mitte des 13. Jahrhunderts; die Neubauten der spätstaufischen Zeit übernehmen die ottonische Grundplanung.

Einsam, ohne Beispiel und Nachahmung, stehen die deutschen Doppelchöre in Europa. Es geht vielleicht zu weit, in der Ostgruppe, im Ostchor nur eine Repräsentation mönchisch-klerischer Weltentsagung und Weltüberherrschung, im Westchor kaiserliche Selbstbehauptung sehen zu wollen. Der Wille zum Gleichgewicht zweier polarer Kräfte, zur harmonischen tektonischen Spannung zwischen geistlicher und weltlicher Autorität *in* der Kirche, zur Verbindung von Elementen des Zentralbaus und des Langbaus darf jedoch sicher im Zusammenhang mit der deutschen Konzeption des Heiligen Reiches als eine Partnerschaft von Papst und Kaiser gesehen werden.

Damit stehen wir vor der eigentümlichen Herrlichkeit der deutschen Kaiserdome in Speyer, Worms und Mainz.

Ihr Umbau beziehungsweise Neubau im 12. und frühen 13. Jahrhundert bekennt sich bewußt zu den ottonischen Grundlagen (in Mainz und Worms, auch in Bamberg und Naumburg). Zwei mächtige Baukörper stehen in Ost und West einander gegenüber. Türme über der Vierung und flankierende Türmchen sowie Zwerggalerien um die Choranlagen lösen die Schwere des Baues in eine stolze, heitere, schmuckfrohe Mächtigkeit.

Der älteste dieser Dome, der Dom von Speyer, wurde im 11. Jahrhundert von Konrad II., Heinrich III. und Heinrich IV. gebaut und im 12. Jahrhundert umgebaut. Er ist der nüchternste, monumentalste, großartigste dieser Dome. Diese feste Burg des himmlischen und irdischen Kaisers und seiner Bischöfe (Bauleiter sind unter anderem die bedeutenden Bischöfe Benno von Osnabrück und Otto von Bamberg) bekundet die Liebe zum heiligen Stein (die Eingangswand ist sechs Meter dick) und zur Wucht gebändigter Massen.

Hier regieren die Majestät, das Tremendum, der Gottesschrecken; der Gläubige wird in die Knie gezwungen. Die
Selbstbehauptung der großen Herren im Himmel und auf
Erden wird mit großer Macht dokumentiert. Der Urbau
von Speyer ist reine, bildlose Architektur. In Worms und
Mainz scheinen im 12. Jahrhundert tierische, um 1200
menschliche Gestalten als Skulpturen auf. Der Mensch wird
im Kampf mit den Mächten des Bösen dargestellt: Daniel
mit zwei Löwen; Simson siegt über Löwen; ein Löwe wirft
einen Mann mit spitzer Mütze nieder. Der Böse verschlingt
den Menschen, der nicht durch Christus gewappnet ist. Die
Kaiserdarstellungen in Speyer, die Seligen und Verdammten am Mainzer Lettner und gar erst die Denkmäler der
Mainzer Erzbischöfe Siegfried von Eppstein und Peter Aich-
spalt – große Kirchenmänner krönen da kleine Könige – gehören in die Epochen nach der Romanik und nach dem Zusammenbruch des Heiligen Reiches.
Im 12. und frühen 13. Jahrhundert reicht das Zauberreich der
romanischen Bauplastik von Oberitalien bis Norwegen.
Wie in der Dichtung der Volkssprache werden auch hier die
Mächte der Vergangenheit wach. Untiere und Unholde,
Helden und Teufel steigen an den Säulenkapitellen, an Tauf-
steinen oder an Portalen zum Kampf herauf. Von San Mi-
chele in Pavia, San Abbondio in Como, San Ambrogio in
Mailand, San Zeno in Verona (Dietrich von Bern im Fas-
sadenrelief) zieht sich ein breites Schmuckband entfesselter
und gefesselter Gestalten durch Mitteleuropa dem Norden
zu. Die Bestiensäulen in der Freisinger Domkrypta (mit
Odin und Fenriswolf?), die Weltuntergangsdarstellungen
am Nordportal von St. Jakob in Regensburg, die romanischen Bildwerke am Riesentor des Wiener Stephansdomes,
in Schöngrabern und am Großmünster in Zürich, in der

Burgkapelle zur heiligen Margaret in Nürnberg, am Turm-
fries in Hirsau, am berühmten Taufstein in Freudenstadt,
bis hinaus zu norwegischen Kirchenportalen um 1200, die
unter anderem die Sigurdsage zeigen, machen alles präsent,
was an Furcht und Entsetzen, an höllischen Ängsten im
Volke lebt und in seiner Kunst festgehalten wird.

Mit der Welt der Ungeheuer und des Ungeheuren aus kel-
tischem und germanischem Erbe mischt sich in der romanischen Bauplastik und Skulptur die Welt der Monstren des
Orients, aus Asien, Mesopotamien, aus den Steppen des
Ostens. Alt-Sumerien, das koptische Ägypten, Armenien,
Georgien, Syrien und das konstantinische Syrien steuern
Motive und Gestalten bei, die in überreicher Fülle hervor-
quellen. Sie bezeugen, wieviel es an Angst, Haß und Grauen
in der Seele des Volkes zu bannen gibt. Dieses Binden und
Bannen ist wörtlich zu verstehen. In der Praxis des Volks-
zaubers, der bis in unsere Tage reicht, und in dieser Plastik
knüpft man Knoten zur Abwehr des Bösen. Besonders beliebt sind Knotensäulen in Kirchen, an Kirchenportalen,
aber auch an Häusern; ihnen verwandt sind Löwensäulen
und Bestiensäulen. Der Mittelpfeiler am Portal in Souillac
im französischen Süden ist eine der großartigsten Demon-
strationen dieses Bannwillens: ein Gewimmel von Untieren
fällt Menschen und gutartige Tiere an.

In Frankreich wird dieses Motiv schon früh sehr zielbewußt
abgewandelt. Heiligengestalten übernehmen die Funktion
der Abwehr des Bösen. Apostel treten neben die Löwen
im Mittelpfosten des Portals von St. Pierre in Moissac.
Später übernehmen die Mittelpfeilerfiguren gotischer Kathedralen die Funktion der Bestiensäulen. Die Gotik kennt
den großen Schrecken nicht mehr, oder sie humanisiert ihn –
gerade auch in ihren Darstellungen des Jüngsten Gerichts. Die

große romanische Plastik hingegen ist eine Kunst der Beschwö-
rung und Bannung des Schreckens. Das gilt besonders für
Frankreich. Christus thront als Herr des Schreckens, des
Jüngsten Gerichts, im Typanon über dem Portal, umgeben
von den nicht minder schreckenerregenden Symbolen der
Evangelisten. In Vézelay ist selbst der Christus der Pfing-
sten ein schrecklicher Gott. In Moissac ist Christus zu einem
orientalischen Monarchen, zu einem Despoten geworden.
Ekstatisch, transhuman erscheinen der Gott-Mensch und
seine Engel in der großen französischen Bauplastik als furchtgebietende Mächte: in Vézelay, Autun, Angoulême (Giebel
der Westfassade der Kathedrale) sowie in Beaulieu und in
Moissac.

Die gotische Skulptur wirkt demgegenüber wie die Be-
freiung von einem ungeheuren Druck. Sie gewinnt an
»Menschlichkeit«, was sie an Numinosem und an Zauber-
macht verliert. Auch das gehört zum Triumph der Gotik.
Sie ist entschieden bereit (unbewußt!), hohe Preise für ihren
Sieg zu bezahlen. Das lehrt in Frankreich auf den ersten
Blick ein Vergleich zwischen den freundlich-lieblichen Schilderungen der gotischen mit der romanischen Wandmalerei.
Wohl gibt es auch hier unter dem Einfluß von Cluny, das
vom klassischen Süden, vom Mittelmeer, von Rom und
Ravenna inspiriert wird, eine »humanistische«, harmoni-
sierende Malerei – in Berzé-la-Ville, wo sich dem prunkvollen Christus in einer Symphonie wohlabgewogener Formen der ganze Himmelsstaat zuneigt. Christus erscheint
hier im Prunkgewand des antiken Kosmosherrschers. Diese
Kunst ist aristokratisch; ihr jedoch steht eine ekstatische,
prophetische, apokalyptisch erregte Wandmalerei gegenüber, die man meist in kleinen Kirchen des Volkes verstreut
im ganzen Lande findet. Diese Malerei ist ganz anders und

zugleich der frühgeschichtlichen Höhlenmalerei verwandt. Sie ist voll Zaubermacht; in ihr wird Schrecken berufen, beschworen, gebannt. Da sind es die Apokalypse-Darstellungen in Saint-Savin-sur-Gartempe, wohl aus dem zweiten Drittel des 12. Jahrhunderts, für die vielleicht ein sächsisches Manuskript der karolingischen Zeit Vorbild war; in der Krypta in Tavant wird die Psychomachie dargestellt, der Kampf der Tugenden und der Laster, aber auch ein Motiv, das in der religiös-politischen Erhebung im Spätmittelalter eine große Rolle spielen sollte: Adam gräbt und Eva spinnt. (»Als Adam grub und Eva spann, wo war denn da der Edelmann?«).

In St. Gilles in Montoire erhebt sich gewaltig und riesengroß der Christus auf dem Regenbogen thronend, in Notre-Dame in Montmorillon ist es eine riesige Maria, ein Urweib der Apokalypse; auf den Bildern in Vic (Indre) geht eine erregende Bewegung durch die Gestalten: die Drei Könige reiten zur Anbetung; aus schreckensweiten Augen starren die Apostel auf Christus, dieser sieht ernst auf Judas, der sich aggressiv auf den Herrn stürzt, um ihn zu küssen.

Sehr anders sind die deutsche Plastik, Wand- und Buchmalerei und Goldschmiedekunst der Romanik. Bis gegen 1100 war die deutsche Skulptur führend in Europa; sie muß diese führende Rolle im Lauf des 12. Jahrhunderts an Frankreich abgeben, verfügt aber immer noch über großen Reichtum an Formen und Schöpfungen. In der Frühzeit des 12. Jahrhunderts herrscht ein impressionistischer, malerisch-weicher Stil in der Plastik vor, dann aber setzt sich ein monumentaler, vollplastischer Stil durch. Wucht, Schwere, Würde und innere Geschlossenheit siegen. Etappen auf diesem Weg sind die Äbtissinnen-Grabsteine in Quedlinburg, die Grabplatte des Erzbischofs Friedrich von Wettin im Magdeburger Dom,

Apostel und Christus der Gröninger Empore, Marmor-
reliefs eines Ambo im Magdeburger Domremter (um 1160
bis 1180), die Chorschranken in St. Michael in Hildesheim
und in der Liebfrauenkirche in Halberstadt. Ein Altarauf-
satz in Brauweiler bei Köln (Madonna zwischen Heiligen,
um 1200) zeigt zum ersten Male vollplastische Figuren;
diese stehen in ruhigen Gebärden nebeneinander. Der thronende Christus, zwischen Maria und Petrus im Trierer Dom
(vor 1170) ist die größte Schöpfung der rheinischen romanischen Steinplastik. Die populärste Figur dieser deutschen
Romanik ist nicht zufällig der Braunschweiger Löwe geworden. Diese königliche Bestie dokumentiert überaus über-
zeugend den herrscherlichen Willen seines Herrn, Heinrichs des Löwen, des stärksten deutschen Fürsten neben
Kaiser Friedrich I. Wie friedsam und sanft wirken neben
ihm die Figuren Heinrichs des Löwen und seiner Gattin
auf ihrem Grabmal im Braunschweiger Dom.
Schmerz und Würde, Leid und seine Überwindung drücken
die deutschen romanischen Kruzifixe des 12. und frühen
13. Jahrhunderts aus: Christus thront nicht mehr am Kreuz,
doch er ist auch hier der unbeugsame Herrscher; jetzt
krümmt er sich im Schmerz, wird naturalistisch dargestellt,
so besonders in schwäbischen und rheinischen Kruzifixen;
immer noch hält sich jedoch im deutschen Raum die Erinnerung an die große ottonische Kunst. Der Walsdorfer Gekreuzigte (um 1200) ist die überlebensgroße Nachbildung eines
ottonischen Vorbildes.
Vom Maas-Gebiet, vom niederlothringischen Raum hat eine
Goldschmiedekunst in Deutschland Eingang gefunden, deren
Schranken und Schreine, Reliquiare und Tragaltare heute noch
das Entzücken aller Beschauer wachrufen. Die Werke der
Schule des Roger von Helmarshausen und fast ein Jahr-

Heimsuchungsgruppe. Maria und Elisabeth.
Reims, Kathedrale, Mittelportal, rechtes Gewände (1240–60).

Die törichten Jungfrauen und der Verführer.

Straßburg, Münster, rechtes Westportal (nach 1276).

Chartres, Kathedrale.
Südliche Vorhalle von Süden gesehen (1194 bis etwa 1220).

hundert später der Klosterneuburger Altar des Nikolaus von Verdun, der Dreikönigsschrein im Kölner Dom, der Marienschrein in Aachen – alles zwischen 1180 und 1230 entstanden – gehören in jeder Weise zu den kostbarsten Zeugnissen mittelalterlicher Kunst.

In der deutschen Buchmalerei des 12. Jahrhunderts lassen sich deutlich eine ganze Reihe landschaftlicher Schulen unterscheiden: am Mittel-, Ober- und Niederrhein, im Mainfränkischen, Thüringisch-Sächsischen, in Niedersachsen und Westfalen; in Regensburg, Prüfening und in Salzburg. Salzburg kommt die größte Bedeutung zu. Die erzbischöfliche Residenz ist in der Kunst ein Vorort des Byzantinischen. Die (Salzburger) Bibel von Admont und die Stiftsbibel von St. Peter in Salzburg zeigen einen prunkvollen Reichtum in Farbe und Gestaltgebung, der die Salzburger »Riesenbibeln«, wie man sie genannt hat, zu europäischen Kunstwerken ersten Ranges macht.

Dies gilt auch für die Salzburger Wandmalerei im Kloster Nonnberg und für die Fresken des Meisters Heinrich (um 1220) in der Westempore des Gurker Doms. Die ganze Weltgeschichte vom Sündenfall bis zu Christus und ein Marienleben wird in einem zeichnerisch-abstrakten Stil (der einen älteren malerisch-plastischen Stil ablöst) in Blau, Rot und Grün dargestellt; das Leitmotiv ist die Herrlichkeit Gottes und die Pracht des himmlischen Reiches. Keine Darstellung erinnert an das Drama der Passion. Byzanz scheute davor zurück und ließ die Passion des Gottmenschen bereits in Ravenna ausmerzen; in dieser strahlenden Kunst in Gurk, dem Suffraganbistum Salzburgs, siegt Byzanz noch einmal. Der Maler Heinrich, der eine hervorragende Stellung am bischöflichen Hof in Gurk einnahm, hat denn auch sinnrichtig in dieser bischöflichen Kapelle in der Westempore des Domes die Bischöfe Otto und Dietrich II. im Bild festgehalten.

Bischöfe sind im deutschen Raum die bedeutendsten Bauherren und Auftraggeber der Kunst. Auch die Kaiserdome am Rhein sind von Bischöfen gebaut. Vom 13. Jahrhundert an tritt langsam der Baueifer von Städten und Bürgern in den Wettstreit mit den großen geistlichen Herren. Im Kampf gegen ihre Bischöfe haben die italienischen Kommunen, vorab in der Lombardei, ihre Kirchen gebaut. Die Chroniken betonen die Mitarbeit des ganzen Volkes beim Bau der Dome, die die politische und wirtschaftliche Macht der Stadt bezeugen sollen. Aus diesem Grund sucht jede Stadt ihre Kathedrale oder Stadtpfarrkirche möglichst größer und prächtiger als die Nachbarstadt zu errichten. Darstellungen der Bürger, ihrer Gilden und Zünfte, der Handwerker bei ihren verschiedenen Beschäftigungen, Szenen aus dem Leben des Volkes sind an diesen Kathedralen nicht selten (etwa in Piacenza und Borgo San Donnino); auch ausgesprochen antiklerikale, antimonastische Motive fehlen nicht (der Wolf als Mönch in den Kathedralen von Parma, Ferrara, Verona). Dieses selbstbewußte Bürgertum liebt die Form der Hallenkirche und benützt seine Kirchen als Versammlungsort (San Ambrogio in Mailand).

Oberitalien gehört im 12. Jahrhundert stilistisch dem romanischen Europa nördlich der Alpen zu. In der Mitte Italiens, in Florenz und in Rom, regen sich bereits kräftig »Renaissance«-Triebe; doch die Anknüpfung an die römische Antike wirkt bewußt gegen die Überflutung durch byzantinische Formenwellen, die von Venedig einerseits, vom normannischen Sizilien und griechischen Unteritalien andererseits Rom und die Mitte erobern wollen. In Florenz ist eine antike Bautradition, gerade im Bau des zivilen

Stadthauses, nie erloschen und wird nun in der sogenannten Florentinischen Protorenaissance des 12. Jahrhunderts bewußt belebt: römische Einfachheit, Klarheit und Harmonie werden gegen das »barbarische« Bauen, das aus dem Norden kommt, berufen. Florenz wird im 15. Jahrhundert zur Heimat der ersten Kunst-Ideologen, die das »Mittelalter« und die »Gotik« als Perversion der »reinen Antike« auffassen und darstellen. In der bewußten Anwendung klassischer römischer Motive im Bauwerk des 12. Jahrhunderts ist zumindest ein stiller Protest gegen die fremden »Barbaren« und ihre Stile zu sehen. Politik und Kunstwille hängen in Italien eng zusammen. Päpste, Städte und adelige Herren suchen ihre Herrschaft vor allem durch ihre Bauten zu präsentieren.

In Rom suchen die Päpste ihren Sieg über die Kaiser in vielumstrittenen Bildern (Mosaiken) im Lateran festzuhalten. Die Stadt Rom ihrerseits beginnt den »Kampf um Rom« mit den Päpsten, indem sie die antike Tradition herausstellt. Rom will nicht mehr der Steinbruch sein, das Trümmerlager, aus dem sich geistliche und weltliche Herren für ihre Kirchen und Paläste Material holen. 1162 setzt ein Senatsbeschluß die Todesstrafe für jede Beschädigung der Trajans-Säule fest, sie soll »zu Ehren der Kirche und des ganzen römischen Volkes« bis ans Ende der Welt stehen. Schon beginnt man antike Kunstwerke zu sammeln. Kardinal Orsini besitzt unter Kaiser Friedrich I. eine Sammlung antiker Werke, 1151 stellt sich Bischof Heinrich von Winchester als Sammler von Antiken in Rom ein. Die *Mirabilia urbis Romae*, eine Beschreibung der Wunder der Stadt Rom im 12. Jahrhundert, sind bereits ein Produkt dieser römischen »Renaissance«.

Im 13. Jahrhundert entsteht zum ersten Male eine große

römische päpstliche Kunst in der monumentalen Wandmalerei des Pietro Cavallini (geb. um 1250) aus einer Ver-
schmelzung byzantinischer und päpstlich-römischer Traditionen. In Santa Maria Maggiore, San Paolo fuori le Mura,
in den alten Kirchen von Trastevere wird der himmlische
Staat des »christlichen Jupiter«, des päpstlichen Christus
(auch Dante nennt Christus »höchsten Jupiter«) in klassischer Ruhe und Heiterkeit in Mosaiken und Fresken dargestellt. Die Apostel sind hier *viri togati*, Senatoren, die
würdevoll den himmlischen Imperator umstehen wie die
Kardinäle den »wahren Imperator« auf Erden, den Papst.
Hier ein Wort über die mittelalterliche Farbenauffassung
im Bild. Sie spiegelt genau die Übernahme des spätantiken
Kaiserkultes durch Kirche und Papsttum wider. Eine ungebrochene Tradition führt von der Spätantike bis zum
13. Jahrhundert. Bis dahin sind subjektive Farbenempfin-
dungen der Künstler ausgeschaltet; es gelten die objektiv-
symbolischen, pneumatisch-sakramentalen Farben. Die Christen übernahmen das Farbenzeremoniell des Kaisertums
und seiner Würdenträger: Die Märtyrer tragen nun das
weiße Gewand der *candidi* (der Weißen) im oströmischen
Kaiserzeremoniell; Christus erhält die Machtfarben, das
imperiale Purpur und das kaiserliche Gold. Der Himmelsstaat wird in den Farben der Hierarchie des spätantiken
Staatskörpers gezeigt. Die dem kaiserlichen Hofzeremoniell
entnommenen Farben werden nun die kultischen Farben.
Sakrale Machtfarben sind: Weiß, Purpur, Gold (Gelb), Blau,
Rot. Im Frühmittelalter wird unter Papst Paschal I. (817 bis
824) das spätantike Farbvokabular endgültig (bis zum
13. Jahrhundert) festgelegt. Die leuchtenden Farben bezeugen es: Alle Machtmittel und Machtattribute des Römischen
Reiches und des Kaisers sind auf den Himmelskaiser Chri-

stus, seinen Hofstaat und seine Vertretung auf Erden, das Papsttum, übergegangen. Im frühen 13. Jahrhundert beginnt unter Innozenz III. langsam jener großartige Versuch der Päpste, Rom als Stadt Gottes auf Erden, als Herrscherin des Kosmos, in Bild und Bau neu zu schaffen. Jeder Neubau soll als »Renaissance« verstanden werden, als Wiedergeburt des kaiserlich-päpstlichen Rom, wie es im Glanz der konstantinischen Basiliken das Auge der mittelalterlichen Besucher aus ganz Europa faszinierte.

Gegen dieses »Goldene Rom«, das sich im 12. Jahrhundert schüchtern und bescheiden durch Restaurationen verfallener Kirchen zu behaupten sucht, steht in aller Pracht byzantinischer, antikischer und arabischer Kunst und Formkultur die Wunderwelt der normannischen Bauten in Sizilien und Süditalien. Ihr Reichtum soll aller Welt und gerade Rom bezeugen, wer den Anspruch erheben durfte, politischer Führer der Christenheit zu sein – die normannischen Könige. Palermo, die Capella Palatina (vollendet 1143), die Dome von Monreale, Palermo, Capua und Salerno, eine stolze Reihe, begonnen mit der Stiftung des Domes von Cefalù (1145), die Schlösser und Kastelle (Zisa und Bari) haben die Bewunderung der christlichen Europäer ebenso erregt wie die des zeitgenössischen Arabers Ibn Dschubair. Dieser Araber besingt die Kirche La Martorana in Palermo.

> Die inneren Mauern des Tempels sind vergoldet,
> oder eigentlich sind sie ein Stück Gold.
> Man bemerkt darin Tafeln von farbigem Marmor
> wie ihresgleichen noch niemals gesehen worden sind...
> Sonnen aus vergoldetem Glas, die sich oben hinziehen
> und so leuchten, daß sie die Augen blenden, verwirrten
> unsern Geist so sehr, daß wir Allah anflehten,
> uns davor zu behüten.

Er schließt seine entzückte Schilderung mit dem frommen Wunsch:

> Möge Allah in seiner Gnade und Großmut geben,
> daß von diesem Turm bald der Ruf des Muezzins
> ertöne.

Dieser fromme Wunsch ging für die Urbilder dieser Kirchen in Byzanz um die Hagia Sophia dreihundert Jahre später in Erfüllung. Die Hagia Sophia und die in Gold und Mosaiken strahlende, zauberisch-magische Schmuck-Architektur Konstantinopels ahmen im 12. und 13. Jahrhundert mit noch heute sichtbarem Erfolg ihre siegreiche Nebenbuhlerin, Venedig, nach.

In seiner Festpredigt bei der Einweihung der Capella Palatina am 29. Juni 1140 führt Theophanes Cerameus aus:

> In diesem Gotteshaus hat ein wahrhaft großer und königlicher Sinn ein ewiges Denkmal errichtet, gleichsam einen festen Grundstein seines Palastes, groß und glanzvoll. Es leuchtet in einer ganz neuen Schönheit, erglänzt in hellem Licht, strahlt von Gold, funkelt von Edelsteinen im Blütenschmuck bunter Malereien. Wer es auch öfter gesehen und immer wieder betrachtet, bewundert es stets von neuem, wie beim ersten Anblick. Über das Deckengewölbe ist des Staunens kein Ende; es ist wunderbar anzuschauen, ja nur davon zu hören...

Diese Wunder-Werke einer raffinierten, luxuriösen Schmuckkunst wollen bewundert, »gesehen« werden. Hier beginnt auch die Ästhetik, das genüßliche Schauen auf Schönheit, die eigentümlich magisch und materialistisch zugleich genossen wird. Abgründe trennen diese Werke von romanischen Domen und Kirchen im kontinentalen Europa. Dort berichten in knappster Form die zeitgenössischen Quellen von dem »Eindruck«, den die sakralen Orte auf den *Gläu-bigen* machen: *sie sind* »*groß*«.

Groß, großartig aber ist die romanische Familie der apulischen Kirchen mit der riesigen geraden Mauer an der Ostseite: Bari, Bitonto, Giovinazzo, mit den beiden Osttürmen. Hier und in Manfredonia, Lecce, Otranto, in Canosa und Monte Sant'Angelo stehen sie noch heute vor dem Fremden, selbst fremd in dieser Landschaft. Dazu gesellen sich die Burgen der staufischen Erben der normannischen Könige Siziliens: Castel del Monte, die berühmteste und bekannteste, Lagopesole, Melfi, Gioa del Colle und Lucera, das die Anjous, die Nachfolger der Staufer, ausgebaut haben.

In diesen Burgen hat vor allem Friedrich II. das Antikische und das Imperiale, das ihm als ein Leitmotiv seines sizilianischen Staatsbaues vorschwebte, in hartem Stein und in gültigen Maßen zu neuer Inkarnation gegen das päpstliche Rom, die Kunst der Mönche und der italienischen Städte berufen. Nach dem Zusammenbruch seiner Macht flieht ein Künstler in die kaisertreue Stadt Pisa und nennt sich dann nach ihr »der Pisaner« – das ist Niccolò Pisano, der mit seinen steinernen Kanzeln im Baptisterium von Pisa und im Dom von Siena in genauer Kenntnis antiker Sarkophage antike Größe in antiker Form in das Schaubild des Mittelalters bringt (1260–68). Sein Sohn und später berühmter Nachfolger Giovanni ist der Gestalter der Fassade des Doms von Siena und der Bildhauer des Grabmals der Königin Margarethe von Luxemburg; ihn hat der Vater in die Lehre nach Reims gesandt, in die Schule der französischen Gotik, die ihren Siegeszug durch Europa antritt.

In Italien nimmt man gotische Elemente auf, verwendet sie aber bei den Bauten mehr als Zierat, denn bewußt und unbewußt siegt immer mehr das antike Formgefühl.

Gotische, byzantinische und italienische Elemente vermählt in
franziskanischer Ergriffenheit der große Giotto di Bondone
(um 1267–1337). Seine Fresken in Padua, wie auch in Florenz
und Assisi, führen ein neues Zeitalter europäischer Malerei
herauf.

Die Florentiner Maler vor ihm, wie Cimabue, und nach ihm
die beiden Gaddi, Andrea da Firenze, Nardo di Cione und
Andrea Orcagna und die Sieneser Schule der Maler Duccio
di Buoninsegna, Simone Martini, der beiden Lorenzetti
schildern in ihren Fresken den Herbst des Mittelalters in
Italien. Streng und lieblich, herb und preziös, schillernd in
Erinnerungen und Einflüssen vieler Art, unbestimmt bisweilen und wieder kühn zeigen sie das eigene Gesicht, die
persönliche Prägung. Hier blüht wirklich Italien als ein
Garten der Menschlichkeit, wie ihn Dante ersehnt hat –
nicht aber aus der Vollmacht eines jungen, starken Kaisers,
auch nicht des Papsttums, das seine Künstler aus Italien und
Westeuropa in das ferne Avignon beruft. Diese Kunst
wächst vielmehr aus der Kraft vieler eigenständiger Be-
gabungen, die im Wettstreit emporstreben, gefördert von
Städten, Geschlechtern, Zünften, die alle miteinander zumindest konkurrieren, wenn nicht mit der Waffe kämpfen.
Die Vielfalt der Formen und Gestalten, die in der italienischen Kunst zwischen 1260 und 1350 aufschießen, ist der
schönste und gültigste Reflex der so turbulenten inneren
Geschichte dieses Landes, das in immer noch mehr Herrschaften und Stadt-Staaten zerfällt.

Dieser schöpferischen Vielfältigkeit der italienischen Kunst
im besonderen und des romanischen Europa im allgemeinen
setzt sich ein streng disziplinierter, technischer Stil entgegen,
eine »Ingenieurkunst«, die resolut alle romanische Viel-
förmigkeit und Vielfarbigkeit beiseite schiebt und überall

Romanischer Drachenleuchter. Museum Kempten/Allgäu.

dort, wo sie sich durchsetzen kann, mit großer Kraft der Gleichschaltung ihr System konstruiert – die Gotik. Sie entsteht in der künstlerisch rückständigsten Landschaft Frankreichs, in der Île de France, im archaischen Paris, vor dessen Barbarei Eleanore von Aquitanien erschrak, auf den Krondomänen des Königs von Frankreich. Hier war der Raum noch frei, hier stand keine jener romanischen Kirchen, die im Reichtum ihrer Türme und der Westfassade mit Chören, die von einem Kranz von Kapellen umgeben waren und einen frohen Tummelplatz, eine Häufung sehr verschiedener Stilelemente und Bauformen bildeten. Der puristisch-asketische Stil der Gotik konnte nur in einem Leerraum entstehen, in den armen Landen des französischen Königs. Hier traf die rustikale, überaus nüchterne organisatorische Genialität Sugers von St. Denis, der für sein heiliges französisches Königtum eine neue Kirche schaffen will, auf die Partnerschaft sechs mächtiger, königstreuer Bischöfe, Pairs von Frankreich, reicher Vasallen der Krone. Diese sind der Erzbischof von Reims, die Bischöfe von Laon, Langres, Chalons, Beauvais und Noyon. Diese großen feudalen Herren wurden vom König ernannt, und Suger kämpft mit ihnen gegen den »räuberischen« weltlichen Adel. Um den politischen Standort der Entstehung der Gotik zu sehen, ist es nicht unwichtig, die Maxime der königlichen Politik Sugers zu kennen. Dieser Berater und Freund, zeitweise auch Reichsverweser unter den Königen Ludwig VI. und Ludwig VII., vertritt eine *Alliance cordiale* mit England (er ist ein großer Englandfreund) und mit dem Papst gegen den Kaiser und die Deutschen. Dieser kleine Mann von niederer Herkunft baut für seinen König als Mustertyp für alle Kirchen seines *rex christianissimus*, wie er selbst seinen König nennt, seine Abteikirche St. Denis. Da so ziemlich alles fehlte, mußte sich Suger um alles selbst kümmern. Er wählt die schönsten Bäume im Wald als Bauholz aus, läßt schöne, heilige Säulen auf Ochsenkarren von weither kommen, ist selbst oberster Baumeister, Chef der Maurer, Goldschmiede, Maler, und berichtet dann sehr nüchtern und stolz über die Weihe der Kirche (1144) in seinem *Liber de consecratione ecclesiae.* Der Tag der Weihe ist eine Sternstunde des Westens, die Geburt der Gotik. Neunzehn Bischöfe und Erzbischöfe weihen die Altäre (gotische Kathedralen haben bis über 30 Altäre). König Ludwig VII., der mit seiner Gattin Eleanore teilnimmt, stellt mit 12 Rittern als »Gesalbter des Herrn« Christus und die Apostel bei der Feier dar.

St. Denis wird zum religiös-politischen und mystischen Archetyp der gotischen Kathedrale als Kronzeugin des heiligen kapetingischen Königtums. Paris, Chartres, Reims und Amiens folgen ihr, auch in der Galerie der Könige und in bestimmten Themen der Bauplastik.

St. Denis ist die erste gotische Abtei, Sens ist die erste gotische Kathedrale, und die ersten gotischen Skulpturen sind an der Westfassade von St. Denis und von Chartres. Die Bauherren sind die Bischöfe Heinrich von Sens, Gottfried von Chartres und Suger – alle drei miteinander befreundet und verbunden durch ihre politische und kirchenpolitische Überzeugung.

Die Abtei von St. Denis ist das Werk eines Mannes, Sugers, und wird mit dem Geld von königstreuen Prälaten und Fürsten bezahlt. Die Kathedrale von Chartres wird zwischen 1194 und 1220 bereits von den Wellen einer riesigen religiös-politischen Baubewegung getragen. Das Volk Frankreichs wächst mit dem Bau seiner Kathedralen zur Nation. Adel, Bürger, Kaufleute, Bauern tragen, wörtlich und bild-

lich, die Lasten der Bauarbeiten. Auf dem Deckel des Ne-
krolog-Buches der Kathedrale ist deshalb auch Maria mit Bischöfen, Klerikern, Rittern, Bürgern und Bauern zu ihrer
Linken und mit Königen, Königinnen, Bürgern und Bauern
zur Rechten abgebildet.

Chartres ist ein Mariendom. Die Gotik baut Marienkirchen.
Maria wird als Mutter des Volkes, der Nation berufen.
Reiche Gaben für Chartres kommen auch aus der keltischen
Bretagne; in Chartres selbst besteht eine einflußreiche und
reiche bretonische Kolonie. Die Phantastik und das Kalkül
des keltischen Geistes vermählen sich in der Gotik mit sehr
»materiellen« Motiven. Die Kathedrale von Chartres ist
Eigentum des Domkapitels von Chartres, das von seinen
Altären reiche Einkünfte bezieht. Der Dekan des Kapitels
allein hat ein jährliches Einkommen von über 700 000 Dol-
lar, wie man berechnet hat (2300 Pfund von Tours, *livres
tournois*). Die vier berühmten Messen an den vier Marien-
feiertagen bringen Scharen von Pilgern und sehr viel Geld
nach Chartres. Rund um die Kathedrale wird verkauft,
werden Waren gestapelt, in der Nacht schlafen Fremde
unter ihren Portalen und in Teilen der Krypta, in der
Kirche warten tagsüber Handwerker auf Werbung durch
Arbeitgeber, in der Kirche selbst werden Lebensmittel verkauft. Einmal verbietet das Domkapitel Weinverkauf im
Hauptschiff der Kirche, läßt aber einen Teil der Krypta
dafür zu.

Warum hier diese Bemerkungen angesichts von Chartres,
dem Wunderwerk der Gotik, das zwischen Henry Brooks
Adams und Charles Peguy so viele Träume, Sehnsucht, Romantik und echte Spiritualität wachgerufen hat?

Die Gotik, genauer die gotische Kathedrale in Frankreich,
ist ebensosehr das Werk eines kühl rechnenden, technischen

Geistes, sie ist Ingenieurkunst wie sie Ausdruck einer Spiritualität ist, die im Licht, im Maß, in der Zahl, die wichtigsten Attribute Gottes sieht.

Gott, der Architekt des Universums, vermißt als Geometer mit dem Zirkel in der Hand die Welt gemäß dem Psalmwort: »Alles hast du nach Gewicht, Maß, Größe geordnet.« Eine *Bible moralisée* aus der Mitte des 13. Jahrhunderts (jetzt in der Wiener Nationalbibliothek, Cod. 2554) zeigt eindrucksvoll in diesem Sinne Gott als Geometer. Es gehört zum offenbaren Geheimnis des ungeheuren Erfolges der Gotik, daß hier erstmalig – und faszinierend gerade für unsere Zeit – eine neue Technik, ein neuer Kunstverstand in engster Verbindung mit einer Spiritualität entstand, die ihrerseits ganz auf »Technik«, Mathematik, Geometrie bezogen war.

Das 13. Jahrhundert sieht mit ebensoviel Bewunderung auf seine großen Baumeister wie die Renaissance. Der große Unbekannte, der Baumeister von Chartres, ist, wie seine Rechnungen bezeugen, bereits ein Laie. Die stolzen Grabinschriften für Pierre de Montreuil und Hugo Libergier, die Baumeister von Reims und Amiens, eingetragen in die Labyrinthe auf dem Fußboden der Kathedralen, bezeugen das Selbstbewußtsein dieses neuen Standes von Ingenieuren, Technikern und Facharbeitern, die in den Bauhütten organisiert eine erste Internationale bilden: die Spezialisten und Arbeiter des gotischen Systems; sie bauen überall in Europa, wohin man sie ruft.

Zuerst also über das »Technische« dieser Gotik. Kein einziges konstituierendes Element der gotischen Baukunst ist eine Neuerfindung. Der armenische Spitzbogen wird seit dem Ende des 10. Jahrhunderts in Europa abgewandelt, ebenso die muselmanische Rippe. Der gotische Spitzbogen

ist anglo-normannischen Ursprunges und kommt aus der
Normandie und dem normannischen England. Erste Spitzbogen finden sich in Durham (Ende des 11. Jahrhunderts,
Winchester (nach 1107), Peterborough (1118), Gloucester (zwischen 1100 und 1120). Kein einziges Land hat
mehr zur Vorbereitung der Gotik geleistet als die Normandie.
Trotzdem wird in der Normandie erst nach ihrer Eroberung
durch Philipp-August gotisch gebaut. Die Kathedrale von
Le Mans, der Hauptstadt der Maine, wird noch im angevinischen romanischen Stil gebaut, als die ersten gotischen
Kathedralen schon standen. Erst nach der Annexion Maines
durch die französische Krone beschließt das Domkapitel
von Le Mans, den weltberühmten gotischen Chor zu bauen.
Südfrankreich wehrt sich gegen die Gotik. Erst nach der
Unterwerfung des Landes beginnt (um 1250) die Gotik, zunächst sehr oberflächlich, zu siegen. Die 350 zisterziensischen
Klöster verbreiten zwar schon seit der Mitte des 12. Jahrhunderts den französischen Spitzbogen in Deutschland, Spanien, Italien, Skandinavien, Ungarn und Portugal; die zister-
ziensische Gotik behält aber immer ein »romanisches«
Grundmaß und die Frische, Reinheit und »Primitivität«
des Anfanges. Sie entspricht der »Primitivität« der Völker
Europas lange Zeit weit besser als die subtile, herrische,
überaus künstliche Konstruktion der royalistischen französischen Kathedrale.
Architektur ist angewandte Geometrie: so definiert das
Hochmittelalter selbst die Baukunst seit Dominikus Gun-
dissalinus um 1140-50. Die gotische Kathedrale ist ein
Rechenkunststück, eine Konstruktion aus Zahlen, Kraftlinien und Licht. Das Wichtigste ist zunächst die Auflösung
der Wand; diese beginnt mit einer Gliederung in vier Stu-
fen (Arkade, Empore, Triforien, Fenster-Lichtgaden). Der

Neubau von Chartres bringt eine Dreigliederung (Seiten-schiffarkade, Triforium, Hochfenster), der Neubau des Schiffes von St. Denis (begonnen 1231) setzt die Zweiglie-derung durch, indem das Triforium in das Hochfenster ein-bezogen wird. Die Wand der Kathedrale soll dergestalt Kraftlinie und Licht sein, nicht von unten her gebaut, son-dern von oben herabschwebend, Träger eines Gewölbes in Baldachinform – eine himmlische Stadt, ein himmlisches Jerusalem, das nicht mehr Gottesburg auf Erden ist, wie die romanische Kirche, sondern Vision des Paradieses. Die Schau-frömmigkeit des Hochmittelalters und eine typisch franzö-sische Paradieses-Vision, die sich über Watteau bis in unsere Tage, vielfach abgewandelt, immer neu manifestiert, verbin-det sich hier mit der Ekstase von Technikern, die alle Mög-lichkeiten eines neuen Stils durchexperimentieren wollen – bis zur Katastrophe. Immer höher, immer leichter will man die Pfeiler in die Höhe schießen lassen. Mit dem Chorbau von Beauvais (1247–72) beginnen die Einstürze der zu hoch gebauten Gewölbe. Enthusiasmus der Bauherren und Fana-tismus der Techniker haben einander gegenseitig so lange gesteigert, bis der Zusammenbruch erfolgen mußte.

Die klassische gotische Kathedrale ist fern von diesen Ex-zessen, doch trägt sie deren Möglichkeit in sich. Ihr Grund-schema ist ein weiträumiger Chor mit einem Chorumgang und von ihm ausstrahlend Kapellen, im Langschiff die be-reits erwähnte Gliederung; der steile Baukörper muß nach außen durch Strebebogen abgesichert werden, wobei aus der Not eine Tugend gemacht wird: diese Strebebogen werden mehrfach unterteilt (wie in einer Brückenkonstruktion), und dieses technische Gerüst, das ja nicht abgebrochen werden kann, wird mit Türmchen, Krabben, Kreuzblumen und Statuen besetzt. Schmuck und Technik werden in unbändiger Freude am Gelingen des Kunststückes einander vermählt. Riesige Portale saugen die Massen der Besucher nach innen. An den Portalen wird die heilige Geschichte des Königtums, von Jesse über Christus, Chlodwig bis zu Karl dem Großen dargestellt, dann die mit ihm untrennbar verbundene Weltgeschichte, Gericht und Erlösung, die Krönung Mariens. Die Scharen der Könige, Heiligen und Verdammten an den Portalen weisen nach innen. Eine Fülle von Licht empfängt den schaugierigen Besucher. Suger von St. Denis selbst rühmt das herrliche Licht: »Das gesamte Heiligtum ist von einem wundervollen und gleichmäßigen Licht durchströmt, das durch die hochheiligen Fenster eintritt.« Die gotische Kathedrale ist ein Lichterdom. Nichts ist ihr ferner als »mystisches« Dunkel, Unklarheit oder Sentimentalität. Alles soll in ihr hell, klar, übersichtlich sein, gehorsam ihrem geistigen und technischen Gesetz.

Der Platonismus von Chartres, der Augustinismus des Bernhard von Clairvaux, der mönchische Purismus, um nicht zu sagen Puritanismus, von Citeaux und verwandten monastischen Bewegungen haben dieses Gesetz geschaffen. Die Theologen von Chartres im 12. Jahrhundert waren besessen von dem Zauber der Mathematik – sie ist das Band, das Gott und Welt verbindet. Im Geheimnis der Zahlen offenbart sich die Harmonie des Kosmos. Im Geheimnis der Zahlen ist das Geheimnis der Musik und das Geheimnis des Lichts enthalten. Das Licht erscheint als »verkörperter Geist«, als das schöpferische Prinzip. Schönheit ist der Glanz (das heißt die Lichtmacht) des Wahren, die Ausstrahlung der kosmischen, göttlichen Ordnung als deren Selbstdarstellung. Wer das Licht und die Zahl recht zu berechnen weiß, ist Mitspieler, Mitgestalter der göttlichen Harmonie.

St. Denis, der Patron Frankreichs und seiner Könige, der

Heilige, der Frankreich zum Christentum bekehrt hatte, wird im Paris Sugers endgültig mit Dionysius Areopagita identifiziert, dem späten Griechen, dessen Werk die Hauptquelle aller mittelalterlichen Licht-Metaphysiken war. Er wird zugleich als Gründer der Pariser Universität angesehen. Anknüpfend an ihn und wohl auch an Maximus Confessor sieht Suger die Aufgabe seines neuen Baues darin, den Gläubigen aufzunehmen in die ewige Vernunft, die Gottheit, die Licht, Vernunft, Einheit, Klarheit, Reinheit ist.

Als »Gesamtkunstwerk« will die gotische Kathedrale buchstäblich mit allen Mitteln den Gläubigen in diesem Sinne verwandeln, milde verwandeln. Die Schrecken, das Dämonische, der Tod und sein Grauen sollen fern sein. Human, sanft soll der Mensch eingeladen werden, sich überformen und verwandeln zu lassen. Wohl ist Chartres noch von außerordentlichem Ernst durchdrungen, und die Gestalten seiner Plastik wirken steif, ängstlich, retrospektiv, innerlich unfrei. Otto von Simson hat darauf aufmerksam gemacht: Verglichen mit der Kathedrale von Noyon, mit der bunten Vielfalt und Fülle der offenen Welt des 12. Jahrhunderts wirkt Chartres streng, tyrannisch, gleichschaltend. Nun herrschen, vorbildlich für das gotische Europa, streng die Zahl, die Einheit, das Schema, ein rigoristischer Purismus, der hart und leblos ist. Jeder, der heute in rascher Folge ein Dutzend gotischer Kathedralen besucht, erschrickt vor der Technik und Spiritualität dieser Gleichschaltung.

Es bedarf auch hier der Kraft der Anteilnahme, um die große Symphonie wahrzunehmen, die in drei Sätzen, immer reicher orchestriert, die Vollendung des gotischen Systems in Frankreich bringt: ihren ersten Satz bilden um 1150 St. Denis, Notre-Dame von Paris, Laon, Noyon, Sen-

lis. Der zweite, klassische Satz wird um 1200 durch Chartres, Amiens, Reims, Rouen und Bourges gebildet. Um 1250
setzt dann der dritte Satz ein, der »strahlende Stil« von
Beauvais und die Sainte-Chapelle in Paris, St. Urban in
Troyes, Clermont, Limoges und Rodez.

Die Sainte-Chapelle wurde in drei Jahren von Ludwig dem
Heiligen erbaut (1245–48). Sie gleicht einem gläsernen
Schrein mit 1134 Szenen in den leuchtenden Fenstern, die
die Wände verschluckt haben, und zeigt, wie da eine Paradieses-Vision, eine Feerie, eine Phantasmagorie durch einen
luziden Kunstverstand produziert werden, der souverän mit
seinen technischen Mitteln zu spielen weiß. Die Sainte-Chapelle ist ein preziöses Wunderwerk, das an die Licht-Spiele
und Wunderwerke erinnert, die der höfische Roman und
die keltische Phantasie schildern.

Wer heute staunend und leicht befremdet vor soviel Kunst-
technik in der Sainte-Chapelle steht, mag sich am Lächeln,
an der sanften Heiterkeit und der stillen Schönheit gotischer Kathedralplastik laben: in Reims, in Bourges, in
Amiens. Die »goldene Jungfrau« und der »schöne Gott« in
Reims predigen eine frohe Botschaft erlöster Menschheit,
innerlich befreiter, gelöster Menschlichkeit. Winzig klein
ruhen wie Schoßhündchen Löwe, Drache, Viper und Basilisk
unter den Füßen des segnenden Christus, der ganzer Mensch
ist. Auch ganzer Gott? – In ihrem Widerwillen gegen die
Monstren der Romanik, die zu Grotesken verniedlicht werden, hat diese Gotik auch die Macht des Gottesschreckens
zu erfahren verlernt, und dies ist kein Zufall. Weder der
griechische Geist, der hier manchmal so leuchtend zugegen
zu sein scheint und der in Chartres Theologie geworden war,
noch auch die neue laikale, weltimmanente Technik kennen
die große Macht der »Mächte«. Diese andere Seite der Wirk-

lichkeit wurde in den Gerichtssitzungen vor den gotischen Portalen, in den Verbrennungen von Büchern und Menschen vor den Toren dieser Bischofskirchen eindrucksam genug manifestiert. Gotisches Überspielen des Todes und des Bösen, des Schreckens der »Mächte« – durch die schöne Form, die milde Gestalt – wird vielleicht am eindrucksvollsten im berühmten Gerichtspfeiler des Straßburger Münsters sichtbar. Die Engel des Jüngsten Gerichts bilden hier mit den vier Evangelisten und zuhöchst dem Weltenrichter Christus eine einzige Symphonie der Schönheit, des Wohlklanges – diese Gerichtsengel laden zu einem irdisch-überirdischen Fest.

Das Straßburger Münster Erwin von Steinbachs (1276 begonnen) mag die Brücke zur deutschen Gotik schlagen, die in Bamberg, Naumburg, Marburg, Köln, Freiburg, Regensburg und Wien beginnt. Zum ersten Male setzt sie sich als System in St. Elisabeth in Marburg um 1240 durch. In Westfalen übernimmt man – auch unter südfranzösischem Einfluß – die Halle; Norddeutschland entwickelt seine Backsteingotik. Eine stolze Reihe hochschiffiger, rotbackener, nüchtern-klarer Kirchen dieser deutschen Sondergotik führt von der Marienkirche in Lübeck über Stralsund, Rostock, Wismar, Kopenhagen, Malmö nach Danzig und ostwärts bis Riga, Reval und Dorpat.

Das französische Vorbild erweckt eine deutsche Kathedralplastik an den Portalen der Dome und im Innern, meist an den Pfeilern, die zu den bedeutendsten Werken europäischer Kunst gehören.

Die *Ecclesia und Synagoge* und der *Marientod* in Straßburg, die Naumburger Stifterfiguren (als würdige Repräsentanten des ostmitteldeutschen Adels, wobei besonders als »Außenseiter« Wilhelm von Camburg eindrucksvoll wirkt) und das

Niedervolk am Naumburger Lettner in der Passion Christi, das als Abendmahlgemeinde ergreifend zugegen ist (alles slawische Gesichter als Jünger Christi!), zeigen einen Adel der Formgebung und eine Kraft der Charakteristik und des Ausdrucks, die einzigartig sind.

Die sanfte höfische Klassizität der französischen Gestalten wird in Deutschland abgelöst durch eine aggressive, teilweise expressionistische Kunst, der Ausdruck und Wucht alles bedeuten. An den Chorschranken des Bamberger Doms treten Apostel und Propheten als gewalttätige Kämpfer im Wortstreit einander entgegen, es geht sichtlich hart zu in diesem sehr deutschen Freund-Feind-Gespräch. Jonas ist ein revolutionärer Bauernprophet, der wie ein Vorbild der deutschen Bauernpropheten des 15. und 16. Jahrhunderts wirkt.

Derselbe deutsche Raum, in dem das Volk in den schweren Wirren des Spätmittelalters weder Reich noch Kirche mehr als existenzsichernde Mächte erlebt, gestaltet den Schmerzensschrei der Mutter aller ermordeten Kinder des Volkes in seiner Pietà (die Pietà in Bonn um 1300) als erschütternden Protest. Die italienische Pietà noch der Renaissance-Zeit, der Welt Michelangelos, ist eine direkte Tochter der deutschen Schmerzensmutter. Im süddeutschen Raum, in dem die Mystik im hohen 14. und frühen 15. Jahrhundert eine Heimstatt findet, entstehen zudem einzigartig in Europa Andachtsfiguren und Motive, wie die Johannesminne (der Lieblingsjünger des Herrn ruht an seiner Brust), in denen der große Schmerz verinnerlicht, still, abgeklärt, in sanften Formen (in Lindenholz geschnitzt) ausströmt.

Ein knapper Blick auf die Eroberung Europas durch das *opus francignum*, das französische Kunstwerk, wie die Gotik in Deutschland heißt. Französische Baumeister bauen im hohen 13. und 14. Jahrhundert in Spanien und Portugal, in Deutschland (der Meister Gerhardt des Kölner Domes ist wohl französischer Herkunft) und in Skandinavien. Etienne de Bonneuil ist 1287 Bauleiter in Uppsala; Kaiser Karl IV., der Gatte der Blanche de Valois, läßt Mathieu von Arras als Dombaumeister 1344 nach Prag kommen. Von diesem stammt der Chor des Veitsdomes; Peter Parler (1330–99) baut ab 1353 weiter; der Dom wird 1386 vollendet. Vorbild war die Kathedrale von Narbonne. In Polen entsteht St. Stanislaus in Krakau nach einem französischen Plan, in Ungarn bauen französische Zisterzienser, dann Villard de Honnecourt und Jean de Saint-Die in Klausenburg und Kaschau.

Während die Völker und Nationalsprachen mächtig empordrängen, wird die Gotik zu einer europäischen Gemeinsprache. Die gotische Kathedrale demonstriert sich als ein »Drittes Testament«, als Vereinigung des Alten und Neuen Testaments; Juda und seine Könige triumphieren an ihren Portalen, während die Judenverfolgungen in ganz Europa losbrechen und die Elegie von Troyes (nach 1288 in französischer Sprache und hebräischer Schrift), die Übersetzung eines hebräischen liturgischen Klageliedes anläßlich der Verbrennung von 13 Juden in Troyes, sowohl die beginnende Einwurzelung der Juden in den Völkern Westeuropas wie ihre Ausrottung bekundet.

Während Europa dem »Herbst des Mittelalters« verfällt, zeigt die gotische Schmuckkunst einen ewigen Frühling auf: junge Knospen, Blüten, Gärten und Wälder, die Welt als ein Garten Gottes; die Gesichter blühen in diesem ewigen Frühling, und zu den Menschen gesellen sich in der Schmuckkunst der Kathedralen die Tiere des Waldes, des täglichen

Lebens; freundlich, in Freundschaft sind alle Kreaturen einander verbunden.

Während Krieg und Bürgerkrieg, Pest, Hunger, katastrophaler Rückgang der Bevölkerung Europa stagnieren lassen und Höllen von Haß aufbrechen (denken wir nur an den Inquisitor Konrad von Marburg und seine Exzesse; er liegt in der ersten vollgotischen deutschen Kirche, in St. Elisabeth in Marburg, begraben – bei deren Einweihung Kaiser Friedrich II. zugegen war), öffnet die gotische Kathedrale in ihren Portalen, Fenstern und Lichtern die Schau eines Paradieses. Selbst das Jüngste Gericht atmet nun einen überirdischen Frieden, und der Erzengel Michael wiegt die Seelen auf der Waage, die über Seligkeit oder Verdammnis entscheidet, ruhig und sanft, ein jugendlicher Held.

Während der europäische Adel sich auf den Schlachtfeldern zerfleischt – ein Vorspiel zum Hundertjährigen Krieg –, zeigt die gotische Kathedralplastik die Vision einer adeligen europäischen Gesellschaft: Männer und Frauen, die an Leib und Seele adelig sind. Ebenbürtig und zuinnerst verwandt sind der heilige Theodor von Chartres, der Markgraf Eckhart von Naumburg, sind Alphons der Weise und Violante von Aragon im Kreuzgang von Burgos mit ihren französischen und deutschen Vettern und Basen, und selbst der Karl von Anjou vom Kapitol in Rom – das Geschlecht der Mörder des letzten Hohenstaufen Konradin –, selbst diese furchtbare Gestalt erscheint in dieser Kunst als ein Verwandter in der einen großen europäischen Familie.

Das ist europäische Gotik. Sie bildet die erste gesamteuropäische Universalsprache in der Kunst, während eben dieses Europa sich reich differenziert und zerspaltet. Die reife und vor allem die späte Gotik des 14. und 15. Jahrhunderts zeigt die nationalen Gegensätze positiv als Fülle der Differenzie-

rung, während jetzt erst der südostdeutsche und osteuro-
päische Raum voll erwachen. Die Habsburger bringen die
Gotik nach Österreich. Hier blüht sie nun in der Plastik,
vor allem in einem Reichtum von Gestalten, dessen sich
erst die allerjüngste Gegenwart wieder bewußt wird.

Man hat England »das Land der Spätgotik schlechthin« genannt (R. Hamann – MacLean) und den dekorativen Charakter der gesamten englischen Gotik in ihren harmonisch ineinander übergehenden drei Phasen (Early English, 1170 bis
1250; Hochgotik – Decorated Style, 1250–1350; Spätgotik
– Perpendicular Style, seit 1350) betont. Das normannische
England hat mit größter Selbstverständlichkeit die französische Gotik übernommen, alle ihre Elemente aber eigentümlich spielend und rechnerisch zugleich in sich aufgenommen, so daß keine englische Kathedrale mit einer des Kontinents zu verwechseln ist. Hohe Aufnahmefähigkeit für das
»Fremde« und gleichzeitig konservatives Beharren im Gesetz des eigenen Lebens – eines Lebens voll von starken,
vitalen Widersprüchen und Paradoxa – prägt die englische
Gotik. Früher als andernorts in Europa übernimmt man
die französische Frühgotik (der Chor in Canterbury 1175
bis 1186 von einem Meister aus Sens). Dann zeigt sich in
England, wie perfekt man das gotische System zu hand-
haben weiß – in der Kathedrale von Lincoln (1192–1233),
in Salisbury und Durham; später, in der Westminster Abtei
(1245–58), greift man erneut auf die französische Gotik zurück, demonstriert in Exeter, Ely und Lichfield die Hochgotik, gleitet dann zum *Perpendicular Style* hinüber, der
auf dem Kontinent den *Style flamboyant* anregt, und entdeckt in allen Phasen immer mehr sich selbst, erfüllt sein
eigenes Stilgesetz.

Die Riesenkomplexe der englischen Kathedralen, die zu-

gleich Stadtkirchen, Abteien und Klöster sind, vereinigen
eine Reihe von Sonderräumen, die alle für sich allein bestehen könnten; sie bilden den Ausdruck eines selbstbewußten Individualismus, der sich durch die starke Betonung des
Horizontalen und die Türme unbefangen zu Wort meldet.
Räume, Gewölbe, Dienste, Chöre (durch Schranken vom
Schiff getrennt), dazu Rückchöre, die Jungfrauenkapelle, ein
zweites östliches Querschiff: das alles isoliert sich voneinander, steht nur dekorativ miteinander in Verbindung.
Hart, stählern (wie auch die Figuren dieser englischen Bauplastik) sind die Einzelformen; die Wand löst sich früh in
spitzbogigen Architekturen auf und schließt sich durch ein
Netz von Rippen und Nebenrippen in Arkaden wieder zusammen. Trotz ihrer Höhe überwiegt, nicht zuletzt durch
diese Zerlegung in lineare, dünne Einzelformen, der Eindruck des Breiten, Horizontalen. Diese englischen Kathedralen schweben weder aus der Höhe herab, noch entschwe-
ben sie in die Höhe: sie stehen fest auf der Erde, bewußt
ihrer herrscherlichen Macht; sie wissen, daß sie repräsentie-
ren, und entlassen im übrigen ihre Besucher in die vielen
Räume, die sie zur Verfügung stellen. Normannischer Sinn
für harte, strenge Herrschaft und eine trockene, rechne-
rische Phantastik verbinden sich. Durchgerechnet und durchdacht bis ins letzte erinnern diese Kathedralen daran, daß
englische Mathematiker und englische Kanonisten, Kirchen-
rechtler eine überragende Bedeutung im europäischen 13.
und 14. Jahrhundert besitzen. Nicht der Bogen (wie in
Frankreich) und nicht die Masse (wie in deutscher Romanik
und auch noch in der frühen Gotik), sondern die Linie, ein
Geflecht von Kraftlinien, das manchmal an das schachbrett-
artig gemusterte Tuch des Exchequer, des königlichen Schatz-
meisters, erinnert, bestimmen die Struktur dieser Kathe-

dralen. Der Perpendikelstil ihrer Spätgotik, diese Konstruktion von Gittern aus dünnen Stäben, ist bereits von allem Anfang an in dieser dekorativen Kunst angelegt.

In diesen Kirchen stehen auf ihren Grabmälern ernst, würdig und etwas steif, distanziert von aller Umwelt, Gestalten wie der Tempelritter in der Temple Church in London, wie Richard Swinfield in der Kathedrale von Hereford, wie eine Dame auf dem Grabmal Eduards III. in der Westminster Abtei. Gelöster, freier, humaner und humanistischer, sensibler entwickelt sich die Linie, die Zeichnung in der englischen Buchmalerei, wobei hier die Gotik eine große angelsächsische Tradition (zuletzt der Winchesterschule) fortsetzt. Man hat gesagt, das normannische England spiele mit der kontinentalen Gotik, bediene sich deren Elemente, um etwas »ganz Ungotisches« zu schaffen. Nun, niemand darf erwarten, daß das England der Plantagenets und ihrer Erben sich französische Kathedralen als Machtzeichen des Kultes des allerchristlichsten Königs bauen würde. Anglo-normannischer Nüchternheit entsprachen auch nicht die französische Vision des Paradieses und die magische Feerie der Sainte-Chapelle in Paris. Wohl aber demonstriert die mächtige, stolze Reihe englischer Kathedralen von Durham, Ely, Norwich, zu Canterbury, Peterborough, Salisbury und Lincoln, zu Beverley, Wells und schließlich Exeter (um 1280–1370), daß dieses England, dessen führende Gesellschaftssprache und Staatssprache bis zum Ausgang des 14. Jahrhunderts das Französische ist und das mit der Vollmacht eigenster Kraft die Formensprache der französischen Gotik an sich riß, ein großer und furchtbarer Gegner sein konnte: für Frankreich, das Mutterland der Gotik, und auch der englischen, geistigen und spirituellen Kultur. Man sollte sie nebeneinander besehen, Frankreichs und Englands gotische Kathedralen: formal sind sie einander ganz nah, und ganz fern in Geist, Raumauffassung und innerster Struktur. Das Geheimnis des »Westens«, die Symbiose und Diastase, das Gegeneinander und Zueinander Frankreichs und Englands im Spätmittelalter, konstitutiv für die Selbstfindung und Selbstbehauptung Europas, wird in diesen Kirchen sichtbar, die Schwestern, Mütter und Töchter sind und zugleich feindliche Sippengenossinnen, die miteinander um den Vorrang streiten, wie Brunhild und Kriemhild vor dem Tor des Wormser Domes.

Zeittafel

814–840 Ludwig der Fromme

817 Ludwig setzt seinem zum Mitkaiser ernannten Sohn Lothar in Aachen die Kaiserkrone auf

827 Die Araber erobern Kreta: Ende der Seeherrschaft des Byzantinischen Reiches

840 Nach dem Tod Ludwigs des Frommen Krieg seiner Söhne um das Erbe

841 Großangriffe der Normannen auf den Kontinent und auf England

841 Straßburger Eide

843 Vertrag von Verdun: Kaiser Lothar I. erhält Italien und nördlich der Alpen einen Gebietsstreifen von der Nordsee bis zur Provence, Karl der Kahle den Westen und Ludwig der Deutsche den Osten

um 845 Johannes Scotus (Eriugena) am Hofe Karls des Kahlen

855 Tod Lothars und Aufteilung des Reiches unter seinen Söhnen

875 Tod Kaiser Ludwigs II.
Karl der Kahle wird Kaiser

876 Tod Ludwigs des Deutschen

881 Aachen wird durch die Normannen verwüstet

884 Karl der Dicke wird Kaiser im ganzen Karolingerreich

887 Absetzung Karls des Dicken

888 Arnulf von Kärnten wird zum deutschen König gewählt

894 Erster großer Ungarnvorstoß

910 Gründung von Cluny

918 Mit der Wahl Heinrichs I. zum deutschen König kommt die sächsische Dynastie auf den Thron

936 Otto I. (der Große) wird deutscher König

955 Siege Ottos über die Ungarn und Wenden

962 Otto I. wird Kaiser

973 Tod Ottos I.
Nachfolger wird sein Sohn Otto II.

983 Tod Ottos II.
Nachfolger wird sein dreijähriger Sohn Otto III.

987 Tod Ludwigs V. von Frankreich, des letzten Karolingers
Hugo Capet wird König von Frankreich

995 König Stephan I. von Ungarn bekehrt sich zum Christentum

1002 Tod Ottos III.
Thronbesteigung Heinrichs II.

1024 Nachfolger Heinrichs II. wird Konrad II.

1039	Tod Konrads II. Nachfolger wird Heinrich III.
1046	Synode von Sutri
1054	Endgültiges Schisma zwischen West- und Ostkirche
1056	Tod Heinrichs III.
1059	*Papstwahldekret* des Papstes Nikolaus' II.
1063	Ermordung König Ramiros I. von Aragonien
1065	Heinrich IV. wird großjährig
1066	Schlacht bei Hastings: Der Normannenherzog Wilhelm der Eroberer besiegt Harold von England
1071	König Wilhelm I., der Eroberer, ist Herr über ganz England
1075	Schlacht bei Homburg an der Unstrut: Heinrich IV. besiegt die aufständischen Sachsen
1073–1085	Beginn des Investiturstreites unter dem Pontifikat Papst Gregors VII. zwischen Kaiser und Papst um die Belehnung der deutschen Bischöfe, die zugleich Reichsfüsten waren (Investiturverbot für Laien)
1074	In der katholischen Kirche wird das Zölibat eingeführt
1076	Papst Gregor VII. belegt Heinrich IV. mit dem Bann
1077	Bußgang Heinrichs IV. nach Canossa zur Lösung des Kirchenbanns
um 1081	Byzanz hat Italien ganz, den Balkan teilweise, Kleinasien fast völlig verloren
1081–1085	Erster Krieg zwischen Byzanz und den Normannen: Schlacht bei Pharsalos
1081–1462	Die Komnenen-Dynastie herrscht in Byzanz (Konstantinopel, Trapezunt)
1082	In der Auseinandersetzung zwischen Byzanz und den Normannen erkauft Kaiser Alexios I. Komnenos von Byzanz durch Gewährung von Handelsprivilegien an Venedig dessen Flottenunterstützung
um 1083	In China werden Bücher über Mathematik (Arithmetik) gedruckt
1084	Die Normannen und Robert Guiscard plündern Rom
1085	Heinrich IV. verkündet den Gottesfrieden für das ganze Reich
1086	Das Domesday-Book wird angelegt: Verzeichnis der englischen Grafschaften, des englischen Landbesitzes und Bevölkerungsstandes
1094	Cid nimmt mit seinem Heer die spanische Stadt Valencia ein und gründet sein Königreich Valencia

1095	Synode von Clermont: Papst Urban II. ruft zum Kampf für Gott und die Kirche auf (Befreiung des Heiligen Grabes)
1096	Durchziehende ausländische Kreuzfahrer veranstalten in deutschen Städten furchtbare Judenmassaker
1096–1099	Erster Kreuzzug. Einnahme Jerusalems. Gottfried von Bouillon »Beschützer des Heiligen Grabes«
1097	Fürstenversammlung von Ljubec: Neuordnung des russischen Reiches
1098	Das Kloster von Citeaux (Zisterzienser) gegründet Der Johanniter-Orden gegründet
1098–1108	Zweiter Krieg zwischen Byzanz und den Normannen
1099–1187	Selbständiges Königreich Jerusalem
um 1100	Die Kluniazenser vereinigen in Europa ungefähr 2000 Klöster Entstehung des französischen »Chanson de Roland« Abälard schreibt seine Briefe an Heloise
1100	Balduin I. nimmt den Titel eines Königs von Jerusalem an
1101	König Heinrich I. von England bestimmt die Länge seines Unterarms zum englischen Normalmaß (Yard)
um 1105	»Narkoseschwämme« zur Betäubung durch das Einatmen von Pflanzenextrakten in Salerno hergestellt Anfänge ostdeutscher Siedlungsbewegung
1109	Polnische Heere besiegen die deutschen Heere Heinrichs V.
um 1110	Verbreitung des Steinkohlebergbaus in Mitteleuropa Der deutsche Krönungsmantel wird mit arabischen Stickereien geschmückt Frau Ava schreibt geistliche Gedichte in deutscher Sprache
1115–1153	Bernhard, Abt von Clairvaux
1119	Gründung der Universität Bologna (älteste europäische Universität) Gründung des geistlichen Ritterordens der Tempelherren (Templer) in Akkon; nach 1291 auf Zypern und in Frankreich; 1307–1312 aufgelöst
1120	Norbert von Xanten gründet bei Laon das Kloster Prémontré (Prämonstratenser)
um 1120	Die Bevölkerungszahl in England übersteigt 3 Millionen In Deutschland treten zu den Vornamen die Familiennamen auf Der Dom von Pisa erbaut Chrysomalas schreibt die Lehren der Bogomilen nieder
1122	Wormser Konkordat: Beendigung des Investiturstreites
1122–1126	Erster Krieg zwischen Byzanz und Venedig

um 1124	Der Kompaß in China nachgewiesen
um 1125	Anna Komnena beschreibt die Kriege ihres Vaters, des Kaisers Alexios von Byzanz
um 1130	Alkohol durch Destillierung in Deutschland hergestellt
um 1135	Hildegard von Bingen dichtet geistliche Lieder
1137	Anfänge der Medizinschule von Montpellier Aragon und Katalonien vereinigt
1138	Konrad III. aus dem Haus der Staufer erkennt dem Welfen Heinrich dem Stolzen die Herzogtümer Sachsen und Bayern ab
1138–1254	Das Haus der Staufer regiert in Deutschland
1143	Die spanische Grafschaft Portugal wird Königreich
um 1145	Die Papierherstellung kommt von Arabien nach Europa
1146	Cordoba von Alfons VII. von Kastilien erobert Der Papst verfügt Schuldzinserlaß für alle Kreuzfahrer
1147	Moskau zum erstenmal urkundlich erwähnt Lissabon von Alfons I. von Portugal erobert Die Normannen zerstören Korfu, Theben und Korinth Das Heer der Kreuzfahrer geht in Kleinasien unter Wendenkreuzzug Heinrichs des Löwen
1147–1149	Zweiter Kreuzzug
um 1150	Erfindung des Schießpulvers in China
1154	Damaskus von den Seldschuken erobert
1154–1399	In England regiert das Haus Anjou-Plantagenet. Die Normandie und England sind vereint
um 1155	Entstehung von Bankgeschäften in den Städten Norditaliens Deutsche Kaufleute erhalten Handelsrecht in England (»Hanse«)
um 1160	Jeder Hörige, der ein Jahr in Lübeck wohnt, ist damit frei (»Stadtluft macht frei«) Galens Schriften aus dem Arabischen ins Lateinische übersetzt
1156	Friedrich I. Barbarossa belehnt den Welfenherzog Heinrich den Löwen mit Bayern Rainald von Dassel, Erzbischof von Köln, wird deutscher Kanzler Wilhelm I. von Sizilien wird päpstlicher Lehensmann Die Normannen erobern Brindisi Pommern wird von Polen getrennt
1157	Kastilien und Leon geteilt Finnland wird von Schweden erobert Unter Waldemar I. beginnt Dänemarks Großmachtpolitik

1158 Kaiser Friedrich I. Barbarossa verleiht Wladislaw II. von Böhmen die erbliche Königswürde
Heinrich der Löwe begründet zusammen mit westfälischen Kaufleuten die Stadt Lübeck neu
Heinrich der Löwe gründet München als Mittelpunkt des Salzhandels

1160 Konzil zu Pavia

1160–1162 Heinrich der Löwe unterwirft erneut die Wenden

1161 Erstes Handels- und Seerecht: Constitutum Usus von Pisa

1162 Mailand ergibt sich Kaiser Friedrich I. Barbarossa und wird zerstört

1164 Die Konstitutionen von Clarendon unter Heinrich II. von England erlassen

1165 Byzanz und Venedig verbünden sich gegen Friedrich Barbarossa

1167 Albigenserkonzil in Toulouse

um 1170 Zwischen Bagdad und Kairo verkehrt Brieftaubenpost

1170 Ermordung des Erzbischofs von Canterbury, Thomas Becket, durch Anhänger Heinrichs II. von England

1171 Saladin erobert Ägypten
Heinrich II. von England beginnt mit der Eroberung Irlands

1171–1176 Zweiter Krieg zwischen Byzanz und Venedig

1176 Saladin erobert Syrien
Auseinandersetzung Kaiser Friedrichs I. Barbarossa mit Heinrich dem Löwen in Chiavenna
Schlacht bei Legnano
Petrus Waldes verurteilt das kirchliche Macht- und Besitzstreben

1179 Heinrich der Löwe wird in Reichsacht erklärt
Byzanz bestätigt Venedig erneut die Handelsprivilegien
Der Papst verbietet allen Christen, Handel mit Arabern zu treiben

1180 Von den Reichslehen Heinrichs des Löwen erhält Otto von Wittelsbach das Herzogtum Bayern

1181 Heinrich der Löwe unterwirft sich und behält die braunschweigischen Hausgüter
Kreuzzug gegen die Katharer (Albigener)

um 1185 Katharer übersetzen Teile der Bibel ins Französische

1185–1191 Dritter Krieg zwischen Byzanz und den Normannen

1186 Heinrich VI. heiratet Konstanze, die Erbprinzessin von Sizilien
Neuerrichtung eines Bulgaren-Reiches mit der Hauptstadt Tirnowo

1187	Jerusalem von Sultan Saladin erobert
1189–1193	Dritter Kreuzzug
um 1190	Heinrich von Veldekes »Eneide« entstanden
1190	Deutsche Spitalbrüderschaft (1198 zum Deutschritterorden umgewandelt) gegründet
	Kaiser Friedrich I. Barbarossa ertrinkt im Saleph (10. Juni)
	Kaiser Heinrich VI. schließt Frieden mit Heinrich dem Löwen
1191	Zypern von Richard Löwenherz besetzt
	Akkon von den Kreuzfahrten erobert
1193	Richard Löwenherz von Leopold V. von Österreich gefangen
1195	Handelsvertrag deutscher Kaufleute aus Lübeck und Gotland mit der Stadt Nowgorod
1197	Beirut vom Kreuzfahrerheer Heinrichs VI. erobert
1198	Philipp von Schwaben und der Welfe Otto IV. werden in Doppelwahl beide zu deutschen Königen gewählt
	Friedrich II. zum König von Sizilien gekrönt
	Byzanz entbindet Venedig von allen Handelsabgaben
1199	Papst Innozenz III. verbietet dem Volk das Lesen der Bibel
12. Jhdt.	Entstehung der Zünfte als Handwerksgilden
um 1200	Großbetriebe für Tuchweberei entstehen in Florenz
	Hartmann von Aues »Armer Heinrich« entsteht
1202	Papst Innozenz III. erläßt das Dekretale »Venerabilem« (Superiorität der päpstlichen gegenüber der kaiserlichen Gewalt)
	Der Schwertbrüderorden von Bischof Albert von Livland gegründet
1202–1204	Vierter (lateinischer) Kreuzzug
	Konstantinopel wird von den Kreuzfahrern dreimal erstürmt
1204	Gründung des Lateinischen Kaiserreiches
um 1205	Wolfram von Eschenbachs »Parzifal« entstanden
	Das »Nibelungenlied« entstanden
	Gottfried von Straßburgs »Tristan und Isolde« entstanden
	Der Mongolenfürst Temudschin unterwirft die Tataren, erhebt sich unter dem Titel Dschingis-Khan zum Herrscher über alle Mongolen
	Gründung des griechischen Kaiserreiches Nicäa
1206–1398	Das Sultanat von Delhi
1208	Pfalzgraf Otto von Wittelsbach ermordet Philipp von Schwaben
1209–1229	Albigenserkrieg von Innozenz III. veranlaßt: Ausrottung der Albigenser (Katharer) in Südfrankreich

1212	Kaiser Friedrich II. bestätigt Ottokar von Böhmen die erbliche Königswürde Kinderkreuzzug Niederlage der spanischen Mauren bei Navas de Tolosa
1214	Schlacht bei Bouvines (bei Lille): Sieg Frankreichs unter Philipp II. über den mit England verbündeten welfischen Kaiser Otto IV. Die Rheinpfalz wird als Lehen an die Wittelsbacher vergeben
um 1215	Ausübung der ärztlichen Tätigkeit allen Priestern verboten In den europäischen Städten werden die ersten Apotheken eröffnet
1215	Dschingis-Khan erobert Peking Päpstliche Statuten für die Universität Paris Viertes Laterankonzil (Transsubstantiationslehre, Bestimmungen über Ohrenbeichte, Inquisition) König Johann Ohneland von England erläßt auf Betreiben der englischen Aristokratie die Magna Charta libertatum
1217–1221	Kreuzzug gegen Damiette
1219	Waldemar von Dänemark erobert Estland: Gründung von Reval
um 1220	In Augsburg wird ein Sägewerk mit Wasserkraftantrieb errichtet
1220	Friedrich II. verleiht den geistlichen Fürsten weitgehende landesherrliche Rechte
1224	Kaiser Friedrich II. verlangt vor der Zulassung als Arzt eine medizinische Prüfung vor der Universität Salerno König Heinrich verkündet die sogenannte Treuga Heinrici (Würzburger Reichslandfriede)
um 1225	Entstehung des »Gudrunliedes«
1225	Der Deutschritterorden wird aus Ungarn (Siebenbürgen) vertrieben
1226	Der Deutsche Orden von Friedrich II. zur Eroberung Preußens ermächtigt; Hochmeister des Ordens, Friedrich von Salza, wird in den Reichsfürstenstand erhoben (Goldene Bulle von Rimini) Lübeck wird freie Reichsstadt
1227–1280	Die Mongolen erobern China
1228–1229	Fünfter Kreuzzug
1229	Die Synode von Toulouse erläßt das Verbot, die Bibel in der Landessprache zu lesen Stiftungsurkunde für die aus einer im Jahr 630 gegründeten Schule hervorgegangenen Universität von Cambridge

	Deutsche Kaufleute schließen mit dem Großfürsten von Smolensk einen Handelsvertrag
	Kaiser Friedrich II. krönt sich zum König von Jerusalem
vor 1230	Walther von der Vogelweide dichtet Lieder und Sprüche
1231	Friedrich II. verleiht den weltlichen Fürsten weitgehende landesherrliche Rechte
	Gründung Thorns durch den Deutschen Orden
	Friedrich II. verleiht Uri die Reichsunmittelbarkeit
	Neuordnung Siziliens durch Friedrich II. beendet
1232	Unterstellung der Ketzergerichte als »Inquisition« unter den Papst (Gregor IX.), der die Dominikaner zu päpstlichen Inquisitoren ernennt
1234	Die Stedinger Bauern befreien sich von der Herrschaft des Erzbischofs von Bremen und werden als Ketzer gebannt; ein Kreuzzug wird gegen sie unternommen
um 1235	Eike von Repgow stellt lateinisches Land- und Lehensrechtbuch mit sächsischem Gewohnheitsrecht- und Privatrecht zusammen: »Sachsenspiegel«
1235	Kaiser Friedrich II. verkündet den Mainzer Reichslandfrieden (erstes Reichsgesetz in deutscher Sprache)
1240	Die Mongolen erobern Kiew und brechen dann in Ungarn, in die Walachei, in Polen und Schlesien ein
	Urkundliche Erwähnung der Messe in Frankfurt am Main
	Schwyz wird reichsunmittelbar
1241	Schlacht an der Theiß: Die Mongolen besiegen unter Batu ein deutsch-polnisches Ritterheer unter Herzog Heinrich II. von Schlesien bei Liegnitz (Wahlstatt)
	Lübeck und Hamburg schließen ein erstes Handelsbündnis
1242	Batu, ein Enkel des Dschingis-Khan, errichtet das Reich der »Goldenen Horden« in Rußland
1245	Papst Innozenz IV. setzt auf dem Konzil zu Lyon Kaiser Friedrich II. ab
1246	Landgraf Heinrich Raspe von Thüringen als Gegenkönig von Friedrich II. aufgestellt
1247	Nach dem Tod Heinrich Raspes veranlaßt Innozenz IV. die Wahl des Grafen Wilhelm von Holland zum Gegenkönig
1248	Ferdinand III. von Kastilien erobert Sevilla
1248–1254	Sechster Kreuzzug
um 1250	Erste Statuten des deutschen Handelskontors in Nowgorod
1250	Handelsniederlassung deutscher Kaufleute in London (Stalhof)
	Ludwig IV. von Frankreich gerät in Ägypten in Gefangenschaft und wird erst nach Herausgabe Damiettes freigelassen

1250–1266 Der Folkunger Birger Jarl übt in Schweden für seinen unmündigen Sohn König Waldemar II. die Regentschaft aus,
gründet Stockholm, erteilt der Hanse große Handelsprivilegien

1251 Ottokar II. von Böhmen bemächtigt sich des Herzogtums
Österreich

1252 In Brügge erhalten die deutschen Kaufleute die ersten Privilegien

1253 Florenz ersetzt die Silberwährung durch eigene Goldmünzen
(Gulden)

1254 Gründung des Rheinischen Städtebundes: Schutzbund von
mehr als 50 Städten gegen Übergriffe der Ritter (1257 aufgelöst)

1256–1273 Interregnum in Deutschland

1257 Alfons X. von Kastilien und Richard von Cornwallis zum
deutschen König gewählt
Begründung der Mameluckenherrschaft in Ägypten

1258 Die Mongolen erobern Bagdad

1258–1265 Aufstand der Barone in England gegen König Heinrich III.

um 1259 Einführung des Pulvergeschützes bei den Chinesen
Marco Polo reist von Italien nach China

1259 Lübeck, Wismar und Rostock schließen ein Handelsbündnis

1261 Richard von Cornwallis belehnt Ottokar II. von Böhmen mit
Österreich und der Steiermark

1264 Die Bulle »Transiturus« ordnet die Feier des Fronleichnam-
festes für die gesamte Kirche an

1265 Die Schlacht bei Evesham: Der englische Thronfolger Eduard
besiegt die aufständischen Barone unter Simon von Montfort
Papst Klemens IV. belehnt Karl von Anjou mit Neapel und
Sizilien

1268 Schlacht bei Alba (Süditalien): Karl von Anjou besiegt den
letzten Staufer Konradin und läßt ihn in Neapel hinrichten
Ein Schutzbrief für die Kaufleute ermöglicht die Leipziger
Messe
Peregrinus entdeckt, daß es zwei verschiedene Magnetpole
gibt, die einander anziehen

1269 Kärnten und Krain von Ottokar II. von Böhmen erworben

um 1270 Italienische Kaufleute gründen eine Handelsniederlassung auf
der Krim

1270 Siebenter Kreuzzug unter Ludwig IX. nach Tunis

1273 Rudolf I., Graf von Habsburg, wird in Frankfurt am Main
zum König gewählt

1274	Thomas von Aquin beendet seine »Summa theologica«
1275	Hexenverbrennungen in Toulouse
1277–1447	Die lombardische Adelsfamilie der Visconti herrscht in Mailand
1278	Schlacht auf dem Marchfeld: Rudolf I. von Habsburg schlägt Ottokar von Böhmen (26. Juli); Österreich, Steiermark und Kärnten fallen Rudolf von Habsburg zu
1279	Errichtung einer Sternwarte in Peking
vor 1280	Wirken von Albertus Magnus
um 1280	Die deutschen Kaufleute in England schließen sich zu einer allgemeinen deutschen Hanse zusammen
1280–1368	In China regiert die Mongolen-(Yüan-)Dynastie
1282	König Rudolf belehnt seinen Sohn Albrecht mit Österreich, seinen Sohn Rudolf mit der Steiermark: Beginn der habsburgischen Hausmacht Sizilianische Vesper: Blutige Volkserhebung der Sizilianer gegen die Franzosen Karls I. von Anjou
um 1284	Enstehung der Geschichte des Rattenfängers von Hameln Entstehung der Ebstorfer Weltkarte, die einer römischen Weltkarte aus dem 4. Jahrhundert nachgeahmt wurde
1284	Venedig ersetzt seine Silberwährung durch Goldmünzen
1285	Das Opfer einer Seuche wird in Cremona seziert
1288	Köln wird frei von der Herrschaft des Erzbischofs und erklärt sich zur freien Stadt
1290	Vertreibung der Juden aus England durch König Eduard I.
1291	Schwyz, Uri und Unterwalden schließen den »Ewigen Bund« gegen Habsburg: Schweizer Eidgenossenschaft
um 1292	Entstehung von Dantes »Vita nuova«
1292	Marco Polo kehrt nach 20jährigem Aufenthalt in China nach Venedig zurück
1295	Eduard I. beruft Vertreter des Bürgertums in das englische Parlament
1296	Der Papst verbietet dem Klerus das Zahlen von Steuern an weltliche Mächte
1297	Das englische Parlament erhält das Steuer-Bewilligungsrecht
1299	Der türkische Sultan Osman I. gründet das Osmanische Reich
um 1300	Der Sklavenhandel kommt in Europa zum Stillstand (außer Spanien) In Italien werden die ersten Brillen hergestellt Allmähliche Verbreitung von Glasfenstern in Europa

1302	Bulle »Unam sanctam«: Der Papst fordert die oberste weltliche Macht (Bonifaz VIII.) Sporenschlacht bei Kortrijk: Sieg der flandrischen Bürger über das französische Ritterheer
um 1304	Unter Mithilfe von orientalischen Arbeitern wird in Italien und Deutschland die Seidenweberei eingeführt
1306	Die 100 000 in Frankreich ansässigen Juden werden vom König ausgewiesen und ihr gesamter Besitz enteignet Wenzel III. von Böhmen wird ermordet, mit ihm stirbt das Geschlecht der Přemysliden aus
1307	Johannes Korvino vom Papst zum Erzbischof von Peking ernannt
vor 1308	Wirken von Duns Scotus
1309	Heinrich VII. erkennt die Reichsunmittelbarkeit der Schweizer Waldstätten an Die Marienburg wird der Sitz des Hochmeisters des Deutschen Ordens
1309–1377	Sitz der Päpste in Avignon
1310	Die Johanniter besiegen die Türken auf Rhodos Lübeck beginnt mit der Pflasterung der Straßen
1312	Papst Klemens löst im Konzil zu Vienne den Tempelorden auf
1312–1321	Dante schreibt die »Göttliche Komödie«
1314	Schlacht bei Banockburn: Robert Bruce besiegt Eduard II. und sichert damit die Unabhängigkeit Schottlands In Paris wird der Großmeister des Tempelordens, Jacques de Molay, verbrannt
1315	Schlacht bei Morgarten: Die Schweizerischen Waldstätten besiegen ein österreichisches Ritterheer unter Leopold von Österreich Die Eidgenossen erneuern in Brunnen ihren »Ewigen Bund«
1322	Das Gesetzgebungsrecht des englischen Königs wird an das Parlament gebunden Ludwig von Bayern besiegt in der Schlacht bei Mühldorf Friedrich den Schönen von Österreich und wird alleiniger deutscher König
1326	König Waldemar III. von Dänemark belehnt Gerhard III. von Holstein mit dem Herzogtum Schleswig In der Schlacht bei Brussa wird Byzanz von den Türken besiegt
1327	Eduard II. von England wird abgesetzt und ermordet

1328	Iwan I. gründet das Großfürstentum Moskau
1329	Der Hausvertrag von Pavia teilt das Haus Wittelsbach in zwei Linien: die bayerische und die pfälzische Erster bekannter Streik in Deutschland: Die Gürtlergesellen von Breslau streiken gegen ihre Meister
um 1330	Am französischen Hof kommt die Gabel als Eßgerät auf
1332	Schonen wird von den Schweden erobert
1333	Schlacht bei Hallidon Hill: Eduard III. von England besiegt die Schotten
1335	Ludwig der Bayer belehnt die Habsburger mit Kärnten Ende der Mongolen-Herrschaft über Persien
1337	Erste regelmäßige Wetterbeobachtung in Oxford
1338	Kurverein zu Rhense: Die Kurfürsten lehnen den Anspruch des Papstes, die Wahl des deutschen Königs zu bestätigen, ab
1339–1453	Hundertjähriger Krieg zwischen Frankreich und England
1340	Seeschlacht bei Sluis: Die englisch-flandrische Flotte besiegt die französische
1341	Petrarca wird in Rom aus dem Capitol zum Dichterfürsten gekrönt
1343	Die Hanse gründet in Bergen (Norwegen) ein Kontor Teilung des englischen Parlaments in Ober- und Unterhaus
1344	Die Könige von England, Frankreich und Neapel verweigern die Rückzahlung der von Florenz geliehenen Gelder
1345	Der Zusammenbruch der Florentiner Bankhäuser führt zu einer schweren Wirtschaftskrise in Europa Aufstand der Weber in Gent und Brügge
1346	Estland kommt durch Kauf an den Deutschen Ritterorden (für 19 000 Silbermark) Schlacht bei Crécy: Eduard III. von England besiegt die Franzosen Karl von Mähren aus dem Haus Luxemburg wird zum König gewählt
1347	Die Engländer erobern Calais Cola di Rienzi ruft in Rom einen Freistaat nach altrömischem Muster aus
1348	Gründung der ersten deutschen Universität in Prag durch Karl IV. Avignon wird von Papst Klemens VI. käuflich erworben Karl IV. verleiht den Fürsten von Mecklenburg die Herzogswürde
1348–1350	Die Pest in Europa

1349 Graf Günther von Schwarzburg wird zum deutschen Gegen-
könig gewählt
Philipp VI. von Frankreich erwirbt die Dauphiné

1350 Vertrag von Bautzen: Die Wittelsbacher erhalten für die Anerkennung Karls IV. Brandenburg und Tirol

Bibliographie

I. »Mittelalter« – zur Einführung

Tertullians Mittelalter-Begriff:
Heer, F.: in: Mitt. d. österr. Inst. f. Gesch.-Forschung = MIÖG LVII, 1949, S. 24 ff.

Bosl, K.: Europa im Mittelalter. Weltgeschichte eines Jahrtausends. Wien-Heidelberg 1970.
Dannenbauer, H.: Die Entstehung Europas. 2 Bde., Stuttgart 1959 bis 1962.
Dhondt, J.: Das frühe Mittelalter (Fischer Weltgeschichte Bd. 10). Frankfurt/M. 1968. (Hier reiche Literaturangaben: S. 327 ff.)
Le Goff, J.: Das Hochmittelalter (Fischer Weltgeschichte Bd. 11). Frankfurt/M. 1965.
Hübinger, P. F.: Spätantike und frühes Mittelalter. Darmstadt 1962.
Maier, F. G.: Die Verwandlung der Mittelmeerwelt (Fischer Weltgeschichte Bd. 9). Frankfurt/M. 1968. (Literaturangaben S. 368 ff.).
Heer, F.: Europäische Geistesgeschichte. Stuttgart 1953 (gekürzte engl. u. amerikanische Ausgaben: The Intellectual History of Europe, London-New York 1967).
Russell, J. B.: Medieval Civilization. Berkeley/Los Angeles 1968.
Baeuml, F. H.: Medieval Civilization in Germany. 880–1250. London 1969.

Imperium Romanum in der späten Antike
Gibbon, E.: The History of the Decline and Fall of the Roman Empire. London 1776–1788, neu hg. von J. B. Bury, 4 Bde., London 1896–1900.

Zur Auseinandersetzung über die Ursachen des Verfalls:
Chambers, M. (Hg.): The Fall of Rome: Can it be explained? New York 1963.
Vogt, J.: Der Niedergang Roms (Kindlers Kulturgeschichte). Zürich 1965.
Rostowzew, M.: Geschichte der alten Welt. Bd. II, Leipzig 1942.
–: The Social and Economic History of the Roman Empire. 2. Aufl., London 1957 (dt: Heidelberg o. J.)
Dawson, Ch.: Die Gestaltung des Abendlandes. Frankfurt 1961 (The Making of Europe. London 1936).

Bark, W. C.: Origin of the Medieval World. Stanford 1958.
Staerman, E. M.: Die Krisis der Sklavenhalterordnung im Westen des Römischen Reiches. Berlin 1967.

Die Thesen meines großen Lehrers *Alphons Dopsch* (Wirtschaftliche und soziale Grundlagen der europäischen Kulturentwicklung. 2. Aufl. Wien 1923/24), der die Kontinuität Antike-Mittelalter betont, behalten noch heute, trotz aller einschlägigen Kritik, ihr Gewicht.

Musset, L.: Les Invasions. 1. Les vagues germaniques; 2. Le second assault contre l'Europe chrétienne. Paris 1965.
Stroheker, K. F.: Germanentum und Spätantike. Zürich–Stuttgart 1965.

Literatur zur Auseinandersetzung mit den Thesen Henri Pirennes:
Maier, F. G.: Die Verwandlung der Mittelmeerwelt, S. 362 ff.

Römische Kirche – Spätantike – Übergang zum Mittelalter:
Burckhardt, J.: Die Zeit Constantins des Großen, hg. v. B. Wyss, Bern 1950. Das klassische Werk eines großen Künstlers!

Bahnbrechend für die Erhellung des religiös-politischen Problems war
Peterson, E.: Der Monotheismus als politisches Problem. Leipzig 1934.
Vogt, J.: Der Niedergang Roms (S. 307 ff.: Das Christentum als Staatsreligion; S. 399 ff.: Der Aufbau des päpstlichen Primats in engem Zusammenhang mit Ständebildung und Versklavung).
Schneider, C.: Geistesgeschichte des antiken Christentums (2 Bde., München 1954) zeigt auf, wie groß und reich die antike, vor allem die griechische vorchristliche und vorkirchliche Humanität war, wie sehr sie in vielen Bezügen der Menschlichkeit früher Christen überlegen war.
Ullmann, W.: Die Machtstellung des Papsttums im Mittelalter. Graz–Wien 1960 (vom Verfasser neubearbeitete Ausgabe von: The Growth of Papal Government in the Middle Ages. London 1955).

Byzanz
Ostrogorsky, G.: Geschichte des Byzantinischen Staates. 3. Aufl. München 1963.
Runciman, S.: Byzanz. Von der Gründung bis zum Fall Konstantinopels. (Kindlers Kulturgeschichte). Zürich 1969.
Maier, H. G.: Byzanz (Fischer Weltgeschichte Bd. 13). Frankfurt/M. 1973.

Araber
Grunebaum, G. E. v.: Medieval Islam. Chicago 1947.
–: Der Islam (Propyläen Weltgeschichte Bd. V). Berlin 1963.
Kornemann, E.: Weltgeschichte des Mittelmeerraumes. 2. Aufl. München 1967.

Britannien – England:
Blair, P. H.: Roman Britain and Early England, 55 BC – A. D. 871. Edinburgh 1963.
Wilson, D. M.: The Anglo-Saxons. London 1960.

Irland:
Bieler, L.: Irland. Wegbereiter des Mittelalters. Olten 1961.

Skandinavien-Wikinger:
Sawyer, P. H.: The Age of the Vikings. London 1962.

II. Der Frankenkönig Karl

Karl der Große, hg. von *W. Braunfels,* 5 Bde., Düsseldorf 1965–1968 (zitiert als K I, K II etc.).
Karl der Große – Werk und Wirkung. Ausstellung Aachen vom 26. Juni bis zum 19. September 1954, Düsseldorf (zitiert als: K AA).
Calmette, J.: Karl der Große. Innsbruck 1948.
Fichtenau, H.: Das karolingische Imperium. Soziale und geistige Problematik eines Großreiches. Zürich 1949.
Bullough, D.: The Age of Charlemagne. London 1965.
Tessier, G.: Charlemagne. Textes de Charlemagne ... etc. Paris 1967.
Epperlein, S.: Karl der Große, Berlin 1971.
I problemi della civiltà carolingia, 26. marzo – 1. aprile 1953, Spoleto 1953.
Ich zitiere die beiden ersten »Biographen« Karls, Einhard und Notker, nach der deutschen Ausgabe: *Einhard/ Notker der Stammler:* Leben und Tage Karls des Großen, übertragen von O. Abel und W. Wattenbach, Nachwort von H. Schreiber, München 1965.
Wallace-Hadrill, J. M.: The Long-haires Kings. London 1962.
Zöllner, E.: Die politische Stellung der Völker im Frankenreich. Wien 1950.
Schramm, P. E.: Karl der Große. Denkart und Grundauffassungen (in: HZ = Histor. Zeitschrift 198/2, 1964, S. 306 ff.).
–: Karl der Große im Lichte seiner Siegel und Bullen sowie die Wortzeugnisse über sein Aussehen (in: K I, S. 2 ff.).
Braunfels, W.: Karl der Große im Bildnis und Zeugnis der Zeitgenossen (in: K AA, S. 33 ff.).

Karl und Pippin:
Schramm, P. E.: in: HZ 198/2, S. 307 ff.; Einhard über Karl: *Einhard,* S. 26 f.

Germanische Ehen:
Peuckert, W. E.: Ehe, Weiberzeit, Männerzeit, Saeterehe, Hofehe, freie Ehe. Hamburg 1955, S. 256 ff., S. 268 ff.

Karolingischer Adel:
Werner, K. F.: (in: K I, S. 83 ff.); *Epperlein*, S. 19 ff.

Adelsherrschaft in Europa:
Heer, S. 55 ff.
Bergengruen, A.: Adel und Grundherrschaft im Merowingerreich. Wiesbaden 1958.
Halphen, L.: Charlemagne et l'empire carolingien. Paris 1947.
Alteuropa und die moderne Gesellschaft. Festschrift für Otto Brunner. Göttingen 1963.

Korruption am Karlshofe:
Fichtenau, S. 124 ff.

Ein System von Aushilfen:
Epperlein, S. 107.
Werner, K. F.: Bedeutende Adelsfamilien im Reiche Karls des Großen (in: K I, S. 83 ff.).
Ganshof, F. L.: Charlemagne et l'administration de la justice dans la monarchie franque (in: K I, bes. S. 417 ff.).

Karls Heere, das karolingische Kriegswesen:
Verbruggen, J. F.: L'armée et la strategie de Charlemagne (in: K I, S. 420 ff.).

Freie Bauern, Unfreie, Sklaven:
Verlinden, Ch.: L'Esclavage dans l'Europe Mediévale, 1. Bd. Peninsule Iberique, France – Bruges 1955.
Borst, A.: Lebensformen im Mittelalter, Frankfurt 1972; hier zum folgenden: *Dhondt*, S. 27 ff., S. 98 ff.; *Fichtenau*, S. 126 ff., 153 ff.

Bauernaufstände:
Heer, S. 71 ff.

Landleben und Landwirtschaft:
Metz, W.: Die Agrarwirtschaft im karolingischen Reiche (in: K I, S. 489 ff.).
Sage, W.: Frühmittelalterlicher Holzbau (in: K III, S. 573 ff.).

Der Wald, Tiere, Lebensmittel etc.:
Dhondt, S. 102 ff.

Über die karolingischen und chinesischen Bauern:
Bullough, D.: The Age of Charlemagne, London 1965, S. 240.
White, L.: Medieval Technology and Social Change, Oxford 1962 (hier

S. 76 über die Bedeutung der Bohne als Kraftnahrung für den Europäer des Westens).
Grand, R.: L'Agriculture en Moyen Âge. Paris 1950.

III. Das Kaisertum Karls des Großen

Die Bayern und die anderen deutschen Volksstämme:
Hugelmann, K. G.: Stämme, Nation und Nationalstaat im deutschen Mittelalter. Stuttgart 1955.
Neumüller, W.: Tassilo III. von Bayern und Karl der Große. Kremsmünster 1967.

Die Langobarden:
 Schaffran, E.: Geschichte der Langobarden. Berlin 1938.

Die Sachsen und Sachsenkriege:
Wiedemann, W.: Karl der Große, Widukind und die Sachsenbekehrung. Münster 1949.
Hashagen, J: Europa im Mittelalter. München 1951.
Falco, G.: Geist des Mittelalters. Zürich 1958.
»Kein Krieg hat . . . .«: Einhard 13.; zum folgenden: *Calmette,* S. 78 ff., S. 88 ff., *Hashagen,* S. 90 ff.; *Falco,* S. 149 ff.

Heinrich Heines Sachsen-Erlebnis:
Heer, F.: Europa, Mutter der Revolutionen, Stuttgart 1964, S. 468 ff.

Karl heute im Sachsenland:
»Im Weserland wird Karl noch heute von den Bauern gehaßt als ein fremder Zwingherr und Mörder der Freiheit«: *Valentin, V.:* Weltgeschichte (1. Aufl. Amsterdam 1939), Köln o. J., S. 159.

Die Awaren:
Deér, J.: Karl der Große und der Untergang des Awarenreiches (in: K I, S. 719 ff.).

Karl und die Slawen:
Hellmann, M.: Karl und die slawische Welt zwischen Ostsee und Böhmerwald (in: K I, S. 718 ff.; ebenda S. 699 ff.: Karl der Große und der Norden).

Karl und England:
Levison, W.: England and the Continent in the Eight Century. Oxford 1953.
Wallace-Hadrill, J. M.: Charlemagne and England (in: K I, S. 683 ff.).

Loyn, H. R.: Anglo-Saxon England and die Norman Conquest. Oxford 1953.

Karl und der Islam:
Patzelt, E.: Die fränkische Kirche und der Islam. Baden 1932.
Buckler, F. W.: Harun 'il Rashid and Charles the Great. Cambridge (Mass.) 1931.

Karl und die Basken:
Calmette, S. 153 ff.

Karl und die Päpste:
Folz, R.: L'idee d'empire en occident du 5ᵉ au 14ᵉ siècle, Paris 1953.
(hier Bibliographie S. 229–246).
Rassow, P.: Die geschichtliche Einheit des Abendlandes. Köln–Graz 1960.
Ullmann, W.: Die Machtstellung des Papsttums im Mittelalter. Graz-Wien 1960 (vom Verfasser neu bearbeitete Ausgabe von: The Growth of Papal Government in the Middle Ages, London 1955).
Reindel, K.: Die Kaiserkrönung Karls des Großen. München 1966.
Classen, P.: Karl der Große, das Papsttum und Byzanz (in: K I, S. 537 ff.).

Karls Kaisertum:
Bosl, S. 103 ff., S. 109 ff.
Die Kaiserkrönung als ein Schurkenstreich des Papstes (»Leo III. had played a crooked game«): *Ganshof:* zitiert bei *Ullmann,* S. 157.

Alcuins Bedenken gegen Karls römisches Kaisertum:
Classen, S. 571 ff.
Schramm, P. E., Mütherich, F.: Denkmale der deutschen Könige und Kaiser. München 1962.
John, R. L.: Reich und Kirche im Spiegel französischen Denkens – das Rombild von Cäsar bis Napoleon. Wien 1953.

Karl und Byzanz:
Dölger, F.: Byzanz und das Abendland vor den Kreuzzügen (in: Relazioni del X. congresso internazionale di scienze storiche, Roma 1953, S. 67 ff.).
Ohnsorge, W.: Abendland und Byzanz. Darmstadt 1958.
–: Das Kaisertum der Eirene und die Kaiserkrönung Karls des Großen (in: Saeculum 14, 1963, S. 221 ff.).
Fichtenau, H.: Byzanz und die Pfalz zu Aachen (in: MIÖG LIX, H. 1/2, S. 1 ff.).
Beckwith, J.: Byzantine Influence on Art at the Court of Charlemagne (in: K III, S. 288 ff.).

Schreiber, G.: Byzantinisches und abendländisches Hospital (in: Gemeinschaften des Mittelalters, Regensburg 1948, S. 3 ff.).
Diehl, C.: Irène (in: Figures Byzantines, Paris 1906–1908, S. 77 ff.).

IV. *Alte und neue Götter im Frühmittelalter*

Nyssen, W., Sonntag, F. P.: Der Gott der wandernden Völker. Frühe christliche Zeugnisse der keltisch-germanischen Stämme von Västergotland bis Asturien. Olten und Freiburg i. Br. 1969.
Hauck, A.: Kirchengeschichte Deutschlands, III. Teil, 8. Aufl. 1954.
Kletler, P.: Deutsche Kultur zwischen Völkerwanderung und Kreuzzügen. Potsdam 1934.
Schieffer, Th.: Winfrid-Bonifatius und die christliche Grundlegung Europas. Freiburg 1954.
Crawford, S. J.: Anglo-Saxon Influence on Western Christendom, 600 bis 800. Oxford 1933.
Greenaway, G. W.: Saint Boniface. London 1955.
Schreiber, G.: Mittelalterliche Segnungen und Abgaben (in: Gemeinschaften des Mittelalters, 1948, S. 213 ff.).
Büttner, H.: Mission und Kirchenorganisation bis zum Tode Karls (in: K I, S. 454 ff.).

Christus Stammesgott der Franken und der Petruskult:
Bosl, S. 96 ff.

Irische Mönchskultur:
Bieler, L.: Irland – Wegbereiter des Mittelalters. Olten 1961, S. 6, 44 ff.; Nyssen, S. 105 ff.

Verwilderter Klerus:
Schieffer, S. 205 f., 211, 216 f., 234.

Der Streit des Bonifatius mit Virgil:
Schieffer, S. 246 ff.; A. Hauck, K. III, S. 764 f.; hier auch zu den »archaischen« Verhältnissen in der Kirche der Karlszeit: Hauck, S. 780 ff., 788, 805.

Zur Lage der Priester an Eigenkirchen:
Fichtenau, S. 165 ff., 169 ff.

Alcuin:
Fichtenau, S. 104 ff.; Dhondt, S. 138 ff.

Karolingische Klosterwelt:
Heer, E.: Europäische Geistesgeschichte, S. 67 ff.

Benediktinische Klosterwelt:
Herr, ebd., S. 36 ff. 42, 133 f.

Karls Klosterpolitik:
Semmler: Die monastische Gesetzgebung Karls (in: K II, S. 255 ff., 262 ff.,
vgl. 272 ff., 278 ff.).

V. Kultur und Wirtschaft im Karlsreich

Die sogenannte »Karolingische Renaissance«:
Patzelt, E.: Die Karolingische Renaissance. Wien 1965 (1. Aufl. 1924).
Heer, F.: Renaissance-Ideologie im frühen Mittelalter (in: MIÖG 57,
1949, S. 40 ff.).
von den Steinen, W.: Der Kosmos des Mittelalters. Von Karl dem Gro-
ßen zu Bernhard von Clairvaux. Bern und München 1959; *Géni-
cot,* S. 114 ff.; *Calmette,* S. 255 ff.; K II: Das geistige Leben, hg. v.
B. Bischoff, hier: *W. von den Steinen,* S. 11 ff., 17 ff.; (Karl und die
Dichter); *F. Brunhölzl:* Der Bildungsauftrag der Hofschule, S. 28 ff.;
ferner: *Epperlein,* S. 109 ff.
Fischer, B.: Bibeltext und Bibelreform unter Karl dem Großen (in: K II,
S. 156 ff.).
Betz, W.: Karl der Große und die Lingua Theodisca (in: K II, S. 300 ff.).
Schramm, P. E.: über Karls »Ordnung« der Natur, der Monate etc. in:
HZ 198/2, S. 315 ff. ebda S. 339 ff.: die von Karl bewirkte »correc-
tio« (als solche ist die karolingische Renaissance unter Karl dem
Großen besser zu verstehen). Sehr nüchtern über diese »Renaissance«
auch *P. Lehmann:* Das Problem der karolingischen Renaissance (in:
i problemi della civiltà carolingia, Spoleto 1954, S. 308 ff., 333 f.;
ähnlich *Bullough,* S. 116.

Die Stoßseufzer karolingischer Schreiber:
Epperlein, S. 116 f.
Bischoff, B.: Die Hofbibliothek Karls des Großen (in: K II, S. 42 ff.).

Geistiges Leben und Schriftkultur:
Karl der Große, K AA 1965, S. 190 ff.

Karl und die Libri Carolini:
Heer, Europäische Geistesgeschichte, S. 47 ff.

Alcuin:
Wallach, L.: Alcuin and Charlemagne. Studies in Carolingian History
and Literature, Ithaca, New York 1959; ferner: *Dhondt,* S. 342 ff.;
Fichtenau, S. 104 ff. *Russell,* S. 248 f.; *Überweg-Geyer:* Geschichte
der Philosophie Bd. II, S. 160 ff.

Die Homoerotik Alcuins und seiner Freunde:
Fichtenau, S. 103 ff.

Alcuins politische Theorien, sein Karls-Bild, seine Königsideologie:
Wallach, S. 5 ff., 17 ff.

Theodulf von Orleans:
Fischer (in: K II); *Epperlein*, S. 122 ff.; *Bloch* (in: K III, S. 234 ff., 248 ff.).

Spanische Geistigkeit und Religiosität – die spanischen Emigranten am Karlshofe:
Heer, Europäische Geistesgeschichte, S. 44 f., 47 ff.

Die irischen und angelsächsischen Studien:
Curtius, E. R.: Europäische Literatur und lateinisches Mittelalter, Bern 1948, S. 53 ff.

Paulus Diaconus:
von den Steinen, W.: (in: K II, S. 67 ff.).

Einhard der Einzelgänger:
Fichtenau, S. 262 f.

Aachen, die Pfalzkapelle, Kunst im Karlsreich:
Karl der Große, III: Karolingische Kunst, hg. von *W. Braunfels und H. Schnitzler*, Karl der Große, KAA: S. 224 ff. (die Buchmalerei) S. 258 ff. (die Gruppe des Wiener Krönungsevangeliars) S. 309 ff. (Elfenbeinskulpturen der Hofschule), S. 360 ff. (Goldschmiedekunst) S. 426 ff. (Westwerke) S. 438 ff. (Kapitellplastik), S. 473 ff. (Wandmalerei).
Boeckler, A.: Malerei und Plastik im ostfränkischen Reich (in: I Probleme della civiltá carolingia, Spoleto 1954, S. 161 ff.).
Beckwith, J.: Byzantine Influence on Art at the Court of Charlemagne (in: K III, S. 288 ff.).
Viellard-Troiekouroff, M.: L'Architecture en France au temps de Charlemagne (in: K III, S. 336 ff.).
Bandmann, G.: Die Vorbilder der Aachener Pfalzkapelle (in: K III).
Der Aachener Dom (in: Aachen zum Jahre 1951, Aachen: die Beiträge von *P. Menniken* und *H. Beenken*).
Schnitzler, H.: Der Dom zu Aachen. Düsseldorf 1950.
Hugot, L.: Die Pfalz Karls des Großen in Aachen (in: K III, S. 534 ff.). Rhein und Maas – Kunst und Kultur 800–1400. Eine Ausstellung des Schnütgen-Museums der Stadt Köln und der belgischen Ministerien für französische und niederländische Kultur, vom 14. Mai bis 23. Juli 1972 in der Kunsthalle Köln, Köln 1972, A. Legner.

Heitz, G.: Recherches sur les rapports entre architecture et liturgie á l'epoque carolingienne. Paris 1963.

Mütherich, F.: Die Buchmalerei am Hofe Karls des Großen (in: K III, S. 309 ff.).

Nordenfalk, C.: Die Buchmalerei (in: K AA, S. 224 ff.).

Schnitzler, H.: Die Elfenbeinskulpturen der Hofschule (in: K AA, S. 309 ff.).

Elbern, V. E.: Liturgisches Gerät in edlen Materialien zur Zeit Karls des Großen (in: K III, S. 115 ff.; hier auch über die kostbare Ausstattung von karolingischen Kirchen, S. 118).

Der Aachener Dom, »von unbekannter Härte ...«: *Schnitzler: Der Dom zu Aachen* (in: VI f ., VIII f.).

Wirtschaft und »Weltwirtschaft« im Karlsreich

Thompson, J. W.: Economic and Social History of the Middle Ages (300–1300). New York 1959.

Lopez, R. S. and Raymond, J. W.: Medieval Trade in the Mediterranean World. New York 1955.

Lewis, A. R.: Naval Power and Trade in the Mediterranean. Princeton 1951.

Weltwirtschaft im 8. und 9. Jahrhundert:

Dhondt, S. 147 ff., 151 ff.

White, L.: Medieval Technology and Social Change. Oxford 1962.

Grierson, Ph.: Money and Coinage under Charlemagne (in: K I, S. 501 ff.).

Berghaus, P.: Das Münzwesen (in: K AA, S. 149 ff.).

Juden im Karlsreich:

Dubnow, S.: Die Geschichte des jüdischen Volkes in Europa, IV. Berlin 1926, S. 107 ff.

Jüdische Kaufleute:

Dhondt, S. 153 f., 157, 161 f., 176; *Bosl,* S. 150 ff.: Juden in Europa seit dem 8/9. Jahrhundert.

Seiferth, W.: Synagoge und Kirche im Mittelalter. München 1964.

VI. Der Untergang des Karlsreiches und der Aufgang Europas. Der Sohn und der Enkel: Ludwig der Fromme und Karl der Kahle.

Ein prominenter Historiker über das Karlsreich (»Wie auf militärischem Gebiet«): *W. Schlesinger: Die Auflösung des Karlsreiches* (in: K I, S. 792 ff.) 796, und: »Es kann in keiner Weise...« (ebd. S. 833).

Ludwig der Fromme und die geistliche Reformbewegung:
Fichtenau, S. 185 ff., 211 ff., 237 ff.

Agobard von Lyon:
Heer, Europäische Geistesgeschichte, S. 49 ff.; *Fichtenau,* S. 233 ff.; *Dub-now,* S. 114 ff.; *Seiferth,* S. 87 ff.

Kaiserin Judith
Seiferth, S. 79 ff.; *Fichtenau,* S. 250 ff., 333.
Agobard von Lyon im 20. Jahrhundert, als Kronzeuge des christlichen, kirchlichen und nationalsozialistischen Antisemitismus oft berufen:
Heer, F.: Gottes Erste Liebe. München 1967, mehrfach, bes. S. 501 ff.; *Pinay* (ein Pseudonym: Verschwörung gegen die Kirche. Madrid 1963. – Die italienische Ausgabe wurde in Rom in einer dem Vatikan nahestehenden Druckerei gedruckt: 506. Dieses Machwerk wurde allen Vätern des II. Vatikanischen Konzils überreicht; in »Fortsetzung« von Pinay erschien 1974: Kardel: Adolf Hitler – Begründer Israels (Marva, Genf) –: »Der Führer des Großdeutschen Reiches wählte zu engsten Vertrauten und Ministern jene Männer, die gleich ihm jüdischer Herkunft waren ...«

Der Hof Karls des Kahlen:
Hattenhauer, H. (Rex et sacerdos, in: Zeitschrift der Savigny. Stiftung für Rechtsgeschichte, 86. Bd. Kanonist. Abt. Weimar 1969, 27 ff.); *Heer,* in: MIÖG LVII, 1949, S. 51 ff.; *Heer,* Europäische Geistesgeschichte, S. 54 f.

Eriugena:
Überweg-Geyer, Geschichte der Philosophie Bd. II, 12. Aufl. Berlin 1935, S. 164 ff., 170 ff.

Karl der Kahle im Kontext des Karolingischen Reiches
Halphen, L.: Charlemagne et l'empire carolingien. Paris 1974.

VII. Das »dunkle 10. Jahrhundert« und die ottonische Reichsherrlichkeit

Heer, Europäische Geistesgeschichte, S. 70 ff.
Die klassische Apokalypse-These: die Große Angst um das Jahr 1000 (und ihre Revision)
Focillon, H.: L'An Mil. Paris 1952.
Duby, G.: L'An Mil. Paris 1967.
Hugenholtz, F.: Les terreurs de l'an mil (in: Varia Historica, Assen 1954, S. 107 ff.).

Cluny:
Sackur, E.: Die Cluniazenser in ihrer kirchlichen und allgemeingeschichtlichen Wirksamkeit bis zur Mitte des 11. Jahrhunderts, 2 Bde., Halle 1892–94.
Tellenbach, G. (Hg.): Neue Forschungen über Cluny und die Cluniazenser. Freiburg 1959.
Hourlier, D. J.: Saint Odilon, Abbé de Cluny. Louvain 1964.

Francia-Franconia:
Bosl, S. 174 f.

Otto I.:
Mitteis, L.: Der Staat des hohen Mittelalters. Weimar 1955.
Holtzmann, R.: Kaiser Otto der Große. Berlin 1936.
–: Geschichte der sächsischen Kaiserzeit (900–1024). München 1941.
Grundmann, H.: Betrachtungen zur Kaiserkrönung Ottos I., München 1962.
Ullmann, W.: Die Machtstellung des Papsttums, S. 341 ff.
Erdmann, C.: Der Heidenkrieg in der Liturgie und die Kaiserkrönung Ottos I. (in: MIÖG 46, 1932).
Heer, F.: Das Heilige Römische Reich. Bern 1967 (engl. und amerik. Ausgabe, in: The Holy Roman Empire, 1967), S. 33 ff.
–: Deutsche und europäische Perspektiven der Lechfeldschlacht (in: Tausend Jahre Abendland, Augsburg–Basel 1955), S. 9 ff.

Die Ungarn:
Fasoli, G.: Le incursioni ungare in Europa nel secolo X. Firenze 1948.

Salzburger Kirche, Cyrill und Method:
Graus, F.: Deutsche und slawische Verfassungsgeschichte (in: HZ 197, 1964, S. 265 ff., 312 f.).
Grivec, F.: Konstantin und Method, Lehrer der Slaven. Wiesbaden 1960.
Salač, A. (Hg.): Konstantin-Kyrill aus Thessalonike. Würzburg 1969.
Schmaus, A.: Der Neumanichäismus auf dem Balkan (in: Saeculum 2, 1951).

Das »ottonische System«:
Santifaller, L.: Zur Geschichte des ottonisch-salischen Reichskirchensystems. Wien 1954.

Die religiöse Basis des »Ottonischen Systems«:
Heer, F.: Glaube und Sicherheit. Deutsche und europäische Probleme der Jahrtausendwende im Zeitalter Bernwards und Godehards von Hildesheim (in: Philosophisches Jahrbuch der Görresgesellschaft, 68. Jg., München 1960, S. 159 ff.).

Nikolaus von Cues und Leibniz über das »ottonische System«:
Heer, in: MIÖG 1950, S. 343 ff.; G. W. Leibniz (Fischer Bücherei Bd. 229, 1958, Auswahl und Einleitung: *Friedrich Heer).*

Ulrich von Augsburg:
Zoepf, L.: Das Heiligen-Leben im 10. Jahrhundert. Leipzig 1906.
Sammelband: Augusta 955–1955, Forschung und Studien zur Kultur-und Wirtschaftsgeschichte Augsburgs, hg. von *C. Bauer* u. a. München–Augsburg 1955, hier bes. die Beiträge von *J. Beubart* (S. 19 ff.), *S. Müller-Christensen* (S. 53 ff.), *G. Tellenbach* (S. 61 ff.).

Zu Bruno von Köln:
Holtzmann, R.: Geschichte der sächsischen Kaiserzeit, S. 156 ff. (Bruno als »Erzherzog«, Erzbischof von Köln und Herzog von Lothringen).

Magdeburg:
Brackmann, A.: Magdeburg als Hauptstadt des deutschen Ostens im frühen Mittelalter. Berlin 1937.

Literatur zum byzantinischen Hintergrund der russischen Geisteswelt, begründet in diesem 10. Jahrhundert:
Maier, F. G.: Byzanz, S. 422 ff.

Die deutschen Ostfeldzüge:
Schünemann, K.: Deutsche Kriegführung im Osten während des Mittelalters (in: DA =Deutsches Archiv 2, 1938).
Buending, M.: Das Imperium Christianum und die deutschen Ostkriege vom 10. zum 12. Jahrhundert. Berlin 1940.

Polen:
Gieysztor, A.: Les paliers de la pénétration du christianisme en Pologne au Xe et XIIe siècle (in: Studi in onore di Amintore Fanfani, I, Milano 1962, S. 329 ff.).

Zu Pilgrim von Passau etc.:
Heuwieser, M.: Geschichte des Bistums. Passau 1939.

Otto III.:
Uhlirz, M.: Das Werden des Gedankens der »Renovatio imperii Romanorum« bei Otto III. (in: Settimane die Studio, Alto Medioevo II, Spoleto 1954, S. 206 ff.).
Schramm, P. E.: Kaiser, Rom und Renovatio, 2 Bde., 1929.
Halecki, O.: A History of Poland. Cambridge 1950.
Brackmann: A.: Kaiser Otto III. und die staatliche Umgestaltung Polens und Ungarns. Berlin 1939 (Abh. d. Preuss. Akad. d. Wiss., Jg. 1939).

Holtzmann, W.: Das mittelalterliche Imperium und die werdenden Nationen. Köln–Opladen 1953.
Löwe, H.: Kaisertum und Abendland in ottonischer und frühsalischer Zeit (in: HZ 196, 1963).
Ullmann, W.: (Machtstellung ...) S. 349 ff.
Heer, F.: Das Heilige Römische Reich, S. 33 ff.

Karl Wolfkehl und sein Ahn Kalonymos im 10. Jahrhundert:
Heer, F.: Gottes Erste Liebe, München 1967, S. 26, 101, 304 f.

Kalonymos und Otto I.:
Holtzmann, R.: Geschichte der sächsischen Kaiserzeit, S. 282 f.

Hrotsvith:
Preissl, F.: Hrotsvith von Gandersheim und die Entstehung des mittelalterlichen Heldenliedes. Erlangen 1939.

Bernward von Hildesheim und seine Kulturwelt:
Heer, F.: (in: Philos. Jahrbuch der Görresges., 68. Jg. 1960, S. 159 ff.).

Thietmar von Merseburg:
Holtzmann, R.: S. 496 ff.

Ottonische Kunst:
Boeckler, A.: Die Ottonische Kunst in Deutschland (in: Settimane di Studio, Alto Medioevo, Spoleto 1954, S. 330 ff.).
Grodecki, L.: L'architecture ottonienne. Paris 1958.

VIII. »Ottonische Renaissance«:

Lopez, R. S.: Still another Renaissance? (in: American Historical Review, LVII 1951–52, p. 1 ff.). Dazu diesen ominösen Begriff bejahend: Symposium on the Tenth Century (Medievalia et Humanistica, VIII, 1955). Amerikanische Historiker stehen nicht selten in den Traditionen der konservativsten deutsch-europäischen Historiker in den geisteswissenschaftlichen Disziplinen.

IX. Revolution aus Rom

Grundmann, H.: Freiheit als religiöses, politisches und persönliches Postulat (in: HZ 1957).

Das »Vorspiel«, die hohen Ansprüche bedeutender Päpste des 9. Jahrhunderts:
Ullmann, W.: (Machtstellung) S. 221, 227 ff., 235, 262 ff., 275 ff., 282 ff. (Nikolaus I. als Kaiser der Welt, S. 292 ff.).

Zu Johannes Diaconus:
Heer, F.: Europäische Geistesgeschichte, S. 66 ff.
Johann VIII.: »W. *Ullmann,* S. 321 ff.

Die Päpste des 10. Jahrhunderts:
Ullmann, W.: S. 336 ff.
Töpfer, B.: Volk und Kirche zur Zeit der beginnenden Gottesfriedens-
bewegung in Frankreich. Berlin 1957.

Leo IX. als eine der reinsten Gestalten der Papst- und Weltgeschichte:
Kühner, H.: Lexikon der Päpste (Fischer Bücher Bd. 315, S. 59).

Humbert von Silva Candida:
Michel, A.: Humbert und Kerullarios, 2 Bde., Paderborn 1925–30; da-
zu: *V. Laurent* (in: Echos d'Orient 35, 1935, S. 97 ff.) und
V. Grumel: Les Préliminaires du schisme de Michel Cérulaire ou
la question romaine avant 1054 (in: Révue des Études Byzantines
10, 1952, S. 5 ff.).
Runciman, S.: The Eastern Schism. A Study of the Papacy and the
Eastern Churches during the XIth and XIIth Centuries. Oxford 1955.
Kindlimann, A.: Die Eroberung von Konstantinopel als politische Forde-
rung des Westens im Hochmittelalter. Zürich 1969.

Gregor VII.:
Krause, H. G.: Das Papstwahldekret von 1059. Rom 1960.
Leclercq, L. J.: Simoniaca haeresis (in: Studi Gregoriani I, Roma 1947).
Tellenbach, G.: Libertas, Kirche und Weltordnung im Zeitalter des In-
vestiturstreits. Freiburg 1936.
Ullmann, W.: (Machtstellung), S. 383 ff.

Die Kanonisten im Zeitalter der gregorianischen Reform:
Plöchl, W.: Geschichte des Kirchenrechts II. Wien–München 1962.
Ich folge in meiner Deutung der gregorianischen Reform immer noch dem
großen deutschen Geschichtsdenker *Eugen Rosenstock-Huessy:* Die
europäischen Revolutionen und der Charakter der Nationen. Neue
Ausgabe Stuttgart 1951.

Petrus Damiani:
Leclercq, J.: Saint Pierre Damien, ermite et homme de
l'Église. Paris 1960.

Spätmittelalterliche Kanonisten über den Papst als Kaiser und Welt-
herrscher:
Ullmann, W.: Medieval Papalism, The political Theories of the Medieval
Canonists, London 1949, S. 38 ff., 76 ff., 114 ff.

Zur Streitliteratur des Investiturstreits: die konservative Verteidigung des Kaisers:
Ullmann, W.: (Machtstellung), S. 553 ff.
Fliche, A.: La quérelle des investitures. Paris 1946.
Becker, A.: Studien zum Investiturstreit in Frankreich. Papsttum, Königtum und Episkopat im Zeitalter der gregorianischen Kirchenreform (1049–1119). Saarbrücken 1955.

Paul VI. zu Jean Guitton über Dante:
Guitton, J.: Dialog mit Paul VI., Wien 1967 (Dialogues avec Paul VI., Paris 1967), S. 123: Dante ist »der einzige Dichter, der im vollen Sinne des Wortes als ›katholisch‹ bezeichnet werden darf«.

Heinrich IV.:
Maschke, L.: Der Kampf zwischen Kaisertum und Papsttum, Konstanz 1955; seine Gegenaktionen gegen Gregor VII: *W. Ullmann* (Machtstellung) S. 499 ff.

Anno von Köln :
Heer, F.: Die Tragödie des Heiligen Reiches. Stuttgart 1952, S. 20 ff., Kommentarband: S. 27 f.

Adalbert von Bremen:
Heer, ebenda S. 16 ff., Kommentarband S. 27 f.

Canossa:
von den Steinen, W.: Canossa, Heinrich IV. und die Kirche. München 1957.

Wormser Konkordat: Zum geistigen Vater des Konkordats, Ivo von Chartres:
Sprandel, R.: Ivo von Chartres und seine Stellung in der Kirchengeschichte. Stuttgart 1962.

Der Bischof von Konstanz verbrennt 1033 eine päpstliche Bulle:
Ullmann, W.: (Machtstellung), S. 365.

Gregors Kampf um das Zölibat:
Ullmann, W.: S. 434 ff.

Zur Vorgeschichte von Gregors Einsatz religiös-politisch aufgeputschter Volksmassen:
Violante, C.: La Pataria Milanese e la riforma exclesiastica (1045–1057). Roma 1955.

Die Beichte von Gregor VII. neu konzipiert:
Ullmann, W.: S. 544 ff.

Gregor VII. und die Kreuzzüge:
Heer, F.: Kreuzzüge – gestern, heute, morgen? Luzern und Frankfurt
  1969; Lit.: S. 248 f.; W. Ullmann, S. 449 f.

X. Byzantinisches Europa

Bosl: Europa im Mittelalter, S. 113 ff.
Runciman, S.: Byzanz (Kindlers Kulturgeschichte. Zürich 1969).
Maier, F. G.: Byzanz (Fischer Weltgeschichte Bd. 13, Frankfurt/M. 1973).
Talbot Rice, D.: The Byzantines. London 1962.
Hussey, J. M.: Die byzantinische Welt. Stuttgart 1958.
Geanakoplos, D. J.: Byzantine East and Latin West. Oxford 1966.
Lipsič, W. W.: Byzanz und die Slawen. Weimar 1951.

Walter Frank gegen die »Griechlein«:
Grunberger, R.: Das zwölfjährige Reich, Wien 1974, S. 320 (A Social
  History of the Third Reich. London 1971).

Ravenna:
Simson, O. G. v.: Sacred Fortress. Byzantine Art and Statecraft in Ra-
  venna. Chicago 1948.
Grabar, A.: L'empereur dans l'art byzantin. Paris 1936.
Bovini, G.: Die Mosaiken von Ravenna. 3. Aufl. Würzburg 1956.

Justinian:
Maier, F. G.: Byzanz, S. 46 ff.; ders.: Die Verwandlung der Mittelmeer-
  welt, S. 172 ff.
Schubart, W.: Justinian und Theodora. München 1943.
Vasiliev, A. A.: Justin the First. Cambridge (Mass.) 1950.
Dvornik, F.: Early Christian and Byzantine Political Philosophy, 2 Bde.,
  Washington 1966.
Rubin, B.: Das Zeitalter Justinians I., Berlin 1960.

Die Rolle von Eunuchen in Politik, Kirche, Armee in Byzanz:
Runciman, S.: Byzanz, S. 262 ff.

Pius XII. 1934:
Galassi Paluzzi, C.: Roma onde Cristo é Romano nella parola di Pio
  XII, Roma 1943, dazu *F. Heer:* Der Glaube des Adolf Hitler, Mün-
  chen 1968, S. 553 ff.

Kirche im byzantinischen Reich:
Michel, A.: Die Kaisermacht in der Ostkirche (843–1204). Darmstadt 1959.
Attwater, D.: The Christian Churches and the East. 2 vols., New Ed. London 1961.
Hunger, H.: Reich der neuen Mitte. Der christliche Geist der byzantinischen Kultur. Graz 1965.
Festugière, A. J.: Les Moines d'Orient, 4 vols., Paris 1961–65.

Bildersturm:
Brock, Bazon: Der byzantinische Bilderstreit (in: Bildersturm. Die Zerstörung des Kunstwerkes, hg. von M. Warnke, München 1973, S. 30 ff.).
Maier, F. G.: Byzanz, S. 91 ff.
v. Grunebaum, G.: Byzantine Iconoclasme and the Influence of the Islamic Environment (in: History of Religions 2, 1962, S. 1 ff.).
Grabar, A.: L'iconoclasme byzantin. Paris 1957.

Liutprant von Cremona in Konstantinopel:
Holtzmann, R.: Geschichte der sächsischen Kaiserzeit, S. 243 f.

Die Weltstadt Konstantinopel und das byzantinische Weltreich:
Ohnsorge, W.: Konstantinopel und der Okzident. Darmstadt 1966.
Ahrweilter, H.: Études sur les structure administratives et sociales de Byzance. Paris 1971.
Haussig, H. W.: Kulturgeschichte von Byzanz. Stuttgart 1959.
Talbot Rice, D.: Constantinople–Byzantium–Istanbul. London 1965.

Zu Venedig:
Immer noch das alte klassische Werk von *H. Kretschmayer:* Geschichte von Venedig, Bd. I und II, (Gotha 1905) Aalen 1964.

XI. Das Dritte Europa

Hrotsvit über Cordoba:
Hunke, G.: Allahs Sonne über dem Abendland. Unser arabisches Erbe, Stuttgart 1960, S.305 f.

Die Welt der drei Ringe:
Heer, F.: Europäische Geistesgeschichte, S. 106 ff und 280 ff.
v. Grunebaum, G. E.: Medieval Islam. Chicago 1947.

Gerbert über Rom:
Hunke, G.: S. 191, zuvor S. 51 ff.

Mohammed und der Islam:
de Vaux, Carra: Les Penseurs de l'ìslam, 5 vols., Paris 1921–26.
Paret, R.: Mohammed und der Koran. Stuttgart 1957.
Watt, W. M.: Muhammad. Oxford 1961.
Asad, Muhammad, Adad, M.: Der Weg nach Mekka. Frankfurt/M. 1955
   (The Road to Mecca), bes. S. 65 ff., 75 ff.
Gardet, L. und Anawati, M. M.: Introduction à la Theologie musul-
   mane. Paris 1958.
Hunke über Poitiers 732: G. Hunke, S. 347 f.

Arabisches Spanien 9. bis 11. Jahrhundert:
Heer, F.: Europäische Geistesgeschichte, 106 ff.

Arabisch-islamisch-christliches Spanien:
Hunke, G.: S. 337 ff.

Die Pilgerstraße nach Compostela:
Vázquez de Targa, L., Lacarra, J. M. und Uria Rui, J.: Las peregrina-
   ciones a Santiago de Compostela, 3 vols., Madrid 1948/49.

25 000 Araber in Spanien:
Cl. Sanchez-Albornoz, vgl. *Heer:* Europäische Geistesgeschichte, S. 280 ff.
   und 686 f.

Der Kampf der islamischen Orthodoxie gegen die »Häretiker«:
Heer ebd. S. 109 ff.

Nikodemismus in Europa:
Die ideologische Grundlage des Nikodemismus ist in der Gnosis und bei
   frühchristlichen Sekten zu finden; *Heer:* Europäische Geistesge-
   schichte, S. 110 und 672; das italienische Standardwerk über den
   Nikodemismus von D. Cantimori hat Werner Kaegi übersetzt: *D.
   Cantimori:* Italienische Häretiker der Spätrenaissance. Basel 1949.

Zu al-Ghazali (Algazel im lateinischen Mittelalter):
Heer: Europäische Geistesgeschichte, S. 111 f.

XII. *Offenes Europa, geschlossenes Europa: 1100–1350*

Zur Einführung und Orientierung:
Franz, G.: Bücherkunde zur Weltgeschichte, München 1956.

Quellen:
Grundmann, H., und K. Hauck, in: *W. Stammler:* Deutsche Philologie im
   Aufriß. Berlin – Bielefeld – München 1954.

Gesamtdarstellungen: Hohes und spätes Mittelalter (Historia Mundi, ein Handbuch der Weltgeschichte, Band 6, hg. von *F. Valjavec*). *Bern* 1958.
The Cambridge Medieval History, V. und VI., Cambridge 1919 und 1936, VII. und VIII., 2. Aufl. 1949.
The Shorter Cambridge Medieval History, ed. C. W. *Previté-Orton*, 2 Bde., Cambridge 1952.
Historie Générale des Civilisations, III: Le Moyen Âge; L'expansion de L'Orient et la naissance de la civilisation occidentale, par *Ed. Perroy*. Paris 1955.
Histoire des relations internationales, publ. sous la direction de *P. Renouvin*, I.: Le Moyen Age, par *F. Ganshof*. Paris 1953.
Methuens History of Medieval and Modern Europe, III: A History of Europe from 1198 to 1378, von C. W. *Previté-Orton*, 2. Aufl. 1948.
Thorndike, L.: The History of Medieval Europe. 3. Aufl. ed. W. L. Langer, Cambridge (Mass.) 1949.
Allen, A. B.: The Middle Ages. 1154–1485, London 1951 (Backgroundbooks 1–9).
Southern, R. W.: The Making of the Middle Ages. London 1953.
Hoyt, R. St.: Europe in the Middle Ages, New York 1957 (daselbst S. 627 ff. eine gute Zusammenfassung der Lit. in engl. Sprache).
Dawson, Ch.: The Making of Europe, 9. Aufl. London 1951 (die Vorgeschichte: Europa bis zum 10. Jahrhundert).
Lloyd, R. B.: The Golden Middle Ages. London 1939.
Davis, H. W. C.: Medieval Europe. London 1948.
Artz, F. B.: The Mind of the Middle Ages. 2. Aufl. (rev. ed.), New York 1954.

In deutscher Sprache – Einführung:
Seidlmayer, M.: Das Mittelalter. Regensburg 1959.
Génicot, L.: Das Mittelalter. Geschichte und Vermächtnis. Graz – Wien – Köln 1957 (im Original: Les lignes de faîte du moyen âge, 2. Aufl. Tournai – Paris 1952).
Mirgeler, A.: Geschichte Europas. Freiburg 1953.
Hashagen, J.: Europa im Mittelalter. München 1951.
Pfister, K.: Die Welt des Mittelalters. Geschichte – Weltbild – Kunst. Wien 1952. Sammelband mit ausgewählten kurzen Quellentexten.

Historische Atlanten:
Atlas historique, II: Le Moyen Age, par *J. Calmette*. 2. Aufl. 1951.
Shepherd, W. R.: Historical Atlas. 8. ed. rev., New York 1956.
Putzger, F. W.: Historischer Schulatlas. 60. Aufl. Bielefeld – Leipzig 1953.
Van der Meer, F.: Atlas de la civilisation occidentale. Bruxelles et Amsterdam 1952.

Zur Beurteilung des 12. Jahrhunderts und zum Mittelalterbild in der Geschichtsschreibung:
Lehmann, P.: Die Vielgestalt des 12. Jahrhunderts (Histor. Zeitschrift Bd. 178, 1954).
Heimpel, H.: Europa und seine mittelalterliche Grundlegung (in: Der Mensch in seiner Gegenwart). Göttingen 1954.
Hübinger, P. E.: Elemente eines europäischen Geschichtsbildes (in: Geschichte in Wissenschaft und Unterricht, I., 1954).
Beck, M.: Finsteres oder romantisches Mittelalter? Aspekte der modernen Mediävistik. Zürich 1950.
Heer, F.: Aufgang Europas. Eine Studie zu den Zusammenhängen zwischen politischer Religiosität, Frömmigkeitsstil und dem Werden Europas im 12. Jahrhundert. 1 Text- und 1 Kommentarband. Wien – Zürich 1949.
Heer, F.: Die Tragödie des Heiligen Reiches. 1 Text- und 1 Kommentarband. Stuttgart 1952/53.
Heer, F.: Europäische Geistesgeschichte. 2. Aufl. Stuttgart 1957.

Zur Einführung in die Geschichte des »mittelalterlichsten Landes Europas«, Englands:
The Oxford History of England. Ed. G. N. Clark, III: A. L. Poole: From Domesday to Magna Charta 1087–1216 (Oxford 1951); IV: M. Powicke: The Thirteenth Century 1216–1307. Oxford 1953; V: The Fourteenth Century, by May McKisack.
Sayles, G. O.: The Medieval Foundations of England. 2. Aufl. London 1950.
Barker, E.: The Character of England. Oxford 1947 (ein Sammelwerk verschiedener Autoren, das vielfach auf die mittelalterliche Verwurzelung Englands hinweist).

Zum osteuropäischen Grenzraum Europas:
Halecki, O.: Borderland of Western Civilization. New York 1956. (Deutsch: Grenzraum des Abendlandes. Eine Geschichte Ostmitteleuropas. Salzburg 1957.)
Dvornik, F.: The Making of Central and Eastern Europe. London 1949.

Europas mittelalterliches Erbe:
Crump, C. G., und E. F. Jacob: The legacy of the Middle Ages. Oxford 1943.

XIII. Die europäische Adelsherrschaft

Beste Einführung sind die Forschungen Otto Brunners: Land und Herrschaft. 3. Aufl. Brünn – München – Wien 1943. Adeliges Landleben und europäischer Geist. Salzburg 1949. Neue Wege der Sozialgeschichte. Göttingen 1956. Inneres Gefüge des Abendlandes (in: Historia Mundi VI, ed. *Valjavec*, Bern 1958).

Klassische Werke:
Mitteis, H.: Lehnrecht und Staatsgewalt. Weimar 1935.
- Der Staat des hohen Mittelalters. 5. Aufl. Weimar 1955.
- Formen der Adelsherrschaft im Mittelalter (in: Die Rechtsidee in der Geschichte, ges. Aufsätze, Weimar 1957).
Bloch, M.: La société féodale. 2 Bde., 1939/40.
Calmette, J.: La société féodale. 6. Aufl. Paris 1947.
Ganshof, L.: Qu'est-ce que la féodalité? 2. Aufl. Bruxelles – Neuchâtel 1947.
Stephenson, C.: Medieval Feudalism. Ithaca, New York 1942.

Zur adeligen Gesellschaft in Frankreich ferner:
Génicot, L.: Le seigneur sous l'Ancien régime (Revue nouvelle, vol. III, 1946).
Halphen, L., u. R. Doucet: Histoire de la société française. I, Paris 1953.

Zur englischen Gesellschaft:
Stenton, F. M.: The First Century of English Feudalism, Oxford 1932.
Stenton, M.: English Society in the Early Middle Ages, 1066–1307 (vol. 3 der Pelican History of England, Penguin Books 1952).

Zur deutschen Gesellschaft:
Herrschaft und Staat im Mittelalter, hg. von *Helmut Kämpf*. Darmstadt 1956.
Barraclough, G.: Medieval Germany. 2 Bde. Oxford 1938.
Bols, K.: Die Reichsministerialität der Salier und Staufer. Stuttgart 1950/55.
Dannenbauer, H.: Königsfreie und Ministerialen (in: Grundlagen der mittelalterlichen Welt). Stuttgart 1958.

Zum »Haus« des europäischen Adels, dessen Bedeutung O. Brunner so stark herausgestellt hat:
Deléage, A.: La vie rurale en Bourgogne jusqu'au début de XI⁰ siècle. I, Paris–Mâcon 1941.
Tuulse, A.: Burgen des Abendlandes. Wien – München 1959.

Zur theologischen Einwurzelung der europäischen Adelswelt vgl. die Lit. in F. Heer, Aufgang Europas und Die Tragödie des Heiligen Reiches (die beiden Kommentarbände).
Schwer, W.: Stand und Ständeordnung im Weltbild des Mittelalters. Paderborn 1934.

Zur Rechtsordnung des Krieges in diesem adeligen Europa:
Cram, K. G.: Judicium belli. Zum Rechtscharakter des Krieges im deutschen Mittelalter. Münster u. Köln 1955.

Recht und Ethos dieses Adels:
Ritter, J. P.: Ministérialité et chevalerie. Dignité humaine et liberté dans le droit médiéval. Lausanne 1955.

XIV. Die bäuerliche Gesellschaft

Da »der Herr und sein Knecht« (Hegel) vielfach zusammengehören, behandelt die in Kap. 2 genannte Literatur vielfach die Probleme der bäuerlichen Gesellschaft mit. Besonders seien hier jedoch noch genannt:
Brunner, O.: Europäisches Bauerntum (in: Neue Wege der Sozialgeschichte, Göttingen 1956).
Varagnac, A.: Civilisation traditionelle et genres de vie. Paris 1948 (für die tausendjährigen Traditionen, die der bäuerlichen Gesellschaft auch in Europa zugrunde liegen).
Grand, R.: L'agriculture au moyen âge. Paris 1950.
The Cambridge Economic History of Europe I: Agrarian Life. Ed. J. H. Clapham u. E. Power, 2. Aufl. Cambridge 1953.
Halphen, L., u. R. Doucet: Histoire de la société française. I, Paris 1953.
Russel, J. C.: British medieval population. Albuquerque 1948.
Boissonnade, P.: Le Travail dans L'Europe chrétienne au Moyen Âge (Vᵉ–XVᵉ siècle). Paris 1921.

Zur Sklaverei einerseits, zu unfreiem Bauerntum andererseits im Mittelalter:
Verlinden, Ch.: Histoire de l'esclavage en Europe médiévale. I., Gent 1955.
Perrin, Ch. E.: Le servage en France et en Allemagne – und: G. Vernadsky: Serfdom in Russia (beide Arbeiten in: X. Congresso Intern. di scienze Storiche, Roma 1955, Relazioni III, Firenze 1955).

Ein Beispiel für die Entwicklung der bäuerlichen Gesellschaft im Wandel der Jahrhunderte des Mittelalters:
Dollinger, P.: L'évolution des classes rurales en Bavière depuis la fin de l'époque carolingienne jusqu'au milieu du XIIIᵉ siècle. Paris 1949.
Weiss, L.: Die alten Eidgenossen. Geist und Tat der Innerschweizer in Zeugnissen aus dem 14. und 15. Jahrhundert. Zürich 1940.
Vernadsky, G.: Ancient Russia. New Haven 1943.
– Kievan Russia. New Haven 1948.
– The Mongols and Russia. New Haven 1953.

*Zu den schweren Krisen im Spätmittelalter, die gerade das Landvolk
besonders hart treffen:*
Perroy, E.: Les crises au XIVᵉ siècle (Annales, Economies, Sociétés, Civilisations, IV., 1949).

XV. Glaube des Volkes und alte Kirche

Zur Einführung:
Schnürer, G.: Kirche und Kultur im Mittelalter. Paderborn, I, 2. Aufl.
1927, II, 2. Aufl. 1929, III, 1929.
Bihlmeyer, K., u. H. Tüchle: Kirchengeschichte. II, 14. Aufl. Paderborn
1955.
Seidlmayer, W.: Weltbild und Kultur Deutschlands im Mittelalter. Darm-
stadt (o. J.).
Dawson, Ch.: Religion and the Rise of Western Cultur. London 1950
(deutsch: Die Religion im Aufbau der abendländischen Kultur. Düsseldorf 1953).
Delaruelle, E.: La pietà popolare nel secolo XI (die Arbeit selbst ist in
französischer Sprache in: Relazioni, X. Congresso Intern. di Scienze
Storiche, Roma 1955, III).
Le Bras, G.: Études de sociologie religieuse, 1. Sociologie de la pratique
religieuse dans les campagnes françaises. Paris 1955 (arbeitet die
Kontinuität der heidnisch-archaisch-christlichen Koexistenz im Volksglauben vom Mittelalter bis nahe an die Gegenwart gerade in den
katholischsten Landgebieten Frankreichs heraus).

Religiöse Praxis im Mittelalter:
Franz, A.: Die Messe im deutschen Mittelalter. Freiburg i. Br. 1902.
Rost, H.: Die Bibel im Mittelalter. Augsburg 1939.
Smalley, B.: The Study of the Bible in the Middle Ages. 2. rev. ed.,
Oxford 1952.

Zur Kommunion im Mittelalter vgl. die Studien von *P. Browe* im Liturgie-
wissenschaftlichen Jahrbuch XII, XIII u. XV. Lit. und Quellen zur
volkhaften Religiosität im Mittelalter: in den beiden Kommentar-
bänden zu *F. Heer,* Aufgang Europas und Die Tragödie des Heiligen
Reiches. 1949 und 1953.
Magie, Zauberei usw. im Mittelalter (vgl. auch die Lit. zu Kap. 13):
Summers, M.: The History of Witchcraft and Demonology. 2. Aufl. New
York 1956.

Zum Ordenswesen und zu verwandten kirchlichen Institutionen:
Heimbucher, H.: Die Orden und Kongregationen der katholischen Kirche. 2 Bde., 3. Aufl., Paderborn 1933/34.

Valous, G. de: Le monachisme clunisien des origines au XVe siècle. 3 Bde., Ligugé – Paris 1935.

Schmitz, P.: Histoire de L'ordre de Saint-Benoit. I, Marédsous 1942.

Hallinger, K.: Gorze-Kluny. Rom 1950/51.

Coulton, G. C.: Five Centuries of Religion. Cambridge, 4 Bde. I: St. Bernard, his predecessors and successors 1000–1200 A. D., II: The friars and the dead weight of tradition, 1200–1400 A. D., III: Getting and Spending, IV: The Last Days of Medieval Monachism. Coultons großes Werk, animos und nicht unparteiisch, liefert dennoch reiche Materialien zur Größe und zum Elend des mittelalterlichen Mönchswesens.

Ein Beispiel für spezifisch mittelalterliche Spottsucht in religiösen Dingen:

Strecker, K.: (Herausgeber): Die Apokalypse des Golias. (Texte zur Kulturgeschichte des Mittelalters, hg. von *F. Schneider.* 5. H.) Rom 1928. Und: Carmina Burana, ed. *A. Hilka und O. Schumann.* Heidelberg 1936–41.

Die Lösung aus der alten archaisch-magischen und frühmittelalterlichen Einheit behandelt an einem interessanten Beispiel:

Achter, V.: Geburt der Strafe. Frankfurt am Main 1951.

XVI. Die Städte

Zur Einführung:

Rörig, F.: Die europäische Stadt und die Kultur des Bürgertums im Mittelalter. Hg. von *L. Rörig.* Göttingen 1955.

Brunner, O.: Stadt und Bürgertum, und: Europäisches und russisches Bürgertum (in: Neue Wege der Sozialgeschichte, Göttingen 1956).

– Die mittelalterliche Stadt (in: Historia Mundi VI, Bern 1958).

Ammann, H.: Wie groß war die mittelalterliche Stadt? (in: Studium Generale 1956).

Ennen, E.: Frühgeschichte der europäischen Stadt. Bonn 1953 (daselbst Literatur S. XVI–XL). Städtewesen und Bürgertum als geschichtliche Kräfte.

Gedächtnisschrift für F. Rörig, hg. von *A. von Brandt* und *W. Koppe.* Lübeck 1953.

Italienische Städte und Kaufleute:

Salvatorelli, L.: L'Italia communale dal secolo XI alla metà del secolo XIV (in: Mondadori Storia d'Italia illustrata, IV). Milano 1940.

Ottakar, N.: Il problema della formazione communale (in: Questioni di Storia medioevale, a cura di E. Rota, Milano 1951).

Cutolo, A.: Viaggio nel medioevo italiano, 476–1453. Milano 1956.

Renouard, J.: Les hommes d'affaires italiens au Moyen Âge. Paris 1949.

Sapori, A.: Il mercante italiano nel medioevo (Questioni di Storia medioevale, a cura di E. Rota, Milano 1951).
Nolthenius, H.: Duecento. Hohes Mittelalter in Italien. Würzburg 1957.

Deutsche Städte, deutsche Kaufleute:
Planitz, H.: Die deutsche Stadt im Mittelalter, von der Römerzeit bis zu den Zunftkämpfen. Graz – Köln 1954.
Ammann, H.: Deutschland und die Messen der Champagne (in: Jahrbuch der Arbeitsgemeinschaft der Rheinischen Geschichtsvereine 2, 1936).

Der nordwesteuropäische Wirtschaftsraum:
Lesticquoy, J.: Les villes de Flandre et l'Italie sous le gouvernement des patriciens (XIe–XVe siècles). Paris 1952.
Werveke, H. van: Essor et déclin de la Flandre (in: Studi in onore di G. Luzzatto, Milano 1949).
Pirenne, H.: Histoire Économique de l'occident médiéval. Bruges 1951.

Wirtschaftsgeschichte:
Pirenne, H.: Histoire de Belgique. I. 5. Aufl., Brüssel 1929.
Bechtel, H.: Wirtschaftsgeschichte Deutschlands. Von der Vorzeit bis zum Ende des Mittelalters. 2. Aufl. 1951.
Heaton, H.: Economic History of Europe. Rev. ed. New York 1948. The Cambridge Economic History of Europe. Ed. *J. H. Clapham* und *E. Power.* II: Trade and Industry in the Middle Ages. 2. Aufl. Cambridge 1953.

Die Wirtschaft in England:
Lipson, E.: Economic History of England. I., 11. Aufl., London 1956.
Thrupp, S. L.: The Merchant Class of medieval London, 1300–1500. Chicago 1948.

Die deutsche Hanse, der Osten und der Ordensstaat:
Maschke, E.: Der deutsche Ordensstaat. Hamburg 1935.
– Der deutsche Orden und die Preußen. Bekehrung und Unterwerfung in der preußisch-baltischen Mission des 13. Jahrhunderts. Berlin 1928.
Gerhardt, M., und *W. Hubatsch:* Deutschland und Skandinavien im Wandel der Jahrhunderte. Bonn 1950.
Hubatsch, W.: Der Deutsche Ritterorden in Ost und West (in: Eckpfeiler Europas. Probleme des Preußenlandes in geschichtlicher Sicht). Heidelberg 1953.
Pagel, K.: Die Hanse. 2. Aufl. Braunschweig 1952.
Hubatsch, W.: Spätblüte und Zerfall des Ostseeraumes (in: Historia Mundi VI). Bern 1958.
Wittram, R.: Baltische Geschichte. München 1954.

Nowgorod und der russische Raum:
Johansen, P.: Novgorod und die Hanse (in: Städtewesen und Bürgertum, Rörig-Festschrift, Lübeck 1953).
Vernadsky, G., und M. Karpovitch: A History of Russia. 3 Bde., Oxford 1946–53.

Der Handel im Mittelmeerraum und in Nah- und Fernost:
Lopez, R.: Medieval Trade in the Mediterranean World. New York 1955.
Goithein, S. D.: From the Mediterranean to India. Documents on the Trade to India, South Arabia, and East Africa from the Eleventh and Twelfth Centuries (Speculum XXIV, v. 2, pars 1, Cambridge, Mass. 1954).
Nougier, L. R., J. Beaujeu et M. Mollat: Histoire universelle des explorations, t. I: De la préhistoire à la fin du Moyen Âge. Paris 1955.
Carus-Wilson, E.: Medieval Merchant Venturers. London 1955.

Wirtschaft – Religion – Gesellschaft:
Tawney, R. H.: Religion and the Rise of Capitalism. I. Aufl. 1926. Pelican Books 1942 (die klassische Auseinandersetzung mit Max Webers These vom puritanisch-calvinistischen Ursprung des Kapitalismus, Tawney zeigt den »Kapitalismus« bereits im Mittelalter auf).
Müller-Armack, A.: Genealogie der Wirtschaftsstile. Die geistesgeschichtlichen Ursprünge der Staats- und Wirtschaftsformen bis zum Ausgang des 18. Jahrhunderts. 3. Aufl. Stuttgart 1944. Dazu: O. von Zwiedineck-Südenhorst: Weltanschauung und Wirtschaft. Kritisches und Positives zu Müller-Armacks Genealogie der Wirtschaftsstile. München 1942 (S-B. d. Bayer. Akad. d. Wiss., phil.-hist. Abt. H. 2).
Nelson, B. N.: The Idea of Usury. Princeton (N. J.) 1949.
Tigner Holmes, Urban: Daily Living in the twelfth century. Based on the observations of Alexander Neckam in London and Paris. Madison 1952.

XVII. Frühlicht des Geistes und des Herzens: geistige Bewegung im 12. Jahrhundert

Zur Einführung:
Geyer, B.: Die patristische und scholastische Philosophie (F. Überwegs Grundriß der Geschichte der Philosophie II), 11. neubearb. Aufl. Berlin 1927, Neudrucke Tübingen und Graz 1951.
Gilson, E., und Ph. Böhner: Geschichte der christlichen Philosophie von ihren Anfängen bis Nikolaus von Cues. 2., neubearb. Aufl. Paderborn 1952 ff.
Ghellinck, P. J. de: L'essor de la littérature latine au XIIᵉ siècle. 2. vol., Bruxelles – Paris 1946.

Forest, A., F. Van Steenbergen, M. de Gandillac: Le mouvement doctrinal du XIe au XIVe siècle (Histoire Générale, fondée par G. Glotz, XIII) 1951.
Grabmann, M.: Mittelalterliches Geistesleben. 2. Bde., München 1926–36.

Die »Renaissance des 12. Jahrhunderts«:
Haskins, Ch. H.: The renaissance of the twelfth Century. Cambridge (Mass.) 1927.
Paré, G., und P. Tremblay: La renaissance du XIIe siècle. Les écoles et l'enseignement. Paris – Ottawa 1933.
Renucci, P.: L'Aventure de l'humanisme européen au Moyen Âge. 4e–14e siècle. Clermont-Ferrand 1953.

Zu Bernhard von Clairvaux und zu Abälard vgl. die einschlägigen Kapitel bei *F. Heer,* Aufgang Europas; die reichhaltige Forschung vorher und seither, verzeichnet bei *M. Bernards:* Der Stand der Bernhardforschung (in: Bernhard von Clairvaux, Mönch und Mystiker, Internationaler Bernhardkongreß Mainz 1953, Wiesbaden 1955), und: Bernard de Clairvaux (Sammelband zum 800jährigen Todestag, herausgegeben von der Commission historique de l'Ordre de Citeaux, Paris 1953).
Borst, A.: Abälard und Bernhard (Histor. Zeitschrift, H. 186/3, Dez. 1958).
Gammersbach, S.: Gilbert von Poitiers und seine Prozesse im Urteil der Zeitgenossen. Köln – Graz 1959 (Neue Münstersche Beiträge zur Geschichtsforschung, Bd. 5).
Frugoni, A.: Arnaldo da Brescia nelle fonti del secolo XII. Roma 1954.
Sidorowa, N. A.: Die Entstehung der frühen städtischen Kultur in Frankreich (in: Sowjetwissenschaft, Gesellschaftswissenschaftl. Abt., H. 4, Berlin 1951). Diese Forscherin möchte im Sinne der sowjetischen Ideologie Abälard als Vertreter eines frühen stadtbürgerlichen Materialismus erklären.

Zur Welt von Chartres:
Haring, N. M.: The Creation and Creator of the World according to Thierry of Chartres and Clarembaldus of Arras (in: Archives d'histoire doctrinale et littéraire du moyen âge 1955). Paris 1956.

Zu Johannes von Salisbury:
Huizinga, J.: Ein praegotischer Geist, Johannes von Salisbury (in: Parerga, Basel 1945).
Liebeschütz, H.: Medieval Humanism in the Life and Writings of John of Salisbury. London 1950.
The Metalogicon of John of Salisbury. Tr. *D. D. Mc-Garry,* Berkeley (Calif.) 1955.
The Statesman's Book of John of Salisbury. Tr. *Dickinson,* New York 1927.

The Letters of John of Salisbury, ed. *W. J. Millor* und *H. E. Butler*, 2 vols., Edinburgh 1955.

John of Salisburys Memoirs of the Papal Court. Tr. *M. Chibuall*, Edinburgh 1956.

McKeon, R.: Selections from Medieval Philosophers. 2 vols., New York 1929/30.

XVIII. Der West-Ost-Konflikt des Mittelalters und die Kreuzzüge

Zur Vorgeschichte, zu der Spannung zwischen West- und Ostkirche seit der Spätantike:
Schneider, C.: Geistesgeschichte des antiken Christentums. 2 Bde., München 1954.
Bardry, G.: La question des langues dans l'Église ancienne. 1. Bd., Paris 1948.
Moss, H. St.: The Birth of the Middle Ages. Oxford – London 1950.
Erdmann, C.: Die Entstehung des Kreuzzugsgedankens. Stuttgart 1935.
– Forschungen zur politischen Ideenwelt des Frühmittelalters. Hg. von *F. Baethgen.* Berlin 1951. Der frühe Tod Erdmanns im Zweiten Weltkrieg ist einer der schwersten Verluste für die europäische Geschichtsforschung.

Zu Ost und West vor den Kreuzzügen:
Bognetti, G., F. Dölger, R. S. Lopez, A. Stender Petersen und *B. Spuler* auf dem X. Internat. Historikerkongreß in Rom 1955 (in: Relazioni, III, Firenze 1955).

Geschichte der Kreuzzüge:
Setton, K. M.: A History of the Crusade, I: The First Hundred Years. Ed. *M. W. Baldwin,* Philadelphia 1955.
Waas, A.: Geschichte der Kreuzzüge. 2 Bde., Freiburg i. Br. 1956.
Runciman, St.: A History of the Crusades, 3 Bde., Cambridge 1951–54 (deutsch: Geschichte der Kreuzzüge, 3 Bde., München 1957/60).
Grousset, R.: L'Épopée des Croisades. Paris 1939 (deutsch: Das Heldenlied der Kreuzzüge, Stuttgart 1951).
Zur Ideologie des Kreuzzugs bei den Kanonisten und die Auffassung des Kreuzzugs in Byzanz und im Islam: L'idée de Croisade (Relazioni III, Firenze 1955), enthält: *P. Rousset:* L'idée de croisade chez les chroniqueurs d'Occident; *M. Villey:* L'idée de la croisade chez les juristes du Moyen Âge; *P. Lémèrle:* Byzance et la croisade; *St. Runciman:* The byzantine provincial peoples and the crusade; *A. Cahen:* L'islam et la croisade; *St. Runciman:* The decline of the crusading idea.

Zum Problem der Kreuzfahrerstaaten:
Richard, J.: Le royaume latin de Jérusalem. Paris 1953.

Landry, B.: L'idée de chrétienté chez les scolastiques du XIII⁰ siècle. Paris 1929.

Beumann, H.: Kreuzzugsgedanke und Ostpolitik im hohen Mittelalter (Hist. Jahrbuch 72, 1953).

Lamma, P.: Comneni é Staufer. Richerche sui rapporti fra Bizanzio e l'occidente nel secolo XII. Roma 1955.

Zu Byzanz:

Baynes, H., H. St. L. B. Moss: Byzantium. An Introduction to East Roman Civilization. Oxford 1948.

Brehier, L.: Le Monde Byzantin. I: Vie es mort de Byzance. Paris 1947. II: Les institutions de l'Empire byzantin. 1948. III: La civilisation byzantine. 1950.

Ostrogorsky, G.: Geschichte des byzantinischen Staates. 2. Aufl. München 1952.

Dölger, F.: Byzanz und die europäische Staatenwelt. Ettal 1953.

Vasiliev, A. A.: History of the Byzantine Empire. 324–1453. 2. Aufl. Madison 1952.

Hussey, J. M.: The Byzantine World. London 1957.

Hunger, H.: Byzanz in der Weltpolitik vom Bilderstreit bis 1453 (Historia Mundi VI, Bern 1958).

Schreiber, G.: Byzantinisches und abendländisches Hospital (in: Gemeinschaften des Mittelalters, Münster 1948).

Homan, B.: Die Geschichte des ungarischen Mittelalters. 2 Bde., Berlin 1940–43.

Einflüsse der östlichen Wirtschaft auf den Westen, vermittelt durch die Kreuzzüge und bereits zuvor:

Lopez, R.: Les influences orientales et l'éveil économique de l'Occident (in: Cahiers d'histoire mondiale, t. I. 1953).

Spanien im Einflußraum des Islam und seiner Welt:

Soldevila, F.: Historia de España. 5 Bde., Barcelona 1952–56.

Sanchez-Albornoz, Cl.: España, un enigma historico. 2 Bde., Buenos Aires 1956.

Weitere Literatur zu diesem großen Problemkreis siehe Kap. 8 und 10; hier noch:

Sanchez-Albornoz, Cl.: Die christlichen Staaten der Iberischen Halbinsel und die Reconquista (in: Historia Mundi, VI, Bern 1958).

Westliche Christen und der Ferne Osten im Mittelalter:

Lubac, H. de: La Rencontre du Bouddhisme et de l'Occident. Paris 1952.

Moule, A.: Christians in China before the Year 1550. London 1930.

Grousset, R.: L'Homme et son Histoire. Paris 1947 (deutsch: Orient und Okzident im geistigen Austausch. Stuttgart 1955).

Toleranz im Mittelalter:
Léclerc, J.: Histoire de la Tolérance au siècle de la Réforme. 1. Bd.,
Paris 1955.
Ein Seminar-Gespräch über »Toleranz« – Chicago-Frankfurt-Austausch-
Programm: »Die Idee der Toleranz im 12. und 13. Jahrhundert«,
Chicago 1956.

*XIX. Die Erfindung der höfischen Kultur und die Geburt der euro-
päischen Phantasie*

Zum französisch-englischen Kulturkreis im 12. Jahrhundert:
Bezzola, R. R.: Der französisch-englische Kulturkreis und die Erneuerung
der europäischen Literatur im 12. Jahrhundert (Zeitschr. f. roman.
Philol., 62, 1942).
– Les origines et la formation de la littérature courtoise en occident,
500–1200, I., Paris 1944.
Kelly, A.: Eleanor of Aquitaine and the four Kings. Cambridge (Mass.)
1952.
Tatlock, J.: The legendary History of Britain, Geoffrey of Monmouth.
Berkeley 1950.
Vossler, K.: Zur Entstehung romanischer Dichtungsformen (in: Aus der
romanischen Welt III, Leipzig 1942).
– Südliche Romania. Leipzig 1950.

Höfische Liebe und ihre Probleme:
Arcy, M. C. D.: The Mind and Heart of Love. Lion and Unicorn. A
Study in Eros and Agape. 3. Aufl. London 1946.
Denomy, A. J.: The heresy of courtly love (Boston College, Candlemas
Lectures on Christian Literature, New York 1947); The Art of
Courtly Love of Andreas Capellanus. Tr. *J. J. Parry.* New York
1941.
Capellano, Andrea: Trattato d'amore, P. p. *S. Battaglia.* Roma 1948
(Text, ital. Übersetzung und Kommentar).

Die Dichtung der Troubadours und Trouveres:
Jeanroy, A.: La poésie lyrique des troubadours. 2 vol., Toulouse – Paris
1934.
Gennrich, F.: Altfranzösische Lieder. I., Halle 1953 (sehr gute Einleitung
und Texte).
Jan, E. von: Wesen und Wirkung der südfranzösischen Dichtung (in:
Germ.-Rom. Monatsschrift N. T. 3, 1953).

Grundlagen des Minnesangs:
Denomy, A. J.: Concerning the Accessibility of Arabic Influences to the
Earliest Provencal Troubadours (in: Medieval Studies, vol. XV,
Toronto 1953).

Dawson, Chr.: The Origins of the Romantic Tradition (in: Mediaeval Religion and other essays, London 1934).

Ecker, L.: Arabischer, provençalischer und deutscher Minnesang. Bern 1934.

Estrada, F.: Introduccion a la literatura medieval española. Madrid 1952.

Vossler, K.: Spanien und Europa. München 1951.

Köhler, E.: Scholastische Ästhetik und höfische Dichtung (in: Neophilologus, XXXVII, 1953).

Magische, archaische und volkhafte Grundlagen dieser hochmittelalterlichen Dichtung:

Wagner, R. L.: Sorcier et magicien. Paris 1939.

Lloyd-Jones, J.: The Court Poets of the Welsh Princes (Proc. of the British Academy, XXXIV, 1948).

Zum Sagenkreis um König Artus und um den Gral:

Marx, J.: La légende arthurienne et le Graal. Paris 1952.

Zu diesem riesenhaften Problemkreis erscheinen zwei jährliche Periodica: A Bibliography of Critical Arthurian Literature, p. p. *J. J. Parry* (Supplement des Modern Language Quarterly) und: Bulletin bibliographique de la Société internationale arthurienne, Paris.

Viele Aufsätze zum Gral: in der »Romania«, 1952 ff.

Literaturgeschichte Frankreichs und seines Südens:

Jeanroy, A.: Histoire sommaire de la poésie occitane, dès origines à la fin du XVIIIᵉ siècle. Toulouse – Paris 1945.

Zumthor, P.: Histoire littéraire de la France médiévale, VIᵉ–XIVᵉ siècle. Paris 1954.

Cohen, G.: Tableau de la littérature française médiévale. Idées et sensibilités. Paris 1950.

Moyen-Âge, par *J. Bogaert* et *J. Passeron.* Paris 1954.

Tiemann, H.: Zur Geschichte des altfranzösischen Prosaromans (in: Romanische Forschungen. LXIII, 1951).

Zur deutschen höfischen Dichtung:

Stammler-Langosch: Verfasserlexikon des deutschen Mittelalters. I.–V., Leipzig und Berlin 1933 ff.

Spanke, H.: Deutsche und französische Dichtung des Mittelalters. Stuttgart 1943.

Heer, F.: Die Tragödie des Heiligen Reiches. Text- und Kommentarband, Stuttgart 1952/53.

Ehrismann, G.: Geschichte der deutschen Literatur bis zum Ausgang des Mittelalters. 4 Bde., München 1932–35.

Wentzlaff-Eggebert, F. W.: Ritterliche Lebenslehre und antike Ethik (in: Deutsche Vierteljahrsschrift für Literaturwissenschaft und Geistesgeschichte, 23. Jg. 1949, H. 2/3), ebenda: *F. Maurer:* Das ritterliche Tugendsystem.

Huisman, J.: Neue Wege zur dichterischen und musikalischen Technik Walthers von der Vogelweide. Utrecht 1950.

Zeydel, E.: Wolframs Parzival, Kyot und die Katharer (in: Neophilologus, 1953).

Eine der feinsinnigsten Studien zur Humanität der deutschen höfischen Dichtung ist:

Ranke, F.: Gott, Welt und Humanität in der deutschen Dichtung des Mittelalters. Basel 1952.

Zur tiefenpsychologischen Erhellung des höfischen Epos:

Fierz-Monnier, A.: Initiation und Wandlung. Zur Geschichte des altfranzösischen Romans im 12. Jahrhundert von Chrétien de Troyes zu Renaud de Beaujeu. Bern 1950.

Zur Laisierung der französischen und englischen Gesellschaft, des Publikums dieser Kunst: *J. R. Strayer,* im Speculum XV, 1940.

Zur Verbindung dieser höfischen Dichtung mit ihren antiken Quellen bietet reiches Material:

Curtius, E. R.: Europäische Literatur und lateinisches Mittelalter. Bern 1948.

XX. »Linke« und »rechte« religiöse Volksbewegungen

Zur Einführung: das religiös-politische Vorspiel, im Kampf der kirchlichen Reformer im 11. Jahrhundert:

Tellenbach, G.: Libertas. Kirche und Weltordnung im Zeitalter des Investiturstreits. Stuttgart 1936.

Morghen, R.: Movimenti religiosi popolari nel periodo della riforma della Chiesa (X. Congresso internaz. di Scienze storiche, Roma 1955, Relazioni III).

Die Bewegungen im 12. und 13. Jahrhundert:

Grundmann, H.: Religiöse Bewegungen im Mittelalter, Untersuchung über die geschichtlichen Zusammenhänge zwischen der Ketzerei, den Bettelorden und der religiösen Frauenbewegung im 12. und 13. Jahrhundert und über die geschichtlichen Grundlagen der deutschen Mystik. Berlin 1935.

– Neue Beiträge zur Geschichte der religiösen Bewegungen im Mittelalter (in: Archiv für Kulturgeschichte, 37., 1955).

– Eresie e nuovi ordini religiosi nel secolo XII (Aufsatz in deutscher Sprache, in: Relazioni III, 1955).

Bogomilen und Katharer:

Obolensky, D.: The Bogomils. A Study in Balkan Neo-Manicheism. Cambridge 1948.

Angelov, D.: Der Bogomilismus auf dem Gebiet des byzantinischen Reiches. Sofia 1948.

Borst, A.: Die Katharer. Stuttgart 1953 (das deutsche Standardwerk).

Zur Faszinationsmacht der Katharer heute ist das geistige Werk der Simone Weil zu vergleichen, ferner der Sammelband:
Nelli, R., Ch. Bru etc.: Spiritualité de l'hérésie: le Catharisme, Paris 1953.

Kreuzzug gegen die Katharer und Inquisition:
Bélpérron, P.: La croisade contre les Albigeois et l'union du Languedoc à la France. Paris 1942.
Guiraud, J.: Histoire d l'Inquisition du Moyen Âge. 2. vol. Paris 1935/38.

Die Verbreitung der religiösen nonkonformistischen Bewegungen im 13. und 14. Jahrhundert:
Knox, R. A.: Enthusiasm. A Chapter in the history of religion with special reference to the XVII and XVIII centuries. Oxford 1950. (Knox zeigt die Kontinuität von der frühchristlichen Zeit, quer durch »the underworld of the middle ages«, zum 18. Jahrhundert auf.)
Stefano, A. de: Le eresie popolari del Medio Evo (Questioni di Storia medioevale, a cura di E. Rota, Milano 1951); Studi medioevali in onore di Antonino de Stefano. Palermo 1956.

Zu Franz von Assisi, den Franziskanern und Joachimiten (zu beiden letzteren Lit. bes. in Kap. 11 und 12):
Franz von Assisi, Legenden und Laude, hg. v. O. *Karrer.* Zürich 1945.
Lot-Borodine, M.: De l'absence de stigmates dans la chrétienté antique (in: Dieu vivante, H. 3, Paris 1946, auch in: Benediktin, Monatsschrift, Beuron 1939).
Salvatorelli, L.: Movimento francescano é gioachinismo, Francesco d'Assisi é il francescanesimo nel primo secolo dell'Ordine (in: Relazioni III, Firenze 1955).
Delaruelle, E.: L'influence de Saint François d'Assise sur la piété populaire (ebenda).

Zu Dominikus:
Mandonnet, P.: Saint Dominique, l'idée, l'homme et l'œuvre, neu hg. von *M. H. Vicaire* und *R. Ladner.* Paris 1937.

Zum Beghinentum:
McDonnell, E. W.: The Beguines and Beghards in medieval Culture, with special emphasis on the Belgian Scene. New Brunswick (N. J.) 1954.

Religiöse Volksbewegung und revolutionäre Aktion:
Morris, W. D.: The Christian Origins of Social Revolt. London 1949.

XXI. Der europäische Intellektualismus und die Universitäten:

Zur Geschichte der europäischen Universitäten:
Das klassische Werk ist
Rashdall, H.: The Universities of Europe in the Middle Ages. 1. Aufl.
    1895, neue Edition, *F. M. Powicke* und *A. B. Emden.* 3. vol. Oxford
    1951.
Schachner, N.: The Mediaeval Universities. London 1938.
Halphen, L.: Les Universités au XIIIᵉ siècle (in: A travers l'histoire du
    Moyen Âge, Paris 1950).
Grundmann, H.: Vom Ursprung der Universität im Mittelalter (Abh. d.
    Akad. d. Wiss., phil.-histor. Klasse 103). Berlin 1957.

Bildung und Buch im Mittelalter:
Wuehr, W.: Das abendländische Bildungswesen im Mittelalter. München
    1950.
Thomspon, J. W.: The Medieval Library. Chicago 1939.

Intellektualität und Intellektuelle im Mittelalter:
Cohen, G.: La grande Clarté du Moyen Âge. Paris 1950.
Le Goff, J.: Les intellectuels au Moyen Âge. Paris 1957.

Zur Rezeption der griechischen Wissenschaft durch die Araber:
De Lacy O'Heary: How Greek Science passed to the Arabs. Oxford 1951.

*Zur religiös-politischen Gesellschaft und Kultur des Islam, in dem die
    erste mittelalterliche Scholastik und Intellektualität entstand:*
Gardet, L., und *G. C. Anawati:* Introduction à la théologie musulmane.
    Paris 1948.
Arberry, A. J.: Sufism. An Account of the Mystics of Islam. London 1951.
Gardet, L.: La cité musulmane, vie sociale et politique (vol. 1: Études
    musulmanes). Paris 1954.
Hitti, P. K.: History of the Arabs. 5th ed., London 1953.

Geistigkeit und Wissenschaft im Islam:
v. Grunebaum, G. E.: Medieval Islam. 2. Aufl., Chicago 1953.
–: Religiöse Entwicklung und geistige Einheit des islamischen Kultur-
    kreises (in: Historia Mundi, VI). Bern 1958.
Mieli, A.: La Science arabe et son rôle dans l'évolution scientifique
    mondiale. Leyden 1938.

*Das islamische Spanien als Mittler zwischen dem islamischen Mittelmeer-
    raum, Nahem Osten und Westeuropa:*
Lévi-Provencal, E.: Histoire de l'Espagne musulmane. 3 Bde. Paris
    1944–53.

Cruz Hernandez, M.: Spanien und der Islam (in: Saeculum, Jahrbuch für Universalgesch., III, H. 3, 1952).
Le Tourneau, R.: Der Islam im Westen; Spanien und Nordafrika (in: Historia Mundi VI). Bern 1958.

Die heutige Rückbesinnung im Weltislam auf sein großes geistiges Erbe im Mittelalter:
Rossi, R.: Il millenario di Avicenna a Teheran e Hamadan (April 1954), in: Oriente moderno, XXXIV, N. 5. Roma 1954.

Zum erwachenden geistigen Interesse breiter bürgerlicher Schichten:
Goetz, W.: Die Enzyklopädien des 13. Jahrhunderts. Ein Beitrag zur Entstehung der Laienbildung (in: Zeitschr. f. Deutsche Geistesgeschichte, 2., 1936).

Zur Handschrift als Ausdruck des geistigen Habitus der Intellektuellen des 13. Jahrhunderts:
Fichtenau, H.: Mensch und Schrift im Mittelalter. Wien 1946.

Zum labilen geistigen und seelischen Klima dieser Intelligentia:
Quellensammlung: Frivolities of Courtiers and Footprints of Philosophers. Tr. *J. B. Pike.* Minneapolis 1938.

XXII. Europas beste Köpfe kämpfen in Paris

Vergleiche die Lit.-Hinweise zu Kap. 6; ferner:
Gilson, E.: La philosophie du Moyen Âge. 2. Aufl. Paris 1947.

Zur Aufnahme und geistigen Umsetzung des Aristoteles:
Steenberghen, F. van: Aristote en Occident. Louvain 1946.
Jaffa, H.: Thomism and Aristotelism. London 1952.

Zu Thomas von Aquin (neben Darstellungen in den zu Kap. 6 genannten Sammelwerken):
Grabmann, M.: Thomas von Aquin. Persönlichkeit und Gedankenwelt. Eine Einführung. München 1949.
Pieper, J.: Thomas von Aquin. Auswahl, Übersetzung und Einleitung von J. Pieper. Frankfurt a. M. 1956.
Aquinas: Political Writings. Tr. *A. d'Entrèves.* Oxford 1948.

Zum Streitgespräch der Scholastik:
Pieper, J.: Über den Geist des Streitgesprächs (in: Hochland, 50 Jg., August 1958).

Zu Siger von Brabant: Das klassische Werk, auch durch die neue Forschung und viele Gegnerschaft nicht überholt, ist:
Mandonnet, P.: Siger de Brabant et l'Averroisme latin au XIIIe siècle. 1. Bd., 2. Aufl. Louvain 1911, 2. Bd., 2. Aufl. 1908.
Steenberghen, F. van: Siger de Brabant d'après ses œuvres inédits, II: Siger dans l'histoire de l'Aristotelisme. Louvain 1942.

Neue Studien zu Siger von Brabant:
Maurer, A., in: Medieval Studies, Toronto, Canada, VIII (1946), XIV (1952) und XVII (1955).

Zum »linken« Aristotelismus ferner:
Gilson, E.: Boèce de Dacie et la double vérité (Archives d'histoire doctrinale et littéraire du moyen âge, 1955). Paris 1956.

In Berufung auf Karl Marx, der den Nominalismus als Vater des neueren europäischen Materialismus angesprochen hat, bemühen sich in der Sowjetunion und im östlichen Deutschland Denker und Philosophiehistoriker in ständig wachsendem Ausmaß um die »linken« Pariser Aristoteliker und ihre geistigen Söhne und Erben im Spätmittelalter:
Bloch, E.: Avicenna und die aristotelische Linke. Berlin 1952.
Ley, H.: Studie zur Geschichte des Materialismus im Mittelalter. Berlin 1957 (daselbst reiche Lit.-Hinweise S. 513–544).
Die westliche Auseinandersetzung mit diesem großangelegten radikalen Versuch, weite Bereiche des mittelalterlichen Denkens und geistigen Schaffens (eingeschlossen etwa auch Meister Eckhart!) für den Materialismus östlicher Prägung zu okkupieren, hat noch nicht begonnen.

Zur geistigen, politischen und gesellschaftlichen Entwicklung in Paris nach Thomas bis zu Ockham:
Lagarde, G. de: La naissance de l'esprit laïque au déclin du moyen âge Paris 1942–46, hier bes. Bd. III: Secteur social de la Scolastique.
Guelluy, R.: Philosophie et théologie chez Guillaume d'Ockham. Louvain-Paris 1947.
Maier, A.: Zu einigen Problemen der Ockhamforschung (in: Archivum Franciscanum Historicum, Guaracchi – Florenz 1953).
Paulus, J.: Henri de Gand. Essai sur les tendances de sa métaphysique (Études de philos. médiévale, ed. Gilson, t. XXV). Paris 1952.
MacLaughlin, M. H.: Paris Masters of the Thirteenth and Fourteenth Centuries and Ideas of Intellectual Freedom (in: Church History, vol. XXIV, 1955).
Kantorowicz, E.: »Deus per naturam, Deus per gratiam« (Harvard Theological Review, XLV, 1952).
Dijksterhuis, E. J.: Die Mechanisierung des Weltbildes. Berlin 1956.
Andiel, A.: Die Säkularisierung des christlichen Weltbildes in den Theorien der Averroisten und Liedern der Vaganten. Würzburg 1953 (Diss.).

*Zum Kampf der Humanisten im Gefolge Petrarcas gegen die »unmensch-
lichen«, antihumanistischen Averroisten:*
Toffanin, G.: Storia dell'Umanesimo, ein klassisches Werk, in vielen Auf-
lagen, deutsch: Geschichte des Humanismus. Pantheon 1941, gedruckt
in Holland (o. O.).

*XXIII. Die Geburt der Geschichte: Geschichtsschreibung und Vision der
Weltgeschichte*

Zur Einführung: Einen weitgespannten Überblick gibt:
Brunner, O.: Abendländisches Geschichtsdenken (in: Neue Wege der Sozialgeschichte, Göttingen 1956).
Kaegi, W.: Chronica Mundi. Grundformen der Geschichtsschreibung seit
dem Mittelalter. Einsiedeln 1954.
Kirn, P.: Das Bild des Menschen in der Geschichtsschreibung von Polybios
bis Ranke. Göttingen 1955.

»Europa« im Denken des frühen Mittelalters:
Fischer, J.: Oriens-Occidens-Europa. Begriff und Gedanke »Europa« in
der späten Antike und im frühen Mittelalter. Wiesbaden 1957.
Gollwitzer, H.: Europabild und Europagedanke. München 1951.

Zu einer Grundform des frühmittelalterlichen Geschichtsdenkens:
Heer, F.: Die »Renaissance«-Ideologie im frühen Mittelalter (in: Mitt. d.
Inst. f. österr. Geschichtsforschung, Bd. LVII, 1949).

Geschichtsschreiber des 12. Jahrhunderts:
Spörl, J.: Grundformen hochmittelalterlicher Geschichtsanschauung, Stu-
dien zum Weltbild der Geschichtsschreiber des 12. Jahrhunderts. Mün-
chen 1935.
Richter, H.: Englische Geschichtsschreiber des 12. Jahrhunderts. Berlin
1938.
Galkraith, V. H.: Historical research in Medieval England. London 1951.
Ohly, E. F.: Sage und Legende in der Kaiserchronik. Münster i. W. 1940.

Zu Rupert von Deutz:
Koch, J., im Verfasserlexikon des deutschen Mittelalters, hg. v. Stammler-
Langosch, III.

Zu Hugo von St. Viktor:
Schneider, W. A.: Geschichte und Geschichtsphilosophie bei Hugo von
St. Viktor. Münster 1933.

Zu Anselm von Havelberg:
Van Lee, M.: Les Idées d'Anselme de Havelberg (in: Analecta Praemon-
stratensia, Bd. 14, 1938).

Schreiber, G.: Studien über Anselm von Havelberg. Zur Geistesgeschichte des Hochmittelalters (in: Anal. Praem. 18, 1942).

–: Anselm von Havelberg und die Ostkirche. Begegnung mit der byzantinischen Welt (in: Zeitschrift für Kirchengeschichte 60, 1942).

Zu Otto von Freising:
Kaegi, W.: Chronica Mundi. Einsiedeln 1954.
Klinkenberg, H. M.: Der Sinn der Chronik Ottos von Freising (Festschrift f. G. Kallen, Bonn 1957).
Beumann, H.: Die Historiographie des Mittelalters als Quelle für die Ideengeschichte des Königtums (Histor. Zeitschrift, Bd. 180, 1955), für die deutsche Vorgeschichte.

Zu Hildegard von Bingen:
Widmer, B.: Heilsordnung und Zeitgeschehen in der Mystik Hildegards von Bingen. Basel und Stuttgart 1955.

Zu Joachim von Fiore:
Grundmann, H.: Neue Forschungen über Joachim von Fiore. Marburg 1950.
Tondelli, L.: Il libro delle Figure dell'abate Gioacchino da Fiore. Torino o. J. (1939).
Foberti, F.: Gioacchino da Fiore e il Gioacchinismo antico e moderno. Padova 1942.
Manselli, R.: La »Lectura super Apocalipsim« di Pietro di Giovanni Olivi. Ricerche sull escatologismo medioevale. Roma 1955.
Viel umstritten, immer noch lesenswert ist:
Benz, E.: Ecclesia Spiritualis, Kirchenidee und Geschichtstheologie der franziskanischen Reformation. Stuttgart 1934.
Helbling, H.: Saeculum Humanum. Ansätze zu einem Versuch über spätmittelalterliches Geschichtsdenken. Napoli 1958.

XXIV. Zauber, Macht, Rechnung der Natur: die Geburt der Naturwissenschaften

Reiches Quellenmaterial für die Zusammenhänge von Magie, Chemie, Alchimie, Astrologie und Naturwissenschaft im neuzeitlichen Sinne, in den Jahrhunderten des Hochmittelalters bei:
Sarton, G.: Introduction to the History of Science, 5 vol. Washington – Baltimore 1929–48.
Thorndike, L.: A. History of Magic and Experimental Science, 4 vol., 4. Aufl. New York 1947 (für unseren Zeitabschnitt bes. Bd. II und III).

Zur langsamen Lösung der technischen Zivilisation aus dem magischen und archaischen Kreis:
Mumford, L.: Technics and Civilization. New York 1934.
Crombie, A. C.: Augustine to Galileo. The History of Science. London 1952.

Zur Entwicklung der Naturwissenschaft und naturphilosophischen Spekulation in England, besonders in Oxford:
Crombie, A. C.: Robert Grosseteste and the Origins of Experimental Science, 1100–1700. Oxford 1953 (reiche Bibliographie: S. 320–352).
Friedman, L. M.: Robert Grosseteste and the Jews. Cambridge (USA) 1934.
Roth, C.: The Jews of Medieval Oxford. Oxford (Hist. Society 1951).
Carton, R.: L'Expérience physique chez Roger Bacon. Contribution à l'étude de la méthode et de la science expérimentales au XIIIᵉ siècle (Études de philos. médiévale, ed. E. Gilson, t. II, Paris).
–: L'expérience mystique de l'illumination intérieure chez Roger Bacon (ebenda t. III).
–: La Synthèse doctrinale de Roger Bacon (ebenda t. V).

Zum gesamteuropäischen Zusammenhang der Entstehung der Naturwissenschaften im Europa des 13. und 14. Jahrhunderts:
Maier, A.: Die Vorläufer Galileis im 14. Jahrhundert. Roma 1949.
Heer, F.: Europäische Geistesgeschichte. 2. Aufl. Stuttgart 1957.

XXV. Der Jude und die Frau im Mittelalter

Zur Einführung in die Geschichte des Judentums im Mittelalter:
Dubnow, S.: Weltgeschichte des jüdischen Volkes, 10 Bde., bes. Bd. IV und V, Berlin 1926.

Die Juden im Mittelalter:
Schlauch, Margaret (in: Speculum XIV, 1939).
Grayzel, S.: The Church and the Jews in the Thirteenth Century. Philadelphia 1933.
Roth, C.: History of the Jews in England. Oxford 1941.

Jüdisches Denken im Mittelalter:
Vajda, G.: Introduction à la pensée juive du Moyen Âge. Études de philos. médiévale, vol. 35. Paris 1947. Hier Bibliographie S. 211–241.
Scholem, G. G.: Les grands courants de la mystique juive: la Merkeba, la Gnose, la Kabbale, le Zohar, le Sabbatianisme, le Hassidisme (ein Standardwerk, mehrfach übersetzt: Paris 1950, engl. Ausg. 1949, deutsche Ausgabe 1957).

Die Frau im Mittelalter:
Lehmann, A.: Le rôle de la femme dans l'histoire de France au Moyen
Âge. Paris 1952.
Vogelsang, Th.: Die Frau als Herrscherin im hohen Mittelalter. Studien
zur consors-regni-Formel. Göttingen 1954.
Leclercq, J., – J. David: Die Familie. Freiburg i. Br. 1955 (deutsche Be-
arbeitung von Leclrecq: Leçons de Droit naturel, III: La Famille,
3. Aufl. Namur 1950: hierin reiche Quellen zur Frauenfeindschaft
frühchristlicher und mittelalterlicher Theologen; zu einer gewissen
Milderung dieser Feindschaft im 13. und 14. Jahrhundert vgl. J. G.
Ziegler: Die Ehelehre der Pönitential Summen von 1200 bis 1350,
Regensburg 1958).

Ein Musterbeispiel deutscher Frauenbildung im Kloster:
Herrade de Landsberg: Hortus deliciarum, ed. A. Straub, K. Keller.
Strasbourg 1899 (das prachtvolle Werk, unediert, wurde im Ersten
Weltkrieg vernichtet).
Zur Frömmigkeit der Frau im 12. Jahrhundert:
Bernards, M.: Speculum virginum. Geistigkeit und Seelenleben der Frau
im Hochmittelalter. Köln – Graz 1955.

Zu den Mystikerinnen des Spätmittelalters vgl. Kap. 16.

XXVI. Der neue Staat und die neue Kirche

Geschichte des Reiches und Kampf des Kaisertums im Hochmittelalter:
Tellenbach, G.: Kaisertum, Papsttum und Europa im hohen Mittelalter
(in: Historia Mundi VI). Bern 1958.
Mitteis, H.: Der Staat des hohen Mittelalters. 5. Aufl. Weimar 1955.
Holtzmann, W.: Imperium und Nationen (in: Relazioni, X. Congresso
intern. di scienze storiche, Roma 1955, III).
Mayer, Th.: Größe und Untergang des heiligen Reiches (Hist. Zeitschrift
178, 1954).
Hampe, K.: Das Hochmittelalter. Geschichte des Abendlandes von 900
bis 1250. 4. Aufl. mit Nachwort v. G. Tellenbach. Münster – Köln
1953.
Gebhardt, B.: Handbuch der deutschen Geschichte I. 8. Aufl. hg. von
H. Grundmann. Stuttgart 1954.
Rassow, P.: Deutsche Geschichte im Überblick. Stuttgart 1953.
Barraclough, G.: The Origins of Modern Germany. 2. Aufl. Oxford 1947
(deutsch: Die mittelalterlichen Grundlagen des modernen Deutschlands. 2. Aufl. Weimar 1955).

Zu Kaiser Friedrich II.:
Schramm, P. E.: Kaiser Friedrich II. Herrschaftszeichen. Göttingen 1955.
–: Herrschaftszeichen und Staatssymbolik. 3 Bde. Stuttgart 1954–56.

Stefano, A. de: La Cultura alle Corte de Federico II Imperatore. Palermo 1938.

Folz, R.: L'idée de l'Empire en Occident du 5ᵉ au 14ᵉ siècle. Paris 1953.

Holtzmann, W.: Beiträge zur Reichs- und Papstgeschichte des hohen Mittelalters. Ausgew. Aufsätze. Bonn 1957.

Das Papsttum des Hochmittelalters:
Haller, J.: Das Papsttum, Idee und Wirklichkeit. II und III. Stuttgart 1950–53.

Seppelt, F. X.: Geschichte der Päpste III. München 1956.

Mollat, G.: Les papes d'Avignon. 9. Aufl. Paris 1943.

Zu Innozenz III.:
Kempf, F.: Papsttum und Kaisertum bei Innozenz III. Rom 1954.

Tillmann, H.: Papst Innozenz III. Bonn 1954.

Fliche, A.: Innocent III et la Réforme de l'Église (in: Revue d'histoire ecclésiastique, XLIV, 1949).

Kirchenrecht und Kanonisten:
Feine, H. E.: Das Katholische Kirchenrecht (Kirchliche Rechtsgeschichte. 3. Aufl. Weimar 1955, Bd. I).

Mortimer, R. C.: Western Canon Law. London 1953.

Plöchl, W. M.: Geschichte des Kirchenrechts. II. München – Wien 1955.

Ullmann, W.: Medieval Papalism. The Political Theory of the Medieval Canonists. London 1949.

–: The Growth of Papal Government in the Middle Ages. London 1955 (deutsch: Die Machtstellung des Papsttums im Mittelalter. Graz und Köln 1960).

Mayer, A. L.: Das Kirchenbild des späten Mittelalters und seine Beziehungen zur Liturgiegeschichte (in: Vom christlichen Mysterium. Ges. Arbeiten zum Gedächtnis von Odo Casel, Düsseldorf 1951).

Rom und Rom-Ideologie:
Dupré-Theseider, G.: Roma 1252–77 (Bd. 11 der Storia di Roma). Bologna 1952.

Bezzola, R.: Rom im Mittelalter (in: Hesperia, III, 1951).

Seidlmayer, M.: Rom und Romgedanke im Mittelalter (in: Saeculum, 7., 1956).

Zur Finanzwirtschaft der Päpste in Avignon:
Renouard, J.: Les relations des papes d'Avignon et les compagnies commerciales et bancaires de 1316 à 1378 (vol. 151 der Bibliothèque des Écoles françaises d'Athènes et de Rome). Paris 1941.

Zu Bonifaz VIII. und seinen Vorbildern:
Falco, G.: La Santa Romana Repubblica, Profilo storico del medio evo. 2. Aufl. Milano 1954 (deutsch: Geist des Mittelalters, Kirche, Kultur, Staat. Zürich 1958).

Zur Politik der Heiligsprechung:
Kemp, E. W.: Canonisation and Authority in the Western Church. London 1948.

Zum Abstieg der päpstlichen Gewalt, die ihren weltlichen Konkurrenten in den Nationalstaaten unterliegt:
Buisson, L.: Potestas und Caritas. Die päpstliche Gewalt im Spätmittelalter, Graz – Köln 1958.
Mochi Onory, S.: Fonti canonistiche dell'idea moderna dello Stato. Milano 1951.

Zum Aufstieg der Nationalstaaten:
Heimpel, H.: Deutschland im späteren Mittelalter (Handbuch der Deutschen Geschichte, neu hg. von Leo Just, Bd. I, Abschn. 5), Konstanz.
Werner, K. F.: Aufstieg der westlichen Nationalstaaten; Krise der Theokratie. Das angevinische Reich (in: Historia Mundi VI). Bern 1958.
Huter, F.: Niedergang der Mitte, Aufstieg der Randstaaten Europas im Spätmittelalter (Historia Mundi VI). Bern 1958.
Das Königtum. Seine geistigen und rechtlichen Grundlagen. Vorwort *Th. Mayer.* Lindau und Konstanz 1956.
Kantorowicz, E.: The King's Two Bodies. A Study in Medieval Political Theology. Princeton 1959 (zur Doppelrolle des englischen Königs als gesalbter König und sündig-schwacher Mensch).

Der Aufstieg Frankreichs im Ringen mit Rom und Reich:
Schramm, P. E.: Der König in Frankreich. 2 Bde. Weimar 1938.
Kienast, W.: Untertaneneid und Treuvorbehalt in England und Frankreich. Weimar 1952.
John, R. L.: Reich und Kirche im Spiegel französischen Denkens. Wien 1953.
Buisson, L.: König Ludwig IX., der Heilige, und das Recht. Freiburg i. Br. 1954.
Martin, V.: Les origines du gallicanisme. 2 vol. Paris 1939.
Calasso, F.: Origini italiane della formula »Rex in regno suo est imperator« (Rivista di storia dell'diritto italiano, Roma 1930).
Sextan, E.: Stato e nazione nell'alto medio evo. Ricerche sulle origini nazionali in Francia, Italia, Germania. Napoli 1952.
Digard, G.: Philippe le Bel et le Saint-Siège, de 1285 à 1304. 2 vol. Paris 1936.
Näf, W.: Frühformen des modernen Staats im »Spätmittelalter« (Histor. Zeitschrift, 171, 1951).

Der Aufstieg Englands; sein Königtum und sein Staat:
English Historical Documents 1042–1189, eds. *D. C. Douglas, G. W. Greenaway.* New York 1953.

Schramm, P. E.: Geschichte des englischen Königtums im Lichte der Krönung. Weimar 1937.
Williamson, H. R.: The Arrow and the Sword. An essay in detection, being an enquiry into nature of the deaths of William Rufus and Thomas Becket, with some reflections on the nature of medieval heresy, 2. Aufl. London 1955 (auf den sakralen Charakter der Ermordung des Thomas Becket habe ich bereits im Kommentarband zu meinem »Aufgang Europas«, 1949, hingewiesen).
Jolliffe, J. E. A.: Angevin Kingship. London 1955.
Keeney, B. C.: Military Service and the Development of Nationalism in England, 1272–1303 (in: Speculum, XXII, 1947).
Barlow, F.: The Feudal Kingdom of England, 1042–1216. London 1955.

König und Kirche in England:
Cheney, C. R.: From Becket to Langton. Manchester 1956.
Garbett, C.: Church and State in England. London 1950.
Powicke, M.: The Thirteenth Century, 1216–1307 (Oxford History of England, Oxford 1953), daselbst reiche Literaturangaben S. 720–778.

Englands Common law:
Plucknett, T. F. T.: A. Concise History of the Common Law. 4. ed. London 1948.

Politisches Denken in Westeuropa:
Klassisch ist das Werk der beiden Brüder.
Carlyle, R. W., und J. J.: A History of Medieval Political Theory in the West (6 vols. London 1903–36).
Lewis, E.: Medieval Political Ideas. 2 vols. London 1954 (Dokumente und Kommentare).
d'Entrèves, A. P.: The Medieval Contribution to Political Thought. Oxford 1939.
Battaglia, F.: Il pensiero politico medievale (in: Questioni di Storia mediovale, a cura di E. Rota, Milano 1951).

Der Einfluß des römischen Rechts auf die Bildung der europäischen Staaten:
Koschaker, P.: Europa und das römische Recht. 2. Aufl. München – Berlin 1953.

Politische Ideologie und geschichtliche Wirklichkeit:
Grundmann, H.: Freiheit als religiöses, politisches und persönliches Postulat (in: Histor. Zeitschrift, 183, 1957).
Kantorowicz, E.: Pro patria mori in Medieval Political Thought (in: American Hist. Rev. LVI, 1951).

Zum Hundertjährigen Krieg:
Perroy, E.: La Guerre de Cent ans. 4. Aufl. Paris 1945.

Zum politischen Denken des Marsilius von Padua und Ockhams:
Saitta, G.: Il pensiero italiano nell'Umanesimo e nel Rinascimento, I.: L'Umanesimo. Bologna 1949 (hier auch über die italienischen Vorläufer des Marsilius).
Gewirth, A.: Marsilius of Padua. 2 vols. New York 1951–56 (darin: engl. Übersetzung des »Defensor pacis«).
Léclercq, D. J.: Jean de Paris et l'ecclésiologie du XIIIe siècle (in: L'église et l'état au moyen âge, Paris 1942).
Lagarde, G. de: La naissance de l'esprit laïque au déclin du moyen Âge, III: Secteur social de la Scolastique, IV: Ockham et son Temps, V: Ockham: Bases de Depart, VI: Ockham: La Moral et le Droit (Paris 1942–46).
Scholz, R.: Wilhelm von Ockham als politischer Denker und sein Breviloquium de principatu tyrannico. Leipzig 1944.
Baudry, L.: Guillaume d'Occam, sa vie, ses œuvres, ses idées sociales et politiques. I. Paris 1950.

Internationale Kommunikation im Mittelalter:
Paradisi, B.: L'»amicitia« internazionale nell'alto medio evo (Scritti in onore di Contardo Ferrini, Milano 1947).

XXVII. Haß und Liebe: das Erwachen der Völker in der Volkssprache

Zum Erwachen des Nationalgefühls in Europa:
Kirn, P.: Aus der Frühzeit des Nationalgefühls. Leipzig 1943.
Tellenbach, G.: Vom Zusammenleben der abendländischen Völker im Mittelalter (in: Festschrift f. G. Ritter, Tübingen 1950).
Hugelmann, K. G.: Stämme, Nation und Nationalstaat im deutschen Mittelalter. Stuttgart 1955 (reiche Quellen für Volkshaß und Animosität im Mittelalter).
Wittram, R.: Das Nationale als europäisches Problem. Beiträge zur Geschichte des Nationalitätsprinzips vornehmlich im 19. Jahrhundert. Göttingen 1954 (interessant, zum Vergleich des Erwachens der Völker, vorab Osteuropas, im 19. Jahrhundert, mit den von Hugelmann für das 10.–13. Jahrhundert untersuchten Quellen).
Bündig, M.: Das Imperium Christianum und die deutschen Ostkriege. Berlin 1940 (!).

Franzosen und Spanier:
Defourneaux, M.: Les Français en Espagne aux XIe et XIIe siècles. Paris 1949.

Die nordische und deutsche Welt:
Schneider, H.: Heldendichtung, Geistlichendichtung, Ritterdichtung.
   2. Aufl. Heidelberg 1943.
–: Geschichte der norwegischen und isländischen Literatur. Bonn 1948.

Zur italienischen Sprache und zu Dante:
Ettmayer, K. v.: Die historischen Grundlagen der Entstehung der italieni-
   schen Sprache (in: Mitt. d. Inst. f. österr. Geschichtsforschung, Bd. 48,
   1934).
Patch, H. R.: The other World according descriptions in medieval litera-
   ture. Cambridge (Mass.) 1950.
Gmelin, H.: Dantes Weltbild. Urach 1948.
Cerulli, E.: Il libro della Scala, e la questione delle fonti arabo-spagnuole
   della Divina Commedia. Roma 1949.
John, R. L.: Dante. Wien 1946.
Rabuse, G.: Der kosmische Aufbau der Jenseitsreiche Dantes. Ein Schlüs-
   sel zur göttlichen Komödie. Graz – Köln 1958.
Entrèves, A. P. D.: Dante as a Political Thinker. London 1952.

Zu Chaucer und Wyclif:
Kleinstueck, J. W.: Chaucers Stellung in der mittelalterlichen Literatur.
   Hamburg 1956.
Workman, H. B.: John Wyclif. London 1926.
McFarlane, K. B.: John Wycliffe and the beginnings of English Non-
   conformity. London 1952.

Zum Rosenroman:
Glunz, H. H.: Die Literarästhetik des europäischen Mittelalters. Wolf-
   ram-Rosenroman-Chaucer-Dante. Bochum 1937.
Müller, F. W.: Der Rosenroman und der lateinische Averroismus des
   13. Jahrhunderts. Frankfurt a. M. 1947.
Paré, G.: Les idées et les lettres au XIIIe siècle. Le Roman de la Rose.
   Montreal 1947.

Zu Meister Eckhart und zur deutschen Mystik:
Literatur zusammengestellt bei: Meister Eckhart, Predigten und Schriften,
   ausgewählt und eingeleitet von *F. Heer,* Frankfurt a. M. 1956.
Clark, J. M.: The great German Mystics. Eckhart, Tauler and Suso.
   Oxford 1949.
Lücker, M. A.: Meister Eckhart und die devotio moderna (Studien und
   Texte zur Geistesgeschichte des Mittelalters, I). Leiden 1950.
Grundmann, H.: La mistica tedesca nei suoi riflessi popolari: il beghinis-
   mo (deutsch in: Relazioni, X. Congresso Int. d. Scienze storiche, Roma
   1955).
Humanismus, Mystik und Kunst in der Welt des Mittelalters. Heraus-
   gegeben von *J. Koch.* Leiden – Köln 1953).

Betts, R. R.: Correnti religiose nazionali ed eretiche dalla fine del sec. XIV alla metà del XV.

XXVIII. Kunstwelten des Mittelalters

Zur Einführung: Kunstgeschichte des Mittelalters:
Adama van Scheltema, F.: Die Kunst des Mittelalters. Stuttgart 1953 (Die Kunst des Abendlandes, II).
Hamann, R.: Geschichte der Kunst von der altchristlichen Zeit bis zur Gegenwart. Berlin 1932.
Weigert, H.: Geschichte der europäischen Kunst. 2 Bde. Stuttgart 1951.
Hauttmann, M.: Die Kunst des frühen Mittelalters. 2. Aufl. Berlin o. J. (1937).

Zum sakralen Farbenkodex des Mittelalters:
Haeberlein, F.: Grundzüge einer nachantiken Farbenikonographie (in: Römisches Jahrbuch f. Kunstgeschichte, III, 1939).

Bannung des Bösen in mittelalterlicher Kunst:
Clasen, K. H.: Die Überwindung des Bösen. Ein Beitrag zur Ikonographie des frühen Mittelalters (in: Neue Beiträge Deutscher Forschung, W. Worringer zum 60. Geburtstag, Königsberg, Pr. 1943).

Die Kunstlandschaften im Europa des 12. Jahrhunderts:
Frey, D.: Die Entwicklung nationaler Stile in der mittelalterlichen Kunst des Abendlandes (in: Deutsche Vierteljahrschrift f. Literaturwiss. u. Geistesgesch. 16, 1938).

Französische Kunstgeschichte und Primat der französischen Kunst in Europa:
Réau, L.: L'art religieux du moyen âge. Paris 1946.
Mâle, E.: L'art religieux du XIIe siècle en France. Paris 1922.
Focillon, H.: Art d'Occident, Le Moyen Âge roman et gothique. 3. Aufl. Paris 1955 (zu Focillons Theorie der Entwicklung der Kunst: *H. Focillon:* La vie des formes. Paris 1934, deutsch: Das Leben der Formen, München 1954).

Romanische Kunst und ihre Wurzeln:
Focillon, H.: Peintures Romanes des églises de France. Paris 1938.
Wiebel, R.: Die geistige Botschaft romanischer Bauplastik. München o. J. (1940).
Grabar, A.: La peinture byzantine. Étude historique et critique (Les grands siècles de la peinture). Génève 1953.
Valentino, R.: La formation de la peinture française. Le Génie celtique et ses influences. Paris 1936.

Deutsche Kunst:
Schardt, A. J.: Die Kunst des Mittelalters in Deutschland. Berlin 1941.
Gruber, O.: Das Westwerk: Symbol und Baugestaltung germanischen Christentums (in: Zeitschr. des Deutschen Vereins für Kunstwissenschaft, 3, 1936).
Pfeiffer, J.: Studien zum romanischen Kruzifixus der deutschen Plastik. Gießen 1938.
Weigert, H.: Die Kaiserdome am Mittelrhein, Speyer, Mainz und Worms. Berlin 1933.
Frodl, W.: Die romanische Wandmalerei in Kärnten. 2. Aufl. Klagenfurt 1944.
Förster, O.: Von Speyer bis Chartres (in: Worringer-Festschrift, Königsberg, Pr. 1943).
Förster, O. H.: Entfaltung und Zerfall des abendländischen Gottesreiches. Ein Versuch über Grundformen der deutschen Kunst. 2. Aufl. Köln 1952.

Italienische Kunstwelten:
Paatz, W.: Ein antikischer Stadthaustypus im mittelalterlichen Italien (in: Röm. Jahrbuch f. Kunstgesch., 3., 1939).
Willemsen, C. A.: Apulien – Land der Normannen, Land der Staufer. Köln 1958.
Hetzer, Th.: Giotto und seine Stellung in der europäischen Kunst, Frankfurt a. M. 1941.

Entwicklung der Architektur:
Rothkirch, W. v.: Architektur und monumentale Darstellung im hohen Mittelalter (1100–1250). Leipzig 1938.
Bandmann, G.: Die Bauformen des Mittelalters. Bonn 1949.
–: Mittelalterliche Architektur als Bedeutungsträger. Berlin 1951.
Sedlmayr, H.: Epochen und Werke. Gesammelte Schriften zur Kunstgeschichte. 2 Bde., Wien – München 1959/60.

Zur Gotik:
Berthat, E. (= E. Lambert): Le style gothique. Paris 1943.
Gall, E.: Die gotische Baukunst in Frankreich und Deutschland. I. Die Vorstufen in Nordfrankreich von der Mitte des 11. Jahrhunderts bis gegen Ende des 12. Jahrhunderts. 2., erg. Aufl. Braunschweig 1955.
Sedlmayr, H.: Die Entstehung der Kathedrale. Zürich 1950.
von Simson, O.: the Gothic Cathedral. Origins of Gothic Architecture and the Medieval Concept of Order. New York 1956.
Panofsky, E.: Gothic Architecture and Scholastics. Latrobe (Pa.) 1951.
Ahlvers, A.: Zahl und Klang bei Plato. Bern 1952.
Bruyne, E. de: Études d'esthétique médiévale. 3 Bde. Brügge 1948.
Aubert, M.: Vitraux des cathédrales de France. Paris 1947.

Réau, L.: Histoire de l'expansion de l'art français. 3 vol. Paris 1928–33.
Weise, G.: Die geistige Welt der Gotik und ihre Bedeutung für Italien. Halle 1939.

Zur englischen Kunst:

Clapham, A. W.: English romanesque Architecture before the Conquest. Oxford 1933. (Die hier u. a. behandelte Frage, ob die Bauten von Ravenna die ersten Kirchen Kents beeinflußt haben, verdient im Zusammenhang mit den englisch-italischen Beziehungen in der Dichtung und im Handel im Mittelalter gewürdigt zu werden.)

Gardner, S.: A Guide to English Architecture. Cambridge 1922.

Salzman, L. F.: Building in England down to 1540. A documentary history. Oxford 1952.

Grigson, G.: English Cathedrals. London 1950.

Harvey, H.: Gothic England. 2. Aufl. London 1948. (Die Zusammenhänge zwischen der politischen und gesellschaftlichen Entwicklung und Verwirrung im Spätmittelalter und dem englischen spätgotischen Stil.)

Tristram, E. W.: English Medieval Wall Painting: The Thirteenth Century. 2 vols. Oxford 1950.

Sannders, O. E.: Englische Buchmalerei. Florenz – München o. J. (1928).

Anderson, A.: English Influence in Norwegian and Swedish Sculpture in Wood, 1220–70. Stockholm 1940. (Im Spätmittelalter wird dann bekanntlich der skandinavische Raum von der Gotik der deutschen Hanse-Städte und ihren Kunstwerkstätten bestimmt.)

Abbildungsverzeichnis

Quellennachweis der Farbabbildungen:

Adlerfürspan (nach S. 16). Foto: Archiv für Kunst und Geschichte, Berlin. — Bildteppich von Bayeux (nach S. 80 und S. 144). Foto: Giraudon, Paris. — Seite aus einem Missale (nach S. 208). Foto: Giraudon, Paris. — Bernhard von Clairvaux (nach S. 272). Foto: Giraudon, Paris. — Pantokrator (nach S. 336). Foto: Editions Skira, Genf. — Meister Johannes Hadlaub (nach S. 368). Foto: Archiv für Kunst und Geschichte, Berlin. — Wolfram von Eschenbach (nach S. 400). Foto: Archiv für Kunst und Geschichte, Berlin. — Schachspiel (nach S. 462). Foto: Giraudon, Paris. — Glasfenster (nach S. 510). Foto: Landesbildstelle Württemberg. — Die Krönung Mariens (nach S. 558). Foto: Waldemar Klein, Baden-Baden. — Verkündigung Mariae (nach S. 606). Foto Marburg. — Ritter Coeur am Zauberbrunnen (nach S. 654). Foto: Giraudon, Paris. — Tapisserie de Touraine (nach S. 702). Foto: Giraudon, Paris. — Reims (nach S. 718). Foto: Toni Schneiders, Lindau. — Romanischer Drachenleuchter (nach S. 734). Foto: Lala Aufsberg, Sonthofen.

Quellennachweis der Schwarzweiß-Abbildungen:

Ritter (nach S. 32). Foto: Alinari, Florenz. — Hohkönigsburg im Elsaß (vor S. 33). Foto: Helga Schmidt-Glassner, Stuttgart. — San Gimignano in der Toskana (nach S. 48). Foto: Heinrich Decker. — Ekkehard und Uta (vor S. 49). Foto: Professor Walter Hege, Staatliche Kunsthalle, Karlsruhe. — Ausritt zur Falkenjagd (nach S. 112). Foto: Alinari, Florenz. — Ritterturnier (nach S. 112). Foto: Alinari, Florenz. — Mainz, Domkreuzgang (vor S. 113). Foto: Dom- und Diözesanmuseum, Mainz. — Bauern bei der Arbeit (nach S. 128). Foto: Alinari, Florenz. — Bestienkapitell (vor S. 129). Foto: Heinrich Decker. — Christus in der Vorhölle (nach S. 176). Foto: Marburg. — Tympanon des Portals der Südvorhalle. Abteikirche Saint-Pierre in Moissac (vor S. 177). Foto Marburg. — Kapitell mit aufrechtstehenden, doppelleibigen Löwen aus der Kirche Sainte-Radegonde in Moissac (vor S. 177). Foto Marburg. — Kloster Eberbach im Rheingau (nach S. 192). Foto: Lala Aufsberg, Sonthofen. — Wimpfen am Berg. Kaiserpfalz, Arkaden (vor S. 193). Foto: Lala Aufsberg, Sonthofen. — Allegorie des Frühlings (nach S. 240). Foto Marburg. — Gubbio (Perugia), Palazzo dei Consoli (vor S. 241). Foto: Heinrich Decker. — Stadtansicht von Avila mit den alten Stadtmauern (vor S. 241). Foto Marburg. — Rimini, Palazzo Arrengo (nach S. 256). Foto: Lala Aufsberg, Sonthofen. — Riga. Das Schwarzhäupterhaus (vor S. 257). Foto Marburg. — Stralsund. Marienkirche. Mittelschiff von Nordwesten gesehen (nach S. 304). Foto Marburg. — Plato. Ausschnitt aus einem Glasfenster der Stadtkirche St. Dionys, Eßlingen (vor S. 305). Foto: Württ. Landesbildstelle, Stuttgart. — Vianden (Luxemburg), Burg (nach S. 320). Foto: Lala Aufsberg, Sonthofen. — Trifels in der Pfalz. Aufgang mit Palas und Bergfried (vor S. 321). Foto: Helga Schmidt-Glassner, Stuttgart. — Giotto di Bondone: Das Gastmahl des Herodes (nach S. 376). — Ecclesia vom südlichen Querhausportal des Straßburger Münsters (nach S. 376). Foto Marburg. — Synagoge vom südlichen Querhausportal des Straßburger Münsters (vor S. 377). Foto Marburg. — Palermo. San Giovanni degli Eremiti. Kreuzgang (vor S. 377). Foto: Lala Aufsberg, Sonthofen. — Herodes und Salome (nach S. 478). Foto Marburg. — Ancona. Portal der Kirche Santa Maria della Piazza (vor S. 479). Foto: Leonard von Matt. — Vertreibung aus dem Paradies. Ausschnitt (nach S. 494). Foto: Lala Aufsberg, Sonthofen. — San Rufino (vor S. 495). Foto: Leonard von Matt. — Giotto di Bondone: Der heilige Franz von Assisi gibt einem Armen seinen Mantel. San Francesco, Assisi (nach S. 526). — Die Zelle des heiligen Franz von Assisi auf dem Monte Casale (vor S. 527). Foto: Leonard von Matt. — Sankta Claras Gärtlein in San Damiano (nach S. 542). Foto: Leonard von Matt. — Schmerzensheiland. Pestkreuz aus Köln (vor S. 543). Foto: Rheinisches Bildarchiv, Stadtmuseum Köln. — Albi, Kathedrale (nach S. 574). Foto: Prestel Verlag, München. — Freising, Dom, romanisches Westportal (vor S. 575). Foto: Lala Aufsberg, Sonthofen. — Kaiser Friedrich II. von Hohenstaufen (nach S. 590). Foto: Heinrich Decker. — Grabmal König Eduards III. von England (vor S. 591). Foto Marburg. — Flucht nach Ägypten (nach S. 622). Foto Marburg. — Kapitell mit Trauben und Vögeln aus der Marienkirche in Gelnhausen (nach S. 622). Foto Marburg. — Durham, Kathedrale (vor S. 623). Foto: Prestel Verlag, München. — Oxford, Christ Church (nach S. 638). Foto Marburg. — Avignon, Palast der Päpste (nach S. 638). Foto: F. A. Mella, Florenz. — Florenz, San Miniato al Monte (vor S. 639). Foto: Heinrich Decker. — Saint-Denis, Abteikirche (nach S. 670). Foto: Prestel Verlag, München. — Worms, Dom, Westchor (vor S. 671). Foto: Lala Aufsberg, Sonthofen. — Köln, Dom, Außenchor (nach S. 686). Foto: Prestel Verlag, München. — Vesperbild (vor S. 687). Foto Marburg. — Heimsuchungsgruppe (nach S. 726). Foto Marburg. — Die törichten Jungfrauen und der Verführer (nach S. 726). Foto Marburg. —Chartres, Kathedrale (vor S. 727). Foto Marburg.

Mit freundlicher Genehmigung der Verlage wurden Bilder folgenden Werken entnommen: Decker, Heinrich: Italia Romanica. Hohe Kunst der Romanischen Epoche in Italien. Verlag Anton Schroll, Wien 1958. von Matt, Leonard/Walter Hauser: Franz von Assisi. NZN-Verlag, Zürich (1952). Pevsner, Nikolaus: Europäische Architektur von den Anfängen bis zur Gegenwart. Prestel Verlag, München 1957. Schmidt, R.: Die Burgen des deutschen Mittelalters. Hirmer Verlag, München 1959.